中国少数民族地区扶贫进展报告
（2017）

张丽君　吴本健　王　飞　马　博　等著

中国经济出版社
·北京·

图书在版编目(CIP)数据

中国少数民族地区扶贫进展报告.2017/张丽君,等著.
北京:中国经济出版社,2018.1
ISBN 978-7-5136-4901-8

Ⅰ.①中… Ⅱ.①张… Ⅲ.①少数民族—民族地区—扶贫—研究
报告—中国—2017 Ⅳ.①F127.8

中国版本图书馆 CIP 数据核字(2017)第 248667 号

责任编辑	余静宜
责任印制	马小宾

出版发行	中国经济出版社
印 刷 者	北京科信印刷有限公司
经 销 者	各地新华书店
开 本	787mm×1092mm 1/16
印 张	20.5
字 数	400 千字
版 次	2018 年 1 月第 1 版
印 次	2018 年 1 月第 1 次
定 价	88.00 元

广告经营许可证　京西工商广字第 8179 号

中国经济出版社 网址 www.economyph.com 社址 北京市西城区百万庄北街 3 号 邮编 100037
本版图书如存在印装质量问题,请与本社发行中心联系调换(联系电话:010-68330607)

版权所有　盗版必究(举报电话:010-68355416　010-68319282)
国家版权局反盗版举报中心(举报电话:12390)　服务热线:010-88386794

出版说明

《中国少数民族地区扶贫进展报告（2017）》是中央民族大学少数民族事业发展协同创新中心、教育部人文社会科学重点研究基地重大项目"多维贫困视角下少数民族反贫困与基本公共服务均等化研究"、中央民族大学青年教师科研专项（2016KYQN53）、中央民族大学"少数民族贫困问题调研工作坊"（mdgzf001）的阶段性成果之一，得到了国家自然科学基金青年项目（71603306）、国家社会科学基金一般项目（16BJL105）、国家社会科学基金一般项目（17BJL099）、国家社会科学基金青年项目（17BMZ112）、中央民族大学建设世界一流大学（学科）和特色发展引导专项资金（应用经济学、理论经济学）学科经费的资助。

中央民族大学经济学院的部分学生参与了实地调研和报告撰写，在实地调研和报告撰写过程中，得到了少数民族地区相关的政府部门、贫困户的支持和帮助，在此表示感谢。

写作分工

张丽君　统筹、编撰、统稿
吴本健　拟定提纲、编撰、统稿

第一章　王　飞　吴本健
第二章　杨秀明　于　倩　拓俊杰
第三章　和　萍　胡　龙　汤佳雯
第四章　陶春生　丁奇生　郭　峻　付　旋
第五章　张丽君　侯霄冰　王时延
第六章　李克强　张博文　马文峰
第七章　蔡　萌　毕京津
第八章　时保国　葛宇航
第九章　马　博　黄雪飞　李明轩

FOREWORD 前言

"十三五"时期是民族地区脱贫攻坚的关键时期，2016年是"十三五"的开局之年，在过去的一年多时间里，我们党和政府密集出台了《"十三五"脱贫攻坚规划》《全国"十三五"易地扶贫搬迁规划》等大量脱贫攻坚规划和政策，并针对民族地区专门发布了《"十三五"促进民族地区和人口较少民族发展规划》《兴边富民行动"十三五"规划》等规划和政策，民族地区脱贫攻坚进入新的历史时期。

目前，我国已经形成了"中央统筹、省负总责、市县抓落实"的扶贫管理体制和"五级书记抓扶贫、全党动员促攻坚"的扶贫氛围，专项扶贫、行业扶贫和社会扶贫"三位一体"的扶贫工作格局得到完善。在精准扶贫战略指导下脱贫攻坚成绩显著，每年农村贫困人口减少超过1000万人，贫困发生率从2012年底的10.2%下降到2016年底的4.5%。截至2016年底，按照现行标准我国仍有4335万农村贫困人口，其中民族八省（区）还有农村贫困人口1411万人。这些贫困人口主要集中在少数民族、残疾人或患有慢性病、重大疾病的人群，其教育文化水平低、缺乏技能，大多居住在自然条件差、经济基础弱的地区，处于深度贫困状态。

所谓深度贫困，是指个体长期处于要素资源极度短缺或者环境极度恶劣的状态。当个体在资金、人力资本（含健康程度、文化程度）、土地、技术等某一或某几个要素上长期短缺时，或者长期与现代文明隔离时，则被认为陷入了深度贫困；深度贫困还表现为脆弱性，深度贫困人口长期处于贫困状态或者极易返贫。

2017年6月，习近平总书记在考察吕梁山区集中连片特困区之后，于23日在山西太原市主持召开的深度贫困地区脱贫攻坚座谈会上强调：脱贫攻坚工作进入现阶段，要重点研究解决深度贫困问题。习近平总书记将我国深度贫困地区分为三类：一是集中连片的深度贫困地区，主要包括西藏、新疆南疆四地州、四省藏区、甘肃临夏州、四川凉山州和云南怒江州；二是深度贫困县，这些县贫困发生率平均为23%，县均贫困人口近3万人，分布在全国14个省区；三是深度贫困村。这些连片的深度贫困地区全部分布在少数民族地区，深度贫困县和深度贫困村也大多分布在少数民族地区。可见，目前民族地区是我国深度贫困的集中地带。

2016年，我国精准扶贫战略的推进步入深水期。目前，政府已针对贫困和深度贫困问题采取了一系列措施。例如，（1）针对资本长期极度稀缺问题：加大财政专项扶贫资金和其他涉农资金投入，开展资产收益扶贫；推行"贫困线"和"低保线"两线合一；在具备光热条件的地方实施光伏扶贫，建设村级光伏电站，通过收益形成村集体经济，开展公益岗位扶贫、小型公益事业扶贫、奖励补助扶贫；开展金融扶贫等。（2）针对人力资本（含健康水平和文化程度）长期极度稀缺问题：开展健康扶贫工程（如地方病防治方案、医疗保险扶贫方案等）；开展教育扶贫，阻断贫困的代际传递等。（3）针对制度限制问题：出台专门文件推动扶贫开发，如《"十三五"脱贫攻坚规划》《贫困残疾人脱贫攻坚行动计划（2016—2020）》《关于进一步加强东西部扶贫协作工作的指导意见》等；对西藏和四省藏区、新疆南疆四地州、四川凉山、云南怒江、甘肃临夏等地区，出台专门的支持文件。（4）针对环境极度恶劣问题：对居住在生存条件恶劣、生态环境脆弱、自然灾害频发等"一方水土养活不了一方人"的地区的贫困群众，大力实施易地搬迁工程，推进彝家新寨、藏区新居、乌蒙新村、扶贫新村建设；推动基础设施扶贫工程等。

上述措施在解决我国贫困问题上成效显著。但是也应该看到，在针对贫困原因的大规模、超常规的精准扶贫政策实施4年之后，我国仍有4335万农村贫困人口，且深度贫困问题表现得尤为凸出，这就意味着深度贫困有其特殊的成因，应该采取特殊的、有针对性的措施。如何在现有的精准扶贫政策体系下，针对民族地区深度贫困人口的特征，分析深度贫困的深层次原因，找准脱贫攻坚的发力点，破解深度贫困难题，成为当前脱贫攻坚的主攻方向。民族地区作为深度贫困的集中地带，自然成为深度贫困攻坚战的主战场。

在《中国少数民族地区扶贫进展报告（2016）》的基础之上，基于新时期、现阶段"破解深度贫困难题、攻下脱贫攻坚战的坚中之坚"对我国实现"两个一百年"目标的重要性，我们撰写了《中国少数民族地区扶贫进展报告

（2017）》（以下简称本报告）。对深度贫困集中地带——民族地区的最新情况进行梳理与分析，以期厘清现阶段我国少数民族贫困的最新进展、最新政策的实施效果以及深度贫困根源在不同民族地区的差异等，为"研究破解深度贫困之策"提供政策参考及数据支持，同时也为相关领域的研究者提供基础信息。

通过数据统计、实地调查和案例分析，本报告从民族地区整体贫困情况（总报告）、各个民族地区贫困情况（分报告）两个角度阐述了我国少数民族地区贫困问题在2016年的最新进展及已有扶贫政策的最新效果。研究发现：截至2016年，民族八省（区）共有农村贫困人口1411万人，占全国农村贫困总人口的32.5%；2016年民族八省（区）有402万人脱贫，贫困发生率从2015年的12.1%下降到9.4%；2016年民族地区农村居民人均可支配收入增长较快，达9577元，比2015年增长7.4%（按可比价格），与全国平均水平的相对差距进一步缩小，但与全国贫困发生率相比，民族地区仍高出4.9个百分点；民族八省（区）剩下的1411万农村贫困人口大部分处于深度贫困状态，尚有113个少数民族县属于深度贫困县。我们认为，现阶段我国民族地区剩余的深度贫困人口处于深度贫困状态的根源在于文化差异。文化差异不是文化落后，它主要是指文化认知差异，也即主流文化所定义的"贫困"可能并不被所有文化所认同。某种现象一种文化认为是贫困的、落后的，但另一种文化则可能认为恰好相反。当然，这种文化差异有时也包含文化落后因素，如"我穷我光荣"的错误思想。针对民族地区的深度贫困问题，首先，要正确认识民族地区脱贫攻坚和扶贫开发之间的关系，充分抓住当前全国打赢脱贫攻坚战的历史机遇，夯实脱贫基础，打破贫困陷阱，让贫困户彻底摆脱贫困；其次，要关注深度贫困地区和深度贫困群体，在保持现有扶贫政策体系的基础上，从文化差异入手，在民族地区加强社会文明建设，推进少数民族现代化进程；再次，要重视产业扶贫的意义，充分发挥政府低交易成本优势，推进产业扶贫；最后，要认真研究国家各项扶贫政策，避免在政策实施过程中出现偏差，在扶贫政策执行过程中也应及时调查政策执行情况，并根据反馈对政策进行调整，保证政策实施的效果和效率。

本报告分为总报告和分报告两部分，共九章。总报告（第一章）主要展示2016年我国民族地区农村贫困的整体变化，民族地区新的扶贫规划和政策，民族地区与深度贫困地区之间的关系，习近平总书记"破解深度贫困"的扶贫开发思想，以及民族地区深度贫困的原因、根源及可行性、针对性措施。分报告（第二章至第九章）分别展示了我国民族八省（区）2016年农村贫困的变化情况、主要的扶贫政策和手段、脱贫人口和未脱贫人口的分布特征与原因、脱贫巩固提升的思路以及一些典型案例。

由中央民族大学经济学院、中央民族大学少数民族扶贫研究院和中央民族大学少数民族事业发展协同创新中心组织撰写的《中国少数民族地区扶贫进展报告（2016—2020）》系列旨在通过五年的动态追踪，厘清现阶段我国少数民族贫困的整体情况、各地区贫困的差异和原因、各地区已经开展的扶贫政策的效果及其动态变化等，为民族地区进一步推进精准扶贫和精准脱贫提供政策参考及数据支持，为相关领域的研究者提供基础信息，为全面建成小康社会、实现"两个一百年"目标贡献力量。由于著者水平有限，本报告在结构和内容上仍然存在许多不当或疏漏之处，希冀方家批评指正！

CONTENTS 目录

前言 …………………………………………………………………………………… 1

第一章 中国少数民族地区扶贫进展总报告 ………………………………………… 1
一、民族地区贫困状况 ……………………………………………………………… 1
　（一）民族地区基本情况 ………………………………………………………… 1
　（二）民族地区农村贫困情况 …………………………………………………… 3
二、民族地区扶贫规划和政策 ……………………………………………………… 8
　（一）国家扶贫规划和政策 ……………………………………………………… 8
　（二）民族地区扶贫规划和政策 ………………………………………………… 12
三、民族地区是深度贫困地区的集中地带，深度贫困成因复杂 ………………… 14
　（一）深度贫困地区主要集中在民族地区 ……………………………………… 14
　（二）深度贫困的成因及我国已采取的有针对性措施 ………………………… 15
四、习近平总书记"破解深度贫困"扶贫开发思想 ……………………………… 16
　（一）主要内容 …………………………………………………………………… 16
　（二）"破解深度贫困"是习近平扶贫开发重要战略思想的最新发展
　　　………………………………………………………………………………… 17
五、加快推进民族地区精准脱贫和精准扶贫的政策思考 ………………………… 18
　（一）正确认识民族地区脱贫攻坚与扶贫开发之间的关系 …………………… 18
　（二）关注深度贫困地区和深度贫困群体 ……………………………………… 19
　（三）分析深度贫困的根源，找准脱贫攻坚的发力点 ………………………… 20
　（四）发挥政府低交易成本优势，推进产业扶贫 ……………………………… 23
　（五）加强对扶贫政策自身的研究 ……………………………………………… 24

第二章　内蒙古自治区扶贫进展报告 ········ 25

一、2016 年内蒙古自治区贫困变化情况 ········ 25
（一）2016 年内蒙古自治区经济社会发展概况 ········ 26
（二）2016 年内蒙古自治区贫困概况 ········ 26
（三）2010—2016 年内蒙古自治区贫困变化概况 ········ 33

二、2016 年内蒙古自治区精准扶贫的主要政策与手段 ········ 35
（一）强化组织保障，推进扶贫攻坚 ········ 36
（二）加大扶贫投入，惠及贫困地区 ········ 36
（三）实施重点工程项目，实现可持续脱贫 ········ 37
（四）创新扶贫机制，坚持精准监督 ········ 45

三、2016 年内蒙古自治区脱贫情况 ········ 46
（一）2014—2016 年内蒙古脱贫人口数量及分布 ········ 46
（二）2016 年内蒙古脱贫工作成效 ········ 47

四、2016 年内蒙古自治区未脱贫人口分布及原因 ········ 50
（一）不精准问题依然存在 ········ 50
（二）因病致贫、返贫扶贫难度极大 ········ 50
（三）产业扶贫缺乏可持续性 ········ 51
（四）"思想贫困"根深蒂固 ········ 52

五、内蒙古自治区精准扶贫、精准脱贫与巩固提升的思路 ········ 55

第三章　宁夏回族自治区扶贫进展报告 ········ 57

一、2016 年宁夏回族自治区贫困变化情况 ········ 58
（一）经济发展概况 ········ 58
（二）贫困变化情况 ········ 60

二、2016 年宁夏回族自治区精准扶贫的主要政策和手段 ········ 67
（一）精准扶贫体系 ········ 67
（二）精准脱贫路径 ········ 73
（三）精准扶贫主要手段 ········ 76

三、2016 年宁夏回族自治区脱贫人口的分布与特征 ········ 80
（一）脱贫人口的分布 ········ 80
（二）脱贫人口的特征 ········ 80

四、2016年宁夏回族自治区未脱贫人口的分布与原因 ········· 80
　（一）未脱贫人口的分布 ··· 80
　（二）2016年宁夏回族自治区未脱贫人口的原因 ··········· 82
五、宁夏回族自治区精准扶贫、精准脱贫与巩固提升的思路 ··· 84
　（一）坚持发展特色产业，建立脱贫产业扶持平台 ········· 84
　（二）扎实推进金融扶贫，建立金融扶贫示范区 ············ 85
　（三）扶贫与扶志相结合，增强贫困人口发展能力 ········· 85
　（四）提高公共服务水平，推进区域整体发展 ··············· 86
六、典型案例："蔡川模式"——邮储银行宁夏分行在固原蔡川村的金融精准扶贫实践 ··· 37
　（一）"蔡川模式"的主要做法 ································ 87
　（二）"蔡川模式"取得的成效 ································ 90
　（三）"蔡川模式"的几点启示 ································ 91

第四章 新疆维吾尔自治区扶贫进展报告 ························· 93
一、2016年新疆维吾尔自治区贫困变化情况 ·················· 94
　（一）地方经济取得较快增长 ·································· 94
　（二）农牧民收入大幅提高 ····································· 95
　（三）居民储蓄存款快速增加 ·································· 98
　（四）地方财政收支均保持高速增长 ························· 99
　（五）脱贫攻坚取得重大进展　贫困发生率大幅下降 ····· 101
二、2016年新疆维吾尔自治区精准扶贫的主要政策与手段 ··· 103
　（一）根据中央的决策与部署，制定了全区脱贫攻坚方略 ··· 103
　（二）确立了"以片为主，点线并举"的扶贫攻坚空间推进战略
　　　　 ··· 105
　（三）整合扶贫资源，形成专项扶贫、行业扶贫、社会扶贫、援疆扶贫"四位一体"的扶贫机制 ··········· 107
　（四）制定实施方案，开展"十大专项行动" ············ 108
　（五）财政、金融先行，全面构建扶贫政策支持体系 ···· 112
三、2016年新疆维吾尔自治区脱贫人口的分布与特征 ······ 113
　（一）2016年新疆脱贫人口的分布 ·························· 113
　（二）2016年新疆脱贫人口的分布特征 ····················· 115

四、2016年新疆维吾尔自治区未脱贫人口的分布及原因 …………… 116
 （一）未脱贫人口分布 ……………………………………………… 116
 （二）未脱贫原因 …………………………………………………… 118
五、新疆维吾尔自治区精准扶贫、精准脱贫与巩固提升的思路 ……… 121
 （一）强化顶层设计 ………………………………………………… 121
 （二）加大区内外资金对扶贫攻坚投入 …………………………… 121
 （三）加快产业发展 ………………………………………………… 122
 （四）强化转移就业在脱贫攻坚中的作用 ………………………… 122
六、典型案例 …………………………………………………………… 123
 （一）叶城县：发展庭院经济，助力脱贫攻坚 …………………… 123
 （二）阿图什市：土地整治，拓展出发展空间 …………………… 126

第五章　西藏自治区扶贫进展报告 ……………………………………… 129

一、2016年西藏自治区贫困变化情况 …………………………………… 130
 （一）西藏自治区经济运行情况 …………………………………… 130
 （二）2016年西藏自治区减贫情况 ………………………………… 132
二、2016年西藏自治区精准扶贫的主要政策与手段 …………………… 136
 （一）西藏自治区扶贫政策 ………………………………………… 137
 （二）西藏自治区扶贫手段 ………………………………………… 138
三、2016年西藏自治区脱贫人口的分布与特征 ………………………… 145
 （一）2016年西藏自治区脱贫摘帽县考核基本情况 ……………… 145
 （二）2016年西藏自治区脱贫摘帽县脱贫人口情况 ……………… 146
 （三）2016年西藏自治区贫困县成功摘帽的原因 ………………… 147
四、2016年西藏自治区贫困人口未脱贫原因分析 ……………………… 149
 （一）贫困户主动脱贫意识差，发展意识不强 …………………… 149
 （二）生存环境恶劣，自然条件难以改变 ………………………… 150
 （三）经济总体水平较低，产业结构过渡不合理 ………………… 150
 （四）社会参与度不高，结对帮扶意识存在偏差 ………………… 150
 （五）致贫因素复杂化，致贫原因叠加 …………………………… 151
五、西藏自治区精准扶贫、精准脱贫与巩固提升的几点建议 ………… 151
 （一）凝聚共识，加强社会文明和现代性建设 …………………… 152
 （二）瞻前顾后，加强脱贫攻坚的稳固性和可持续性 …………… 152

（三）全员参与，多轮驱动构建大的扶贫格局 ……………………… 153
（四）先难后易，坚持可持续发展 ………………………………… 154
（五）治边稳藏，安民富民 ………………………………………… 154

第六章 广西壮族自治区扶贫进展报告 ………………………………… 157
一、2016年广西壮族自治区贫困变化情况 …………………………… 157
（一）2016年广西壮族自治区主要经济指标变化 ………………… 157
（二）2016年广西壮族自治区减贫情况 …………………………… 160
二、2016年广西壮族自治区精准扶贫的主要政策与手段 …………… 162
（一）2016年广西扶贫的主要政策 ………………………………… 163
（二）2016年广西扶贫工作主要成果 ……………………………… 170
三、2016年广西壮族自治区脱贫人口的分布与特征 ………………… 172
（一）广西壮族自治区2016年度脱贫人口分布 …………………… 173
（二）2016年广西脱贫人口的分布特征 …………………………… 130
四、2016年广西壮族自治区未脱贫人口的分布与原因 ……………… 182
（一）2016年广西壮族自治区未脱贫人口的分布 ………………… 182
（二）2016年广西壮族自治区未脱贫人口特征与原因 …………… 188
五、广西壮族自治区精准扶贫、精准脱贫与巩固提升的思路 ……… 191
（一）积极改革创新，着力推动扶贫产业大发展 ………………… 192
（二）加快推进易地扶贫搬迁，着力加强后续发展扶持 ………… 192
（三）加快推进培训就业创业，着力促进贫困人口有效增收 …… 193
（四）实施贫困村提升工程，花大力气补齐贫困村脱贫摘帽短板
………………………………………………………………… 193
（五）强化政策扶持，下大功夫建立和发展贫困村集体经济 …… 194
（六）加大扶贫资金投入，着力强化资金使用监管 ……………… 195
（七）调整完善脱贫摘帽标准，确保从严从稳精准脱贫 ………… 195
（八）凝聚社会各界力量，合力推动脱贫攻坚 …………………… 196
六、典型案例 ……………………………………………………………… 196
（一）陆川县脱贫攻坚实现摘帽 …………………………………… 196
（二）合山市脱贫摘帽 ……………………………………………… 197
（三）邕宁区脱贫攻坚摘帽 ………………………………………… 199

第七章 贵州省扶贫进展报告 ················· 201
一、2016年贵州省贫困变化情况 ············· 201
（一）人口发展与民族分布 ················ 201
（二）经济发展情况 ···················· 204
（三）贵州居民收入和支出情况 ············· 206
（四）贵州贫困变化情况 ·················· 208
二、2016年贵州省精准扶贫的主要政策和手段 ····· 213
（一）"三变"改革成效明显 ················ 214
（二）强力推进"大扶贫"战略行动 ··········· 214
（三）坚持以人民为中心的发展思想，全力保障改善民生 ··· 216
三、2016年贵州省脱贫人口的分布与特征 ········ 217
（一）集中连片特困地区脱贫人口的分布与特征 ··· 217
（二）各市（州）脱贫人口的分布与特征 ······ 217
四、2016年贵州省未脱贫人口的分布与特征 ······ 220
五、贵州省精准扶贫、精准脱贫与巩固提升的思路 ··· 224
（一）走可持续脱贫致富之路 ·············· 224
（二）以红色文化助推扶贫攻坚 ············· 225
（三）深入推进、开展健康扶贫工程 ·········· 226
（四）开展劳务输出扶贫措施 ·············· 226
（五）开展精准扶贫学生资助，深化教育扶贫措施 ··· 227
（六）开展生态扶贫 ···················· 227
六、典型案例 ························· 228
（一）盘州市贾西村创新"四机制"破解深度贫困难题 ··· 228
（二）铜仁市贫困村提升工程 ·············· 231

第八章 青海省扶贫进展报告 ················· 233
一、2016年青海省贫困变化情况 ············· 233
（一）脱贫目标如期完成 ················· 234
（二）扶贫资金大幅增长 ················· 234
（三）脱贫攻坚重点工程成效显著 ············ 234
二、2016年青海省精准扶贫的主要政策与手段 ····· 236
（一）坚持着眼长远，统筹谋划部署 ·········· 236

（二）强化脱贫攻坚的组织领导 ……………………………… 237
　　（三）全面构建精准扶贫政策体系 …………………………… 238
　　（四）切实打牢精准脱贫基础 ………………………………… 238
　　（五）推进"八个一批"行动计划 …………………………… 239
　　（六）补齐短板、提升水平，着力破除贫困地区发展瓶颈制约
　　　　　………………………………………………………………… 241
　　（七）强化认识、增能强技，着力强化扶贫干部"能担当" …… 241
　　（八）深化扶贫攻坚工作机制创新 …………………………… 241
　　（九）健全制度、强化宣传，着力营造脱贫攻坚"大氛围" …… 243
三、2016 年青海省脱贫人口的分布 ………………………………… 244
四、2016 年青海省未脱贫人口的分布与原因 ……………………… 245
　　（一）未脱贫人口分布 ………………………………………… 245
　　（二）面临困难 ………………………………………………… 247
　　（三）存在问题 ………………………………………………… 248
　　（四）以海东为例 ……………………………………………… 248
五、青海省精准扶贫、精准脱贫与巩固提升的思路 ………………… 249
　　（一）细化 2017 年脱贫攻坚的目标和任务 ………………… 249
　　（二）清醒认识存在的突出问题 ……………………………… 249
　　（三）强化组织实施 …………………………………………… 250
　　（四）创新体制机制 …………………………………………… 251
六、青海脱贫攻坚典型案例 …………………………………………… 254
　　（一）青海大力发展"拉面脱贫产业"助推脱贫攻坚 ……… 254
　　（二）青海玉树州通过攻克重大传染病和地方病助推脱贫攻坚 …… 258

第九章　云南省扶贫进展报告 ……………………………………… 263
一、2016 年云南省贫困变化情况 …………………………………… 264
　　（一）2016 年云南省经济社会发展概况 …………………… 264
　　（二）2016 年云南省贫困变化总体状况 …………………… 264
　　（三）2016 年云南省贫困地区农民收支状况 ……………… 265
二、2016 年云南省精准扶贫的主要政策与手段 …………………… 267
　　（一）2016 年云南省精准扶贫的主要政策 ………………… 267
　　（二）扶贫资金 ………………………………………………… 272

（三）主要手段 …………………………………………………………… 275
三、2016年云南省脱贫人口的分布与特征 ……………………………………… 278
　　（一）2016年贫困县退出计划 …………………………………………… 278
　　（二）2016年云南省各州（市）贫困变化状况 ………………………… 279
　　（三）2016年云南省贫困县脱贫摘帽特征 ……………………………… 285
四、2016年云南省未脱贫人口的分布与原因 …………………………………… 286
　　（一）2016年云南省未脱贫人口分布及特征 …………………………… 286
　　（二）2016年云南省未脱贫人口原因 …………………………………… 288
五、云南省精准扶贫、精准脱贫与巩固提升的思路 …………………………… 291
　　（一）总体思路 …………………………………………………………… 291
　　（二）具体策略 …………………………………………………………… 292
　　（三）保障机制 …………………………………………………………… 295
六、典型案例：东西部协作和对口支援的典型模式——沪滇协作 …………… 297
　　（一）东西部协作与对口支援的背景 …………………………………… 297
　　（二）沪滇合作的主要举措及成效 ……………………………………… 298
　　（三）进一步推动沪滇扶贫协作的对策与思考 ………………………… 302
　　（四）案例启示与经验推广 ……………………………………………… 303

参考文献 ……………………………………………………………………………… 305

第一章 中国少数民族地区扶贫进展总报告

党的十八大提出了到 2020 年全面建成小康社会的奋斗目标，这是我们党向人民、向历史做出的庄严承诺。党的十八大以来，在习近平总书记"精准扶贫、精准脱贫"扶贫开发思想指导下，我国创新扶贫方式，增大扶贫工作力度，扶贫开发工作呈现新的局面。"十三五"时期是民族地区脱贫攻坚的关键时期，在过去的一年多时间内，我们党和政府密集出台了大量脱贫攻坚规划和文件，民族地区脱贫攻坚进入新的历史时期。

一、民族地区贫困状况

2016 年是"十三五"开局之年，在国家各部门和社会各界的大力支持下，我国民族地区经济社会全面发展，贫困人口大幅减少，人民生活水平得到显著提高，民族地区精准扶贫和精准脱贫工作取得了巨大成绩。

（一）民族地区基本情况

我国民族地区通常指民族八省（区），包括五个民族自治区，即内蒙古自治区、广西壮族自治区、新疆维吾尔自治区、西藏自治区和宁夏回族自治区，以及贵州、云南和青海三个少数民族人口集中的省份。2016 年，我国民族地区经济社会全面发展，发展速度超过全国水平，与全国差距不断缩小。

如表 1-1 所示，截至 2016 年底，民族八省（区）常住人口达 1.97 亿人，占全国总人口的比例为 14.2%。民族八省（区）2016 年底城镇化率为 48.4%，比 2015 年提高了 1.4 个百分点，但与全国 2016 年底 57.4% 的城镇化率相比，民族地区仍低 9 个百分点。2016 年民族八省（区）地区生产总值达到 8 万亿元，占当年全国国民生产总值的 10.7%，比 2015 年占比略微下降了 0.3 个百分点。从图 1-1 可以看出，按可比价格，民族八省（区）2016 年经济增长 8%，比全国经济增长速度高出 0.3

个百分点。2011—2016年，民族八省（区）与全国经济增长速度都呈现下降的趋势，但民族八省（区）经济增速明显高于全国经济增速；按可比价格，2011—2016年，民族八省（区）地区生产总值年均增速达10.2%，比同期全国国民生产总值年均增速7.6%高出2.6个百分点。

表1-1 2011—2016年民族八省（区）基本情况

年份 指标	2011	2012	2013	2014	2015	2016
年底常住人口（万人）	18946	19076	19214	19342	19519	19681
占全国比例（%）	14.1	14.1	14.1	14.1	14.2	14.2
年底城镇人口比例（%）	41.6	43.1	44.3	45.7	47.0	48.4
全国城镇人口比例（%）	51.3	52.6	53.7	54.8	56.1	57.4
GDP（亿元）	51664	58519	65245	70774	74736	79972
占全国比例（%）	10.7	11.0	11.1	11.1	11.0	10.7
第一产业比重	13.4	13.4	13.4	13.2	13.4	13.4
第二产业比重	48.4	47.4	46.6	45.9	44.2	43.1
第三产业比重	38.1	39.3	40.0	40.9	42.4	43.5

资料来源：历年《中国统计年鉴》，2016年数据来源《中国统计摘要2017》。

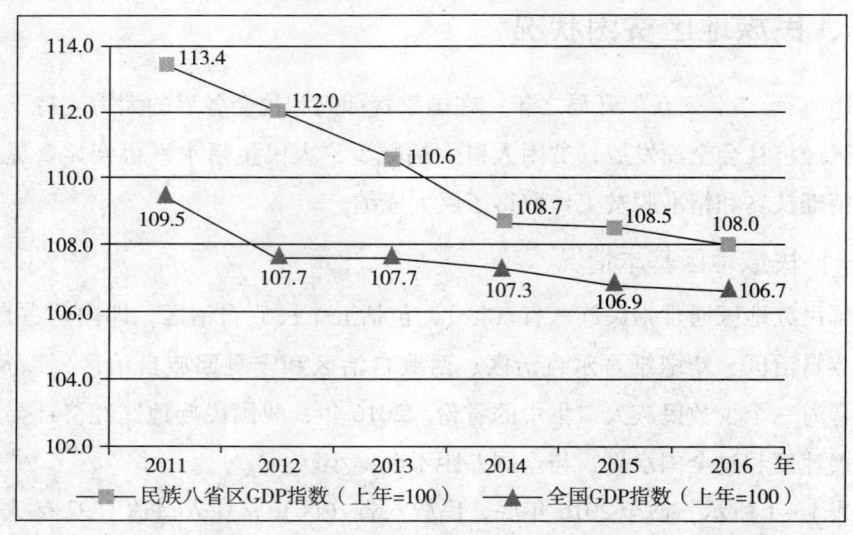

图1-1 2011—2016年民族八省（区）GDP指数（上年=100）
资料来源：历年《中国统计年鉴》，2016年数据来源《中国统计摘要2017》。
注：GDP指数按照可比价格计算。

截至2016年，民族地区三次产业结构为13.4∶43.1∶43.5，与2015年相比，第一产业比重不变，第二产业比重略微下降，第三产业比重略微上升，并开始超过第二产业，显示出工业化进程稳步推进中，整体上处于工业化中期阶段。2016年全国三次产业结构为8.6∶39.8∶51.6，第一产业比重低，第三产业比重明显超过第二产业，处于工业化后期阶段。从产业结构上来看，民族地区整体工业化水平与全国相比存在一定差距。

截至2016年，民族八省（区）全社会固定资产投资达8.18万亿元，占全国固定资产投资总额的13.5%，与2015年比例相比略微上升0.5个百分点；地方财政公共预算收入为0.9万亿元，占全国地方财政公共预算总收入的10.4%，比2015年比例略微下降0.3个百分点；全社会消费品零售额达2.81万亿元，占全国消费品零售总额的比例为8.4%，与2015年比例持平。2011—2016年，民族八省（区）这三项经济指标年均增速均明显超过全国平均增速，其中全社会固定资产投资增速更是超出全国增速4个百分点。（见表1-2）

表1-2　2015年和2016年民族八省（区）主要经济指标

指标	2015年	2016年	2011—2016年均增速	
			民族八省（区）	全国
全社会固定资产投资（亿元）	73201	81846	16.8	12.8
占全国比例（%）	13.0	13.5		
财政公共预算收入（亿元）	8899	9027	12.7	10.6
占全国比例（%）	10.7	10.4		
消费品零售总额（亿元）	25337	28063	12.4	10.3
占全国比例（%）	8.4	8.4		

资料来源：历年《中国统计年鉴》，2016年数据来源《中国统计摘要2017》。

注：年均增速按可比价格计算，其中价格指数分别使用民族八省（区）和全国的GDP平减指数。

（二）民族地区农村贫困情况

民族地区由于历史、地理等原因，困难群众多、贫困程度深，脱贫任务重。在"十三五"开局之年，国家对民族地区的扶贫攻坚力度持续加大，民族地区农村贫困人口大幅下降，贫困状况发生了明显改变。

1. 贫困县分布

如表1-3所示，2012年国务院扶贫办确定的592个国家扶贫重点县中，位于民族八省（区）的有232个，占国家扶贫重点县总数的39.2%；而位于民族地区［包括民族八省（区）、八省区以外其他省份的民族自治州、自治县］的有299个，占国家扶贫重点县总数的50.5%。2012年国家公布的14个集中连片特殊困难地区680个县中位于民族八省（区）的有292个，占总数的42.9%，位于民族地区的

（同上）的有421个，占总数的61.9%。

表1-3 民族地区贫困县分布

地区	国家扶贫开发工作重点县数量	集中连片特困地区县数量	地区	国家扶贫开发工作重点县数量	集中连片特困地区县数量
河北	3	2	四川	20	42
内蒙古	31	8	贵州	50	65
吉林	4		云南	73	85
湖北	9	10	甘肃	14	18
湖南	10	13	青海	15	40
广西	28	29	宁夏	8	7
海南	3		新疆	27	24
重庆	4	4	西藏		74
合计a	232	332	合计b	299	421

注：(1) a表示民族八省（区），b表示民族地区，指民族八省（区），八省区以外其他省份的民族自治州、自治县。

(2) 国家扶贫开发工作重点县和集中连片特困地区县名单来源2012年国务院扶贫办公布的名单。民族自治州和自治县名单来源《中国民族统计年鉴2013》。

民族地区内部，国家扶贫开发重点县主要集中在云南、贵州、内蒙古、广西和新疆五个省区，合计209个县市，占民族地区全部国家贫困县的70%；而民族地区集中连片特困地区县主要集中在云南、贵州、西藏、青海、新疆、广西六个省区，合计317个县市，占全部民族地区集中连片特困县的75%。民族地区中，除了西藏和四省藏区外，云南、贵州、广西、新疆都是贫困县集中的地区。

2. 贫困人口分布

据国家统计局对全国31个省（自治区、直辖市）16万户农村居民家庭的抽样调查，按年人均收入2300元（2010年不变价）的国家农村扶贫标准测算，2016年民族八省（区）农村贫困人口为1411万人，全年有402万人脱贫，脱贫人口数占全国总脱贫人口数的33%。2016年民族八省（区）农村贫困人口占全国农村贫困总人口的32.5%，与2015年占比持平。（见表1-4）

表1-4 2010—2016年民族八省（区）贫困人口

指标/地区	2010	2011	2012	2013	2014	2015	2016
贫困标准（元）	2300	2536	2625	2736	2800	2855	3100
民族八省（区）（万人）	5040	3917	3121	2562	2205	1813	1411
全国（万人）	16567	12238	9899	8249	7017	5575	4355

续表

指标/地区	2010	2011	2012	2013	2014	2015	2016
八省区占全国比重（%）	30.4	32.0	31.5	31.1	31.4	32.5	32.5
内蒙古（万人）	258	160	139	114	98	80	53
广西（万人）	1012	950	755	634	538	452	341
贵州（万人）	1521	1149	923	745	623	493	402
云南（万人）	1468	1041	804	661	574	471	373
西藏（万人）	117	106	85	72	61	59	34
青海（万人）	118	108	82	63	52	52	31
宁夏（万人）	77	77	60	51	45	37	30
新疆（万人）	469	353	273	222	212	185	147

注：（1）民族八省（区）和全国贫困人口数来源《中国统计摘要2017》。
（2）贫困标准来源《中国农村贫困监测报告2016》，2016年贫困标准为近似数。

表1-5　2010—2016年民族八省（区）贫困发生率　　　　（%）

年份 地区	2010	2011	2012	2013	2014	2015	2016
民族八省（区）	34.1	26.5	20.8	17.1	14.7	12.1	9.4
全国	17.2	12.7	10.2	8.5	7.2	5.7	4.5
内蒙古	19.7	12.2	10.6	8.5	7.3	5.6	3.9
广西	23.9	18.3	14.4	12.0	9.8	10.5	7.9
贵州	45.1	33.4	26.8	21.3	18.0	14.7	11.7
云南	39.6	27.1	21.6	17.7	15.5	12.7	10.1
西藏	49.2	43.9	35.2	28.8	23.7	18.6	13.2
青海	31.5	28.5	21.6	16.4	13.4	10.9	8.0
宁夏	18.3	18.3	14.2	12.5	10.8	8.9	7.2
新疆	44.6	32.9	25.4	19.8	18.6	15.8	12.9

注：民族八省（区）2010—2015年贫困发生率数据来源《中国农村贫困监测报告2016》，2016年贫困发生率根据《中国统计摘要2017》中的贫困人口数估计得到。

民族八省（区）2016年贫困发生率为9.4%，与2015年的贫困发生率12.1%相比，大幅下降2.7个百分点，同期全国贫困发生率仅下降1.2个百分点，说明"十三五"开局之年，民族地区加大了扶贫开发力度，反贫困工作取得了显著成效。但与全国贫困发生率相比，民族地区仍明显偏高，2016年全国贫困发生率已经降至4.5%，民族地区与之相比，高出4.9个百分点。（见表1-5）

2016年，民族八省（区）减贫比例为22.2%，与2015年相比，减贫比例上升4.4个百分点。如图1-2所示，2011—2016年，民族地区减贫比例的变化趋势与全

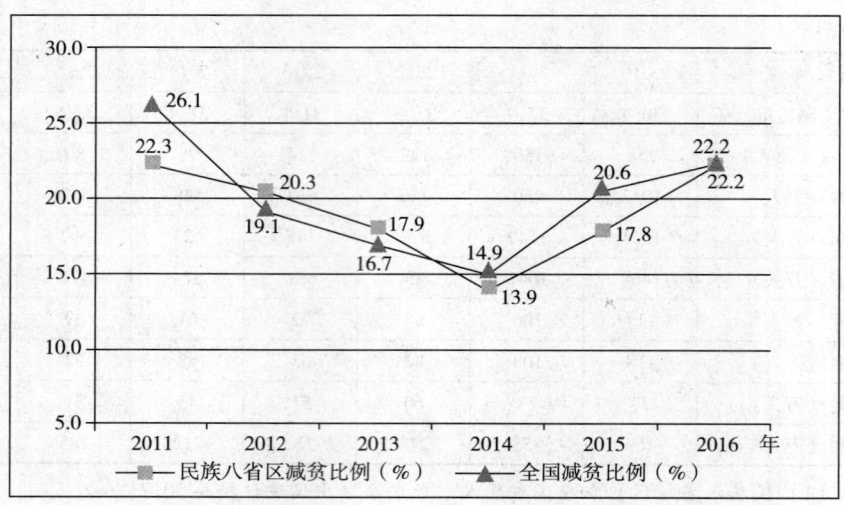

图1-2 民族八省（区）和全国减贫比例

注：（1）民族八省（区）和全国贫困人口数来源《中国统计摘要2017》。
（2）贫困标准来源《中国农村贫困监测报告2016》，2016年贫困标准为近似数。

国基本保持同步；2011—2014年，减贫比例不断下降，但2015—2016年减贫比例大幅攀升。这表明近两年来民族地区在国家的大力支持下，扶贫开发工作取得显著成绩。为了实现2020年全面脱贫的宏伟目标，民族地区从2015年开始，加大了扶贫开发投入力度。随着扶贫开发的深入，仍未脱贫的少数民族贫困地区和贫困群众是扶贫攻坚的"硬骨头"，民族地区的扶贫攻坚任务越来越重，在2016年取得这样的成绩是极为难得的。

民族八省（区）内部，到2016年贫困人口最多的三个地区分别是贵州、云南和广西，这三个省区贫困人口数占民族八省（区）贫困人口总数的79.1%。民族八省（区）内部，贫困程度比较深的地区是西藏、新疆、云南和贵州，2016年贫困发生率均超过10%。

3. 农村地区人均收入和支出

从总体来看，2016年民族地区农村居民收入和消费水平增长较快，与全国平均水平的相对差距进一步缩小。（见表1-6）

表1-6 2010—2016年民族八省（区）农村居民可支配收入与消费支出情况

指标	地区	2010年	2011年	2012年	2013年	2014年	2015年	2016年	2011—2016年均增速（%）
农村居民人均可支配收入（元）	民族八省（区）	4251	5017	5779	7180	8012	8777	9577	11.4
	全国	5919	6977	7917	9430	10489	11422	12363	10.1
	相对差距（%）	-28.2	-28.1	-27.0	-23.9	-23.6	-23.2	-22.5	
农村居民人均消费支出（元）	民族八省（区）	3424	4141	4784	6116	6796	7516	8213	12.6
	全国	4382	5221	5908	7485	8383	9223	10130	12.0
	相对差距（%）	-21.9	-20.7	-19.0	-18.3	-18.9	-18.5	-18.9	
农村居民恩格尔系数（%）	民族八省（区）	44.9	43.3	41.9	39.7	37.8	36.5	36.1	
	全国	41.1	40.4	39.3	34.1	33.6	33.0	32.2	

资料来源：历年《中国统计年鉴》和《中国统计摘要2017》。

注：（1）年均增速按可比价格计算，价格指数为城镇和农村地区的居民消费价格指数。

（2）2010—2012年农村居民人均可支配收入统计口径为人均纯收入；农村居民恩格尔系数是各省区恩格尔系数的加权均值，权重是各省区农村居民总消费支出，民族八省（区）农村居民恩格尔系数2016年数据来自各省区2016年统计公报。

可支配收入方面。截至2016年，民族八省（区）农村（含牧区，下同）居民人均可支配收入达到9577元，比2015年增长9.1%，扣除价格因素，实际增长7.4%。按可比价格计算，2011—2016年民族八省（区）农村居民人均可支配收入年均增速为11.4%，比全国平均增速高出1.3个百分点。从表1-6中可以明显看出，2010—2016年，民族八省（区）农村居民人均可支配收入与全国的相对差距不断缩小，2010年比全国平均水平低28.2%，到2016年仅比全国平均水平低22.5%，相对差距缩小5.7个百分点。

消费支出方面。截至2016年，民族八省（区）农村居民人均消费支出达到8213元，比2015年增长9.3%，扣除价格因素，实际增长7.6%。按可比价格计算，2011—2016年民族八省（区）农村居民人均消费支出年均增速为12.6%，比全国平均增速高0.6个百分点。从总体上来看，2010—2016年民族八省（区）城镇居民人均消费支出水平与全国平均水平的相对差距呈现缓慢缩小态势，到2016年，民族八省（区）农村居民人均消费支出绝对水平比全国平均水平低18.9%。

恩格尔系数方面。2016年民族八省（区）农村居民恩格尔系数为36.6%，与全国农村居民恩格尔系数相比，民族八省（区）高出3.9个百分点，与2015年相比，绝对差距略有上升。2016年民族八省（区）农村居民恩格尔系数比2015年仅下降0.4个百分点，而同期全国农村居民恩格尔系数下降0.8个百分点。从恩格尔系数上来看，民族八省（区）农村居民生活水平相比全国平均水平还存在一定差距。

二、民族地区扶贫规划和政策

民族地区脱贫攻坚取得的巨大成就离不开国家的支持。2016年以来国家密集出台了大量扶贫规划和政策，在这些规划和政策中，民族地区都是扶贫攻坚的重点地区。

（一）国家扶贫规划和政策

自2016年以来，以《"十三五"脱贫攻坚规划》为代表，国家出台了一系列扶贫规划和政策，为民族地区脱贫攻坚提供了有力支持。

1. "十三五"扶贫规划

2016年11月，国务院颁布《"十三五"脱贫攻坚规划》（以下简称《规划》）。《规划》是扶贫开发领域的第一个五年规划，阐明了"十三五"时期国家脱贫攻坚总体思路、基本目标、主要任务和重大举措，是指导各地脱贫攻坚工作的行动指南。《规划》进一步明确了脱贫攻坚的目标任务：到2020年，稳定实现现行标准下农村贫困人口不愁吃、不愁穿，义务教育、基本医疗和住房安全有保障（"两不愁、三保障"）。贫困地区农民人均可支配收入比2010年翻一番以上，增长幅度高于全国平均水平，基本公共服务主要领域指标接近全国平均水平。确保我国现行标准下农村5630万人建档立卡贫困人口实现脱贫，12.8万个建档立卡贫困村有序摘帽，832个贫困县全部脱贫，解决区域性整体贫困。

《规划》指出，要坚持精准扶贫、精准脱贫的原则，以"六个精准"统领贫困地区脱贫攻坚工作，将产业发展、转移就业、易地扶贫搬迁、教育扶贫、健康扶贫、生态保护、兜底保障、社会扶贫、提升内生发展能力九个领域作为脱贫攻坚的主要途径。

针对民族地区人才短缺、公共服务弱的问题，《规划》特别指出，要实施好边远贫困地区、边疆民族地区和革命老区人才支持计划教师专项计划，每年向"三区"选派3万名支教教师；加强民族医药基础理论和临床应用研究，加强民族医医院、民族医特色专科能力建设，加快民族药药材和制剂标准化建设，加强民族医医师和城乡基层民族医药专业技术人员培养培训工作等内容。

针对民族地区扶贫开发与资源环境相协调的问题，《规划》指出要继续实施退耕还林还草工程、退牧还草工程，并向贫困地区、贫困人口倾斜；继续加强青海三江源生态保护和建设;继续加大滇桂黔石漠化区、滇西边境山区、乌蒙山区和武陵山区等贫困地区石漠化治理力度;继续推进内蒙古、西藏等地的沙化土地封禁保护区建设工程;在内蒙古、新疆等地实施农牧交错带已垦草原综合治理工程;在内蒙古、新疆等地继续实施草原生态保护补助奖励,中央财政按照每亩每年7.5元的测算标准,对禁牧和禁牧封育的牧民给予补助,补助周期5年;实施草畜平衡奖励,中央财政对未超载放牧牧民按照每亩每年2.5元的标准给予奖励等内容。

针对民族地区基础设施薄弱的问题,《规划》特别指出,要加强革命老区、民族地区、边疆地区、集中连片特困地区对外运输通道建设;加快建设贵州夹岩、西藏拉洛等大型水库工程及一批中小型水库工程;积极推动能源开发建设重大项目,跨区域重大能源输送通道项目,以及风电、光伏等新能源项目,同等条件下优先在贫困地区规划布局;重点扶持西藏、四省藏区和少数民族贫困地区小水电扶贫开发工作等内容。

针对少数民族集中的特殊贫困地区和贫困群体,《规划》特别提出,实施少数民族特困地区和特困群体综合扶贫工程,出台人口较少民族整体脱贫的特殊政策措施;推进人口较少民族整族整村精准脱贫;要编制边境扶贫专项规划,大力推进兴边富民行动,实施沿边地区交通基础设施改造提升工程、产业兴边工程和民生安边工程,加大对边境地区的财政转移支付力度,完善边民补贴机制;实施少数民族特色村镇保护与发展工程,重点建设一批少数民族特色村寨和民族特色小镇,支持少数民族传统手工艺品保护与发展等内容。

2. 易地扶贫搬迁

易地扶贫搬迁是实现精准扶贫、精准脱贫基本方略的重要举措,是脱贫攻坚的标志性工程。经国务院批准,国家发展改革委于2016年9月印发《全国"十三五"易地扶贫搬迁规划》,对易地扶贫搬迁工作做出了详细部署。《规划》明确提出,到2020年,实现约981万建档立卡贫困人口的搬迁安置,搬迁对象住房安全得到有效保障,安全饮水、出行、用电、通信需求得到基本满足,享有便利可及的教育、医疗等基本公共服务,有稳定的收入渠道,生活水平明显改善,全部实现稳定脱贫。

易地扶贫搬迁迁出区范围涉及全国22个省(区、市)约1400个县(市、区),迁出区域主要为自然条件严酷、生存环境恶劣、发展条件严重欠缺且建档立卡贫困人口相对集中的农村贫困地区(边境一线地区因守土成边的需要,不纳入迁出范围)。上述迁出范围内有需要实施易地扶贫搬迁的建档立卡贫困人口约981万人,各地计划同步搬迁约647万人。如表1-7所示,民族八省(区)需要实施易地扶贫搬迁的建档立卡贫困人口为348.3万人，占全部贫困人口的35.5%。民族八省（区）易地扶贫搬迁人口集中在西南地区，云南、贵州和广西三省区合计需要搬迁295万贫困人口，占民族八省（区）的84.7%。

表1-7 "十三五"期间民族地区易地扶贫搬迁贫困人口分布

单位：万人

地区	搬迁人口	地区	搬迁人口
内蒙古	20	西藏	2.5
宁夏	8	云南	65
新疆	11	贵州	130
青海	11.8	广西	100
		合计	348.3

3. 基础设施建设脱贫工程

国家各部委相继出台政策，实施贫困地区基础设施建设脱贫工程。2015年12月，国家能源局印发《关于加快贫困地区能源开发建设推进脱贫攻坚的实施意见》，提出继续实施农村电网改造升级工程，特别是实施西藏、四省藏区和新疆农村电网建设攻坚战；制订和实施《贫困地区农村电网改造升级规划》，提升贫困地区供电水平，实现贫困地区动力电全覆盖；精准实施光伏扶贫工程等政策。

2016年3月，国家发展改革委印发《关于支持贫困地区农林水利基础设施建设推进脱贫攻坚的指导意见》，明确"十三五"时期，农林水利建设中央预算内投资用于贫困地区的比重达到40%左右；以加快国务院确定的172项重大水利工程建设为统领，优先启动实施贫困地区重大水利工程项目；支持贫困地区合理开发小水电；实施农村饮水安全巩固提升工程；加快贫困地区水库移民脱贫解困步伐。

2016年5月，国家发展改革委、交通运输部、国务院扶贫办联合印发《关于进一步发挥交通扶贫脱贫攻坚基础支撑作用的实施意见》，明确以革命老区、民族地区、边疆地区和贫困地区为重点，以"百万公里农村公路、百项重大工程"为抓手，到2020年在贫困地区建设广覆盖、深通达、提品质的交通运输网络，基本消除贫困地区发展的交通瓶颈。

2016年10月，中央网信办、国家发展改革委、国务院扶贫办联合印发《网络扶贫行动计划》，提出要实施网络覆盖工程，优先支持民族地区、边疆地区、革命老区和贫困地区的网络覆盖工程；组织开发适合贫困地区特别是少数民族边远地区特点和需求的移动APP，推动民族语言语音、视频技术研发，消除少数民族群众使用移动终端和信息服务时的语言障碍；实施农村电商工程、互联网金融工程、网络扶智工程、信息服务工程、网络公益工程等。同年11月，国家发展改革委、中国农业发展银行签署合作框架协议，安排意向额度1000亿元的优惠贷款用于支持国家级贫困县的网络扶贫工作。

4. 公共服务提升脱贫工程

国家各部委出台相关政策，实施贫困地区公共服务提升脱贫工程。2016年6月，国家卫计委、国务院扶贫办、国家发展改革委等15个部门联合发布《关于实施健康扶贫工程的指导意见》（以下简称《意见》），提出要提高医疗保障水平，切实减轻农村贫困人口医疗费用负担；对患大病和慢性病的农村贫困人口进行分类救治；实施全国三级医院与连片特困地区县和国家扶贫开发工作重点县县级医院一对一帮扶等政策。《意见》提出，接收贫困地区、革命老区、民族地区和边疆地区基层医疗卫生人员到军队医学院校、医疗机构进修学习、联训代培。

2016年12月，教育部、国家发展改革委、民政部、财政部、人社部和国务院扶贫办联合发布《教育脱贫攻坚"十三五"规划》，提出要加强乡村教师队伍建设，实施边远贫困地区、边疆民族地区和革命老区人才支持计划教师专项计划；继续实施高校招生倾斜政策，同等条件下优先录取建档立卡贫困家庭学生，民族预科班、民族班招生计划向贫困地区、向符合条件的建档立卡贫困家庭学生倾斜；加大对贫困地区教育的财政支持力度，结对帮扶力度等政策。

2016年8月，人力资源社会保障部发布《关于在打赢脱贫攻坚战中做好人力资源社会保障扶贫工作的意见》，明确提出在"十三五"时期，通过技能培训、职业介绍、劳务协作等方式帮助有就业意愿的建档立卡贫困劳动力实现转移就业，解决1000万人脱贫；在全国组织千所左右省级重点以上的技工院校开展技能脱贫千校行动等政策。

2016年9月，民政部、国务院扶贫办、中央农办、财政部、国家统计局和中国残联联合发布《关于做好农村最低生活保障制度与扶贫开发政策有效衔接的指导意见》，提出符合农村低保条件的建档立卡贫困户，按规定程序纳入低保范围，并按照家庭人均收入低于当地低保标准的差额发给低保金；完善农村低保家庭贫困状况评估指标体系，根据地方实际情况综合评估家庭贫困程度；"十三五"期间，在农村低保和扶贫对象认定时，中央确定的农村居民基本养老保险基础养老金暂不计入家庭收入；确保所有地方农村低保标准逐步达到国家扶贫标准等政策。

5. 其他扶贫措施

2016年2月，中共中央办公厅、国务院办公厅印发了《关于加大脱贫攻坚力度支持革命老区开发建设的指导意见》，提出全面实施赣闽粤原中央苏区、陕甘宁、左右江、大别山、川陕等老区振兴发展规划和集中连片特困地区区域发展与脱贫攻坚规划；中央财政一般性转移支付资金、各类涉及民生的专项转移支付资金进一步向贫困老区倾斜等政策。

2016年9月，证监会发布《关于发挥资本市场作用服务国家脱贫攻坚战略的意见》，优先支持贫困地区企业利用资本市场资源，拓宽直接融资渠道，提高融资效率，降低融资成本。

2016年11月，国务院扶贫办、国家发展改革委、中央网信办、商务部等16个部门联合发布《关于促进电商精准扶贫的指导意见》，提出加快改善贫困地区电商基础设施，加大贫困地区电商人才培训，加强东西部电商扶贫产业对接协作等政策，到2020年在贫困村建设电商扶贫站点6万个以上，扶持电商扶贫示范网店4万家以上。

2016年12月，中共中央办公厅、国务院办公厅印发《关于进一步加强东西部扶贫协作工作的指导意见》。意见提出，调整东西部扶贫协作结对关系，实现对民族自治州和西部贫困程度深的市州全覆盖；深化对口支援，对口支援西藏、新疆和四省藏区工作在现有机制下继续坚持向基层倾斜、向民生倾斜、向农牧民倾斜等政策。

2016年12月，中国残联、国务院扶贫办等26个部门和单位共同制订《贫困残疾人脱贫攻坚行动计划（2016—2020）》（以下简划《计划》）。《计划》提出了基层党组织助残扶贫行动、残疾人精准康复扶贫行动、残疾青壮年文盲扫盲行动、产业扶持助残扶贫行动、光伏助残扶贫行动、电商助残扶贫行动等十大重点行动。

（二）民族地区扶贫规划和政策

国家针对民族地区的实际情况，实施了有针对性的扶贫开发规划和政策。

1. 民族地区和人口较少民族发展规划

2016年12月，国务院发布《"十三五"促进民族地区和人口较少民族发展规划》（以下简称《规划》）。《规划》用一章内容专门论述全力打赢脱贫攻坚战。《规划》提出，以民族自治地方、边境地区、人口较少民族地区的贫困地区为主战场，加快解决少数民族和民族地区发展瓶颈，稳定实现现行标准下农村贫困人口全部脱贫，贫困县全部摘帽，解决区域性整体贫困，确保少数民族和民族地区与全国同步进入全面小康社会。

《规划》提出对于民族自治地方贫困县，推进国家各项惠民政策和民生项目向民族自治地方贫困县倾斜；大力培育特色产业，增强自我发展能力；加快通电通水通路通互联网，提升公共服务水平；开展职业技能培训，支持就业创业；对人口较少民族聚居的建档立卡贫困村，推进整村整族精准脱贫，分期分批推进贫困村退出、贫困人口脱贫；对特困民族地区的建档立卡贫困户、贫困村，帮助少数民族群众学用普通话、普及科技知识、提高生产生活技能，提升贫困群众素质和激发内生动力扶贫等内容。

《规划》提出要加大国家扶持力度，支持贫困民族地区发展优势产业和特色经济，重点支持少数民族贫困村、贫困户发展种养业和少数民族传统手工业，实施贫困村"一村一品"产业推进行动和"互联网+"产业扶贫，实施电商扶贫、光伏扶贫、乡村旅游扶贫等工程，拓宽群众增收致富门路；加快推进民族地区重大基础设施项目和民生工程建设，进一步完善基础设施及配套建设，解决民生领域突出困难和问题；实施农村危房改造，统筹开展农房抗震改造，优先解决民族地区建档立卡贫困户、低保户、农村分散供养特困人员、贫困残疾人家庭等贫困户基本住房安全问题；加大对贫困民族地区的东西部扶贫协作、定点扶贫、劳务协作对接扶贫、"百县万村"扶贫、"万企帮万村"扶贫等支持力度；鼓励社会团体、民营企业、个人参与支持贫困民族地区脱贫攻坚，实施扶贫志愿者行动计划和社会工作专业人才服务贫困民族地区计划等内容。

2. 兴边富民行动规划

2017年5月，国务院发布《兴边富民行动"十三五"规划》（以下简称《规划》）。规划实施范围为我国陆地边境地区，包括内蒙古、辽宁、吉林、黑龙江、广西、云南、西藏、甘肃、新疆9个省区的140个陆地边境县（市、区、旗）和新疆生产建设兵团的58个边境团场，海南省6个民族自治县继续比照享受兴边富民行动相关政策。

《规划》提出要加强边境地区基础设施建设。加强边境地区交通运输体系建设，继续实施沿边地区特别是边境建制村农村公路通达工程和通畅工程；以边境地区小城镇、中心村为重点，深入实施新一轮农村电网改造升级工程，力争到2020年，电网覆盖全部边境县并达到小康电水平；实施宽带乡村和边境地区中小城市基础网络完善工程；构建以边境重要节点城市和小城镇为支撑、临边集镇为节点、抵边村寨为支点，沿边境线辐射延伸的城镇带；加强少数民族特色村镇保护与发展，建设边境少数民族特色村镇廊带。

《规划》提出实施边境地区就地就近脱贫专项行动。强力推进边境贫困地区特色产业扶贫，重点支持建档立卡贫困村、贫困户因地制宜发展种养业、传统手工业、农产品加工业和乡村旅游实现脱贫；实施"互联网+"产业扶贫、电商扶贫、光伏扶贫、乡村旅游扶贫工程，拓宽边民增收致富渠道；结合国家退耕还林还草、天然林保护、退牧还草等生态工程，提高贫困人口参与度和受益水平；实现建档立卡贫困人口教育基本公共服务全覆盖；实施边境地区健康扶贫工程，保障贫困人口享有基本医疗卫生服务；加大各类金融机构特别是政策性金融机构对边境地区扶贫开发的支持力度，拓宽金融扶贫的资金来源渠道，降低扶贫开发融资成本等政策。

《规划》提出，各部门安排的各项惠民政策、项目和工程，最大限度地向边境地区尤其是边境贫困地区、贫困村、贫困人口倾斜；充分考虑边境地区特殊需要，加大对边境地区转移支付力度，推进地区间基本公共服务均等化；研究提高对边境地区铁路、民航、能源、信息等建设项目投资补助标准或资本金注入比例；国家发展改革委继续设立兴边富民行动专项，重点支持基础设施、基本公共服务设施、生态环境保护和人居环境整治、民族文化传承等领域项目建设；国家外经贸发展专项资金、旅游发展基金等专项扶持资金向边境地区倾斜；民族自治地方的边境县和兵团边境团场享受民族贸易县的优惠政策等内容。

三、民族地区是深度贫困地区的集中地带，深度贫困成因复杂

（一）深度贫困地区主要集中在民族地区

截至2016年底，我国还有4332万贫困人口，与2010年相比，有1.22亿人摆脱贫困，贫困发生率从17.3%降到4.5%，减贫工作取得巨大成效。但脱贫攻坚的任务却越发严峻。从2010年开始，每年减贫人数呈明显下降态势，2011年，当年脱贫人口为4328万人，到2016年降为1240万人；当年减贫率从2011年的4.6%降至2016年的1.2%。与此同时，2016年中央和省级财政专项扶贫资金投入创历史新高，合计超过1000亿元，比上年增长46%[①]。在扶贫资金大幅增长的同时，减贫效果却在不断下降，脱贫攻坚面临挑战。习近平总书记在深度贫困地区脱贫攻坚座谈会上指出："现有贫困大多集中在深度贫困地区。这些地区多是革命老区、民族地区、边疆地区。"习近平总书记将我国的深度贫困地区分为三类：一是连片的深度贫困地区，西藏和四省藏区、新疆南疆四地州、四川凉山、云南怒江、甘肃临夏等地区，生存环境恶劣，致贫原因复杂，基础设施和公共服务缺口大，贫困发生率普

---

① 今年全国专项扶贫资金投入首超1000亿元[EB/OL]．中国经济网，http://www.ce.cn/xwzx/gnsz/gdxw/201610/14/t20161014_16744323.shtml．

遍在20%左右。二是深度贫困县，据国务院扶贫办对全国最困难的20%的贫困县所做的分析，贫困发生率平均在23%，县均贫困人口近3万人，分布在14个省区。三是贫困村，全国12.8万个建档立卡贫困村居住着60%的贫困人口，基础设施和公共服务严重滞后，村两委班子能力普遍不强，3/4的村无合作经济组织，2/3的村无集体经济，无人管事、无人干事、无钱办事现象突出。连片的深度贫困地区全部属于少数民族地区，深度贫困县和深度贫困村也大部分分布在少数民族地区。因此，目前的深度贫困地区主要集中在民族地区。

（二）深度贫困的成因及我国已采取的有针对性措施

对个体而言，贫困是指个体在某一时间段内要素资源短缺或者环境受到限制的状态。深度贫困也是一种状态，是个体长期处于要素资源极度短缺或者环境极度恶劣的状态。当个体在资金、人力资本（含健康程度、文化程度）、土地、技术等某一个或几个要素上面临长期短缺时，或者长期与现代文明隔离，则认为其陷入了深度贫困；深度贫困还表现为脆弱性，长期处于贫困状态或者极易返贫。

我国深度贫困人口分布的主要特征有：一是主要集中在少数民族；二是主要集中在残疾人或患有慢性病、重大疾病的人群；三是人力资本（含健康水平和文化程度）的缺乏，这是我国深度贫困人口的核心特征。

深度贫困地区的主要特征有：一是集革命老区、民族地区、边疆地区于一体。深度贫困县中，有革命老区县55个，少数民族县113个。二是基础设施和社会事业发展滞后。三是社会发育滞后，社会文明程度低。四是生态环境脆弱，自然灾害频发。五是经济发展滞后，人穷村也穷。

党的十八大以来，针对贫困问题我国实施精准扶贫战略，在精准分类识别贫困户的基础上，开展"五个一批""精准扶贫十大工程"等。针对贫困和深度贫困问题采取了一系列措施：

（1）针对资本长期极度稀缺的深度贫困问题：加大财政专项扶贫资金和其他涉农资金投入，开展资产收益扶贫；推行"贫困线"和"低保线"两线合一；在具备光热条件的地方实施光伏扶贫，建设村级光伏电站，通过收益形成村集体经济，开展公益岗位扶贫、小型公益事业扶贫、奖励补助扶贫；开展金融扶贫等。

（2）针对人力资本（含健康水平和文化程度）长期极度稀缺的贫困问题：开展健康扶贫工程（如地方病防治方案、医疗保险扶贫方案等）；开展教育扶贫，阻断贫困的代际传递等。

（3）针对制度限制的深度贫困问题：出台专门文件推动扶贫开发，如《中国农村扶贫开发纲要（2011—2020）》《贫困残疾人脱贫攻坚行动计划（2016—2020）》

《关于进一步加强东西部扶贫协作工作的指导意见》等；对西藏和四省藏区、新疆南疆四地州和四川凉山、云南怒江、甘肃临夏等地区，出台了专门的支持文件。

（4）针对环境极度恶劣的深度贫困问题：对居住在生存条件恶劣、生态环境脆弱、自然灾害频发等"一方水土养活不了一方人"地区的贫困群众，大力度实施易地搬迁工程，推进彝家新寨、藏区新居、乌蒙新村、扶贫新村建设；推动基础设施扶贫工程等。

这些扶贫措施从根本上阻断了贫困的成因，实现了每年1000多万人的减贫人口，成效显著。但是，也应该看到，我国深度贫困的问题依然严重。

四、习近平总书记"破解深度贫困"扶贫开发思想

在当下脱贫攻坚的关键时期，习近平总书记于2017年6月提出"破解深度贫困"，这是中国特色社会主义理论的重要成果，是习近平总书记扶贫开发重要战略思想的最新发展，也是当前民族地区精准扶贫和精准脱贫的重要指导思想。

（一）主要内容

习近平总书记"破解深度贫困"思想是一个相对完整的理论体系，从深度贫困产生的根源、区域分布，破解深度贫困的目标、指导思想、基本原则和战略举措等几个方面都进行了详细的阐述。主要包含以下内容：

1. 深度贫困的原因和区域分布

习近平总书记指出深度贫困的原因是：当地基础设施和社会事业发展滞后，社会文明程度较低，生态环境脆弱，自然灾害频发，所以导致人均可支配收入低，贫困人口占比和贫困发生率高。深度贫困地区主要分布在革命老区、民族地区和边疆地区。

2. 实事求是，不浮夸

这是破解深度贫困问题的基本原则。习近平总书记指出，深度贫困地区要合理确定脱贫目标。深度贫困地区也要确保到2020年我国现行贫困标准下农村贫困人口实现脱贫，贫困县全部摘帽。扶贫标准不能随意降低，绝不能搞数字脱贫、虚假脱贫；脱贫计划不能脱离实际随意提前，不好高骛远，不吊高各方面"胃口"。

3. 发挥社会主义制度优越性，集中力量破解深度贫困

这是破解深度贫困问题的核心手段。习近平总书记指出，深度贫困地区是脱贫攻坚硬仗中的硬仗，必须给予更加集中的支持，采取更加有效的举措，开展更加有

力的工作。一是要加大投入支持力度，新增脱贫攻坚资金和项目主要用于深度贫困地区，各项惠民项目要向深度贫困地区倾斜；二是要加大各方帮扶力度，东西部扶贫协作、对口支援、定点帮扶要加大力度，同时积极引导社会力量广泛参与；三是专项扶贫、行业扶贫、社会扶贫等多方力量、多种举措要有机结合，形成互为支撑的"三位一体"大扶贫格局；四是深度贫困地区的经济社会发展必须围绕精准扶贫发力，各类项目要以减贫为核心。

4. 加强组织领导，强化检查监督

这是破解深度贫困问题的根本保证。习近平总书记指出，深度贫困地区党委和政府要做到人员到位、责任到位、工作到位、效果到位。县委书记要统揽脱贫攻坚，统筹做好进度安排、项目落地、资金使用、人力调配、推进实施等工作。要夯实农村基层党组织，选好书记，配强领导班子，发挥好村党组织在脱贫攻坚中的战斗堡垒作用。习近平总书记同时强调，要加强检查督查，坚持年度脱贫攻坚报告和督查制度，实施最严格的考核评估，对不严不实、弄虚作假的严肃问责，对挪用、贪污扶贫款项的严肃处理。

（二）"破解深度贫困"是习近平扶贫开发重要战略思想的最新发展

习近平总书记始终关注农村问题、关注贫困问题，提出了许多富有创见的扶贫开发理论。党的十八大以来，习近平总书记更是多次深入贫困地区考察调研，并就扶贫开发工作做出许多重要讲话和指示，习近平扶贫开发重要战略思想体系日趋成熟。破解深度贫困是该思想体系的最新发展，与该思想体系一脉相承。

"扶贫先要扶志、扶智"，是习近平扶贫开发重要战略思想的重要观点，是习近平总书记长期扶贫工作实践的理论总结。25年前习近平总书记在《摆脱贫困》一书中就提出了扶贫先扶志的思想，他指出："弱鸟可望先飞，至贫可能先富，但能否实现'先飞'、'先富'，首先要看我们头脑里有无这种意识。""扶志"是要改变贫困群众对待生活的态度，激发他们对美好生活的向往，增强自我发展意识，从被动扶贫转变为主动脱贫。"扶智"是让贫困群众接受良好的教育和培训，提高贫困群众的素质，增强自我发展能力。加强对贫困儿童的教育也是阻断贫困代际传递的重要手段。破解深度贫困也要坚持扶贫与扶志、扶智相结合，只有贫困群众具有自我发展的强烈意识和能力素质，脱贫事业才能做到事半功倍。

"精准扶贫"是习近平总书记扶贫开发理论的核心思想，是我国当前脱贫攻坚和今后扶贫开发的指导思想。习近平总书记2013年11月在湖南湘西考察时，首次提出了"精准扶贫"的思想，并随后提出了"六个精准"和"五个一批"的扶贫措施,进一步深化精准扶贫思想。2013 年以前我国农村扶贫实施的是区域瞄准策略,主要采用区域性的扶贫开发政策[①]。在贫困面较大时,这种扶贫模式确实取得了相当大的成就,但当大量贫困人口脱贫,贫困人口越来越分散之时,区域瞄准政策的效果必然会越来越低。而精准扶贫实施的是贫困户瞄准策略,根据贫困户类型精准设计扶贫政策,能够有效地提高扶贫政策效果。破解深度贫困必须要以精准扶贫为基础,在精准识别的基础上加大扶持力度,各项工作也须围绕精准扶贫开展。

五、加快推进民族地区精准脱贫和精准扶贫的政策思考

"十三五"以来,我们党和国家密集出台了大量脱贫攻坚政策,民族地区脱贫攻坚取得了巨大的成效,与全国差距正逐步缩小,但必须清醒地认识到,今后脱贫攻坚难度更大,剩下未脱贫的民族贫困地区和贫困群体属于脱贫攻坚的"硬骨头"。当前正处于脱贫攻坚的关键时期,民族地区应在习近平扶贫开发重要战略思想,特别是"破解深度贫困"思想的指导下,加快推进精准脱贫和精准扶贫工作。为此,我们提出如下的政策思考:

(一)正确认识民族地区脱贫攻坚与扶贫开发之间的关系

首先要正确认识民族地区脱贫攻坚和扶贫开发之间的关系。党的十八大提出了到2020 年全面建成小康社会的奋斗目标,而民族地区的脱贫攻坚是全面建成小康社会的重要一环,不让一个地区掉队,不让一个民族掉队是全面建成小康社会的必然要求。民族地区,特别是处于深度贫困的民族地区和特困少数民族群体,到2020 年实现我国现行贫困标准下农村贫困人口实现脱贫,贫困县全部摘帽,是短期内必须要完成的政治任务。民族地区必须要严格按照国家制定的脱贫标准完成这个政治任务,这是当下民族地区经济社会发展的最核心任务和最紧迫任务。

扶贫开发的目的是通过外界的暂时性扶持,最终使贫困户和贫困地区能够在不依靠或较少依靠外界帮助的情况下,自主实现经济的良性发展,逐步增加收入、最终彻底摆脱贫困。与当前民族地区短期内脱贫攻坚政治任务不同的是,民族贫困地区的扶贫开发是一个长期的过程。由于自然、历史、经济、社会、文化等因素,民族地区贫困问题由来已久,扶贫开发难度大[②],即使到2020 年实现农村人口全部脱

---

① 蔡昉,王德文,都阳.中国农村改革与变迁:30 年历程和经验分析[M].上海:格致出版社,上海人民出版社,2008:184.
② 参见《中国少数民族地区扶贫进展报告(2016)》。

贫的任务，也将面临较大的发展压力。一是面临较大的返贫压力。在政府和社会各界的大力扶持下，民族地区完全有信心到2020年完成脱贫攻坚任务，但2020年以后，一旦扶贫力度有所下降，返贫压力必然剧增。二是面临与其他地区保持同步发展的压力。随着中国经济的快速发展，贫困标准也在逐步提高，到2020年贫困线将达到4000元左右，未来贫困线将会进一步上升。民族贫困地区只有保持与全国其他地区相同甚至更快的发展速度，才能真正摆脱贫困，而这对民族地区的深度贫困地区和深度贫困群众而言，压力较大。

因此，对于民族贫困地区而言，不仅要在短期内完成脱贫攻坚的政治任务，还应充分抓住当前全面打赢脱贫攻坚战的历史机遇，夯实脱贫基础，打破贫困陷阱，让贫困户彻底摆脱贫困。要做到这一点民族贫困地区不仅需要找准贫困根源，还应在大力推进基础设施和公共服务建设的同时，积极发展相关产业，通过产业发展带动贫困户摆脱贫困。中国反贫困事业取得的巨大成就表明，发展区域经济是解决贫困问题的最有效办法。贫困地区产业充分发展，特别是农牧产品加工业的充分发展，能为贫困户带来相对稳定的工作岗位、相对稳定的农牧产品市场，才能保证大多数贫困户具有稳定的收入，并逐步摆脱贫困。

(二) 关注深度贫困地区和深度贫困群体

民族地区当前脱贫攻坚的重点和难点是深度贫困地区和深度贫困群体，只有攻克这个问题，才能顺利实现民族地区脱贫攻坚的任务。破解民族地区的深度贫困问题，首先要做好深度贫困地区和深度贫困群众的识别工作。我们认为，以下特殊地区的特殊贫困群体需要予以重点关注。

一是边境贫困地区的一线贫困边民。初步统计，到2014年边境地区共有347万一线边民（沿边行政村居民），其中贫困人口达89万人，贫困发生率高达25.6%。一线边民扎根在国家的最前沿，肩负着为国家守土固边的特殊职责，是"不穿军装的哨兵"。但边境贫困地区自然条件差、交通基础设施极度落后，产业发展先天条件不足，一线贫困边民收入增加慢，生活条件艰苦；一线贫困边民不属于易地扶贫搬迁范围，无法享受国家易地扶贫搬迁的优惠政策；外出务工导致一线边民数量不足，青壮年边民流失，对国防安全造成极大隐患。一线贫困边民中大多数是少数民族群众，他们的就地稳定脱贫对于维护民族团结、实现边疆地区的长治久安具有特殊和重大意义。

二是受地方病困扰地区的贫困群体。我国贫困县中相当一部分属于地方病区，全国有372个大骨节病病区县，其中国家贫困县139个，占37.4%；有298个克山病病区县，其中国家贫困县94个，占31.5%。"十二五"期间国家级贫困县中各个病种的防治成果均显著低于全国总体水平①。如四川甘孜州石渠县由于自然环境、生活习惯等原因,是我国包虫病高发地区之一,当地患病人数占四川省包虫病患者的总数45%以上。② 自精准扶贫实施以来,地方病防治工作取得了巨大进展,但由于地方病防治涉及患者救治、健康教育、牲畜免疫、环境治理等多个环节,受地方病困扰的贫困群众脱贫仍是一项长期艰巨的任务。

三是"直过民族"聚居区的贫困群众。"直过民族"群众长期处于封闭状态,社会发育滞后,与其他贫困地区相比,"直过民族"的贫困程度更深,经济基础更薄弱,思想观念更滞后,劳动者素质更低,对其他贫困群体起作用的帮扶措施往往在"直过民族"难以奏效。2014年底,云南"直过民族"聚居区建档立卡贫困人口贫困发生率达28.6%,高出全省贫困发生率13.2个百分点。③ 尽管近几年扶贫开发力度逐渐增大,"直过民族"生活水平大幅提高,但由于基础差、底子薄,其中贫困群众脱贫攻坚仍面临重大的压力。

(三)分析深度贫困的根源,找准脱贫攻坚的发力点

找到脱贫攻坚的突破点,精准发力,是当前民族地区精准脱贫和精准扶贫工作的重点。首先要深入理解贫困群众,特别是深度贫困群体的深层致贫根源。在找准致贫原因的基础上,因地制宜,精准施策,才能够更有效地帮扶贫困户。一些贫困户表面上来看,是受到缺乏技术、缺乏资金等外在约束,或者个人自控力差等内在原因,但关于贫困的最新研究表明,这些因素大多不是真正的致贫原因④⑤。

当前民族地区各级地方政府高度重视脱贫攻坚,对贫困户大力进行技术培训,包括种养殖技术、驾驶缝纫等实用技术、经营管理技术培训等,当地科技部门也经常对贫困户进行技术指导,农业部门也会提供农作物新品种的种子、牲畜新品种的幼畜。因此,技术约束可能存在,但并非是普遍的约束。当前民族地区大力实施金融扶贫工程,大规模发放扶贫贴息贷款,对贫困户进行创业还提供低息的创业贷款。现在扶贫贴息贷款的手续也越来越简化,资金约束也不是普遍存在的。相对而言,

---

① 孙殿军,高彦辉,刘辉. 做好地方病消除工作,为我国实现全部脱贫目标助力[J]. 中华地方病学杂志,2017,36(3):157-161.
② 四川石渠县打响包虫病防治攻坚战[EB/OL]新华网, http://news.xinhuanet.com/local/2016-03/23/c_1118414246.htm.
③ 云南省加快直过民族脱贫步伐[EB/OL]人民网, http://yn.people.com.cn/n2/2016/0309/c372442-27895195.html.
④ Kraay A, Mckenzie D. Do Poverty Traps Exist? Assessing the Evidence[J]. Journal of Economic Perspectives, 2014, 28(3):127-148.
⑤ Banerjee A, Duflo E. Poor Economic: A Radical Rethinking of the Way to Fight Global Poverty[M]. New York: Public Affairs,2012.

贫困地区农牧产品市场狭小通常是阻碍贫困户采用新技术（品种）扩大生产规模的主要制约因素。采用新技术、扩大生产规模不仅面临技术风险和经营风险，而且较小的当地市场规模使采用新技术、扩大生产规模后必然面临更加激烈的市场竞争，进一步加剧了生产经营风险。由于贫困户资产规模小，抗风险能力差，往往是风险厌恶者，所以面对较高风险通常并不愿意采用新技术或者扩大生产。因此，政府的扶贫政策应当在技术扶贫和金融扶贫基础上加大产业扶贫力度，扩大市场规模，而非一味地进行强调技术扶贫和金融扶贫。

贫困户缺乏自控力往往被认为是导致贫困的内在原因。在民族贫困地区，确实可以观察到一些贫困户将较多收入投入抽烟、喝酒等娱乐活动，导致生活水平下降以及缺乏足够的资金从事农业生产，甚至部分贫困户将扶贫资金用于娱乐消费而不是投入生产。但最新的研究表明，缺乏自控力其实是普遍现象，不仅是贫困户缺乏自控力，普通人也通常缺乏自控力，比如会受情绪支配购买一些使用价值不大的商品和奢侈品①。普通人购买这些商品即使对生活水平有影响，也不会陷入贫困，但贫困户本身收入较低，缺乏自制力的行为会严重降低生活水平，还会因缺乏生产资金而降低未来的收入。而为了避免贫困户缺乏自控力，可以采取类似于有条件的转移支付政策②，设置一定的条件，只有当贫困户满足一定条件时，才对贫困户提供扶持，从而激励贫困户放弃缺乏自制力的行为。

实际上，除了技术缺乏、资金缺乏、劳动力缺乏、自控力缺乏之外，已有研究还将贫困成因归结为物质匮乏或不平等、能力缺乏、文化落后、制度限制、权力剥夺、环境脆弱等，但所有这些只是贫困的成因，不是深度贫困的根源。根据对贫困成因的研究，具体对于某个个体来说，深度贫困的原因可以分为两类：一是要素、资源和环境的禀赋稀缺，因为父辈或者之前贫困，或者因为劳动力要素、土地要素稀缺，或者因为居住环境恶劣等，使个体没有发展的机会和能力，从而长期处于"贫困陷阱"和"贫困恶性循环"之中；二是文化差异，文化差异不等同于文化落后，它既包含文化落后，如存在"我穷我光荣"的错误思想；又包含文化认知差异，主流文化所定义的"贫困"可能并不能被所有文化所认同，对于某种现象有的文化认为是贫困的、落后的，但另一种文化则可能认为恰好相反，这在少数民族地

---

① Banerjee A, Duflo E. Poor Economic: A Radical Rethinking of the Way to Fight Global Poverty[M]. New York: Public Affairs, 2012.
② 国外的研究表明,有条件的转移支付能够有效地解决贫困户子女失学的问题。参见 Benhassine, N., Devoto F., Duflo E., Dupas P., and Pouliquen V. The Impact of Conditional Cash Transfers on Schooling and Learning: Preliminary Evidence from the Tayssir Pilot in Morocco. MIT, mimeo, 2010.

区表现得尤为明显。

那么，现阶段我国深度贫困的根源到底是由禀赋稀缺引致的还是由文化差异引致的呢？我们认为，现阶段我国民族地区剩下的深度贫困人口处于深度贫困状态的根源是文化差异。主要原因是：（1）党的十八大以来我国大规模扶贫资金的投入、各种各样的扶贫手段基本上解决了禀赋稀缺的问题，但深度贫困问题依然存在。根据西藏内部的一个报告，在我国西藏地区，政府对农牧民的人均投入已经达到4000多元，农牧民人均拿到手的转移性收入也接近3000元，但是西藏目前仍然是深度贫困地区。（2）虽然长期疾病和重大疾病是陷入深度贫困的主要原因之一，目前已有的新型农村合作医疗、建党立卡贫困户补充医疗保险等基本上能解决一个家庭有一个长期疾病或重大疾病的深度贫困问题，如果一个家庭有几个人患有长期疾病或重大疾病，那在"建档立卡"和精准识别回头看时，这个家庭应该被列为"低保户"，而"贫困线"和"低保线"两线合一的政策可以使这个家庭脱贫。（3）目前我国的深度贫困地区大部分是少数民族地区，在文化上确实存在一些差异。（4）在现有的政策体系下，只要有劳动力、愿意劳动的贫困家庭基本上能脱贫；没有劳动力的家庭基本上被纳入社会保障体系，通过"两线合一"脱贫。剩下的只有两种人：一是有劳动力，知道自己贫困，但并不愿意劳动、不愿意脱贫的人；二是有劳动力，但并不认为自己贫困的人。这两种人贫困的根源都是由于文化差异，只不过前者是由于文化落后，后者是由于文化认同的差异。

当然，我们并不否认其他物质因素对深度贫困的影响，但如果一个家庭在现有扶贫政策体系下还长期处于深度贫困状态，文化差异可能是其根源，这一点在深度贫困民族地区体现得尤为明显。在深度贫困民族地区，文化差异具体表现为在某些方面远离现代性和现代文明，缺乏市场意识、法制意识和金融意识等。

既然现阶段文化差异是我国民族地区深度贫困的根源，那就要在保持现有扶贫政策体系的基础上，从文化入手解决民族地区深度贫困问题。应该在民族地区加强社会文明建设，推进少数民族现代化进程，促进少数民族深度贫困问题缓解。具体应从以下几个方面着手：

首先，加强基础教育和培训，加强少数民族地区社会文明建设。着重解决青少年和中青年的文化差异问题，阻隔贫困的代际传递。尤其是加强对少数民族地区基层干部开展关于社会文明建设、现代化、市场化等方面的培训，并让其在民族地区的社会文明建设之中发挥示范带头作用。

其次，加快民族地区的现代化建设进程。教育当然是解决文化差异的重要手段和长久之计，但绝对不是唯一手段。在民族地区进行大规模的投资，大力推行社会主义市场经济，推广现代科技和现代化的服务，宣传现代文明和先进文化成果，让广大少数民族看到并且享受到现代化带来的好处。

再次，针对建档立卡贫困户尤其是深度贫困户，宣扬中华民族传统美德，引导其自觉承担家庭责任、树立良好家风，强化家庭成员赡养、扶养老年人的责任意识，促进家庭老少和顺，激发其脱贫的内生动力。

最后，在民族地区发展金融市场，强化少数民族的金融意识，进而能提升其对"资本"和"市场"的认知程度，提升其现代性水平。

（四）发挥政府低交易成本优势，推进产业扶贫

对于部分民族贫困地区而言，在精准施策的过程中重视住房、交通电力基础设施、公共服务基础设施建设等，相对轻视脱贫产业发展，相当多的扶贫资源都投入到前者，而后者相对受到较少关注。按照"两不愁、三保障"的脱贫任务，不少贫困地区在公共服务和住房方面确实存在较大缺口，但发展产业，以产业发展带动贫困户才是民族贫困地区摆脱贫困的根本性措施。

在现行的扶贫政策体系和扶贫机制下，很容易导致政府在扶贫过程中不自觉地忽视产业扶贫。当前的扶贫政策面临最严格的考核评估。住房建设、交通电力等基础设施、医院和学校基础设施建设的产出是道路、设施、房屋等有形的固定资产，更容易获得上级政府的肯定，各类检查、审核、审计也更易于通过。但是一部分产业扶贫资金形成的并非固定资产，比如政府为扶持贫困户发展农牧业赠送的牲畜、种子、化肥等，或者在生产过程中消耗掉或者经营过程中出现损耗（如牲畜生病造成的损耗）；此外，产业扶贫资金即使形成了棚圈、厂房等固定资产，但在市场竞争过程中如果经营不善容易发生资产贬值、售卖的情况。这使得客观上很难评价产业扶贫资金的使用效果，一旦扶贫产业发展不顺利，更容易受到上级政府的质疑。严格扶贫考核的压力使各级政府部门不自觉地偏爱住房建设、基础设施建设、校舍病房等更容易"出成绩"的脱贫工程。

另外，政府实施产业扶贫也确实存在天然缺陷。当下市场机制在资源配置过程中发挥决定性作用的背景下，发展产业就必须应对市场竞争。地方政府不像企业，不是市场竞争中的合格主体。地方政府各级干部也不是合格的企业经营管理人员，大多不具备应对市场竞争所需要的知识和技能。因此，地方政府难以根据市场信息做出有效的决策，政府实施产业扶贫的效果将难以保证。这导致部分贫困地区即使高度重视产业扶贫，也往往难以设计、实施有效的产业扶贫政策，甚至由于不能适应市场竞争压力，反而会给贫困户造成较大损失，加重贫困户负担。

我们认为，尽管政府在产业扶贫过程中存在劣势，但推进产业扶贫是政府必须

承担的责任，而且政府在促进脱贫产业发展方面也具有无可比拟的优势。对于大多数贫困地区，市场并非是完全竞争的，由于贫困地区经济发展水平较低，本地商贸企业数量少，市场信息不充分，本地商贸企业通常具有一定的区域市场力量，表现在交易的过程中，本地商贸企业往往是价格制定者，而贫困户只能被动接受价格，缺乏议价能力，即使邻近地区存在价格更优惠的商贸企业，但由于较高的交易成本（包括交通成本、信息收集成本等）也使贫困户只能接受本地企业制定的价格。尽管目前民族贫困地区都成立了一些合作社，但调研中发现合作社对于贫困户带动作用有限，难以降低上述交易成本。另外，外地商贸企业较难进入本地市场。外地商贸企业面对数量众多且并不熟悉的农户，在进入市场时需要付出较高的初始交易成本，特别是涉及土地流转、农产品收购等长期合同，由于风险较大，交易成本更高。而且一些贫困地区商业环境不很完善，要适应本地的商业环境进一步加剧了外地企业的交易成本。可见，由于企业和农户双方都面临较高的交易成本，外地企业很难进入贫困地区。

如果由政府作为媒介，就可以有效地降低交易成本。政府对于贫困户而言具有公信力，对于企业而言在一对一谈判中也具有很强的议价能力，而且政府的扶贫政策、扶贫资金也能够吸引贫困户和企业共同参与，因此可以有效地降低与贫困户和企业的交易成本。一些地区采取的产业扶贫政策之所以效果欠佳，部分原因就是未能充分发挥政府优势。有些地方政府为贫困户统一购入牲畜、家禽等，帮助贫困户发展养殖业，尽管统一购买可以降低贫困户的购买成本，但对于农户而言市场交易并未完成，养殖的牲畜、家禽如果不能顺利出售，必然会遭受损失。如果政府在政策制定之初就考虑牲畜出售和收购两个环节，帮助贫困户联系这两类企业，扶贫政策将发挥更大的作用。

（五）加强对扶贫政策自身的研究

当前，我们党和政府高度重视脱贫攻坚工作，为民族贫困地区和贫困户脱贫攻坚制订了一系列规划和政策，但这些规划政策以指导性为主，在具体落实过程中还需要民族地区各级政府认真研究，特别是要加强对扶贫政策本身的研究。

一是要充分研究国家各项扶贫政策，避免在政策实施过程中出现偏差。国家出台的各项政策大多实行中央统筹、省负总责、市县抓落实的工作机制。民族地区地方各级政府可以根据区域内实际贫困情况和特点，在一定范围内灵活掌握政策，但不能与国家的政策相冲突。

二是在积极推进"第三方评估"的同时，应该加强对已有扶贫政策实施效果评估的研究，尤其是要研究中央政策在不同地区实施效果差异的原因，并提出因地制宜的解决方案。

第二章 内蒙古自治区扶贫进展报告

截至 2016 年底,内蒙古自治区还有 56 万贫困人口,主要分布在中东部地区。贫困人口数量排在前四位的依次是赤峰市、乌兰察布市、通辽市和兴安盟,贫困发生率排在前四位的依次是兴安盟、乌兰察布市、赤峰市和通辽市。这四盟市贫困人口合计 47.5 万人,占全自治区贫困人口的 85.5%,是内蒙古脱贫攻坚的主战场。牧区、革命老区、边境地区、少数民族聚居区仍是贫困高发区域。在错综复杂的致贫原因中,因病致贫是内蒙古第一致贫因素。约 2/3 的贫困人口文化程度在小学及以下,平均受教育年限仅有 6.5 年,文化素质的普遍较低直接导致这些贫困人口自我发展能力不足,脱贫难上加难。通过强化组织保障,加大扶贫投入,实施重点工程项目,创新扶贫机制等举措,内蒙古的脱贫工作取得了一定的成效,贫困人口逐年减少,基础设施逐步改善,教育扶贫、金融扶贫、光伏扶贫、电商扶贫、旅游扶贫等各项扶贫工作均稳步进行,但扶贫工作中出现的不精准问题,缺乏针对性、可持续性,部分贫困人口缺乏主动脱贫的意识与自食其力的精神仍然制约内蒙古扶贫工作的开展。为此,我们提出在未来的扶贫工作中深化精准扶贫理念,瞄准扶贫重点地区,加强资金管理,落实工作责任,严格考核监督,激发内生动力,合力实现内蒙古 2020 年全面脱贫的目标。

一、2016 年内蒙古自治区贫困变化情况

"十二五"时期,内蒙古自治区将扶贫开发作为重点民生工程,举全自治区之力共帮助 178 万贫困人口摆脱了贫困,但与全国平均水平和发达地区相比还有一定差距。"十三五"时期是消除贫困,实现全面建成小康社会伟大目标的最后五年,也是脱贫攻坚冲刺总攻的决战阶段。而 2016 年是中国"十三五"全面建成小康社会的开局之年,这一年,内蒙古扶贫开发投入力度进一步加大,"三到村三到户"精准扶贫、美丽乡村建设、金融扶贫、"四个一"等扶贫项目成效显著。全自治区

贫困人口规模明显减小，贫困发生率降低，贫困人口收入持续增长。贫困地区基础设施建设、公共服务明显改善，义务教育、基本医疗和住房安全保障得到进一步改善。但截至2016年底仍有56万贫困人口，越往后脱贫越难，脱贫过程中还存在一定的困难和问题，面对计划2017年减贫20万人，3个国贫旗县、11个区贫旗县摘帽；2018年减贫20万人，9个国贫旗县摘帽；2019年减贫16万人，19个国贫旗县摘帽；2020年巩固提高的脱贫目标，内蒙古自治区扶贫工作任重而道远。

（一）2016年内蒙古自治区经济社会发展概况

内蒙古自治区全面落实五大发展理念，深入推进供给侧结构性改革，截至2016年底，全区经济运行良好，经济发展的质量和效益稳步提升，人民生活持续改善，社会和谐稳定，实现了"十三五"的良好开局。2016年全区地区生产总值18632.6亿元，比上年增长7.2%。其中，第一产业增加值1628.7亿元，较2015年增长3.0%；第二产业增加值9078.9亿元，同比增长6.9%；第三产业增加值7925.1亿元，同比增长8.3%；三次产业比例为8.8∶48.7∶42.5，与2015年三次产业比重9∶51∶40相比，第一产业、第二产业比重均有所下降，第三产业比重有所上升，第一、第二、第三产业对生产总值增长的贡献率分别为3.8%、49.0%和47.2%。可见，内蒙古的产业结构在不断优化升级。投资在带动产业升级方面也起着关键的作用。2016年，全区社会固定资产投资总额15469.5亿元，比2015年增长11.9%。其中，第一产业投资776.3亿元，同比增长11.6%；第二产业投资6495.8亿元，同比下降1.2%；第三产业投资8197.4亿元，同比增长25.1%，在三次产业投资中，第三产业投资增长比重最大，呈现出投资向第三产业倾斜的明显趋势（见图2-1）。除投资外，2016年，全区一般公共预算收入突破2000亿元大关，实现新的跨越。一般公共预算收入2016.5亿元，同比增长7.0%；一般公共预算支出4526.3亿元，同比增长6.4%。全区财政用于民生方面支出达2979.4亿元，占一般公共预算支出的65.8%；财政扶贫专项资金较2015年增长22.8%。

经济增长的同时也提高了居民的收入水平，改善了居民的生活条件。2016年，自治区城镇常住居民人均可支配收入32975元，农村牧区常住人口人均可支配收入11609元，分别较2015年增长7.8%和7.7%。人均生活消费支出城镇常住居民为22744元，农村牧区常住居民为11463元，分别较2015年增长4.0%和7.8%。恩格尔系数逐年降低，2016年城镇居民家庭恩格尔系数为28.3%，农村牧区居民家庭恩格尔系数为29.3%，均较2015年下降0.1%。（见图2-2）

（二）2016年内蒙古自治区贫困概况

内蒙古是中国北部边疆少数民族自治区，2016年全自治区净减贫24万人，还

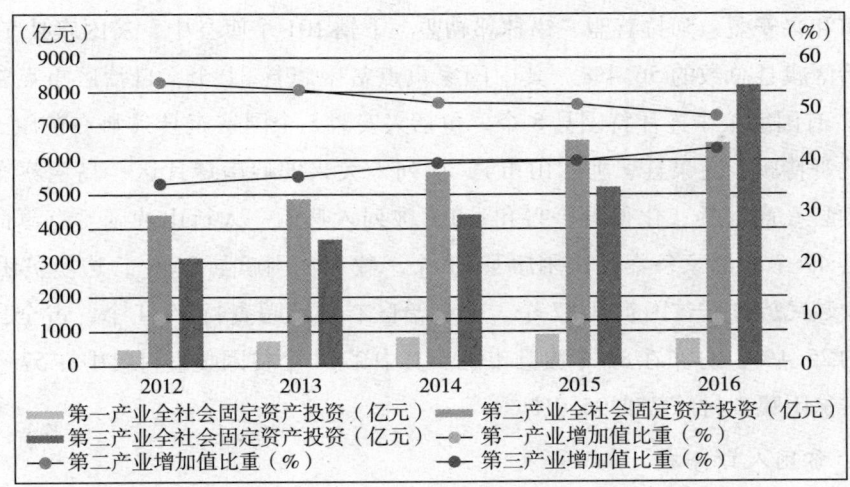

图2-1 内蒙古三次产业生产总值比重和固定资产投资情况

数据来源：内蒙古自治区历年统计年鉴，内蒙古自治区2016年国民经济和社会发展统计公报。

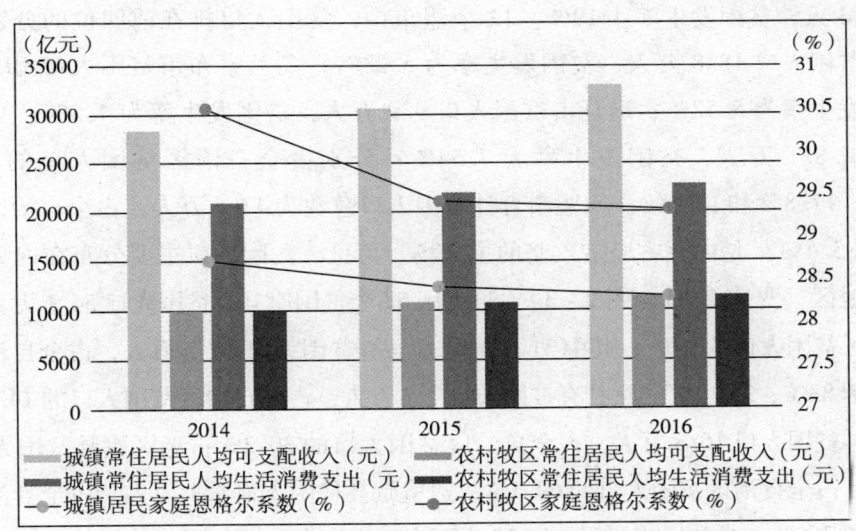

图2-2 内蒙古城镇和农村牧区人均收支情况

数据来源：内蒙古自治区历年统计年鉴，内蒙古自治区2016年国民经济和社会发展统计公报。

有建档立卡贫困人口56万人，分布在12个盟市、74个旗县市区、657个苏木乡镇、8532个嘎查村，占全自治区11165个嘎查村的76%。贫困面广，贫困人口文化水平低，因病、缺资金是致贫主要原因。

1. 贫困行政单位划分

内蒙古自治区共有12个盟市，包括9个地级市，3个盟，分别是呼和浩特市、包头市、呼伦贝尔市、通辽市、赤峰市、乌兰察布市、鄂尔多斯市、巴彦淖尔市、乌海市和兴安盟、阿拉善盟、锡林郭勒盟。下辖101个旗县中，贫困旗县57个，占全自治区旗县总数的56.4%。其中国家重点贫困旗县31个，自治区重点贫困旗县26个。有国家集中连片特困县8个，包括兴安盟5个国贫旗县（科右前旗、科右中旗、扎赉特旗、突泉县、阿尔山市），被列入大兴安岭南麓片区；乌兰察布市3个国贫旗县（商都县、化德县、兴和县），被列入燕山—太行山片区。有革命老区贫困旗县49个，国家备案的贫困旗县27个。牧业贫困旗县26个，边境贫困旗县13个，少数民族聚居贫困旗县37个。全自治区有贫困嘎查村2834个，占全自治区行政村的25.4%，分布在81个旗县市区。其中2718个贫困嘎查村集中在57个贫困旗县，占贫困嘎查村总数的95.9%。

2. 贫困人口分布

内蒙古目前统一执行农牧民年人均纯收入2300元的国家扶贫标准（2010年不变价）。在此标准下，截至2016年底，全自治区共有贫困人口249838户，共计555844人，贫困发生率4.19%。12个盟市中，贫困人口排在前四位的分别是：赤峰市贫困人口18.8万人，贫困发生率为5.23%；乌兰察布市贫困人口10.6万人，贫困发生率为5.52%；通辽市贫困人口9.9万人，贫困发生率为4.5%；兴安盟贫困人口8.1万人，贫困发生率为7.54%；分别占全自治区贫困人口的33.9%、19%、17.8%和14.6%。四盟市合计贫困人口总数为47.5万人，占全自治区贫困人口的85.5%，是内蒙古脱贫攻坚的主战场。可见，贫困人口主要分布在内蒙古的中东部地区（见表2-1、图2-3）。自治区57个贫困旗县有贫困人口54.1万人，占全自治区贫困人口的97%，其中31个国贫旗县有贫困人口46.2万人，占全自治区贫困人口的83%；26个区贫旗县有贫困人口7.9万人，占全自治区贫困人口的14.2%；牧业旗县贫困人口16.8万人，占全自治区贫困人口的30.2%；老区旗县贫困人口38.5万人，占全自治区贫困人口的69.3%；边境旗县贫困人口4.1万人，占全自治区贫困人口的7.5%；少数民族聚居地区29.6万人，占全自治区贫困人口总数的53.3%。贫困发生率分别为6.57%、2.27%、5.22%、4.54%、5.7%和5.53%（见表2-2）。不难看出，牧区、革命老区、边境地区、少数民族聚居区仍是贫困高发区域。

表2-1 2016年内蒙古自治区各盟市贫困人口分布

盟市/指标	贫困户数（户）	贫困人口数（人）	占全自治区贫困人口比例（%）	乡村人口数（人）	贫困发生率（%）
合计	249838	555844	—	13254675	4.19
呼和浩特市	4008	7994	1.44	1111431	0.72
包头市	2571	4963	0.89	486600	1.02

续表

盟市/指标	贫困户数（户）	贫困人口数（人）	占全自治区贫困人口比例（%）	乡村人口数（人）	贫困发生率（%）
呼伦贝尔市	15624	37120	6.68	891814	4.16
兴安盟	37625	81033	14.58	1074132	7.54
通辽市	39427	99139	17.84	2201620	4.5
赤峰市	88173	188297	33.88	3599444	5.23
锡林郭勒盟	7548	16256	2.92	488233	3.33
乌兰察布市	47049	105978	19.07	1918487	5.52
鄂尔多斯市	303	749	0.13	586000	0.13
巴彦淖尔市	7451	14170	2.55	783900	1.81
乌海市	37	91	0.02	36516	0.25
阿拉善盟	22	54	0.01	74575	0.07

资料来源：内蒙古扶贫开发建档立卡数据统计（2016）。

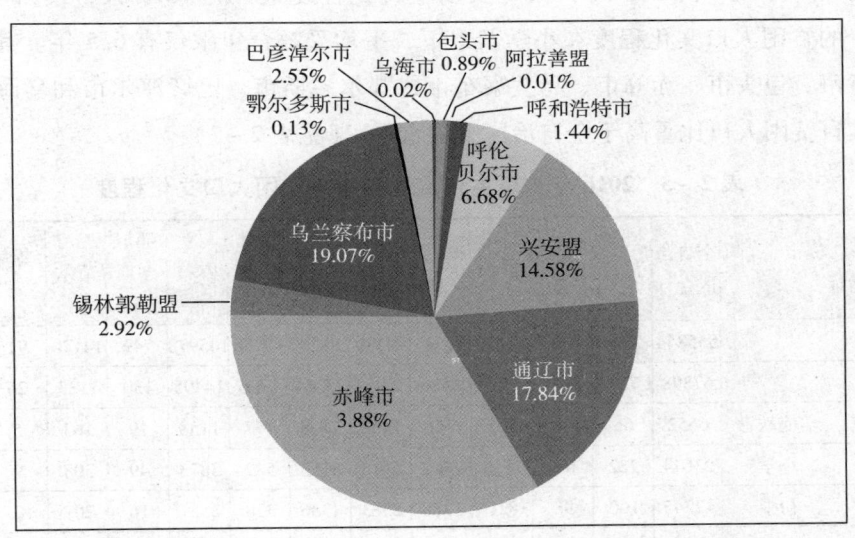

图 2-3 2016 年内蒙古自治区各盟市贫困人口分布

资料来源：内蒙古扶贫开发建档立卡数据统计（2016）。

表 2-2 2016 年内蒙古自治区不同类型旗县贫困人口分布

旗县类型/指标	贫困家庭（户）	贫困人口数量（人）	占全自治区贫困人口比例（%）	农村贫困人口数量（人）	贫困发生率（%）
合计	249838	555844	100	13254675	4.19
国家重点贫困旗县	206749	461640	83.05	7021829	6.57
自治区重点贫困旗县	36279	79170	14.24	3480140	2.27

续表

旗县类型/指标	贫困家庭（户）	贫困人口数量（人）	占全自治区贫困人口比例（%）	农村贫困人口数量（人）	贫困发生率（%）
牧业旗县	74834	167646	30.16	3210314	5.22
老区旗县	174438	385042	69.27	8475901	4.54
边境旗县	18800	41391	7.45	725662	5.7
少数民族聚居区	129513	296336	53.31	5358324	5.53

资料来源：内蒙古扶贫开发建档立卡数据统计（2016）。

3. 贫困人口文化程度

内蒙古自治区贫困人口文化程度普遍较低。在非在校贫困人口48万人中，文盲半文盲人数为4.9万人，占非在校贫困人口总数的10.14%；小学文化程度人口为25.3万人，占52.64%；初中文化程度人口为15.7万人，占32.56；高中文化程度人口为1.5万人，占3.04%；大专及以上文化程度人口为7819人，仅占1.63%。约2/3的贫困人口文化程度在小学及以下，平均受教育年限仅有6.5年。其中，呼和浩特市、包头市、赤峰市、乌兰察布市、鄂尔多斯市、巴彦淖尔市和乌海市的文盲半文盲贫困人口比重高于全自治区平均水平。（见表2-3）

表2-3 2016年内蒙古自治区各盟市贫困人口文化程度 单位：人

盟市\指标	全自治区合计	呼和浩特市	包头市	呼伦贝尔市	兴安盟	通辽市	赤峰市	锡林郭勒盟	乌兰察布市	鄂尔多斯市	巴彦淖尔市	乌海市	阿拉善盟
人数	555844	7994	4963	37120	81033	99139	188297	16256	105978	749	14170	91	54
在校生	67398	758	377	4659	6686	13964	23364	1796	14495	130	1133	26	10
其中：学前教育	6652	65	38	775	711	1432	2108	177	1158	19	163	5	1
小学	23644	222	106	2158	2808	5416	8153	542	3873	49	308	9	0
初中	12345	160	98	821	1188	2583	4386	330	2551	16	207	2	3
高中	10203	133	50	411	803	1850	3964	300	2481	24	185	1	1
中职	529	8	2	38	19	73	227	16	125	1	15	5	0
高职	1046	12	1	32	35	82	421	36	411	1	15	0	0
大专及以上	12979	158	82	424	1122	2528	4105	395	3896	20	240	4	5
非在校生	488446	7236	4586	32461	74347	85175	164933	14460	91483	619	13037	65	44
其中：学龄前儿童	7623	58	1	698	1073	2817	1968	250	677	42	36	0	3
文盲半文盲	48750	1925	1173	1316	4739	4204	20374	1156	10226	81	3542	11	3
占比（%）	10.14	26.82	25.58	4.14	6.47	5.1	12.5	8.14	11.26	14.04	27.24	16.92	7.32
小学	25395	3162	2152	14282	48261	38657	88487	7085	45227	306	5443	22	11

续表

盟市\指标	全自治区合计	呼和浩特市	包头市	呼伦贝尔市	兴安盟	通辽市	赤峰市	锡林郭勒盟	乌兰察布市	鄂尔多斯市	巴彦淖尔市	乌海市	阿拉善盟
占比（%）	52.64	44.05	46.94	44.96	65.86	46.94	54.3	48.86	49.81	53.03	41.87	33.85	26.83
初中	156539	1705	1069	15076	18442	35856	46893	4960	28965	128	3403	25	17
占比（%）	32.56	23.75	23.32	47.46	25.17	43.54	28.77	34.9	31.9	22.18	26.17	38.46	41.46
高中	14620	275	145	807	1309	2464	4565	668	3885	45	448	4	5
占比（%）	3.04	3.83	3.16	2.54	1.79	2.99	2.8	4.7	4.28	7.8	3.45	6.15	12.2
大专及以上	7819	111	46	282	523	1177	2646	341	2503	17	165	3	5
占比（%）	1.63	1.55	1	0.89	0.71	1.43	1.62	2.4	2.76	2.95	1.27	4.62	12.2

资料来源：内蒙古扶贫开发建档立卡数据统计（2016）。

4. 致贫原因

明确贫困人口不同类型的致贫原因，才能实施精准救助。内蒙古自治区致贫因素复杂多样，在主要致贫因素中，因病致贫占41.44%，缺资金致贫占16.74%，因缺劳动力致贫占8.32%，因灾致贫占8.05%，因残致贫占7.86%，因学致贫占4.3%。13%左右是因缺土地、缺水、缺技术、交通条件落后、自身发展能力不足等原因致贫（见表2-4）。因病致贫仍是内蒙古第一致贫因素。其中，致贫原因中自身发展能力不足、因学致贫、缺水和交通条件落后，乌兰察布市贫困人口平均比重最大，分别占5.69%、9.6%、3.01%和0.56%；致贫原因中因缺技术和缺资金，赤峰市贫困人口比重最大，分别占7.63%和21.28%；致贫原因中因缺土地，呼伦贝尔市贫困人口比重最大，占29.13%；致贫原因中因缺劳动力，包头市贫困人口比重最大，占13.85%；因病致贫，乌海市贫困人口比重最大，占72.97%；因残致贫，阿拉善盟贫困人口比重最大，占27.27%；因灾致贫，锡林郭勒盟贫困人口比重最大，占43.72%。（见图2-4）

表2-4 2016年内蒙古自治区各盟市贫困人口主要致贫原因

原因\盟市	因病致贫	缺资金	因残致贫	因学致贫	因灾致贫	缺劳力	缺土地	缺水	缺技术	交通条件落后	自身发展力
全自治区	41.44	16.74	7.86	4.3	8.05	8.32	5.24	0.96	4.58	0.34	2.19
呼和浩特市	51.97	8.53	6.86	4.75	3.99	13.55	2.1	2.4	2.67	0.6	2.59
包头市	36.99	5.99	6.57	2.45	23.73	13.85	1.71	1.59	4.08	0.16	2.88
呼伦贝尔市	29.44	15.3	4.15	1.38	10.33	4.85	29.13	0.02	2.67	0.05	1.67
兴安盟	57.88	7.72	9.95	1.74	10.73	5.57	3.16	0.05	1.84	0.09	1.27
通辽市	43.89	16.04	6.97	5.55	6.88	6.5	10.4	0.37	2.18	0.13	1.09

续表

原因 盟市	因病致贫	缺资金	因残致贫	因学致贫	因灾致贫	缺劳力	缺土地	缺水	缺技术	交通条件落后	自身发展力
赤峰市	37.93	21.28	8.6	2.9	5.34	12.06	1.92	0.67	7.63	0.53	1.14
锡林郭勒盟	27.11	4.69	7.56	2.62	43.72	5.78	1.93	0.09	2.33	0	4.16
乌兰察布市	36.52	20.91	5.42	9.6	6.23	5.74	1.55	3.01	4.76	0.56	5.69
鄂尔多斯市	65.68	5.61	11.22	8.91	2.31	2.97	2.64	0	0.33	0	0.33
巴彦淖尔市	52.37	9.57	14.39	1.74	0.56	9.42	7.65	1.29	1.5	0.05	1.45
乌海市	72.97	2.7	21.62	2.7	0	0	0	0	0	0	0
阿拉善盟	59.09	0	27.27	4.55	4.55	4.55	0	0	0	0	0

资料来源：内蒙古扶贫开发建档立卡数据统计（2016）。

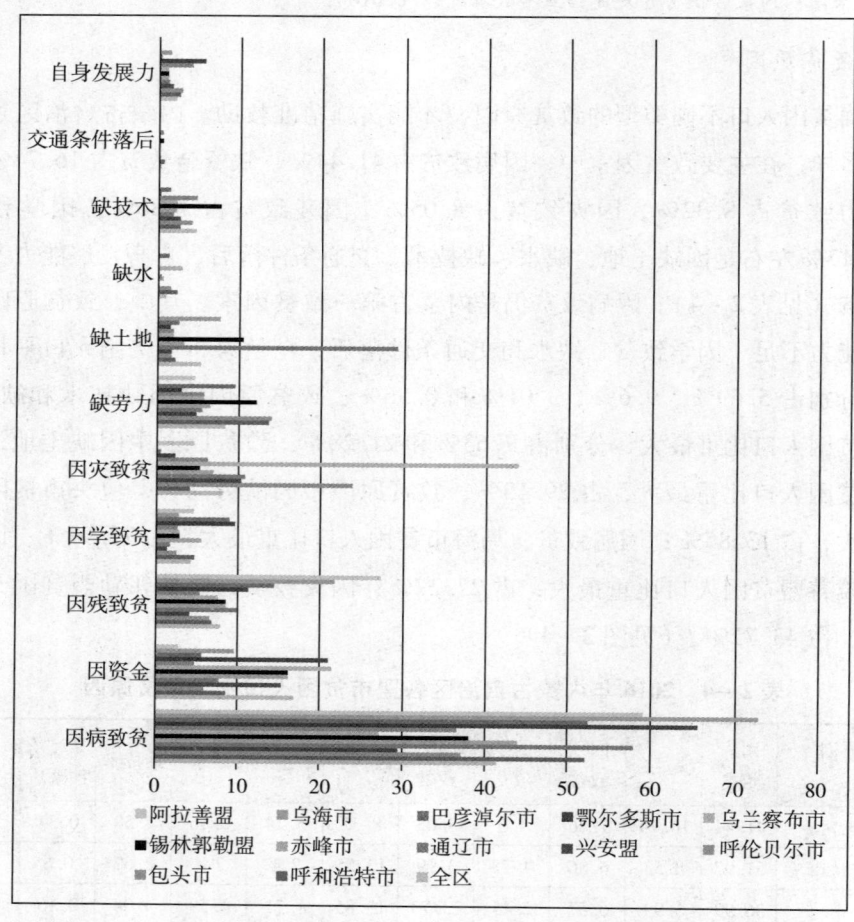

图 2-4　内蒙古自治区各盟市贫困人口主要致贫原因

资料来源：内蒙古扶贫开发建档立卡数据统计（2016）。

（三）2010—2016年内蒙古自治区贫困变化概况

2010—2016年，内蒙古自治区贫困人口规模逐年减小，贫困发生率逐年降低，贫困人口主要集中的31个国家重点贫困旗县贫困人口数量下降幅度逐年递增，贫困人口生活水平日益改善，人均可支配收入和人均消费支出不断增多。

1. 贫困变化情况

内蒙古自治区贫困人口从2010年底的258万人减少到2016年的56万人，减少202万人，年均减少34万人。贫困发生率从2010年的19.7%下降到2016年底的4.2%，下降15.5个百分点。其中2016年贫困人口规模相较于2015年下降26.3%，贫困发生率下降1.7个百分点。（见表2-5）

表2-5 2010—2016年内蒙古自治区贫困人口变化

指标 \ 年份	2010	2011	2012	2013	2014	2015	2016
内蒙古贫困人口（万人）	258	160	139	114	98	76	56
下降幅度（%）		38.0	13.1	18.0	14.0	18.4	26.3
内蒙古贫困发生率（%）	19.7	12.2	10.6	8.5	7.3	5.9	4.2
下降（百分点）		7.5	1.6	2.1	1.2	1.4	1.7
全国贫困人口	16567	12238	9899	8249	7017	5575	—
下降幅度（%）		26.1	19.1	16.7	14.9	20.6	—
全国贫困发生率（%）	17.2	12.7	10.2	8.5	7.2	5.7	—
下降（百分点）		4.5	2.5	1.7	1.3	1.5	—

资料来源：《中国农村贫困监测报告（2016）》，其中2016年数据来自内蒙古扶贫办资料。

2. 国家贫困旗县贫困变化情况

（1）2011—2016年国家贫困旗县贫困变化

2011—2016年6年间，内蒙古自治区国贫旗县贫困人口逐年减少，下降幅度除2014年稍有下降外，其他年份均稳步上升，其中2015年贫困人口下降幅度上升最大（见图2-5）。截至2016年底，31个国贫旗县共有贫困人口46万人，较2015年的66万人下降30.3%，2014年的95万人下降51.6%。贫困发生率为6.6%，比2015年的9.3%下降2.7个百分点，比2014年的13.4%下降6.8个百分点。2015年人均可支配收入和人均消费支出均稳步提高。（见表2-6）

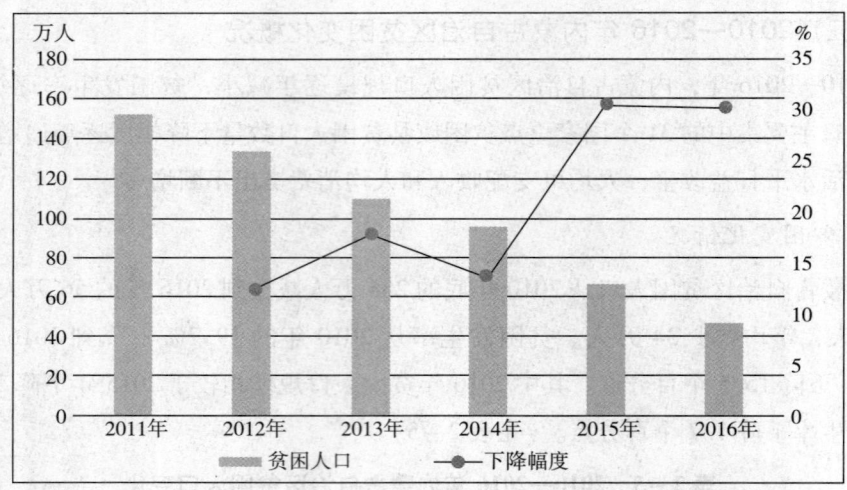

图 2-5　2011—2016 年国家贫困旗县贫困人口变化

资料来源：《中国农村贫困监测报告（2016）》，其中 2016 年数据来自内蒙古扶贫办资料。

表 2-6　2014—2016 年国家贫困旗县贫困人口、收入变化

年份 指标	2014	2015	2016
农村贫困人口（万人）	95	66	46
农村贫困人口下降幅度（%）	13.7	30.5	30.3
农村贫困发生率（%）	13.4	9.3	6.6
农村贫困发生率下降幅度（百分点）	2.6	4.1	2.7
人均可支配收入（元）	7375	8201	—
人均可支配收入名义增速（%）	12.7	11.2	—
人均消费支出（元）	7232	7886	—
人均消费支出名义增速（%）	11.8	9	—

资料来源：《中国农村贫困监测报告（2016）》，其中 2016 年数据来自内蒙古扶贫办资料。

（2）国家贫困旗县基础设施、文化教育卫生变化

截至 2015 年，内蒙古自治区 31 个国家贫困旗县，在基础设施建设方面，通电的自然村比重、通电话的自然村比重、通宽带的自然村比重、主干道路硬化的自然村比重、通客运班车的自然村比重分别为 99.7%、93.7%、53.2.7%、65.4% 和 67.6%。除通电自然村比重与上一年持平，其他均高于 2014 年水平，其中主干道路硬化的自然村比重上升幅度最大，上升 15.6 个百分点。在文化教育卫生方面，31 个国家重点贫困旗县有合法行医证医生/卫生员的行政村比例、有卫生站（室）的行政村比例、有幼儿园/学前班的行政村比例和有小学且就学便利的行政村比例都有

所提高，分别上升 4.2 个百分点、3.3 个百分点、4.4 个百分点、4.6 个百分点（见表 2-7），上升幅度相差不多。可见，国贫旗县基础设施建设和文化教育卫生建设均取得了一定的进展。

表 2-7 2014—2015 年国家贫困旗县基础设施、文化教育卫生变化

	指标	2014 年	2015 年	变化情况
基础设施	通电的自然村比重（%）	99.7	99.7	持平
	通电话的自然村比重（%）	87.5	93.7	上升 6.2 个百分点
	通有线电视信号的自然村比重（%）	90.9	—	—
	通宽带的自然村比重（%）	49.7	53.2	上升 3.5 个百分点
	主干道路硬化的自然村比重（%）	49.8	65.4	上升 15.6 个百分点
	通客运班车的自然村比重（%）	63.1	67.6	上升 4.5 个百分点
	饮用水净化的自然村比重（%）	27.8	—	—
	拥有畜禽集中饲养区的行政村比重（%）	24.1	—	—
文化教育卫生	有文化活动室的行政村比重（%）	64.8	—	—
	有卫生站（室）的行政村比重（%）	89.2	92.5	上升 3.3 个百分点
	有合法行医证医生/卫生员的行政村比重（%）	91.1	95.3	上升 4.2 个百分点
	有幼儿园/学前班的行政村比重（%）	35.9	40.3	上升 4.4 个百分点
	有小学且就学便利的行政村比重（%）	23.2	27.8	上升 4.6 个百分点

资料来源：《中国农村贫困监测报告 2016》。

二、2016 年内蒙古自治区精准扶贫的主要政策与手段

在我国的扶贫政策发展史中，实现贫困减缓的方式由通过转移支付确保贫困人口的基本生活，即救济式扶贫，向提升贫困人口的自我发展能力，即开发式扶贫变迁。① 从"输血式"到"造血式"的转型体现了扶贫政策的时代性和阶段性。目前内蒙古自治区精准扶贫的主要政策，一方面是不断加强激发贫困人口发展的积极性和提升各方面的能力素质，另一方面也注重关注扶贫工作的成效考察和贫困退出机制等新问题，充分体现了中国扶贫政策在当下的新常态。2015 年底至 2017 年初，内蒙古自治区层面相继出台 10 多项关于脱贫攻坚的重要政策文件，包括《贯彻落实〈中共中央国务院关于打赢脱贫攻坚战的决定〉的意见》（2015 年 12 月）、《盟市党委、政府（行政公署）扶贫开发工作成效考核办法》（2016 年 8 月）、《关于建立贫困退出机制的实施意见》（2016 年 8 月）、《关于贫困旗县统筹整合使用财政涉

---

① 郑长德. 中国少数民族地区经济发展报告（2014）[M]. 北京：中国经济出版社，2014：4.

农涉牧资金试点工作的实施意见》（2016年8月）、《内蒙古自治区脱贫攻坚督查巡查办法》（2016年11月）、《关于加大脱贫攻坚力度支持革命老区开发建设的实施意见》（2016年8月）、《关于进一步动员社会各方面力量参与扶贫攻坚的实施意见》（2016年4月）、《内蒙古自治区脱贫攻坚村级"453"挂图作战实施意见》（2016年5月）、《内蒙古自治区贫困旗县党政领导班子和领导干部经济社会发展实绩考核办法（试行）》（2016年1月）、《转发〈中共中央组织部 国务院扶贫办关于脱贫攻坚期内保持贫困县党政正职稳定的通知〉的通知》（2016年4月）、《内蒙古自治区调整不适宜脱贫攻坚工作的领导干部实施细则（试行）》（2016年7月）、《关于抓党建促扶贫攻坚的指导意见》（2016年7月）、《关于成立自治区脱贫攻坚指挥部、向国贫旗县派驻脱贫攻坚督导组和进一步加强驻村帮扶工作的通知》（2017年2月）、《内蒙古自治区人民政府印发关于进一步加大脱贫攻坚力度十项措施的通知》（2017年4月）。此外，自治区交通、教育、卫生、人社、民政、人民银行等行业部门也出台了21项针对性强、含金量高的配套政策，打出了政策组合拳。

自精准扶贫理念提出以来，内蒙古针对农村牧区贫困短板，聚焦贫困人口，根据不同发展条件和致贫根源，不仅出台了若干针对性政策，同时通过组织保障、扶贫投入、重点工程和扶贫机制等多种手段确保扶贫开发政策的落地实施以及扶贫成果的共享。

（一）强化组织保障，推进扶贫攻坚

内蒙古自治区党委、政府将脱贫攻坚作为重大政治任务和头号民生工程来抓，成立了由党委书记任组长的自治区扶贫开发领导小组，新成立脱贫攻坚指挥部和推进组专项推进。盟市、旗县也都参照自治区成立相应工作机构。目前自治区建立了领导干部联系贫困工作制度，自治区40位现任省级领导"一对一"联系40个贫困旗县，带动409名盟市级领导、1852名县处级领导、15.2万名党员干部分别联系贫困苏木乡镇、贫困嘎查村和贫困户。贫困旗县承担主体责任，攻坚期内党政正职不脱贫不调整，不摘帽不调离。乡村两级承担直接责任，行业部门根据行业职责承担扶贫责任和帮扶任务。构建起了横向到边，纵向到底的责任体系。

（二）加大扶贫投入，惠及贫困地区

2011—2015年，内蒙古四级财政共投入扶贫专项资金170亿元，其中自治区本级投入61亿元，年度投入由2011年的1.93亿元增加到18.75亿元，增长87%。2016年四级财政投入扶贫专项资金77.6亿元，统筹整合使用财政涉农涉牧资金44.5亿元，新发放小额扶贫贷款152亿元，加上行业社会扶贫投入，全年超过400

亿元。2017年自治区财政新增30亿元扶贫专项资金，其中20亿元设立产业扶贫发展基金，10亿元按照每脱贫1人奖励5000元标准年底根据验收结果下达到旗县。

（三）实施重点工程项目，实现可持续脱贫

1. 开展产业扶贫

2014年起在全自治区2834个贫困嘎查村开展了规划、项目、干部"三到村三到户"工作，为每个贫困嘎查村落实一个帮扶单位，由帮扶单位派驻一支驻村工作队，为每个贫困户确定1名帮扶责任人，同时为2834个贫困村中的每个村投入不少于45万元的财政引导资金，采取菜单式扶贫、自建直补、先建后补等模式，支持贫困村贫困户发展特色产业。对不适合一家一户发展的产业项目，采取"党支部+合作社+贫困户""龙头企业+基地+贫困户"的模式，密切贫困户与龙头企业、专业合作社、致富带头人的利益联结机制，使贫困户深度参与产业发展，实现稳定增收。探索资产收益扶贫模式，采取土地流转、寄养托管、扶贫资金量化折股等方式，鼓励支持贫困户流转土地赚租金、就近打工挣薪金、资产入股分股金。产业扶贫每年覆盖20多万人。

2. 实施易地扶贫搬迁

从2013年起投入32.5亿元，将生态脆弱区的6.3万户、23万农牧民搬迁到条件较好的地区。2016年启动新一轮易地扶贫搬迁工程，计划投入130亿元专项资金，搬迁20万人建档立卡贫困人口，同步搬迁10万人农牧民。2016年完成5万建档立卡贫困户、3万人随迁农牧民搬迁任务。搬迁过程中，严格执行住房面积人均25平方米的红线和不因搬迁让贫困户举债的底线，坚持哪里有产业就往哪里搬，哪里能就业往哪里搬，重点解决搬迁户后续产业发展和稳定就业问题，同时实行"四不变、两同等、一减免"政策。（"四不变"是原承包土地、草地、林地的经营权受益权不变，子女进城上学"两免一补"政策不变，新农合政策不变，低保政策不变；"两同等"是子女入托上学和就业享受与城镇居民同等待遇；"一减免"是自愿转为非农户口的，减免各种行政性收费。）

3. 实施金融扶贫

坚持把金融扶贫作为增加扶贫投入的重要渠道，与农业银行、农村信用合作社、邮储银行、中国银行、包商银行、中国人寿保险等9家金融机构合作，在81个旗县实施金融扶贫工程，金融扶贫贷款余额达到385亿元，47.6万户农牧民直接获得3万~5万元的扶贫小额贷款支持，贷款使用1年以上的贫困户人均增收1500元。同时与保险机构合作，为贫困户提供履约保证保险费补贴，切实解决贫困户贷款难问题。

案例2-1　通辽市金融扶贫富民工程实施经验借鉴①

"金融扶贫富民工程"启动实施以来，截至2016年底通辽市累计投放36.1亿元，滚动扶持6.45万户贫困户。2016年新增"金融扶贫富民工程"贷款11.26亿元，完成自治区下达任务5.5亿元的205%。其中，建档立卡贫困户投放3.69亿元，扶持8477户，有贷款意愿的建档立卡贫困户覆盖率达79.95%。同时，发放金融再贷款1亿元，小额信贷3亿元。

一、先建机制，后建工程

自金融扶贫富民工程实施以来，通辽市充分发挥金融扶贫富民工程领导小组的组织协调作用，按照"政府推动、金融支持、扶贫贴息、贫困户受益"的原则，确定了"先建机制，后建工程"的工作思路。一是制定规章，完善制度。制定了《通辽市金融扶贫富民工程贷款担保补偿资金暨贴息资金管理暂行办法》等制度，严格规范管理流程，确保资金安全，发挥金融资金的最大效益。二是先行培训，有序推进。市扶贫办与农行通辽分行建立合作培训制度，先后对各旗县扶贫办分管主任、业务股长、扶贫项目区各苏木镇分管副乡镇长220余人次进行培训，确保金融扶贫富民工程有序开展。

二、质量导向，精准放贷

采取"两免一直一优先"放贷政策，即对建档立卡特困户实行免担保、免利息贷款；对户数较少、居住偏远的特困户，实施"贷款直通车"和开设"绿色通道"直接放贷，送贷款到村到户，变审查、审批为"一站式"服务，有效地解决了金融扶贫放贷不精准的"最后一公里"的问题。

三、协调配合，加快推进

各级扶贫办与农行每月召开一次联席会议，建立月调度周通报的工作制度，明确脱贫户金融放贷工作的时间表、路线图和责任清单。在全市每个乡镇安排了一名分管领导负责扶贫工作，并配备专职扶贫干部，农行安排80余名大学生志愿者帮助开展金融贷款工作。两家机构发扬"5+2、白加黑"的工作精神，苦干实干，大胆探索，形成了密切配合、协调推进的强大合力，有力保障了工程的顺利实施。

---

① 内蒙古自治区扶贫开发(革命老区建设)办公室．扶贫情况通报，2017(8)．

四、拓展范围，多措并举

一是统筹兼顾开展。在全力做好6个贫困旗县金融扶贫富民工程的同时，通辽市将科尔沁区、开发区和霍林郭勒市同步纳入，市本级和上述三个市区本级财政分别拿出一定资金作为补偿担保金和贴息，同条件享受金融扶贫富民工程的各项政策，做到"6+3"金融扶贫全覆盖。二是实施结算工程。以"金穗惠农通工程"、"万村千乡市场工程"、"新农保新农合"代理及"一卡通"工程建设为抓手，以"智付通"、"农商通"、"金穗惠农卡"、"烟草贷记卡"等产品为载体，大力开展结算工程，确保贷得出、用得好、还得上。

五、产业支撑，金融助力

培养"扶贫龙头企业（农牧民合作组织）+农户+基地"发展模式，绿色种养、有机种养、无污染种养等优势特色产业得到了又好又快发展，通过扶贫龙头企业拉动、大户带动，增加了农牧民产业收入。一是典型推广。在农区推广科左中旗那仁嘎查扶贫攻坚模式，在牧区推广科左中旗白音珠日河嘎查扶贫攻坚模式，集中打造四个连片养畜示范区，在沙区推广奈曼旗白音他拉镇扶贫攻坚模式。二是加大扶持。以农牧业产业链条为中心，以黄牛养殖为主导产业，扶持全市养殖大户进一步扩大经营规模。通过"公司+农户""专业合作社+农户"和房产及林权抵押等多种农户贷款担保方式，加大对产业链上下游产业及种养殖业农牧民扶持力度。三是强化带动。对产业化扶贫龙头企业增加授信空间，缓解企业生产经营中的资金需求，促进81个国家级、自治区级和市级扶贫龙头企业主动与贫困村对接，与贫困户联姻，建基地、搞培训、传技术。不断拉长、加宽产业链，辐射带动贫困地区和贫困农户开发优势资源，发展主导产业，实现稳定增收。

六、注重成效，创新发展

一是打好组合拳，助力扶贫产业发展。科左后旗采取用"三到村三到户"等专项扶贫资金重点解决养殖业基础设施建设，重点加大对养殖业发展力度。从2014年起，在专项资金不能一次性到位的情况下，动员施工单位采取垫付资金的形式，为贫困户提前加强基础设施，垫付资金采取逐年偿还的形式进行。二是创新放贷方式，改进精准扶贫方法。针对一些老弱病残、无劳动能力、无发展经验和发展能力的建档立卡贫困户，通过投资收益扶贫新模式将金融扶贫贷款投入嘎查村或农民专业合作社形成的资产，采取股份制分红的方式分给贫困户，剩余部分量化给其他成员。目前扎鲁特旗采取"户企双赢"的模式，即老弱病残建档立卡贫困户以金融扶贫贷款入股企业,不参与企业经营管理,由企业为贫困户担保,并负责偿还贫困户贷款的本金和利息,并给予贫困户固定分红,贫困户不用承担任何风险。贫困户需办理贷款手续并与企业签订入股协议,企业每年给贫困户"上打租"分红3000元,合同为期3年,目前已申报贫困户946户,有416户办完手续,共发放贷款2080万元。三是化解不良贷款,发挥"杠杆"撬动作用。针对有贷款需求,但受到不良贷款限制的建档立卡贫困户,各旗县在本级财政资金中拿出200万元作为化解不良贷款的周转金,有效化解不良贷款建档立卡贫困户贷款难的问题,确保贫困户得到贷款。四是创新融资方式,去除民间高利贷危机。通过发放小额信用贷款、金融扶贫贷款和设立村企融资担保基金等方式,把贫困户高利贷置换成金融部门贷款,以政府贴息的方式,转换成为无息贷款,切实解决贫困户因高利贷致贫问题。目前在库伦旗茫汗苏木哈图嘎查、额勒顺镇白音他拉嘎查进行试点。五是拓宽资金渠道,进一步放大资金规模。各旗县区与邮储银行、农村信用社、农业银行广泛开展合作,将"三到村三到户"项目资金作为担保补偿金,按5~10倍比例放大,扩大贷款渠道,加大资金投入规模。

七、强化防控,稳步推进

一是严格管理,规范运行。各部门明确工作职责,分工协作,合力推进,加快金融扶贫富民工程放贷步伐。二是强化监督,阳光放贷。在项目嘎查村实施了村级义务监督员制度,每个项目村聘任10名村级义务监督员,并在村部、农家超市或其他显著位置张贴统一制作的金融扶贫富民工程整村推进公告,公布监督电话,加强社会监督,防止任何单位、任何个人以任何理由、任何形式对财政贴息资金挤占、挪用或违反规定骗取、截留现象的发生,全程"阳光放贷"。三是创新机制,破解难题。采取"支部+协会"等模式,成立以贫困户为主体的"金融扶贫工程互助协会",明确双方权利、义务及违约责任。

4. 组织劳务扶贫

人社部门单独设置就业扶贫模块并实行动态管理。为有劳动能力、就业意愿的贫困人口提供专门就业帮扶,做到宣传、走访、帮扶到位。为有创业意愿和具备条件的扶贫对象提供免费创业培训和创业服务,并提供创业贷款和贴息支持。

案例 2-2　通辽市精准识别助推精准就业扶贫成效①

>　　2016年，内蒙古通辽市各级人社部门对全市75582名贫困劳动力开展精准识别，发放政策宣传明白卡17.5万份，开展转移技能培训17633人，开发农村牧区公益性岗位1000个，帮助贫困劳动者实现就业。
>　　通辽市将有关农牧民工就业创业的政策汇编成册，印发到各级人社就业服务机构和基层劳动保障站所工作人员手中；将农牧民工外出务工、返乡创业等应知应懂知识编印成"农牧民工转移就业明白卡"，借助"春风行动"在各地农村集贸市场发放春风卡17.5万份。
>　　通辽市主动深入贫困地区，结合贫困劳动力培训需求和就业意愿，有针对性地与区内外12所院校和50多家企业签订合作协议；对17633人开展农牧民转移技能培训；为贫困劳动力免费提供红干椒精深加工、家具生产、母婴护理等实用技术岗前培训班16期，集中培训2404人。
>　　通辽市积极开发农村牧区护林员等社会公益性岗位，将1000名建档立卡贫困劳动力就地转为护林员、基层草原监理员和村屯保洁员。同时，配合商务部门积极拓宽农村电子商务领域就业途径，以通辽"可意网"为龙头，共同打造"互联网+农业"促就业新模式，推动农村牧区实现电商就业4600人，更好地带动了贫困劳动力实现就地就近就业。

5. 开展生态扶贫

国家和自治区实施的退耕还林还草、天然林保护、防护林建设、防沙治沙、湿地保护与恢复、坡耕地综合整治、退牧还草、水生态治理等重大生态工程项目和资金进一步向贫困地区倾斜，2015年投入49.7亿元用于57个贫困旗县生态建设。全面落实草原补奖政策，奖补区人均政策性补贴收入增加920元，惠及546万农牧民。实行生态护林员政策，为5000名建档立卡贫困人口提供护林员公益性岗位，年人均补贴1万元。

6. 开展教育扶贫

建立起了从学前教育到高等教育"一条龙"的教育资助体系。对农村牧区贫困家庭适当减免保教费并给予生活费补助，对普惠制幼儿园贫困家庭幼儿，包括城乡

---

① 内蒙古自治区扶贫开发（革命老区建设）办公室．内蒙古中西部地区易地扶贫搬迁工作调度会议材料汇编（一），2016（6），内部资料．

低保家庭、孤儿、残疾儿童按当地保教费的50%给予补助。义务教育"两免一补"政策实施范围扩大高中阶段,并提高寄宿生生活费补助标准。从2014年起对低保家庭大学生每人每年给予1万元的教育资助,已投入21.75亿元,资助贫困大学生近6万名。2016年开始将这一政策扩大到所有建档立卡贫困家庭子女。农村牧区义务教育阶段在校生营养改善计划试点范围扩大31个国贫旗县。全免贫困户子女职业教育学费,并给予生活费补贴。实施城乡教师对口支援计划。

7. 组织健康扶贫

对建档立卡贫困人口实行免费体检,基本医保、大病保险报销起付线分别降低50%,报销比例提高5个百分点。将建档立卡贫困人口全部纳入重特大疾病医疗救助范围,设立贫困人口大病保障基金;实施"三个一批"计划,即大病集中救治一批、慢病签约服务一批、重病兜底保障一批;开展医院"一对一"帮扶行动,173家三级医院"一对一"帮扶269家贫困旗县县级医院。

案例2-3 乌兰察布市卓资县"五个三"健康扶贫工作机制建设成效[①]

乌兰察布市卓资县是国家级贫困县和革命老区县。全县总人口21.9万人,截至2015年底,全县共有建档立卡贫困人口12179人。其中,60岁以上5320人,占全县贫困人口43.7%;长期慢性病患者4325人,占35.5%;因病致贫5752人,占47.2%,高于自治区平均水平5个百分点。该县立足实际,在深入调研分析的基础上,从健康管理和医疗救助两方面着力,创新建立了"五个三"健康扶贫工作机制,在保障贫困群众看得上病、看得起病、看得好病方面取得了积极成效,也形成了一套健康扶贫、科学有效的工作方法。

一、健康服务"三个到位"

一是健康档案建到位。为每名贫困人口建立1份健康档案,目前全县共建立档案12179份。为全县农村贫困人口进行免费健康体检,将体检情况全部录入"基本公共卫生服务信息系统"储存管理,并建立医疗健康精准扶贫云平台,为采取精准救治措施打好基础。二是签约医生派到位。为每户指定1名乡村签约医生,派送一个健康自检服务包,为贫困户提供基本公共卫生服务、健康管理、基本医疗等服务。目前,全县共有178名签约医生为贫困户提供医疗

---

① 内蒙古自治区扶贫开发(革命老区建设)办公室. 扶贫情况通报,2017(18).

服务。三是健康设施配到位。坚持"填平补齐"的原则，全面推进县级医院、乡镇卫生院、村卫生室标准化建设，乡镇卫生院配备了全自动生化分析仪、DR、多普勒彩超等设备；80%的村卫生室完成了标准化建设，配置了健康一体机，极大地方便了群众就近就医。

二、分级诊疗"三级联动"

坚持"大病集中救治一批、慢病签约服务一批、重病兜底保障一批"，建立了乡镇医院、县级医院、县以上医院三级诊疗联动服务机制，对不同病种病人进行分级诊治。对能够在县级医疗机构治愈的患者由家庭医生团队负责诊疗，对县级医疗机构诊断后治愈不了的患者通过信息平台直接转诊到上级医疗机构继续治疗，对治疗后需要长期康复管理的由上级医院再转回到基层医疗机构。截至2016年底，在县级医院诊疗的贫困患者共计621人，转诊到县外医疗机构治疗的贫困患者1160人，有4325名慢性病贫困患者留在了乡村卫生院治疗，贫困人口县域内的就诊率达到81%。

三、健康保障"三项机制"

加大资金整合力度，有效整合民政、卫计、财政、红会、残联等部门资金800万元，建立卓资县医疗保障基金，重点建立了三项保障机制，用于提高农村贫困人口的医疗保障水平。一是贫困群众患病普惠保障机制。建档立卡贫困人口参加新农合，个人缴费部分由医疗保障基金全额补贴；贫困人口参加商业医疗保险，个人缴费部分全部由医疗保障基金支付。二是贫困群众慢病特惠保障机制。对患慢性病的贫困人口，由家庭签约医生按月入户开展上门诊疗、用药指导，所需药品由乡村医生按月报送至县卫计局统一采购，报销比例在80%的基础上，再由医疗保障基金补足到95%，贫困群众个人只需负担5%，从而有效地解决了慢性病贫困患者用药贵、报销难的实际问题。三是贫困群众大病兜底保障机制。对患大病的贫困人口，住院实际费用经基本医疗报销后，再由医疗保障基金补足到90%以上。通过"三项机制"，为彻底解决贫困人口因病致贫、因病返贫问题提供了有效保障。2016年，全县贫困人口累计住院治疗1277人次，医疗总费用1228万元，基本医疗补偿727万元，医疗保障基金注入379万元，贫困人口整体医疗费用实际报销比例达到了90%以上，贫困人口的医疗负担平均减轻了30%左右。

四、费用结算"三项一站"

"三项",即在医疗救助体制中明确,新农合基本医疗补偿金由县合管办负责经办、医疗保障基金由县卫计局经办、大病保险由保险公司经办。"一站",即县卫计局、合管办和保险公司在县政务服务中心和县人民医院分别设立了"一站式"结算平台,涉及报销的各项医疗费用,均整合两个平台结算和支付。贫困人口在县外医疗机构住院发生的医疗费用,在县政务服务中心"一站式"平台结算;在县人民医院住院发生的医疗费用,在县人民医院"一站式"窗口结算;贫困人口由签约医生诊疗服务发生的医疗费用,由签约医生直接结算,有效地解决了过去医疗救助中结算"审批程序繁杂、报销多头奔波"的弊端,极大地提高了工作效率,提升了群众满意度。

五、群众、医疗机构、政府"三方受益"

一是贫困群众受益得实惠。通过健康医疗"规范化"、服务对象"精准化"、救助扶贫"惠民化"、医疗保障"兜底化",有效保证了贫困户的基本生活,大病和慢性病医疗费用彻底减轻,有效遏制了因病返贫现象的发生。2016年,全县437户828人因病致贫人口顺利实现脱贫,因病致贫、返贫人口减少率达到39.7%。

二是打通基层医疗服务"最后一公里"。从贫困群众来讲,普通疾病无须外出到大医院就医,家庭医生进村入户送医送药,真正做到了小病不出村、大病有人包、慢病有人管,有效打通了基层公共卫生服务群众的"最后一公里"。从基层医疗机构来讲,乡镇卫生院通过为慢性病患者送药,可以获得15%的药品零差价补助,签约医生每人每年可领取诊疗费7200元,进一步提高了基层医疗机构和基层医生的工作积极性和主动性。

三是有效节约了医保基金。开展送医送药上门服务,实现了小病早治、慢病常治,避免了小病拖成大病,减少了患者住院报销费用,政府医保基金的使用效率更加有效。2016年,通过县卫计局集中采购药品时与供药商二次议价,有315种药品确定的药价与药品配送企业平均销售价、药店销售价、省标网采价综合比下降37.9%,基本医保补偿基金比2015年缩减了730万元,使有限的医保基金发挥了更大的作用,为更多的贫困群众提供了保障。

8. 实施基础建设扶贫

在全自治区4万多个行政村和大的自然村全面推进危房改造、安全饮水、街巷硬化、村村通电、村村通广播电视、校舍建设与安全改造、标准卫生室、文化活动室、养老医疗保障等十项重点工作,集中解决贫困村贫困户基础设施、公共服务和义务教育、基本医疗、住房安全"三保障"。

9. 实施政策兜底扶贫

开展了低保制度与扶贫开发政策有效衔接的工作,为16.7万贫困人口落实社会保障政策。2016年全自治区农村牧区低保标准水平达到4197元,比扶贫标准高出1051元,保障人数112万人,比贫困人口多近40万人。在全自治区农村牧区探索推行"互助幸福院"模式,让更多贫困老人"老有所养、老有所居、老有所乐"。

(四)创新扶贫机制,坚持精准监督

1. 建立精准识别机制

内蒙古自2014年起对全自治区58万户157万贫困人口建档立卡,2016年开展了"回头看",完成了90个旗县区、10526个嘎查村、35.7万户、80.2万贫困人口的建档立卡信息更新工作,剔除不符合标准人口21.4万人,新识别补录14.4万人,扶贫对象由基本精准达到比较精准。

2. 实行最严格考核评估

出台盟市党委、政府扶贫开发成效考核和贫困旗县经济社会发展实绩考核办法,主要考核减贫成效,精准识别、精准帮扶、资金使用和项目管理。接受了国家交叉考核和第三方评估,组织了2016年度盟市党委、政府扶贫开发成效考核、交叉验收和第三方评估。在2016年国家考核评估中,内蒙古自治区进入评价较好省区行列。

3. 健全督查巡查机制

在现阶段政府、市场和社会三位一体的扶贫格局下,"扶贫款物的来源和渠道较多,并且整个流程中所涉及的部门广,工作量大且复杂琐碎,责任分割后难以行之有效地统一管理,财务制度不健全不完备。"[①] 内蒙古制定了脱贫攻坚督查巡查实施意见,对重点地区、重点项目开展专项督查,不定期开展巡查,解决突出问题、推动工作落实,实现了12个盟市、57个贫困旗县督查检查全覆盖。2017年3月,自治区党委督查室牵头,完成了全自治区脱贫攻坚推进重点任务督查。

4. 建立贫困退出机制

"贫困退出的关键是扶贫脱贫政策的规范化和退出的有序化,从而避免和减少

---

① 莫光辉,张菁. 精准扶贫领域的腐败问题及预防机制建构[J]. 中国党政干部论坛,2017(3).

在脱贫和退出过程中的脆弱性,尽量杜绝出现返贫、脱贫低水平和缺乏可持续能力的脱贫以及退出弊端。"[①] 2016年内蒙古建立旗县自查、盟市复查、自治区核验的评估认定机制和"摘帽不摘政策,脱贫不脱帮扶"正向激励机制,完成12个申请退出区贫旗县评估验收工作。

5. 改进资金监管机制

下放扶贫资金项目审批权,建立起了权力、责任、资金、任务"四到旗县"和规划、项目、干部"三到村三到户"的工作机制。严格执行扶贫资金项目公告公示制度,全面推行村级义务监督员制度。

6. 深化社会参与机制

26个中央国家机关定点帮扶31个国贫旗县,172个自治区直属机关单位定点帮扶兴安盟、乌兰察布市172个重点嘎查村。京蒙扶贫协作集中帮扶赤峰市、乌兰察布市的16个国贫旗县,开展"万企帮万村"精准扶贫行动,662家企业帮扶593个贫困嘎查村。

三、2016年内蒙古自治区脱贫情况

自"十二五"以来,内蒙古自治区党委、政府认真贯彻落实习近平总书记扶贫开发战略思想和党中央、国务院精准扶贫精准脱贫决策部署,切实加大脱贫攻坚推进力度,脱贫攻坚政策框架基本形成,扶贫投入明显加大,扶贫体制机制进一步健全,扶贫措施有效性明显提高,脱贫攻坚取得新进展、新成效。但随着扶贫攻坚的深入推进,一些深层次的矛盾和困难逐渐显露,脱贫攻坚越往后难度越大。

(一) 2014—2016年内蒙古脱贫人口数量及分布

从2014—2016年的3年中,内蒙古自治区共实现脱贫376221户,总计973408人,其中2014年脱贫333737人,2015年脱贫398082人,2016年脱贫241589人,3年内基本实现稳定脱贫。脱贫人口数量排在前四位的也是贫困人口最集中的兴安盟、通辽市、赤峰市和乌兰察布市。2016年,呼伦贝尔市脱贫人数超过兴安盟,排在了第四位。(见表2-8)

[①] 张琦,史志乐. 我国农村贫困退出机制研究[J]. 中国科学院院刊,2016(3).

表2-8 2014—2016年内蒙古自治区各盟市脱贫人口数量

盟市/指标	2014年		2015年		2016年	
	脱贫户数	脱贫人数	脱贫户数	脱贫人数	脱贫户数	脱贫人数
呼和浩特市	8224	20880	5476	13112	8224	17367
包头市	2251	5757	2034	5007	3984	8515
呼伦贝尔市	10118	26359	14235	36864	9850	24065
兴安盟	10581	31460	17371	50932	10581	23652
通辽市	17268	52305	18584	55191	13158	34318
赤峰市	33193	94204	47149	130234	23270	56314
锡林郭勒盟	6250	15016	3685	9065	1599	4327
乌兰察布市	25706	62498	31641	74355	13887	30773
鄂尔多斯市	3006	7911	1788	4463	4872	12163
巴彦淖尔市	5421	15414	5377	15162	11950	22855
乌海市	262	669	346	762	659	1424
阿拉善盟	438	1264	1048	2935	2735	5811
合计	122718	333737	148734	398082	104769	241589

资料来源：内蒙古扶贫开发建档立卡数据统计（2016）。

(二) 2016年内蒙古脱贫工作成效

内蒙古实施精准扶贫、精准脱贫，因人、因地施策，提高扶贫工作效率，取得了很好的脱贫效果，贫困人口数量大幅减少，人民生活状况得到很大改善，基础设施不断完善，"三到村三到户"以及各类专项扶贫工作深入推进。

1. 贫困人口逐年下降，生活水平明显改善

"十一五"期间，内蒙古结合地区实际，自主制定了扶贫标准。2009年划定的贫困人口标准为农区人均年收入低于1560元、牧区低于1800元，比国家标准分别高出360元和604元。完成了5000个重点贫困嘎查村整村扶贫推进任务，实施了六期移民扶贫项目，搬迁贫困农牧民13550户、5.42万人，基本实现了搬得出、稳得住、逐步能致富，贫困地区发展差距明显缩小，贫困人口生活质量明显提高。

"十二五"时期，全自治区大力实施扶贫开发、百姓安居和创业就业工程，178万农牧民摆脱了贫困，为220万户城乡困难家庭改善了居住条件，累计新增城镇就业134万人。"三个一"民生实事惠及336.7万农牧户、4.15万名贫困家庭大学生和4800个零就业家庭。

截至2016年底，内蒙古超额完成全年减少21万以上贫困人口的任务，12个区贫旗县摘帽，31个国家贫困旗县农牧民人均可支配收入达到8900元以上。随着

收入的增加，农牧民衣食住行都有了明显的变化。落实了"五个一批"分类扶持措施，通过扶持生产和转移就业脱贫 8.7 万人，易地扶贫搬迁脱贫 5 万人，生态补偿脱贫 0.7 万人，通过教育脱贫 2.5 万人，政策兜底 4.3 万人。

2. 农牧区基础设施建设逐步完善

近年来，内蒙古建设和改善农牧业基础设施，扭转了贫困地区农牧业"靠天吃饭和养畜"的被动局面。在农区，针对许多贫困地区降水相对偏少且空间分布不均、十年九旱的状况，重点建设了小型农田水利设施，人均水浇地达到了 2 亩左右；在牧区，考虑草原畜牧业以放养为主，由于受气候、超载过牧、人为等因素影响，草原"三化"现象严重，天然草原产草量下降，冬春季牧草短缺问题突出，重点建设灌溉饲草料基地以及越冬暖棚、青贮窖，增加了抗御黑白灾等自然灾害的能力。

同时，从 2014 年起，内蒙古在农村牧区启动实施了"美丽乡村建设"工程，主要包括危房改造、安全饮水、街巷硬化、村村通电和电网改造、村村通广播电视、校舍建设和安全改造、标准化卫生室、标准化文化室、便民连锁超市和养老医疗低保。"美丽乡村建设"工程的全面实施，迅速改变了农村牧区的落后面貌，拉动了经济增长，促进了农牧民增收，密切了党群干群关系，为广大农村牧区脱贫致富奔小康带来了"热气"、恢复了"元气"。

3. "三到村三到户"工程深入推进

2014 年，为深入推进扶贫攻坚工程，内蒙古自治区制定了《深入推进扶贫攻坚工程"三到村三到户"工作方案》，决定从 2014 年到 2017 年，在全自治区确定的 2834 个贫困村及确认的贫困户中，开展规划到村到户、项目到村到户、干部到村到户工作，进一步完善"三到村三到户"精准扶贫机制，为每个贫困嘎查村落实 1 个帮扶单位、选派 1 支驻村工作队，为每个贫困户确定 1 名帮扶责任人。

截至 2016 年底，全自治区落实帮扶单位 3463 个，驻村干部 1.1 万名，第一书记 8195 名，15.2 万帮扶责任人帮扶 35.7 万建档立卡贫困户。2016 年先后两批下达"三到村三到户"财政扶贫引导资金 10.87 亿元，已有 853 个嘎查村开工建设项目，项目覆盖农牧户 5.63 万户、15.48 万人，其中贫困户 3.95 万户、9.50 万人。采取自建直补、杠杆撬动、先建后补等模式精准使用项目资金，贫困户积极性更高，效益明显提高。

4. 专项扶贫工作稳步进行

（1）教育扶贫

2016 年，内蒙古面向全自治区 30 万户贫困家庭，深入开展有针对性的技能培训。根据贫困家庭意愿，实施按需培训扶贫，着力提升贫困家庭成员的就业创业能力，带动家庭脱贫，实现"职教一人、就业一个、脱贫一家"。对不在低保范围内的、就读中高等职业院校的建档立卡贫困户家庭子女实施"雨露计划"，补助13000人。完成扶贫创业致富带头人培训等14期，共786人，提高就业创业能力。举办精准扶贫、驻村第一书记、电商扶贫等各类扶贫干部培训班7期，培训688人次。

（2）光伏扶贫

全自治区"十三五"期间计划建设总规模140万千瓦，投资105亿元，持续20年。2016年上半年重点对扶持对象进行识别，目前在建档立卡系统中识别出"十三五"光伏扶贫扶持对象5.6万户，其中国贫县4.5万户，自治区贫县1.1万户。每户对应建设集中式电站规模25千瓦，每年每户增收3000元。

（3）电商扶贫

按照财政部、商务部、国务院扶贫办《关于组织申报2016年电子商务进农村综合示范县的通知》要求，评选出2016年度20个电商进农村综合示范旗县（其中国贫县10个），每个旗县投资2000万元，积极开展示范县建设工作。

（4）旅游扶贫

2016年，对2834个重点贫困嘎查村的旅游资源进行摸底调查，启动了65个嘎查村的旅游扶贫试点，带动近6000贫困人口脱贫。

（5）金融扶贫

近几年，内蒙古加强与金融机构合作，提高贫困户贷款比例。2016年，参与扶贫的金融机构由1家扩大到9家，实施项目的旗县由57个贫困旗县扩大到81个农牧业旗县。在这81个农牧业旗县开展小额贷款扶贫工作，贷款余额累计达到385亿元，新增150亿元，贫困旗县平均贷款投放额度达到4.3亿元，19万户贫困农牧民直接获得3万~5万元的扶贫小额贷款支持，贷款使用1年以上的贫困户人均增收1500元；同时实施扶贫再贷款、中和农信小额扶贫贷款、互助资金等项目，发放扶贫再贷款49.02亿元。其中，60个中和农信小额信贷扶贫项目旗县放贷11.3亿元；83个旗县、1130个嘎查村实施互助资金项目，发放借款2.5亿元。金融扶贫成为内蒙古增加扶贫投入的主要举措。

5. "精准扶贫"力度逐年加大

2016年，内蒙古在9852个有建档立卡贫困人口的嘎查村全面推行"453"挂图作战法，推进精准扶贫大数据平台建设，做到了"扶持谁底数清、谁来扶责任清、怎么扶办法清、如何退要求清"。为确保精准扶贫工作落到实处、扶贫监督问责体系逐渐成形，内蒙古制定了《脱贫攻坚督查巡查办法》，开展联合督查、专项督查、随机抽查、明察暗访300多次，实现了12个盟市、57个贫困旗县督查检查全覆盖。扶持对象更精准，精准扶贫基础更牢固。

四、2016年内蒙古自治区未脱贫人口分布及原因

截至2016年底，内蒙古还有贫困人口555844人尚未脱贫，都是贫中之贫、困中之困，即处于深度贫困状态。难啃的"硬骨头"仍然处于重点区域和重点人群中。兴安盟、乌兰察布、赤峰、通辽市共有贫困人口47.5万人，占全自治区的85%以上，是内蒙古自治区脱贫攻坚的主战场，2020年如期全面脱贫任务艰巨。这些贫困人口尚未脱贫，究其原因，主要有以下几个方面：

（一）不精准问题依然存在

内蒙古自治区2016年开展了对建档立卡贫困人口"回头看"，完成了90个旗县区、10526个嘎查村、35.7万户、80.2万贫困人口的建档立卡信息更新工作，剔除不符合标准人口高达21.4万人，新识别补录14.4万人。2017年2月26日至4月27日，中央第二巡视组对内蒙古自治区再次开展了巡视"回头看"，发现内蒙古执行中央精准扶贫政策仍然不够到位。第一，由于缺乏科学的贫困识别标准，一些应纳入的贫困人口没有纳入。例如，目前对贫困人口的确定，主要根据人均收入和家庭财产，却忽视了家庭的支出情况。调查发现，内蒙古贫困人口中因病致贫高达41.4%，贫困家庭医疗支出在总支出中占很大比例，因此在识别贫困人口时不仅要考虑家庭收入，还要将因病、因灾、因学等导致的支出型贫困家庭纳入扶贫的范围内。第二，已经脱贫的没有及时标注退出，动态调整和数据更新不及时。贫困退出上标准和程序执行不严格，搞数字脱贫、算账脱贫，精准扶贫理念和行动还没有贯穿落实到脱贫攻坚全过程和各环节。第三，一些部门出台的精准扶贫政策举措过于原则化，缺乏精确的帮扶工作机制。长期以来，由于扶贫工作都是以贫困区域为瞄准单位进行开发式扶贫，很容易忽视贫困户的个体差异，没有完全做到因户因人分类施策，照顾不到贫困户的真实意愿和发展能力，帮扶措施针对性不强。第四，扶贫项目安排还没有完全覆盖所有的贫困人口，扶贫资金使用上依然存在不科学、不合理等现象。由于扶贫对象缺乏主体参与性，造成扶贫资金、扶贫项目与实际需求脱节，导致扶贫精准度的下降，造成扶贫资金的浪费。

（二）因病致贫、返贫扶贫难度极大

2016年，内蒙古因病致贫人数已超过贫困人口总数的41%，其中大病重病患者和慢性病患者比例较高，已经严重阻碍了全区的脱贫进程。这些贫困地区的医疗资

源匮乏，基层医疗力量薄弱，医院、卫生所、医护人员数量和专业技术无法满足当地就医需求。有的地方交通道路等基础设施落后，不仅外出看病难，看病的费用也一并增加，给家庭带来了沉重的经济负担。与普通居民相比，贫困农牧民的收入水平本来就低，食品和医疗支出比重较大，对疾病以及意外事故应对能力较差，因病致贫、因病返贫问题十分突出。另一方面，由于经济拮据、资源匮乏，贫困户因陋就简，生活方式不健康，观念上缺乏健康知识和健康意识，也很容易患病，加上贫困人口生活的地区医疗、卫生保健水平较低，疾病很难得到有效的预防和控制。小病拖着不治或者诊治不当，逐渐发展成为大病。越贫越病，越病越贫，形成了"贫—病—贫"的恶性循环，要想阻断这一贫困传递链条难度极大。此外，受生态环境、气候、水质等因素的影响，内蒙古贫困地区的地方病普遍，如克山病、大骨节病、碘缺乏病、地方性砷中毒和氟中毒等，找准病因铲除病根工作艰巨。尽管实施医疗救助能够在一定程度上斩断因病致贫的循环链，内蒙古目前积极建设大病保险全覆盖，但现有的医保制度尚不健全，缺少针对不同贫困原因、贫困类型量身定制的扶贫保险产品，贫困人口受灾、受伤、大病等保险赔付得不到快速响应。

（三）产业扶贫缺乏可持续性

产业是脱贫之基、强县之本、致富之源。我国多年的扶贫经验证明，产业扶贫是脱贫的必由之路。没有产业发展带动，很难脱贫；缺乏产业支撑，脱贫难以持续。内蒙古目前产业扶贫组织化程度较低，缺少能够起到带动作用的龙头企业。现有的龙头企业整体规模小，带动辐射能力非常有限。并且，龙头企业与贫困户利益联结不紧密，没能够充分发挥带领贫困户脱贫致富的作用。单靠注入资金，导入项目，让贫困户单打独斗发展产业，存在很大的困难。而且绝大多数企业只是从事农畜产品初级加工，加工转化率仅有58%，产品的优势发挥不充分，有产品、没产业，有基础、没龙头，缺少深加工产业链，当地只卖初级产品，产品的附加值低，增收效果不明显。部分地区盲目推进项目，产业发展随意性强，只注重短期效益，一味投入资金，缺少对产业发展项目所需要的人员素质、技术支撑、管理能力和市场控制能力等要素的整合，市场保障体制尚不健全。由于贫困地区人口受教育程度低，导致劳动力素质普遍偏低，再加上劳动力资源呈现老龄化加剧现象，他们接受新知识、新观念和先进生产技术能力弱，劳动技能较差，就业、务工、自我发展能力低，思想观念落后，市场意识不强，主动谋求发展动力不足，严重影响整体脱贫致富。扶贫产业受天气、市场等因素影响比较大，而有关保险又严重欠缺，贫困户发展产业存在较大风险。投入产出比较低，很难确保贫困群众通过产业发展实现长久稳定脱贫。

(四)"思想贫困"根深蒂固

贫困户自身是脱贫工作的主体,脱贫致富终究要靠贫困群众用自己的辛勤劳动来实现。但是,目前内蒙古有些地方仍停留在简单的给钱给物"输血式"、"填鸭式"外生方式上,缺乏支持引导贫困群众稳定脱贫的长效机制,使贫困户"等、靠、要"和"依赖、依靠、依附"思想严重,指望"吃低保、靠救济",抢戴"贫困帽",坐享其成。缺乏脱贫的积极性、主动性和自力更生精神、艰苦奋斗的气魄和斗志,也就没有想要脱贫致富的内生动力。缺乏现代意识和现代思维,过度依赖政策不愿脱贫,对于"造血式"的帮扶也是无动于衷。这些贫困人口不仅是物质上的贫困,更多的是精神贫困,给扶贫项目的实施和扶贫工作的开展带来了很大的阻力。

案例2-4 呼和浩特市清水河县精准扶贫开发方式创新[①]

> 呼和浩特市清水河县是自治区扶贫开发重点县,2016年初确定了2718人脱贫任务,到2016年底,通过测算总收入、民主评议、核实认可、村内公布、公告退出等规范程序,对贫困人口进行了核定,已有3180人达到脱贫退出标准,超额完成全年脱贫任务,为2017年全县脱贫摘帽打下良好基础。脱贫工作取得的成绩离不开清水河县在精准扶贫开发方式上的创新。
>
> 一、提出"四种六养一旅游"扶贫开发新思路
>
> 清水河县坚持从县情出发,按照当地的自然条件,确立能种什么种什么,适养什么养什么的"四种六养一旅游"新思路。"四种",即种杂粮、种蔬菜、种马铃薯、种经济林;"六养",即养肉牛、养肉羊、养奶山羊、养猪、养驴、养鸡;"一旅游",就是围绕黄河老牛湾国家级世界地质公园独特的资源发展旅游业。在杂粮产业扶贫项目上,大力扶持龙头企业,发展小杂粮精准加工,带动全县小杂粮向产业化、规模化发展。重点在宏河镇、窑沟乡、老牛湾镇等条件适合的地区扶持种植小香米谷子3万亩。全县种植杂粮面积77.7万亩、蔬菜4500多亩、马铃薯16.5万亩、经济林1万多亩、万寿菊1100多亩;养羊40万只、养牛8千多头、养猪2.4万多头、养驴1万多头、养鸡16万羽,奶山羊正作为一个新的产业兴起,有效地促进了贫困户稳定增收。

---

① 内蒙古自治区扶贫开发(革命老区建设)办公室. 扶贫情况通报,2017(3).

二、积极推行"菜单式"扶贫模式

从全县实际出发,推行"菜单式"产业扶贫。根据贫困户的多样化生产需求,提供产业发展"菜单",宜耕则耕,宜养则养,农民通过"点菜"的方式,选择适合自己的产业,政府利用"四到村四到户"专项扶贫资金进行扶持,共落实补贴资金2513万元。农民十分欢迎这种"菜单式"产业扶贫,认为这样干有效果。窑沟乡侯家圪洞村建档立卡贫困户11户31人,他们以专业合作社为龙头,发展散养鸡,每户100只,仅此一项,贫困户可实现户均增收1万多元。全县已有2023个贫困户采取"点菜"的方式,并取得良好效果。

三、探索"托管"模式,走资产收益扶贫新路子

针对无生产经营能力贫困户脱贫难题,推出龙头企业帮助贫困户脱贫路子。引入龙头企业,项目跟着产业走,产业跟着龙头走,龙头带着贫困户走。以托管生产、订单生产或直接安置贫困户在企业就业等形式,与贫困户建立可靠、稳定的利益联结机制,为贫困户脱贫找出路。

由扶贫办与内蒙古圣地牧业有限公司签订"托管"协议,双方协定养奶牛1200头,扶持建档立卡贫困户600~1000户。贫困户每户最多可托养2头,其中用"四到村四到户"财政专项扶贫资金购买1头,在贫困户自愿的前提下,由贫困户承贷、托养企业担保,通过金融扶贫贷款购买1头。协议期内,公司每头牛每年给贫困户保底分红2000元,贫困户不参与经营,不承担任何风险。合作期满后,双方根据情况愿意继续合作,由乡镇、村委会再次确定扶贫对象,重新签订合作协议进行新一轮托养扶贫。如有一方不同意,乙方将购牛款全额退还,其中通过"到村到户"项目资金进行购牛的,退还到贫困户所在村集体,作为村集体资本金,用于发展壮大村集体经济和返贫户的新一轮扶持以及特殊贫困家庭的兜底扶助;贫困户通过个人贷款或自筹资金进行购牛的退还到贫困户个人账户。由扶贫办与清水河县海昱宏种养殖专业合作社合作,在聚宝庄村发展奶山羊养殖,利用扶贫资金为每户贫困户购进10~20只奶山羊。由贫困户自主确定养殖方式,选择自己喂养的,产出的羊奶由合作社统一以每斤5元的价格进行收购;选择由合作社代养的,参照奶牛托养模式,由合作社每只羊每年给贫困户保底分红450元,这样就可以解决贫困户稳定脱贫问题。

四、多措并举,为易地搬迁贫困户解决后顾之忧

采取多种措施,尤其是注重在后续产业培育上下功夫。入住宏河镇聚宝庄

安置点的移民，由政府为每户移民户配套建设60~70平方米养殖棚圈，根据入住贫困户意愿，为每户发放30~50只鸡或10~20只奶山羊。由村委会为每户贫困户就近向当地农民流转土地5亩，统一平整、配套滴灌，为养殖提供饲草料基地。同时，与本村万兴宇种养殖专业合作社签订50名用工合同，每人每月工资不低于2000元，入住贫困户通过就近务工实现增收脱贫。其他有条件的集中安置点参照宏河镇聚宝庄村的产业扶持模式，由政府在安置区为搬迁户流转土地并配套建设养殖棚圈给予养殖扶持。入住城关镇贾家湾益民小区的，由该小区所在的昆新社区为入住贫困户建立就业转移档案和信息服务平台，负责对贫困户进行劳动力转移、就业职业技能培训和劳务输出介绍。有劳动力的贫困户家庭人口免费接受技能培训，每人掌握1项至2项实用技术，根据贫困户劳动技能、特长向用工企业推荐就业，并与企业签订3年的用工合同，每个贫困户每年劳务收入不低于1.5万元，实现劳务输出脱贫。

五、发挥老牛湾黄河大峡谷独特优势，做大旅游扶贫产业

依托老牛湾世界地质公园和北堡明长城独特的旅游资源，进一步完善了沿黄地区大力发展旅游业的科学规划并付诸实施，沿黄一级交通要道正在开工建设；结合独特的地域文化和浓郁的民族风情，沿黄的"农家乐"、"农家游"星罗棋布，已具规模；完善了陆头峁、后阳塔等地海红果基地建设，打造了海红果、核桃、李子、大接杏采摘景观带；建设了沿老牛湾旅游专线以油菜为主的观赏景观带，建成了土山子、杨树湾、单台子三处共300亩的采摘园；扶持建设了一批乡村山庄等旅游扶贫示范户。在老牛湾已有旅游规模的基础上，新规划"农家乐"、"农家游"156家，并已启动实施，将老牛湾黄河区打造成呼市地区的旅游胜地，把乡村旅游打造成脱贫致富的重要产业。

六、尝试"公司+农户"形式，积极开展土地流转

北堡乡碓白坪村有8个自然村，其中建档立卡贫困户49户82人，村委会在广泛征得贫困户意愿的基础上，将贫困户的土地流转到该村的农民专业合作社进行统一经营，收益的60%用于流转土地贫困户分红，30%用于扩大再生产，10%上缴集体经济，用于村公益事业。有经营能力的贫困户可参与合作社劳作，还可得一份劳务报酬。这样既解决了有经营能力贫困户脱贫的问题，也解决了没有劳动力贫困户的难题。

窑沟乡阳坡村建设经济林800亩。采取村集体所有，公司化运营的方式经

营管理，农民以地入股，生产收入分配30%作为股利分红，由入股农户享受，25%整村扶贫专项资金进行全村（保证贫困户辐射一般农户发展产业）分红，20%作为经营管理经费，其余25%作为全村发展基金。盛果期年户均可增收8500元，年集体收益270万元。既解决贫困户脱贫，又发展壮大集体经济，实现可持续发展。

七、建立村级扶贫资金互助社，为贫困户提供资金支持

对缺少主导产业、贫困户贷款能力弱的项目村，由村"两委"成立村级扶贫资金互助社。扶贫资金互助社将项目资金作为互助社本金，吸纳贫困户加入互助社，贫困户加入互助社每户缴纳300~500元的互助会费，互助社放大10倍后给入社贫困户发放信用贷款。贷款月息6厘，贷款期最短一个月，最长一年。贫困户按期还本付息后，互助社为贫困户减免3厘利息，剩余利息50%存入本金中用于滚动发展，25%纳入集体经济用于公益事业，25%用于贷款风险补助金。贫困户退社后，互助会费原额退还。这种互助模式解决了贫困户在生产生活中应急资金需求，受到了贫困户的欢迎。

五、内蒙古自治区精准扶贫、精准脱贫与巩固提升的思路

近年来，内蒙古加大扶贫开发力度，推进精准扶贫，多措并举，精准扶贫和精准脱贫取得了突出成效。但是，内蒙古自治区作为边疆少数民族地区，受地广人稀、生态保护压力大、农牧混合多及扶贫资金有限等复杂因素的制约，其扶贫开发工作有待巩固提升。综合分析自治区贫困情况、扶贫政策和贫困原因，为实现精准扶贫、精准脱贫及巩固提升，内蒙古自治区未来的扶贫开发思路可以从下面几个方面展开。

第一，落实扶贫工作责任，强化扶贫督查力度。坚持五级书记抓扶贫，进一步压实各级各部门责任，特别是贫困旗县的主体责任。发挥自治区派驻国贫旗县督导组作用，在全面实现小康社会的决胜阶段，重点督导贫困识别准确率、贫困退出准确率和群众满意度，加强驻村工作力量，增加驻村工作队员，同时培养农村牧区致富带头人。

第二，深化精准扶贫理念，完善贫困治理机制。把精准扶贫精、准脱贫理念贯彻到脱贫攻坚全过程和各环节。强化建档立卡动态管理，只要是贫困人口，不管什么原因、什么类型全部纳入。以产业扶贫、易地扶贫搬迁、金融扶贫、劳务协作扶贫、生态扶贫、教育扶贫、健康扶贫、社会保障兜底扶贫、贫困村提升等重点工程

为抓手，瞄准贫困人口，因地因户因人分类扶持，着力解决贫困户产业发展、教育、医疗、住房、饮水安全等突出问题。同时，内蒙古自治区扶贫开发必须注重牧区生态环境保护，坚持"绿水青山就是金山银山"的科学发展理念。

第三，瞄准扶贫重点地区，破解扶贫难点问题。攻克重点难点。将兴安盟、乌兰察布、赤峰、通辽市等作为重点地区，将贫困妇女、儿童、老年人、残疾人和因病因学致贫返贫作为重点群体集中攻坚，采取更准、更实、更硬的政策举措，加大力度、加快进度、加紧进度，确保在既定时间节点完成脱贫攻坚任务。着力研究少数民族聚居区、边境地区、牧区扶贫脱贫问题，实行差别化政策。采取措施，重点解决政策落实走形式、贫困识别走形式、驻村帮扶走形式、贫困退出走形式等突出问题。

第四，加强资金监管，确保扶贫成效。加大扶贫投入，推进"四个一百亿"工程，即四级财政扶贫资金投入100亿元，整合涉农涉牧资金100亿元，调动金融扶贫资金150亿元，建立产业扶贫基金100亿元。继续推行扶贫资金项目公告公示制度和村级义务监督员制度，加大审计整改、督查巡查整改落实力度，提高扶贫资金使用效益和透明度，始终保持扶贫资金严管严查态势。

第五，严格考核督查，倒逼精准扶贫工作强力推进。加大重点地区、重点工作、重点项目督查，对脱贫攻坚问题突出的盟市、旗县开展巡查，以考核评估结果为导向抓好整改落实，用最严格的考核督查倒逼扶贫工作务实、脱贫过程扎实、脱贫结果真实。对搞形式主义、数字脱贫、算账脱贫、假脱贫的动真碰硬、该约谈问责的约谈问责，严重的进行组织调整。

第六，激发内生动力，合力脱贫攻坚。改进帮扶方式，推广菜单式、先建后补、自建直补、杠杆式、龙头企业带动、能人带动等扶贫模式，发挥贫困群众主体作用，提高他们的参与度。加大对群众的宣传教育和感情沟通，把扶贫同扶志、扶智结合起来，引导他们树立主体意识，激发自我脱贫的干劲。

第三章　宁夏回族自治区扶贫进展报告

2016年是"十三五"规划的开局之年，也是落实宁夏回族自治区"三年集中攻坚、两年巩固提高、力争提前脱贫"目标的第一年。2016年习近平总书记、李克强总理先后到宁夏视察工作，习近平总书记在银川主持召开东西部扶贫协作座谈会（以下简称"银川会议"），同时，全国集中连片贫困地区抓党建促脱贫攻坚工作、全国金融扶贫工作、全国驻村第一书记等四个现场会在宁夏成功举办。

2016年，宁夏回族自治区在深入学习贯彻落实十八届六中全会精神和"银川会议"精神下，坚决贯彻落实《宁夏回族自治区农村扶贫开发条例》，按照贫困县、贫困村和贫困人口的具体情况，因人因地精准施策，按照"五个一批"的脱贫路径，充分利用金融扶贫、技能培训和闽宁对口扶贫协作，形成了走在全国扶贫实践创新前沿的"盐池模式"、"蔡川模式"，建立了一个由战略目标体系、推进体系和保障体系构成的较为完善的符合宁夏自身特点的精准扶贫体系，脱贫工作取得显著成效，实现了19.3万贫困人口脱贫，超额完成国务院扶贫办下达宁夏减贫8万人的任务，贫困人口由2015年的58.12万人，下降到2016年末的38.78万人，249个贫困村实现脱贫销号。

但是宁夏依然面临贫困程度深、扶贫成本高、脱贫难度大、区域性整体贫困问题突出的难题。宁夏未脱贫人口主要集中在西海固地区，贫困发生率接近20%，是贫中之贫、困中之困，属于自我发展能力最弱、脱贫难度最大、减贫成本最高的深度贫困地区，各种良好的减贫脱贫经验在西海固地区并没有复制推广的条件和基础，扶贫实践创新的挑战多、压力大。缺资金、缺技术和因病致贫是最主要的三个原因，金融扶贫、教育扶贫、健康扶贫和保险扶贫，是宁夏未来扶贫工作的重中之重。因为深度贫困致贫原因的复杂性，在现有精准扶贫体系的基础上，从长计议，实施多样化的减贫脱贫策略，多管齐下，各有重点，才能实现深度贫困地区的脱贫目标。

一、2016年宁夏回族自治区贫困变化情况

（一）经济发展概况

宁夏回族自治区位于我国西部的黄河上游，东邻陕西省，西、北部接内蒙古自治区，西南、南部和东南部与甘肃省相连，面积6.64万平方公里。2016年末宁夏常住人口为674.90万人，比上年末增加7.02万人，其中回族人口占36.18%，是全国最大的回族聚居区。宁夏下辖5个地级市、9个市辖区、2个县级市、11个县（合计22个县级行政区单位）。

1. 经济增长稳定

2016年宁夏回族自治区经济平稳增长，增速高于全国平均水平，经济发展潜力较强；但整体经济规模较小，在全国31个省市中排名第29。初步核算，宁夏实现生产总值[①]3150.06亿元，按可比价格计算，比上年增长8.1%（见图3-1）。其中，第一产业增加值239.96亿元，增长4.5%；第二产业增加值1475.51亿元，增长7.8%；第三产业增加值1434.59亿元，增长9.1%（见图3-2）。按常住人口计算，宁夏人均生产总值46919元，增长7.0%。

从GDP总量来看，2016年宁夏全区的GDP总值仅占当年全国GDP总量的0.42%。低于2015年的0.44%，在民族八省（区）中，宁夏的GDP总产量仅高于青海和西藏。从人均GDP来看，宁夏人均GDP仅为全国人均GDP的88%，略低于2015年的比值，虽然排名全国第15，但是仅为相邻省份排名第7的内蒙古人均GDP的64%。人口规模小、区域面积小、经济体量小、人均收入水平低是宁夏回族自治区的显著特征。

2. 产业结构转型压力大

宁夏三次产业增加值构成由2015年的8.2∶47.4∶44.4调整为2016年的7.6∶46.8∶45.6。第一、二产业同比增长在下降，第三次产业同比在增长，三次产业对经济增长的贡献率分别由2015年的4.2%、57.8%和38.0%转变为2016年的4.5%、45.5%和50.0%。第二产业和第三产业仍然是推动宁夏经济发展的主导产业，产业结构不断调整，有力地支撑了经济增长和财税收入的提高。

从工业来看，能源、电力、化工等行业对宁夏经济发展十分重要。据统计，煤炭开采和洗选业，电力、热力生产和供应，石油加工、炼焦和核燃料加工业，化学

---

① 宁夏生产总值及各产业和各行业增加值指标绝对数按现价计算,增长速度按可比价格计算。

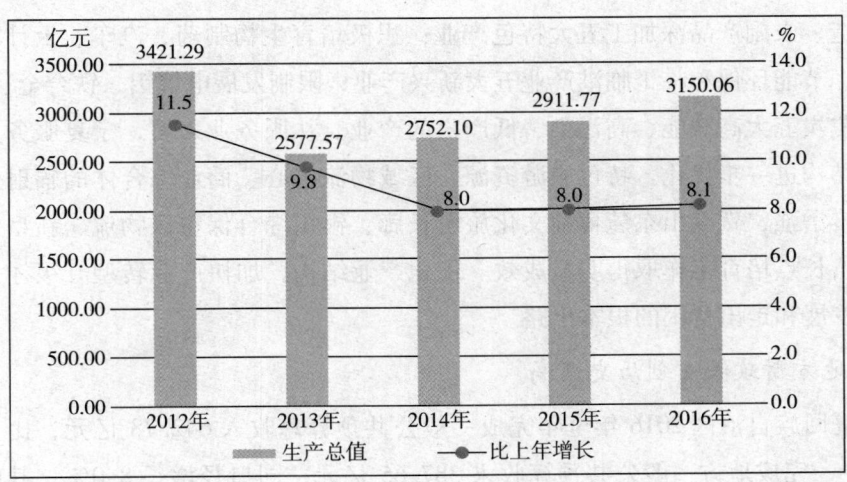

图 3-1　2012—2016 年宁夏生产总值及其增长速度

资料来源：宁夏回族自治区统计局、宁夏回族自治区 2016 年国民经济和社会发展统计公报。

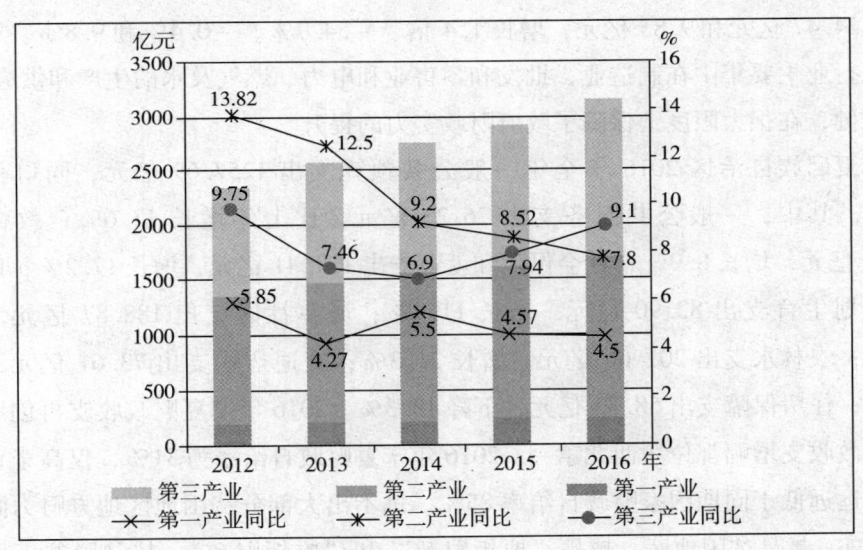

图 3-2　2012—2016 年宁夏三次产业产值与同比增长率

资料来源：国家统计局。

原料及化学制品制造业，有色和黑色冶炼行业，以及黑色金属冶炼及压延加工业对工业增加值贡献较大。但由于这些行业属于高污染、高耗能行业，且产业链较短，初级产品较多，产业升级与结构调整压力较大。为此，宁夏政府于 2014 年 6 月制定了《宁夏工业转型升级和结构调整实施方案》（以下简称《工业转型方案》），设计了"5555"调整方针，即优先发展新型煤化工、煤炭与电力、羊绒纺织、葡萄酒、清真食品与穆斯林用品五大优势产业；加快壮大石油化工、新材料、新能源、先进装备制造、农副产品深加工五大特色产业；积极培育生物制药、汽车、云计算与电子信息、节能环保和临工临港产业五大新兴产业；限制发展电解铝、铁合金、电石、水泥、焦炭五大高载能、高污染、低产出的产业。从服务业来看，宁夏服务业平稳发展，结构进一步优化。特色旅游资源、区域物流中心、商业综合体的辐射带动作用进一步增强，贺兰山东麓葡萄文化旅游长廊、银川综合保税区物流、新型业态消费等新增长点培育工作取得明显成效。优化产业结构，加快产业转型升级才是经济可持续发展和走出贫困的根本出路。

3. 地方财政收支创历史新高

宁夏回族自治区2016年全年完成一般公共预算总收入642.78亿元，比上年增长5.3%，完成地方一般公共预算收入387.65亿元，同口径增长8.0%。其中，完成税收收入246.55亿元，下降3.8%；完成非税收入141.10亿元，增长20.5%。增值税、营业税、企业所得税和个人所得税等主体税种分别完成84.04亿元、45.27亿元、24.47亿元和9.85亿元，增长1.4倍、-54.7%、-0.4%和9.8%。宁夏重点税源行业主要集中在制造业、批发和零售业和电力、燃气及水的生产和供应业等，税源稳健，在很大限度上保障了政府财政实力的提升。

宁夏回族自治区2016年全年一般公共预算支出1257.69亿元，同口径增长10.2%。其中，一般公共服务支出76.23亿元，比上年增长13.6%；教育支出155.24亿元，增长8.9%；社会保障和就业支出171.41亿元，增长17.2%；医疗卫生与计划生育支出82.90亿元，增长11.9%；城乡社区支出188.87亿元，增长29.4%；农林水支出201.66亿元，增长21.3%；交通运输支出73.61亿元，下降24.8%；住房保障支出58.33亿元，下降19.3%。2016年宁夏财政收支再创历史新高，财政收支增幅都位居西北第一。2016年宁夏财政自给率为31%，仅高于青海和西藏，远远低于同期国家财政自给率85%。逃不出大部分贫困地区地方财力匮乏的客观事实，越是贫困地区，越是"要饭财政"和"吃饭财政"，扶贫脱贫工作很大程度上受制于一方的财力水平。

（二）贫困变化情况

1. 贫困概况

宁夏人口少，面积小，但是贫困区域占比是全国最高的省份，集中连片贫困区域面积占全区54%，贫困人口分布在全区5个地级市，91%的县（市、区）有贫困人口。宁夏小康社会实现程度低，和全国平均水平相比低10个百分点，贫困地区GDP、地方财政收入等主要指标依然落后于全国平均水平。中南部地区经济发展指数大多低于50%，全面建成小康社会任务艰巨而繁重①。

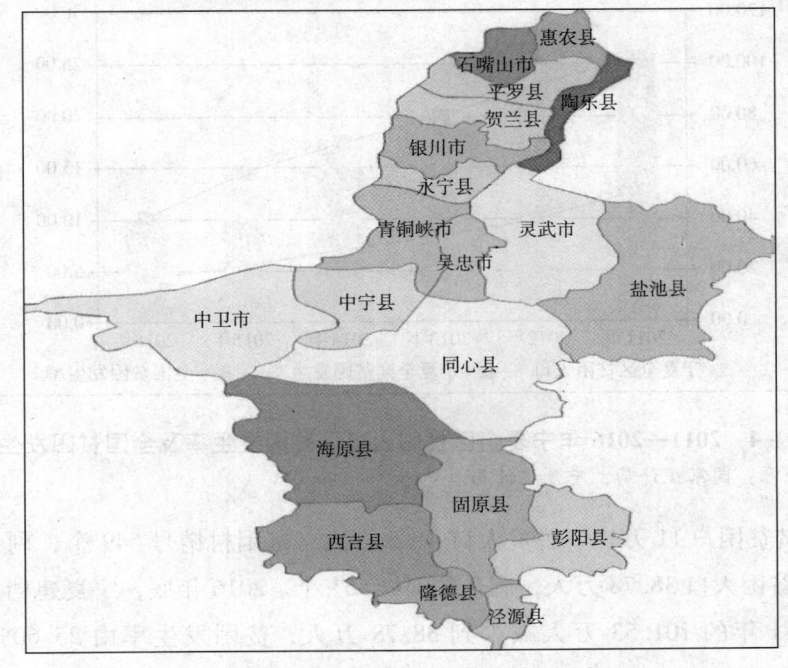

图3-3 宁夏回族自治区贫困地区示意

资料来源：宁夏扶贫办。

宁夏回族自治区是民族地区、革命老区，也是西部欠发达地区，贫困程度深，贫困人口占比高，贫困发生率高于全国平均水平。特别是"西海固"地区，素有"贫瘠甲天下"之称，主要包括固原市的原州区、西吉县、隆德县、泾源县、彭阳县，吴忠市的盐池县、同心县、红寺堡区和中卫市的海原县9个贫困县区（见图3-3），除红寺堡区之外，其他7县1区都是国家重点扶贫县区，这里分布着1100个贫困村，面积3.74万平方公里，占全区的56%；人口228.5万人，占全区总人口的34.2%，其中回族人口124.7万人，占全区回族人口的51.8%。原州、西吉、隆德、泾源、彭阳、同心、海原、红寺堡8个区县被纳入六盘山集中连片特困地区，盐池、同心、海原、彭阳、西吉、原州6个县区为革命老区县。和其他少数民族地区相比较，宁夏的国定贫困县最少，由于受地理环境等多种因素制约，宁夏南部山区基础条件差，产业层次低，用水和交通等瓶颈制约问题比较突出，人口、资源、环境和社会经济发展还不协调，是宁夏脱贫攻坚的主战场。

2014年，宁夏识别建档立卡贫困户21万户、贫困人口80.3万人。截至2016年

---

① 《宁夏回族自治区"十三五"脱贫攻坚规划》。

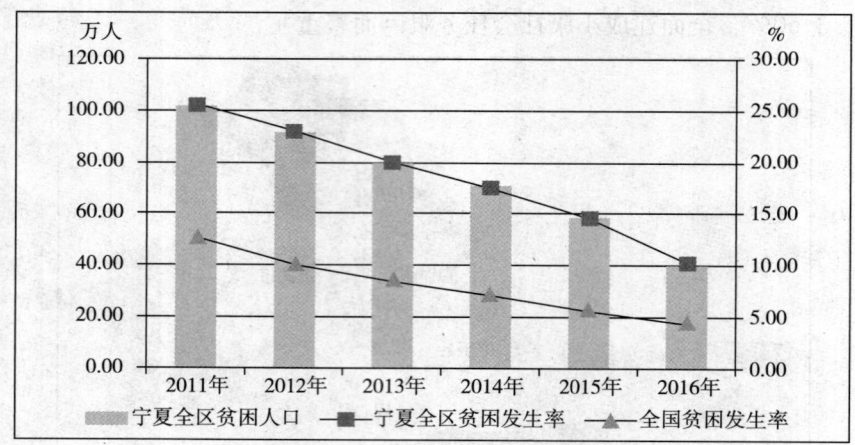

图 3-4　2011—2016 年宁夏全区贫困人口、贫困发生率及全国贫困发生率
资料来源：国家统计局，宁夏统计局。

底，已脱贫贫困户 11 万户、脱贫人口 41.5 万人，贫困村销号 549 个，剩余贫困户 10 万户、贫困人口 38.78 万人，剩余贫困村 551 个。2016 年底，宁夏建档立卡贫困人口从 2011 年的 101.53 万人减少到 38.78 万人，贫困发生率由 25.60% 下降到 10.28%（见图 3-4），贫困地区农民人均可支配收入由 4193 元增长到 7505 元，增幅达到 78.9%，年均增幅高于全区平均水平近 2 个百分点（见图 3-5）。贫困群众生活水平明显提高，贫困地区面貌得以改善。

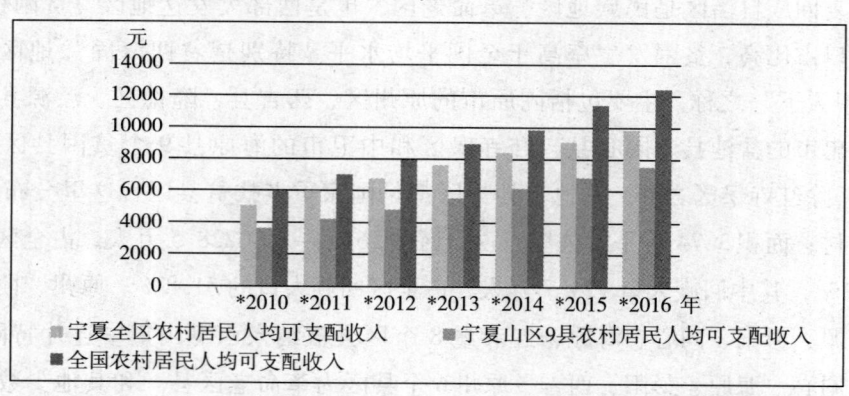

图 3-5　全国、宁夏、宁夏山区 9 县农村居民人均可支配收入对比
资料来源：宁夏扶贫办。
注："*"指从 2010 年起，主要收入指标按城乡一体化新口径调整。收入为农村居民人均可支配收入，2010 年之前为老口径农民人均纯收入。

2. 扶贫成效

宁夏回族自治区政府历来把扶贫开发工作作为政府工作的重点，扶贫形式也从

"输血式"扶贫和救济式扶贫向"造血式"扶贫和开发式扶贫转变,扶贫工作也由粗糙、低效率的分散帮扶、普惠扶持向细致、高效的精准扶贫转变。经过长期努力形成了党和政府主导,兼具社会力量参与的扶贫机制,形成专项扶贫、行业扶贫、社会扶贫"三位一体"的大扶贫格局。扶贫开发也取得了显著的成效。

2016年是脱贫攻坚的首战之年,宁夏回族自治区脱贫工作取得显著成效。国务院扶贫开发领导小组下达宁夏减贫任务为8万人。宁夏实现了19.3万贫困人口脱贫,贫困人口由2015年的58.12万人,下降到2016年末的38.78万人,249个贫困村实现脱贫销号。

2016年,宁夏共投入财政扶贫资金52.88亿元,比2015年增加22.72亿元,增长77.4%。取消对9个贫困县的GDP考核,将脱贫攻坚考核权重由7%提高到45%,让脱贫成效考核发挥"指挥棒"作用。在9个贫困县(区)开展财政涉农资金统筹整合试点,建立了扶贫资金使用管理"负面清单",给资金上了"保险锁"。坚持"九部门"的监督机制和专项审计制度,实现扶贫资金审计的全覆盖。

2016年,宁夏按照贫困县、贫困村和贫困人口的具体情况,因人因地精准施策,推进发展生产脱贫、易地扶贫搬迁脱贫、生态补偿脱贫、发展教育脱贫和社会保障兜底脱贫五种脱贫模式。自治区安排13.71亿元,实现建档立卡贫困户产业扶持全覆盖,使每个人都能依靠自己的双手让"钱袋"鼓起来;全年搬迁安置1.5万人;将所有贫困村符合条件的耕地全部纳入新一轮退耕还林还草工程优先安排;支持1.4万名贫困学生接受职业教育;将农村低保标准从2400元提高到3150元,高于国家扶贫标准。累计向249个脱贫销号村,整合投入资金41.36亿元,村均投入1600余万元。中南部地区城乡饮水安全工程建成通水,解决44个乡镇603个行政村113.53万人饮水问题。目前,249个销号村自来水普及率达到85%以上,实现县县通高速。1100个贫困村实现光纤宽带、4G网络、无线网络、数字电视的"新四通"。

3. 贫困变化特征

(1) 脱贫人口规模增幅大,贫困发生率降幅大

2016年是脱贫攻坚的首战之年,宁夏实现了19.3万贫困人口脱贫,贫困人口由2015年的58.12万人,下降到2016年末的38.78万人,19.3万的脱贫人口创历史新高,远远超过以往年平均脱贫人口10.85万人口。249个贫困村实现脱贫销号,贫困县农民人均可支配收入增幅高于宁夏平均水平。贫困地区农民人均可支配收入由2015年的6818元增长到7505元(见图3-5),增幅达到10.08%,年均增幅高于全区平均水平2个多百分点。宁夏贫困发生率由2015年的14.51%,下降到2016

年末的 10.28%，贫困发生率下降了 4.23 个百分点，高出年平均降幅率近 1.5 个百分比，宁夏脱贫攻坚首战告捷。

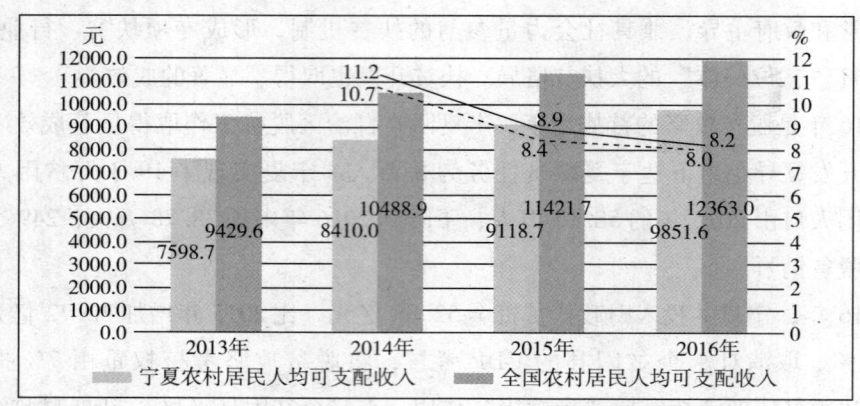

图 3-6 2013—2016 年宁夏与全国农村居民可支配收入及其增长速度比较
资料来源：国家统计局。

（2）贫困地区农民收入增幅快，但地区收入差距继续扩大

由于贫困地区农民人均可支配收入基数低，虽然近年来增幅高于宁夏平均水平，但收入差距拉大的趋势未得到扭转。从全国来看，宁夏人均可支配收入、宁夏山区 9 县区的可支配收入都远远低于全国平均可支配收入，全国可支配收入的年增长速度高于宁夏，更高于宁夏山区 9 县区，地区收入差距还在拉大（见图 3-5、图 3-6）。从宁夏五市收入对比来看，2016 年，银川市城镇居民人均可支配收入绝对值位居第一，固原市居末位，两者相差 7761.0 元，比宁夏平均水平高 3324.8 元；在人均可支配收入增幅方面，银川市城镇居民位居第二，比最高的吴忠市低 0.5%，比居于末位的固原市高 0.4%，与宁夏平均水平持平。在经济发展新常态下，农民可支配收入中工资性收入占比下降，且增幅趋缓；受农产品价格"天花板"下压、农业生产成本"地板"抬升的双重挤压，生产经营性收入空间收窄；转移性收入虽然逐年增长，但占比较小；财产性收入成为增收的最大短板（见表 3-1），缩小发展差距的任务更加艰巨。

表 3-1 中南部山区 9 县区农村居民人均可支配收入及来源 单位：元

分类 年份	可支配 收入	一、 工资性 收入	二、 经营性 收入	1. 第一 产业经营 净输入	其中： 农业	牧业	2. 非农 产业 净收入	三、财产 净收入	四、转移性 收入
2010	3615	1495	1786	1543	871	654	244	17	316

续表

分类 年份	可支配收入	一、工资性收入	二、经营性收入	1. 第一产业经营净输入	其中：农业	牧业	2. 非农产业净收入	三、财产净收入	四、转移性收入
2011	4193	1786	2054	1801	1008	765	254	20	333
2012	4856	1970	2262	1983	1101	842	279	24	600
2013	5550	2251	2586	2266	1258	962	319	27	686
2014	6227	2480	2912	2526	1422	1051	385	54	781
2015	6818	2732	3074	2610	1434	1088	463	67	946
2016	7505	3046	3227	2685	1387	1217	542	69	1162

资料来源：宁夏回族自治区扶贫办。

（3）金融扶贫创新，真正变"输血式"为"造血式"扶贫

资金是脱贫的源头活水，没有产业承载，再多的资金都无法减贫脱贫。作为全国脱贫攻坚的主战场，宁夏区政府有效联动行政资源、金融资源、社会资源和市场资源，以发展脱贫增收产业为基础，运用财政、银行、证券、保险、担保五类财攻金融工具的组合效应，以金融工具链支持产业链，推进了金融扶贫创新实践、农村金融改革创新，以"财政引导、基金运作、担保跟进、保险参与、银行放大"的思路，精准发力，精准实施脱贫攻坚任务，将金融扶贫列为自治区金融"十三五"规划重点实施的五大工程的头号工程。

金融扶贫持续创新的"盐池模式"（见图3-7），创造了"信用+产业+金融"三位一体的金融精准扶贫模式，被国务院扶贫办称为"南有麻阳，北有盐池"的示范金融扶贫模式。2016年"盐池模式"典型代表村曾记畔村的人均收入从2015年的人均收入5795元增加到8235元，村集体收入从零变成了18.6万元，互助资金量达到600多万元，村里用10万元占用费为村民买了医保，15万元解决了养老保险问题，让这个1996年依靠国家扶贫战略才解决了温饱问题的贫困村走上了致富路，村民们从过去的"等救济睡着吃"过上了"靠双手干着吃"有尊严的富裕生活。邮储银行扶持以贫困著称的固原市原州区蔡川村走上致富之路的"产业引领+能人带动+金融帮扶"的"蔡川模式"也真正培养了贫困农户自身的发展能力，在全区内正式推广其成功经验。

（4）区域生态脆弱，"西海固"地区脱贫难度大

尽管扶贫成效不错，宁夏扶贫脱贫任务艰巨，形势不容乐观，因为10.28%的贫困发生率远远高于全国平均贫困发生率4.5%，邻省内蒙古自治区2015年的贫困发生率就已经降到5.85%，而且宁夏中南部8县1区的贫困发生率更是远高于这个

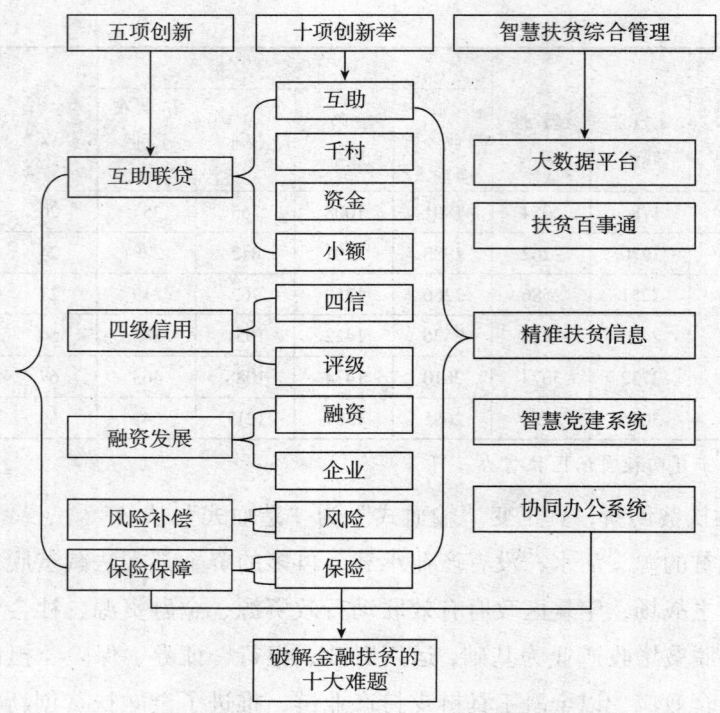

图 3-7 "盐池模式"金融扶贫创新示意图

注:其中的十大难题为:贷款难;贷款贵;额度小;60 岁以上贷款难;免责放贷难;互助贷款难;信息共享难;精准统计难;网点空白;返贫风险大。

平均水平,2016 年红寺堡区的贫困发生率高达 20.22%(但红寺堡并不是国定贫困县,国定贫困县的优惠政策都不能为其所用)、西吉县的贫困发生率 18.85%、海原县的贫困发生率 18.84%、原州区的贫困发生率 18.40%(见图 3-8)。红寺堡区主要扶贫对象还是来自西海固的生态移民,只有银川市和大武口市的大部分区县低于全国贫困发生率。

2016 年初制定的 200 个脱贫销号村包括:原州区 28 个,西吉县 44 个,隆德 18 个,泾源县 16 个,彭阳县 20 个,盐池县 10 个,同心县 26 个,海原县 30 个,红寺堡区 4 个,沙坡头区 2 个,中宁县 2 个。之后追加了 49 个村:泾源县 10 个、彭阳县 14 个、盐池县 20 个、红寺堡区 5 个,其中没有追加西海固地区的村,可以想象其难度。从自然地理来讲,西海固地区处在干旱风沙区、黄土丘陵区和高寒阴湿区等自然条件严酷、生态环境脆弱、资源匮乏的少数民族聚居区,该区域干旱少雨、土地贫瘠,水土流失严重,可以说西海固地区是贫中之贫、困中之困,属于自我发展能力最弱、脱贫难度最大、减贫成本最高的群体,是最难啃的"硬骨头"。因为自然、社会、文化等因素,宁夏区内各种优秀的减贫脱贫经验在西海固地区没有复

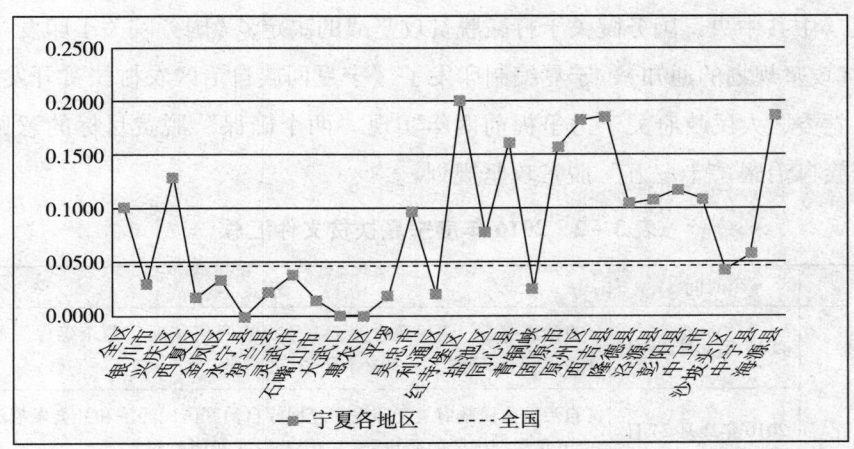

图3-8 2016年宁夏各地区贫困发生率与全国平均贫困发生率对比
资料来源：宁夏扶贫办。

制推广的条件和基础，扶贫实践创新的挑战多、压力大，区域性整体贫困问题依然突出。

二、2016年宁夏回族自治区精准扶贫的主要政策和手段

自改革开放以来，宁夏回族自治区扶贫开发历经了1983—1993年的"三西"农业建设；1994—2000年的"双百"扶贫攻坚；2001—2010年的千村扶贫整村推进；2011—2015年的百万贫困人口扶贫攻坚战略四个阶段。

现如今全国扶贫开发走上了精准扶贫的道路。根据《中共中央、国务院关于印发〈中国农村扶贫开发纲要（2011—2020）〉的通知》《中共中央、国务院关于打赢脱贫攻坚战的决定》，结合自身贫困状况，自治区政府出台了《自治区党委、人民政府关于力争提前两年实现"两个确保"脱贫目标的意见》和《宁夏回族自治区农村扶贫开发条例》等一系列政策文件和具体措施。（见表3-2）

（一）精准扶贫体系

宁夏多年的扶贫开发工作坚持将国家扶贫工作的指导和自治区自身扶贫经验相结合，在实施精准扶贫以来，不断总结精准扶贫工作的开展要点、问题难点、攻坚重点，建立了一个精准扶贫战略目标体系、推进体系和管理体系共同构成的符合宁夏自身特点的精准扶贫体系。

1. 精准扶贫战略体系

依据《中共中央、国务院关于印发〈中国农村扶贫开发纲要（2011—2020）》

的通知》《中共中央、国务院关于打赢脱贫攻坚战的决定》《国务院关于印发"十三五"脱贫攻坚规划的通知》，宁夏编制印发了《宁夏回族自治区农村扶贫开发条例》《自治区党委、人民政府关于力争提前两年实现"两个确保"脱贫目标的意见》和《宁夏回族自治区"十三五"脱贫攻坚规划》。

表 3-2 2016 年度宁夏扶贫文件汇总

类型	时间	文件
战略政策	2016 年 1 月 28 日	《自治区党委、人民政府关于力争提前两年实现"两个确保"脱贫目标的意见》宁党发〔2016〕9 号
	2016 年 2 月 24 日	《自治区人民政府关于印发宁夏回族自治区国民经济和社会发展第十三个五年规划纲要的通知》 宁政发〔2016〕30 号
	2016 年 3 月 25 日	《宁夏回族自治区农村扶贫开发条例》《宁夏回族自治区人民代表大会常务委员会公告第三十七号》
推进政策	2016 年	21 项推进政策，详见表 3-3
保障政策	2016 年 6 月 12 日	《自治区扶贫办 2016 年政务公开工作实施方案》
	2016 年 7 月 25 日	《2016 年全区精准扶贫干部培训方案》宁扶贫办发〔2016〕135 号
	2016 年 8 月 16 日	《自治区机关扶贫开发工作考核赋分细则》（自治区扶贫办考核部分）
	2016 年 8 月 16 日	《贫困县党委、政府扶贫开发工作成效考核实施方案》
	2016 年 8 月 16 日	《市、县（非贫困县）扶贫开发工作考核赋分细则》（自治区扶贫办考核部分）

资料来源：根据自治区政府、扶贫办官网整理得出。

宁夏自 2016 年起实施的《宁夏回族自治区农村扶贫开发条例》（以下简称《条例》）从农村扶贫开发入手，明确提出了扶贫开发的目标。《条例》提出宁夏农村扶贫开发的目的在于促进农村贫困人口脱贫致富，推动农村贫困地区经济社会发展，缩小城乡差距，实现共同富裕。具体分为：完善贫困地区公共服务体系，提高贫困地区公共服务水平；增强农村贫困地区和贫困人口发展能力；建立完善信贷体系，帮助农村贫困地区和贫困人口，脱贫获得可持续发展的能力。因此，贫困地区教育、医疗卫生、劳动就业、科技、文化体育、环境保护、社会保障等公共服务；贫困地区道路、电力、农田水利、安全饮水、危房改造、土地整理、农业综合开发、小流域与水土流失治理、环境整治、广播电视、通信等基础设施建设；扶贫贷款风险补偿、贫困村互助资金管理、农村扶贫信贷资金等信贷体系建设成为宁夏农村扶贫开发的重要内容。

2016 年编制印发的《自治区党委、人民政府关于力争提前两年实现"两个确保"脱贫目标的意见》和 2017 年出台的《宁夏回族自治区"十三五"脱贫攻坚规

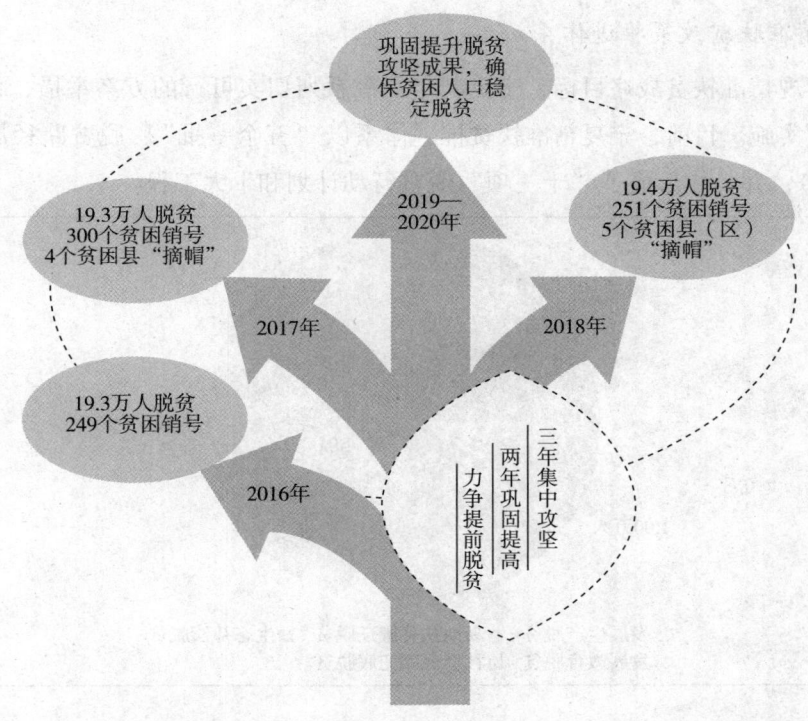

图 3-9 宁夏脱贫战略规划

资料来源:《图解宁夏回族自治区"十三五"脱贫攻坚规划》。

划》,根据宁夏自身的贫困情况和扶贫进展的实际情况,提出了"三年集中攻坚,两年巩固提高,力争提前脱贫"奋斗目标,对脱贫时限和脱贫阶段做了详细规划(见图3-9)。全区总体上到2020年实现9个贫困县(区)农民人均可支配收入达到1万元以上,基本公共服务领域主要指标达到或接近全国平均水平;农村贫困人口实现不愁吃、不愁穿、不愁冬季取暖,保障义务教育、基本医疗、住房安全、饮水安全;58.12万农村建档立卡贫困人口全部脱贫,800个贫困村全部销号,9个贫困县(区)全部摘帽,贫困村、贫困县(区)贫困发生率均下降到3%以内。三年集中攻坚,是指从2016年到2018年先后实现贫困人口脱贫,贫困村销号,贫困县摘帽,并对过去已经脱贫的人口和销号的贫困村继续给予扶持。两年巩固提高,是指2019年、2020年两年,保持脱贫攻坚政策不变,在已有的扶贫政策体系下继续对已脱贫户、销号村和摘帽县给予扶持,发展和增强已脱贫人口的生产能力、发展能力,使之不再返贫;在全区继续查漏补缺,扶弱固强,确保不落下一个贫困人口,不丢下一户贫困户;继续完善已脱贫地区基础设施、公共服务和生态建设,进一步缩小其与其他地区的差距,促进区域平衡发展。

2. 精准扶贫政策推进体系

为实现精准扶贫战略目标，宁夏制定了一系列切实可行的方案举措，促进精准扶贫有效实施。目前，宁夏精准扶贫推进体系以"五个一批"①脱贫路径展开（见图3-10），并具体形成了"十三项"脱贫行动计划和十大工程。

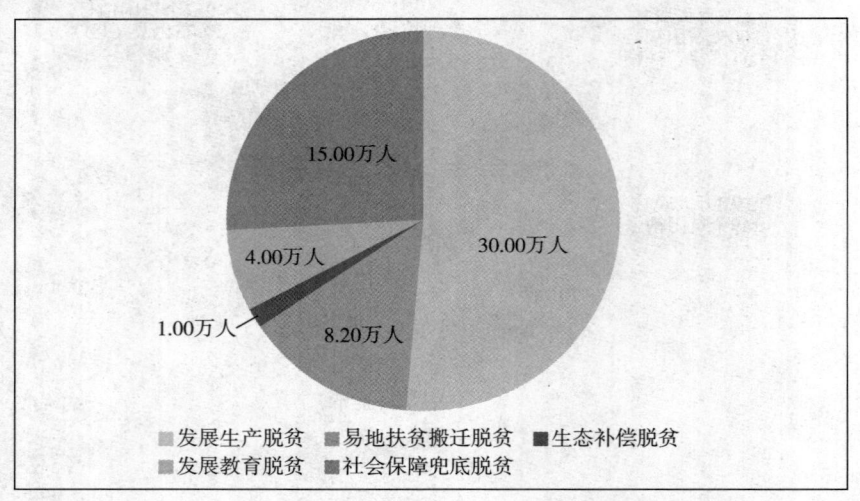

图 3-10　宁夏在"五个一批"脱贫规划路径及相应计划脱贫人口
资料来源：宁夏扶贫办。

为实现"五个一批"脱贫顺利实施，自治区政府先后出台了《宁夏特色产业精准扶贫规划（2016—2020）》《自治区人民政府办公厅关于加快推进产业扶贫的指导意见》《自治区人民政府关于创新财政支农方式加快发展农业特色优势产业的意见》《宁夏"十三五"易地扶贫搬迁规划》《宁夏教育精准扶贫"十三五"行动方案》《关于推进全区农村学前教育发展的意见》《关于做好农村最低生活保障制度与扶贫开发政策有效衔接的指导意见》等一系列政策。（见表3-3）

表 3-3　2016 年度宁夏扶贫推进政策汇总

内容	时间	文件
金融扶贫	2016 年 4 月 22 日	《自治区人民政府办公厅关于印发提升和推广金融扶贫"盐池模式"工作方案》的通知　宁政办发〔2016〕66 号
	2016 年 6 月 8 日	《自治区人民政府办公厅关于印发宁夏回族自治区金融业发展"十三五"规划的通知》　宁政办发〔2016〕88 号

---

① "五个一批"指发展生产脱贫一批、易地扶贫搬迁脱贫一批、生态补偿脱贫一批、发展教育脱贫一批、社会保障兜底脱贫一批。

续表

内容	时间	文件
金融扶贫	2016年6月30日	自治区人民政府办公厅关于印发《宁夏回族自治区小额贷款公司管理暂行办法（修订）》的通知 宁政办发〔2016〕105号
	2016年8月16日	《关于进一步推进金融扶贫工作的若干意见》
		《2016—2018年全区800个定期脱贫村金融服务任务分解到行（社）明细表》的通知
	2016年12月19日	自治区人民政府《关于加快资本市场发展助力脱贫攻坚的意见》 宁政发〔2016〕102号
产业扶贫	2016年3月29日	自治区农牧厅《自治区扶贫办培育特色产业精准扶贫实施意见》 宁农（产）发〔2016〕2号
	2016年9月19日	关于印发《宁夏特色产业精准扶贫规划（2016—2020年）》的通知 宁农（产）发〔2016〕10号
技能培训	2016年8月1日	关于《精准脱贫职业技能培训招标选择培训机构》的通知 宁扶贫办发〔2016〕115号
	2016年8月1日	《2016年全区精准脱贫能力培训实施方案》 宁扶贫办发〔2016〕136号
	2016年10月29日	自治区人民政府办公厅《关于做好新形势下农村劳动力转移就业工作的通知》 宁政办发〔2016〕177号
	2016年11月4日	《关于创新机制扎实推进精准脱贫职业技能培训的意见》
异地扶贫搬迁	2016年8月16日	自治区人民政府关于印发《宁夏"十三五"易地扶贫搬迁规划》的通知 宁政发〔2016〕66号
社会保障兜底扶贫	2016年3月26日	自治区人民政府关于《进一步做好劳动模范先进工作者困难帮扶和社会保障工作》的通知 宁政发〔2016〕36号
其他	2016年2月18日	《国土资源工作支持和服务贫困地区脱贫攻坚政策措施》 宁国土资发〔2016〕94号
	2016年4月8日	自治区人民政府办公厅《关于实施农村电子商务筑梦计划的意见》 宁政办发〔2016〕60号
	2016年5月30日	关于印发《自治区精准扶贫人才服务计划实施方案》的通知 宁人才组〔2016〕5号
	2016年7月1日	自治区人力资源和社会保障厅 财政厅关于《公布2016年城乡居民大病保险起付标准》的通知 宁人社发〔2016〕71号
	2016年8月16日	《2016年全区200个整村推进村定期脱贫考核销号实施方案》
	2016年8月16日	《关于做好2016年全区"扶贫到户、责任到人"双到扶贫攻坚工程考导意见》
	2016年8月16日	《关于全区贫困县、贫困村、贫困户精准脱贫退出方案》
	2016年11月23日	自治区人民政府办公厅关于《组织开展贫困地区水电矿产资源开发资产收益扶贫改革试点工作》的通知

资料来源：根据自治区政府、扶贫办官网整理得出。

"十三项"脱贫行动计划是指统筹专项扶贫、行业扶贫、社会扶贫等资源，大力实施金融、能力提升、交通、水利气象、危窑危房改造和人居环境整治、医疗保障和卫生、人才科技、旅游、电子商务、文化、光伏电力、"三留守"和贫困残疾人关爱、社会帮扶。十大工程是指重点实施整村推进、易地扶贫搬迁、农村安全饮水提升、贫困村道路畅通、教育脱贫、金融扶贫、创业就业技能培训、特色产业扶贫、闽宁携手奔小康、社会帮扶。金融扶贫是宁夏扶贫开发工作的重要内容，为此从2016年至2017年8月，宁夏先后出台了《关于开展金融扶贫小额信贷工作的指导意见（正式文件）》《自治区扶贫办关于进一步完善贫困村互助资金相关政策的通知》《金融扶贫示范区建设实施方案》《宁夏保险业服务脱贫攻坚工作指导意见》《关于做好金融助推脱贫攻坚工作的指导意见》《关于进一步加强银行业金融机构助推脱贫攻坚的实施意见》《提升和推广金融扶贫"盐池模式"工作方案》等多项文件政策，宁夏金融扶贫创新实践在全国也位居前列。在能力提升方面，自治区2016—2017年出台了《2017年全区精准脱贫能力培训实施方案》《关于创新机制扎实推进精准脱贫职业技能培训的意见》，通过精准技能培训，变贫困地区人口压力为人力资源、人口红利。此外，自治区还先后制定出台了《自治区人民政府办公厅关于推进健康扶贫若干政策的意见》《宁夏健康扶贫工程实施方案》《宁夏贯彻落实〈国家贫困地区儿童发展规划（2014—2020）〉工作方案》《贫困残疾人脱贫攻坚行动计划（2016—2020）》《自治区人民政府办公厅关于实施农村电子商务筑梦计划的意见》等文件，从多个方面为脱贫攻坚聚力。

3. 精准扶贫保障体系

精准扶贫体系的建立离不开保障机制，保障机制确保了扶贫开发工作能够有效实施。自治区先后出台了《全区精准脱贫能力培训工作目标责任考核办法》《关于建立贫困退出机制的意见》《2016年全区200个贫困村定期脱贫考核销号实施方案（1.2）》《宁夏回族自治区贫困村互助社运行管理评估标准（试行）》和《自治区扶贫办2016年政务公开工作实施方案》等政策，提出了六项保障机制。

（1）干部联系机制要求自治区省级领导联系贫困县、厅级领导联系贫困乡、处级领导联系贫困村，随时掌握扶贫新情况、新问题，每年深入调查并对扶贫工作进行监督指导。

（2）贫困识别与动态管理机制严格按照贫困识别流程、识别标准，每年对贫困村、贫困户和贫困人口进行全面核查，确保真正的贫困户纳入建档立卡户，非贫困户不进入建档立卡户，并根据扶贫进展情况，每年进行重新调整，实行有进有出的动态管理。严格执行脱贫标准，规范规定脱贫程序，并进行脱贫退出责任确定。

（3）到村到户扶持机制指规划到村到户，因各村各户实际情况科学制定村级精准扶贫方案；措施到村到户，做到一户一个脱贫计划、一户一套措施、一户一本台账；帮扶责任到村到户，每户都有帮扶责任人。

（4）扶贫资金整合使用管理机制赋予贫困县（区）统筹整合使用财政涉农资金的自主权，形成"多渠道引水、一个池子蓄水、一个龙头企业放水"的新格局。建立10亿元产业基金，支持贫困村、贫困户发展特色产业。

（5）社会扶贫机制充分利用了社会力量，开展"百企帮百村""党员带群众""先富带后富"的活动，形成党政、市场、社会协同推进扶贫开发工作的态势。

（6）监督考核管理机制发挥自治区人大法律监督、自治区政协民主监督和社会公众监督作用，完善第三方评估机制，每年对9个贫困县及其党政领导班子和党政领导进行考核。

（二）精准脱贫路径

1. 发展生产脱贫

根据贫困地区、贫困村的自然环境条件、基础设施、人民素质技能等资源禀赋和建档立卡贫困户的自身发展条件、致贫原因，因地制宜地发展扶贫特色产业，为有劳动能力的贫困户找到有1~2个稳定增收的产业，使贫困户通过自身能力发展生产实现精准脱贫。依据《宁夏回族自治区"十三五"脱贫攻坚规划》和《宁夏特色产业精准扶贫规划（2016—2020）》提出的发展生产脱贫主要在于发展与贫困户增收紧密相关的特色产业，围绕自治区提出的"1+4"主导产业发展，培育有优势的扶贫特色产业。

（1）发展优质粮食产业

在原州区、西吉县、彭阳县、隆德县、同心县等县（区）种植和发展中筋优质冬小麦；在同心县、红寺堡区、原州区、彭阳县、西吉县等县（区）种植玉米；在西吉、原州、海原、同心县等县种植马铃薯。在种植过程中，不断采用新的优质品种，采取现代高效的种植技术；收获粮食之后对其进行相应的深加工，形成多种多样具有更高价值的农产品。

（2）草畜产业

从地域上来说，在宁夏中部干旱地带，利用宁夏自身的优质滩羊品种发展滩羊养殖，做大做强滩羊品牌；在灌区生态移民村，则根据自然资源承载能力推广奶牛、肉牛托管模式；在南部山区则通过引进肉牛、肉羊新品种，采取养殖大户和贫困户养殖相结合的形式，发展成为专业养殖村。从产业运营主体上来说，宁夏引进和扶持该产业内的企业、合作社,组建相应的交易市场和平台,让企业、农户形成良性互动,形成从品种培育到养殖过程到产品加工、推广销售,包括草料种植、饲料生产等在内的一系列产业链。

(3) 瓜菜产业

通过引进新品种,改善农用设施,配套新技术,完善储藏运输体系,发展具有地方特色的品牌,充分利用新型农业技术,在贫困地区允许和支持土地转包、出租、互换、转让及入股等方式集中起来使用土地资源,建成具有代表性的蔬菜基地,打造西吉西芹、原州娃娃菜、彭阳辣椒、香山硒砂瓜等瓜菜品牌,带动贫困地区、贫困村和贫困户脱贫致富。计划到2018年,贫困县区瓜菜面积达到105万亩,其中设施蔬菜35万亩、露地瓜菜70万亩,带动脱贫销号村发展瓜菜40万亩[①]。

(4) 枸杞产业

枸杞产业向种植环保、生产标准、加工精细、营销现代的方向发展,全面增强产业发展水平和市场竞争力。在同心、海原、原州、红寺堡推广优良品种,采用现代化生产。到2018年,贫困县(区)枸杞种植面积达到35万亩,带动贫困村发展枸杞18万亩[②]。

(5) 葡萄产业

发展"小酒庄、大产区"模式,在提升产业竞争力的同时,培育出有品质的酒庄,进而形成依托葡萄园、酒庄和当地旅游景点的葡萄文化旅游。在红寺堡、永宁闽宁镇、青铜峡甘城子建成葡萄产业精准扶贫带。到2018年,贫困县区葡萄种植面积达到17万亩,带动脱贫销号村发展葡萄3.4万亩[③]。

产业扶贫是根本,宁夏通过促进第一、第二、第三产业融合发展,积极发展新型的合作和利益分配机制,在财政、金融、税收等相关政策的支持下,形成了初具规模的产业精准扶贫机制。

2. 异地扶贫搬迁脱贫

由于自然、历史等多种因素制约,宁夏中南部地区生态环境脆弱,经济发展滞后,是全国14个集中连片特困地区中贫困面最大、贫困程度最深、解决难度最大的地区之一。生活在该地区的贫困人口生产生活条件恶劣、基本公共服务条件差,增收途径缺乏。对生活在这些地区的贫困人口,依据科学的规划,采取政府主导、群

---

① 关于印发《宁夏特色产业精准扶贫规划(2016—2020)》的通知。
② 关于印发《宁夏特色产业精准扶贫规划(2016—2020)》的通知。
③ 关于印发《宁夏特色产业精准扶贫规划(2016—2020)》的通知。

众自愿、以人为本的形式进行易地搬迁,使贫困人口脱贫致富、提升自我发展能力。

《宁夏"十三五"易地扶贫搬迁规划》和《宁夏"十三五"易地扶贫搬迁管理办法(试行)》提出了"科学规划、精准搬迁,政府主导、群众自愿,以人为本、创新机制,培育产业、增收致富,保障基本、强化管理,整合资源、注重实效"的易地扶贫搬迁原则。迁出区域为原州区、西吉县、隆德县、泾源县、彭阳县、同心县、盐池县、海原县、中宁县(徐套、喊叫水)9个县(区),根据实事求是、精准瞄准、从严掌握、宜迁则迁、宜留则留、群众自愿的原则,让贫困人口从生存条件恶劣、公共服务落后和地质灾害易发区、地震活跃区搬迁。搬迁安置形式分为县内就近安置、劳务移民安置、小规模开发土地安置和农村插花安置。自治区计划2016年搬迁安置32060人(其中非建档立卡2056人);2017年搬迁安置40000人;2018年搬迁安置10000人[①]。搬迁安置完成后,为移民建立良好的公共服务,为移民创造就业机会,增加移民收入才是易地扶贫搬迁的目标。因此,易地扶贫搬迁还应该做好就业技能培训、创业培训等,提高移民就业技能和创业能力,在移民村或周边发展特色产业,确保移民有稳定的收入来源。

3. 生态补偿脱贫

根据自治区党委《关于落实绿色发展理念加快美丽宁夏建设的意见》四大生态功能区定位,在坚持生态优先发展、实现绿色发展的理念之上,将生态保护与扶贫开发相结合,探索生态扶贫新路子,结合精准扶贫推动生态扶贫,促进中部干旱带和荒漠化治理与脱贫攻坚融合发展。鼓励和引导贫困且生态环境脆弱的地区群众参与荒山绿化行动,引导市场优先购买建档立卡贫困户苗木和劳务,以此增加贫困人口收入。另外,在实施天然林保护工程时,利用生态补偿和生态保护工程资金,就地将部分有劳动能力的建档立卡贫困人口优先转化为生态保护人员,实现有劳动能力的贫困人口顺利就业。

4. 发展教育脱贫

发展教育脱贫是指支持贫困家庭子女接受教育,提高贫困地区人口受教育程度,通过教育提升贫困人口素质技能,阻断贫困代际传递,实现贫困人口、贫困家庭、贫困地区脱贫致富。教育扶贫是扶贫开发工作的长久之计,通过发展教育一方面提高贫困人口的劳动和素质技能,另一方面对贫困家庭、贫困家庭子女和贫困地区长期的发展有深远的影响。宁夏发展教育脱贫分为五项工程。第一,针对学前教育,

---

① 《宁夏"十三五"易地扶贫搬迁规划》。

在人口超过1500人,但仍然没有建立幼儿园的贫困村,根据当地需求建立1所幼儿园。第二,加快建设贫困地区义务教育标准化学校,着力提高义务教育质量。第三,在贫困县、区建立职业教育中心和职业学校。第四,新建红寺堡区、泾源县特殊教育随班就读资源中心,进一步办好同心县、海原县特殊教育学校。第五,实施"雨露计划"。对建档立卡贫困户家庭初中毕业未考上高中、高中毕业未考上大学的子女每年每人给予3000元的助学金补助,实现职业技术教育助学金全覆盖。另外,宁夏积极改善贫困户子女接受基础教育的教学水平,提高对贫困户子女的资助力度,在高等教育和职业教育方面向贫困户子女有所倾斜。

5. 社会保障兜底脱贫

社会保障兜底脱贫是指对没有劳动力的家庭、无法依靠产业扶持和就业帮扶的贫困家庭,对特困人员、鳏寡孤独老人实行政策性保障兜底。通过社会保障兜底,提高农村特困人员供养水平,改善供养条件,做到将所有符合条件的贫困家庭纳入低保范围,同时加强对贫困村鳏寡孤独老人的生活保障。

(三)精准扶贫主要手段

"五个一批"脱贫路径如何去实现,宁夏主要靠"三大工作抓手",即金融扶贫、技能培训和闽宁对口扶贫协作。这"三大抓手"是宁夏扶贫工作的重点,也是扶贫效果显著的三个领域,尤其是金融扶贫,宁夏的"盐池模式"和"蔡川模式"走在全区甚至全国前列。

1. 金融扶贫

宁夏金融扶贫坚持为贫困地区和群众脱贫攻坚服务,致力于通过金融手段积极调整资源配置,健全金融扶贫体系,完善多元化金融服务,基本形成了银行、证券、保险、担保、小贷、村级互助基金、村级金融服务站等多层次、全方位、广覆盖的综合金融服务助推脱贫攻坚格局。2016年宁夏继续大力推广"信用+产业+金融"的金融扶贫"盐池模式",不断创新工作机制,根据各地遇到的实际问题不断完善金融扶贫产品,不断调整金融扶贫方式和方法。在全区内建立起相对成熟的金融扶贫模式,也让金融扶贫深入全区人民的心中,金融扶贫工作效果取得一定的成就。依据《提升和推广金融扶贫"盐池模式"工作方案》,金融扶贫"盐池模式"的主要类型有互助资金、千村信贷、资金捆绑、企业参与、评级授信、惠民小贷、融资担保、保险保障,从金融行业分类来说,金融扶贫涉及银行业、证券业、保险业和担保业。

宁夏2006年就已经成为全国首批互助资金试点地区,十多年来,宁夏互助资金发展迅速，覆盖的试点村和县，覆盖的贫困村都在大幅增加。宁夏支持发展互助资金组织和村级互助担保基金，力争2018年总规模达到10亿元。

扶贫小额贷款针对建档立卡贫困户和生态移民户实施，项目为满足条件的家庭提供5万元以下、3年期限、免担保、免抵押、基准利率、全额贴息的扶贫小额信贷，贴息由财政按基准利率进行。2017年，扶贫小额贷款发展依然迅速。截至2017年4月，宁夏扶贫小额贷款余额达到200.6亿元，比年初增加106.1亿元，增长112.3%；其中建档立卡贫困户扶贫小额贷款余额44.4亿元，比年初增加19.7亿元，增长22.8%；扶贫小额贷款覆盖率为53.7%，户均贷款4.2万元[①]。

宁夏"脱贫保"模式走在全国前列，成效显著。扶贫保险分为贫困户意外伤害保险、大病补充医疗保险、借款人意外伤害险及农业保险。截至2017年4月底，贫困户意外伤害险累计承保人数达到49.9万人，保障额度累计399.6亿元；借款人意外伤害保险2045人，累计保障额1.9亿元；种植业承保7.63万亩，养殖业承保19.2万只，特色农险保障累计达2.9亿元，建档立卡贫困户和贫困人口"扶贫保"覆盖率分别达到91.6%和86.2%。

宁夏金融扶贫向农户信用创建全覆盖、融资担保业务全覆盖、扶贫小额贷款全覆盖、农村保险服务全覆盖的方向发展。宁夏金融扶贫重点在于金融扶贫与特色产业发展相结合，制定合理的农户评级授信指标，通过财政引导使支农资金与金融信贷相结合，建立农业信贷担保体系，发展多种模式的融资和产业链金融，构建起扶贫保险体系，最后通过风险防范机制和党建保障实现金融扶贫的有效性和可持续性。

宁夏正在着力构建金融示范区，着力改善金融环境，加强贫困地区金融基础设施。力争用2~3年的时间，实现精准扶贫金融服务电子化档案"一档一户"全覆盖、建档立卡贫困户信用评级全覆盖、手机使用全覆盖、行政村金融综合服务站全覆盖，形成多层次、广覆盖、可持续、竞争适度、风险可控的农村金融服务体系，符合需求的金融产品和服务更加丰富，金融扶贫政策体系更加高效，金融可获得性显著提高，风险管理水平进一步提升，金融生态环境不断改善，金融服务满意度明显提升。同时建设扶贫大数据管理平台，实现金融精准扶贫；利用精准管理机制推动金融扶贫工作由"粗放管理"向"精准管理"、"数字化管理"转变；开发APP系统，打造集融通、融资、融智、融商于一体的综合服务平台；运用互联网、微信公众号等新媒体加快金融知识普及，改善农村金融生态系统。

---

① 《宁夏金融扶贫情况汇报》。

2. 技能培训

宁夏精准脱贫职业技能培训的内容包括培训任务、培训方式、补助标准三个方面。2016年培训任务、培训方式以及具体补助标准（见表3-4）。除技能培训之外，为保证精准脱贫职业技能培训工作的顺利开展，为了技能培训能够真正帮助贫困人口脱贫，还需要相应的保障措施可以使技能培训顺利开展，还需要相应的配套措施使参加了技能培训的劳动力能够顺利将职业技能投入生产中。

保障措施方面宁夏制定了《2016年全区精准脱贫劳动力培训实施方案》推进精准脱贫能力培训各项政策和措施的落实，培训做到"任务、资金、项目、责任"四到；结合干部"下基层、送政策"活动、自治区《脱贫攻坚政策指南》进行宣传；采取第三方评估进行效果监督；根据"普惠+特惠"政策以及资金"双到"加大对建档立卡劳动力职业技能培训；在市、县（区）扶贫办与财政、人社、教育、公安等部门之间建立联席会议制度协商解决培训工作中遇到的具体问题。

表3-4 2016年宁夏职业技能培训任务、方式和补助标准

培训任务	培训方式	补助标准
1. 建档立卡家庭"雨露计划"职业教育扶贫助学1.4万人。 2. 建档立卡家庭精准脱贫地方特色技能培训16500人。 3. 建档立卡家庭劳动力转移职业技能培训21500人。 4. 精准脱贫电子商务、乡村旅游培训2000人。 5. 精准脱贫创业致富带头人培训2000人。 6. 贫困村实用技术培训10000人。 7. 贫困地区精准扶贫干部培训4000人	1. "雨露计划"扶贫助学。 2. 劳动力转移职业技能培训。 3. 创业致富带头人培训。 4. 实用技术培训。 5. 扶贫干部培训。 6. 在线培训	1. 建档立卡家庭"雨露计划"职业教育扶贫助学每人补助3000元。 2. 建档立卡家庭闽宁月嫂每人补助1200元。 3. 建档立卡家庭机动车驾驶技能培训每人补助3000元。 4. 建档立卡家庭地方特色剪纸、编织和刺绣技能培训每人补助1200元。 5. 建档立卡家庭劳动力转移技能培训每人补助1200元。 6. 精准脱贫电子商务、乡村旅游培训，每人补助1000元。 7. 精准脱贫创业致富带头人培训每人补助1500元。 8. 贫困村实用技术培训每人补助307元

资料来源：宁夏扶贫办。

为保障职业技能顺利投入生产中，自治区制定的《关于创新机制扎实推进精准脱贫职业技能培训的意见》中要求技能培训围绕市场需求和劳动力意愿进行精准培训，形成政府引导、社会参与、市场运作的培训模式和"企业订单、培训机构列单、培训对象选单、政府埋单"的新机制。目的在于通过技能培训使每个贫困家庭至少有1人取得职业资格证书，掌握1门到2门就业技能，顺利实现脱贫致富。各地区不仅要做到调动培训结构积极性，对贫困地区贫困人口进行优质的技能培训，还要保证培训供需精准对接。通过建立"扶贫云"、"社保云"、"雨露百事通"、

"就业与创业网"和县乡政务（民生）服务中心等信息平台，利用信息平台及时发布更新劳动力状况、培训信息、职业院校招生和市场用工等培训就业信息，让培训机构和用人单位了解到劳动力情况，同时让劳动力了解到劳动力市场情况，并选择参与培训的机构和职业（工种）。信息平台的建立实现了政府部门、培训机构、用人单位和劳动者之间信息的共享，为技能培训供需精准对接提供桥梁。

3. 闽宁对口扶贫协作

1996年，党中央、国务院决定东部发达省市对口帮扶中西部欠发达省区，即东西部对口扶贫协作。福建省对口帮扶宁夏。20年来，闽宁两省区携手向贫困宣战，自全国实施精准扶贫以来，闽宁对口扶贫协作围绕宁夏脱贫攻坚目标，创建了东西部对口扶贫协作的"闽宁模式"，双方建立了"联席推进、结对帮扶、产业带动、互学互助、社会参与"的多层次、宽领域、全方位对口协作机制，形成了"产业对接、经济共荣、互助共进、共同发展"的良好局面。闽宁两省互派挂职干部，开展从中小学到高校的学习交流合作，在医疗卫生、食品安全、科技研发、产业建设、金融服务、资本投资、企业合作等多领域形成了全方面深入的学习合作，为东西部协作做出良好的示范。闽宁对口扶贫协作分为互学互助、基础设施建设、产业扶贫和社会事业建设四个方面。

在互助学习方面闽宁镇、原隆村分别与福建省漳州台商投资区角美镇、南安市梅山镇蓉中村达成结对共建协议，互派挂职干部、组织考察学习。每年宁夏安排镇、村两级优秀干部到福建学习，福建组织干部到宁夏挂职。在基础设施建设方面，福建省安排帮助闽宁镇设计编制发展规划。按照规划，永宁县投资25.5亿元完成老镇区道路、绿化、供排水改造提升、中型灌区节水改造、贺兰山东麓防洪、110国道改造提升等基础设施建设工程。在产业扶贫上形成了"种葡萄、养黄牛、输劳务、建园区"四大特色支柱产业。葡萄酒产业将荒漠戈壁打造成了葡萄生态产业园，解决当地就业，增加移民群众收入。肉牛养殖发展壮大、劳务输出旱涝保收、工业园区发展强劲，这些都为闽宁镇移民带来了稳定收入。在社会事业方面开展中小学校、职业院校、高校交流；在疾病诊治、临床教学、技术培训、医院管理、科技协同创新方面进行交流合作，建立了小学教育对口支援、建立闽宁镇友谊小学。为闽宁镇经济社会发展、民生改善、民族团结发挥了重要作用。

三、2016年宁夏回族自治区脱贫人口的分布与特征

（一）脱贫人口的分布

2016年宁夏回族自治区脱贫销号村数为249个，其中，固原市最多，为150个，包括原州区28个，西吉县44个，隆德18个，泾源县26个，彭阳县34个；吴忠市65个，包括红寺堡9个，盐池县30个，同心县26个；中卫市34个，包括沙坡头2个，中宁县2个，海原县30个。

（二）脱贫人口的特征

从总体上来看，2016年宁夏回族自治区脱贫人口的特征可以归纳为贫困户自身主动、政府全力扶持，合力脱贫，二者相辅相成，缺一不可，真正做到了六个精准扶贫。

这些脱贫人口首先受益于当地精准识别建档立卡贫困户，瞄准建档立卡贫困户，因户、因人的精准施策，一村一品、一户一策，受到精准扶持。贫困人口自身也大都具备"五有两好"特征，即有劳动能力、有致富愿望、有贷款需求、有帮扶项目、有收入保障，同时遵纪守法好、信用观念好。

这些脱贫人口所在贫困地区的自然资源相对丰富，具备特色产业发展的基本条件，在政府和社会帮扶下，贫困户的积极性被充分调动，他们积极投身当地特色产业，提高自身文化素质，打开思路，接受资金、物资和培训等帮助，宜农则农、宜林则林、宜牧则牧，选准脱贫致富产业，从而建立了稳定、长期收益的产业脱贫路径。

2016年，宁夏与25个有脱贫任务的市、县（区）党政一把手签订脱贫攻坚责任书，与26个厅局签订脱贫攻坚任务书，层层压实责任、传导压力。建立了"第一书记"、驻村工作队、帮扶责任人督导通报的工作机制，选派5万多名党员干部驻村入户，实现建档立卡贫困户帮扶全覆盖。2016年宁夏按照贫困县、贫困村和贫困人口的具体情况，因人因地精准施策，推进发展生产脱贫、易地扶贫搬迁脱贫、生态补偿脱贫、发展教育脱贫和社会保障兜底五种脱贫路径，成效显著，反响良好。

四、2016年宁夏回族自治区未脱贫人口的分布与原因

（一）未脱贫人口的分布

据统计，截至2016年末，宁夏回族自治区未脱贫销号村数达551个。其中，银

川市36个,石嘴山市3个,吴忠市103个,固原市285个,中卫市124个。固原市建档立卡贫困户人口最多,为18.09万人,中卫市次之,为9.31万人,位列第三的是吴忠市,为9.28万人。(见图3-11)

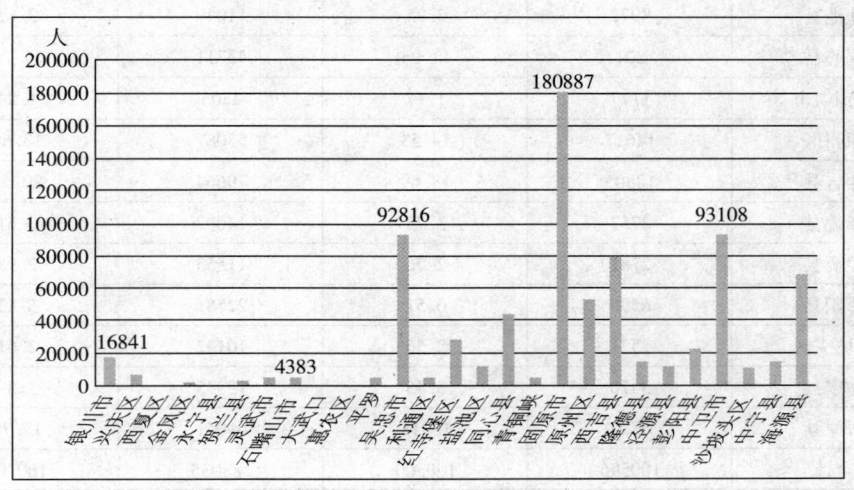

图3-11　2016年宁夏建档立卡贫困人口分布

资料来源:宁夏扶贫办。

从人口规模来看,宁夏回族自治区未脱贫人口共计100596户、38.8万人。分地区来看,西吉县、海原县和原州区未脱贫人口占宁夏全区人口前三甲,分别为20.53%、17.79%和13.68%,占比合计达52.00%;占比位居前五的西吉县、海原县、原州区、同心县和红寺堡区,未脱贫人口占比合计达70.65%(见表3-5)。可见,未脱贫人口主要还是集中在西海固地区,集中在六盘山集中连片地区。宁夏回族自治区存在贫困人口所在区域高度集中的问题,如果能够集中力量攻克上述区域,将大大提高宁夏回族自治区整体的脱贫效率和脱贫速度。

表3-5　2016年宁夏各县(区)未脱贫人口占比情况

县(区)	户数(户)	占比(%)	人数(人)	占比(%)
兴庆区	1468	1.46	6365	1.64
西夏区	169	0.17	700	0.18
金凤区	545	0.54	1989	0.51
永宁县	15	0.01	42	0.01
贺兰县	597	0.59	2788	0.72
灵武市	1086	1.08	4957	1.28
平罗县	833	0.83	4383	1.13
利通区	1018	1.01	4612	1.19

续表

县（区）	户数（户）	占比（%）	人数（人）	占比（%）
红寺堡区	6870	6.83	28639	7.38
盐池县	3972	3.95	11049	2.85
同心县	12011	11.94	43711	11.26
青铜峡市	1177	1.17	4805	1.24
原州区	14617	14.53	53087	13.68
西吉县	18805	18.69	79664	20.53
隆德县	3752	3.73	14002	3.61
泾源县	2781	2.76	11553	2.98
彭阳县	6550	6.51	22581	5.82
沙坡头区	2571	2.56	10132	2.61
中宁县	3470	3.45	13935	3.59
海原县	18289	18.18	69041	17.79
合计	100596	100.00	388035	100.00

资料来源：宁夏回族自治区扶贫办。

（二）2016年宁夏回族自治区未脱贫人口的原因

1. 三大原因——缺资金、缺技术和因病致贫

从致贫原因来看，宁夏回族自治区未脱贫人口致贫原因共有11类。其中，缺资金、缺技术和因病致贫为贫困户无法脱贫的三个最主要原因，三类原因致贫人数占比分别为33.21%、18.10%和11.50%，合计达62.72%（见图3-12）。对症下药，集中力量解决贫困户的资金缺乏、技术匮乏和疾病问题，宁夏减贫脱贫的道路会少些艰难险阻。

2. 不同地区脱贫重点各有侧重

表3-6列出了11种致贫原因中占比排名前7位的县区，因缺乏资金致贫的县区按占比由高到低的排序是泾源县、沙坡头区、原州区、灵武市、西吉县、海原县、彭阳县，主要分布在西海固地区。一方面是囿于县财政资金约束，另一方面也需要加强信用环境建设，尝试小额扶贫贷款等金融扶贫工具，选择或创新适合当地特色的金融扶贫模式。

因缺技术致贫按占比位居前三的是兴庆区、盐池县和灵武市。这些市县经济基础好，信用环境良好，特色产业定位清晰，已经基本解决了贫困农户的资金借贷问题，苦于缺乏技术，加强技术引进、技能培训、龙头企业或合作社帮扶以及东西部经济合作等是脱贫的重点工作。

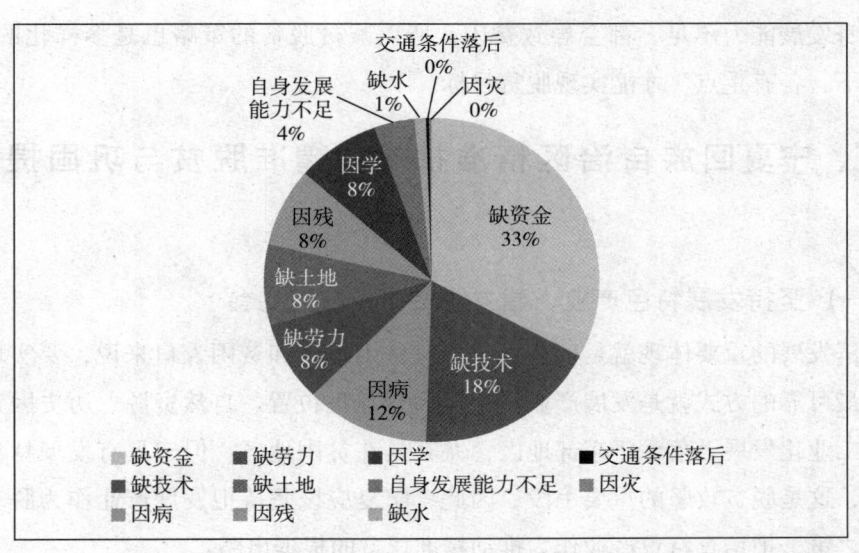

图 3-12　2016 年宁夏未脱贫的原因占比

资料来源：宁夏扶贫办。

因病致贫占比位居第一的是川区的金凤区，还有川区的永宁县、青铜峡市，也有南部山区的盐池县、隆德县和红寺堡区。因病致贫的不确定性大，因病返贫的案例也多，健康扶贫、保险扶贫是未来扶贫工作的重中之重。而两者对当地的财政收入要求高，而且贫困户对健康和保险扶贫的认知度要高，南部山区县区比川区市县面临更大的脱贫工作压力。

表 3-6　各致贫原因占比排名前七的宁夏各区县分布

缺资金	泾源县、沙坡头区、原州区、灵武市、西吉县、海原县、彭阳县
缺技术	兴庆区、盐池县、灵武市、海原县、青铜峡市、红寺堡区、同心县
因病	金凤区、盐池县、隆德县、永宁县、青铜峡市、平罗县、红寺堡区
缺劳力	兴庆区、青铜峡市、原州区、平罗县、灵武市、金凤区、中宁县
缺土地	贺兰县、利通区、中宁县、同心县、平罗县、原州区、沙坡头区
因残	永宁县、金凤区、盐池县、隆德县、红寺堡区、彭阳县、西吉县
因学	西夏区、贺兰县、平罗县、隆德县、西吉县、彭阳县、红寺堡区
自身发展能力不足	西夏区、彭阳县、同心县、沙坡头区、平罗县、泾源县、原州区
缺水	中宁县、彭阳县、海原县、同心县、西吉县、红寺堡区、原州区
交通条件落后	彭阳县、西吉县、隆德县、海原县、原州区、同心县、兴庆区
因灾	泾源县、盐池县、红寺堡区、金凤区、彭阳县、兴庆区、中宁县

总之，这 11 种致贫原因并不是孤立单独存在的，而是互相交叉互相影响的，致贫原因一定有重叠部分，并不那么精确，如因病因残必然导致缺劳力，或者因学也

导致自身发展能力不足，都会导致贫困，所以减贫脱贫的策略也是多样化的融合，多管齐下，各有重点，才能实现脱贫目标。

五、宁夏回族自治区精准扶贫、精准脱贫与巩固提升的思路

（一）坚持发展特色产业，建立脱贫产业扶持平台

经济发展的重要体现就是产业发展。对贫困地区和贫困人口来说，要实现脱贫致富，最可靠的方式就是发展产业。宁夏由于地理位置、自然资源、历史因素等原因，在工业化发展上落后于东部地区，尤其是在贫困地区。但宁夏有发展特色产业的潜力，这是脱贫攻坚的重要手段。因此，宁夏应该坚持把发展产业作为脱贫攻坚的根本之策，把培育特色产业作为推动精准扶贫的根本出路。

在宁夏中南部地区继续坚持马铃薯、中药材、枸杞、葡萄、红树莓、硒砂瓜、苗木、冷凉蔬菜小杂粮等特色种植业，同时继续实行"5·30"养殖计划（户均5头牛，30只羊）。此外，要积极培育一批特色种植、养殖基地，鼓励发展清真牛羊肉深加工、民族服饰、乳制品、羊绒加工等优势特色产业，充分挖掘和利用本地区潜力优势资源，引导和使用先进的农业科学技术，引进相关的管理、技术人才，为各县（区）选择和打造符合各县（区）资源优势、地域特点的特色产品和主导产业，发展壮大一批农民专业合作社和产业龙头企业。

产业平台的建立，可以保证产业发展持续和产业发展升级，保障脱贫产业持续为贫困地区和贫困人口带来收入。脱贫产业扶持平台包括投融资平台、人才科技培训帮扶平台和营销平台。搭建投融资平台，增加各类金融机构在贫困地区的信贷投放力度，做到满足贫困户需求的小额贴息贷款全覆盖，完善乡镇级金融担保公司，推广"盐池模式"，支持农业产业保险推广，完善农村信贷信用评级，银行、互助资金社、小额贷款公司形成多元化的金融服务体系，让农民放心投资发展产业，有渠道融资发展产业。人才培训帮扶平台旨在强化贫困地区农业科技的发展，提高贫困人口农业种植养殖技术，鼓励农民积极利用新型农业科技提高生产效率，从而实现脱贫致富。政府需要引进优秀的科技人员，为贫困村、贫困户提供技术、管理方面的指导，使农民掌握一技之长，增强自身的发展能力。建立营销平台，建立起主打绿色、有机、生态的宁夏产业品牌，尤其是要大力发展清真品牌。利用现代互联网技术和电子商务平台，发挥网络信息资源优势，保证产品销路，促进农民从单纯的产品生产者转向有营销能力的生产者，使更多的盈利留在农民手中。

(二) 扎实推进金融扶贫,建立金融扶贫示范区

为充分发挥金融扶贫的作用,宁夏计划在全区率先创建金融扶贫示范区。力争用2~3年的时间,实现精准扶贫金融服务电子化档案"一档一户"全覆盖、建档立卡贫困户信用评级全覆盖、有贷款意愿贫困户小额信贷基本全覆盖、"扶贫保"全覆盖、手机使用全覆盖、行政村金融综合服务站全覆盖,形成多层次、广覆盖、可持续、竞争适度、风险可控的农村金融服务体系,符合需求的金融产品和服务更加丰富,金融扶贫政策体系更加高效,金融可获得性显著提高,风险管理水平进一步提升,金融生态环境不断改善,金融服务满意度明显提升。

为此,宁夏开始建立扶贫大数据管理平台,将普惠金融、智慧金融与智慧城市建设结合起来,依托相关部门信息数据平台,构建覆盖全区的精准扶贫信息化管理服务平台。建立精准管理机制,对接人民银行金融精准扶贫信息系统、金融扶贫贷款统计制度和金融精准扶贫政策效果评估系统,实现对对象识别、致贫原因、帮扶责任、脱贫措施、基础设施、项目资金、资源配置及退出跟踪等方面的精准管理,做到事先预警、事中监控、事后评估,推动金融扶贫工作由"粗放管理"向"精准管理""数字化管理"转变。开发"宁夏精准扶贫 APP 系统",顺应互联网金融发展的新形势、新业态,开发 APP 系统,打造集融通、融资、融智、融商于一体的综合服务平台,通过统筹发展物理网点、自助银行、金融综合服务站和电子银行"四位一体"等服务渠道,向贫困户提供基础金融服务,普及金融知识和科学技术知识,解决农民"买难卖难"问题,缓解农民"融资难"问题,改善农民生活品质。向建档立卡贫困户推广应用 APP。通过现场讲解、现场注册、现场指导、媒体宣传等方式,辅导贫困户使用 APP,向贫困户提供科技、气象、就业、金融服务等信息。重点培养贫困户使用移动金融工具的习惯,增强防范电信网络诈骗风险意识。针对建档立卡户提供微利通话、流量套餐,使贫困群众买得起、用得上,尽快摆脱贫困、富裕起来[①]。

(三) 扶贫与扶志相结合,增强贫困人口发展能力

宁夏目前剩余的贫困人口属于自我发展能力最弱、脱贫难度最大、减贫成本最高的群体,是最难啃的"硬骨头"。58.12 万贫困人口中,因病、因残、因学致贫的家庭占32%,初中及初中以下文化程度的人口占87.7%。对有劳动能力的贫困人口来说,贫困的主要因素一方面是自身没有积极的脱贫动力,另一方面是自身没有一

---

① 《金融扶贫示范区建设实施方案》。

技之长，没有途径赚取收入。在贫困地区，自然条件差，生活艰苦，对于这样的情况，政府需要做的首先是扶贫。但在扶贫之后，在相应的政策措施落实之后，扶贫进展依旧缓慢，甚至倒退。究其原因是在扶贫政策的作用下，贫困人口形成了一定的惯性，对未来的预期总想着依靠政府，在行动上裹足不前、故步自封，发展生产积极性不高，自身脱贫愿望不强烈。因此，在这样的情况下，扶贫应该先扶志，通过脱贫事例等作为贫困户的榜样，让其受到启发，受到激励，充分发挥自身的主观能动性。

另外，对于缺乏相应的劳动素质技能的贫困户给予积极的技能培训支持。对贫困家庭父母、子女的培训都应该重视。重视对贫困家庭子女的受教育情况的掌握，通过教育改变贫困现状，防止贫困的代际遗传。通过对贫困家庭父母的技能培训，像厨艺、刺绣等，可以提高家庭幸福感，改善家庭生活水平，而像农业技术培训、职业技术培训等，则可以提高家庭农业收入、务工收入，从而实现脱贫致富。

（四）提高公共服务水平，推进区域整体发展

水利和交通依然是制约贫困地区发展的主要瓶颈。水资源供需矛盾依然突出，供水保证能力不高，库井灌区设施配套率低，部分农村饮水水质存在安全隐患。农村村组道路尚不完善，综合交通运输管理水平和安全保障能力不足。经济总量小，产业层次低，竞争能力不强，工业基础薄弱，辐射带动能力弱。农村信息、文化、体育等设施建设滞后，医疗卫生服务水平低，学前教育基础薄弱，公共服务均等化难度大。生态环境依然脆弱，水土流失严重，自然灾害频发，资源环境承载能力不足，生态功能修复仍需较长周期。

改善交通基础设施，加快乡与乡之间、村和村之间的公路网络布局，联通县、乡、村三级。同时，加大政府财政投入，实现贫困村村组道路硬化全覆盖，提升乡村道路养护覆盖率与经常性养护率。对危险路段，危险桥梁等进行修建和加固等，提高农村公路的安全性和抗震抗灾能力。通过道路建设加强市与市、市与县之间的交通连接能力，促进贫困地区内部及与外部大通道的贯通，为产业发展提供便利的交通运输条件。

宁夏是水资源稀缺的地区，因此，改善供水条件是扶贫工程的题中之义。首先，要建立农村安全饮用水重点项目，建成宁夏中南部城乡饮水安全工程，全面解决工程覆盖范围内110多万城乡群众的安全饮水问题。其次，要对大中型水库进行加固，实施调水、引水工程，治理宁夏境内重要的河流。最后，要加强山洪治理、开展六盘山特困地区水资源高效利用工程，规划贫困地区供水防洪工程。在财政资金上通

过对贫困县（区）倾斜，保障贫困地区的水资源支撑能力。

提高贫困地区公共服务水平还应该反映在人居环境的改善上面，坚持危房改造与整村推进、美丽乡村建设和特色小镇、特色产业示范村庄建设相结合，按期完成建档立卡贫困户危窑危房改造计划。着力对贫困村进行建设规划，安排抗震安居、农村环境综合治理、生活垃圾专项行动等工程。对贫困地区危旧房进行改造，提高村镇建设水平，建成美丽整洁干净的乡村。

医疗卫生水平仍然是贫困地区发展薄弱的环节，因此加强重点疾病防控，对贫困地区人民健康水平起到重要作用。在贫困地区加强肿瘤、癌症、精神障碍患者、碘缺乏、艾滋病、结核病等疾病的监控和防治有重要意义。另外，加强残疾人预防及康复服务。将残疾预防纳入全区基本公共卫生服务范围，强化残疾预防工作，对筛查出的残疾人给予早期干预和康复救助。同时，政府应该加快农村卫生厕所、农村安全饮用水和环境卫生监测建设进程，加强健康促进和健康教育工作。

六、典型案例："蔡川模式"——邮储银行宁夏分行在固原蔡川村的金融精准扶贫实践

近年来，邮储银行宁夏分行积极响应党中央、国务院、总行、自治区党委、政府深入推进脱贫攻坚的战略部署，针对制约农户脱贫普遍存在的"缺资金、缺产业、缺技术、缺抵押物"的"四缺"问题，通过党建引领、能人带动、产业支撑、金融支持，探索出了一条可持续的"造血式"金融精准扶贫"蔡川模式"。蔡川模式通过整村推进，已在全区392个贫困村推广，为全区脱贫攻坚积累了经验。蔡川村也在2016年成功脱贫销号。

（一）"蔡川模式"的主要做法

1. 推动小额贷款与扶贫开发相结合，解决农民缺资金的问题

蔡川村地处云雾山脚下，山地较多，种植的饲草优质，退耕还林还草达到6000多亩，具有发展草畜产业的优势。但由于缺资金、缺产业、缺技术、缺抵押物"四缺"问题，多年来产业发展始终处于原地踏步状态，部分村民甚至变卖牛羊外出打工，陷入"抓了芝麻丢掉西瓜"的恶性循环。邮储银行宁夏分行充分发挥小额贷款"小额、流动、分散"的技术先进性，依据客户信用风险实施利率定价，对象瞄准普通农户，简化流程，集中办理，上门服务，将商业银行资源下沉到贫困村，推动了邮储小额贷款与精准扶贫的有效结合，实现了农户和银行的互

利共赢。

2008年宁夏分行先行在蔡川村进行试点，选择有一定养殖基础的农户，创新联保方式，采用村干部、养殖能手等任意3户联保的形式给农户贷款，最初向13户村民贷款17万元，一户村民多则贷款2万元，少则5000元。正是这点资金如雪中送炭，解决了农户育肥黄牛和养殖肉羊的燃眉之急，调动了群众舍饲养殖的积极性，也带动了当地特色产业的发展。

一年下来贷款农户均增收超过1万元，且全部按时还款，收到了很好的经济效益和社会效益，也激发了蔡川村其他持观望态度的村民脱贫致富的信心，村上很多人都纷纷要求贷款发展肉牛养殖。2009年，蔡川村的邮储银行贷款户由最初的13户增加到38户，贷款金额由最初的17万元增加到100万元，户均2.6万元。2010年，经过3年努力，逐步使小额贷款覆盖到该村的82户，金额312万元。经过3年培育，蔡川村形成了"争着干，学着干，群众学党员，党员学先进"的良好风气，村民的养殖热情从开始的无人问津到2010年的一呼百应，蔡川村也从一个远近闻名的贫困村、上访村蜕变成邮储银行信用村，蔡川村的面貌在潜移默化中发生巨变。2017年5月末，邮储银行向蔡川村贷款余额达到378笔、2440万元，贷款获得率达到85%，使该村80%以上农户从事牛羊养殖，牛、羊存栏数达到1850多头、6500余只，分别是2008年的30倍和4倍，除养殖外，邮储银行还贷款支持村民在房前屋后种植红梅杏500多亩；利用6000多亩退耕林，发展林下养殖业，全村养殖生态鸡已达万只，成为蔡川村新的经济增长点，种养业收入已占村民收入的60%以上。同时，蔡川村的合作社成员还辐射到周边村镇，邮储银行累计向蔡川村贷款超过1.11亿元。

2. "银行+合作社/致富能人+农户"模式，弥补贫困户"四缺"短板

围绕地方政府产业扶贫布局，邮储银行进一步加大对涉农产业扶持力度，着力推进产业扶贫。积极发挥村"两委"和致富能人的引领作用，2008年，蔡川村在邮储银行的支持下成立了原州区金羚牲畜养殖农民专业合作社，为社员提供品种选育、养殖技术和市场销售等服务，为养殖户做贷款担保人，负责农户借款的用途审查和监督管理，有效地解决了"缺资金、缺产业、缺技术、缺抵押物"问题。

经过多年的努力，合作社成员由成立初期的3户发展到现在的382户，单笔最低贷款额度由最初的5000元增加到10万元。通过采取"大户保小户、富裕户保贫困户、村干部保少生快富户"的形式，构建了较为可靠的小团队信用保障机制。同时，蔡川村充分发挥党支部战斗堡垒作用，把村干部、党员、养殖大户作为致富带动能手，引导农户与他们组建功能型党小组，培育致富"领头羊"，引导他们创办

合作组织等，为贫困户提供担保，提高了群众的组织化程度。这种模式充分利用熟人社会的优势，既弥补了普通农户"缺抵押物"的短板，又打消了银行对农户偿还能力的顾虑。

3. 建立互认的信用评价体系，实现了贫困户融资贷款的可持续发展

农村社会由于圈子小、亲戚连带，长期以来形成了特殊的熟人经济圈，因此，熟人社会对维护村民的信誉很管用。邮储银行抓住这一特点，利用蔡川村村干部对地缘、人缘熟悉掌握的无形资源，促其与小额贷款相结合，以实际行动改变了以往商业银行对普通群众信誉堪忧的片面看法。合作社成立初期，社长就对全村家家户户家产状况、生活习性进行摸底调查，在银行向社员放贷时，合作社很好地充当了过滤介质，成为银行贷款的第一道"关口"。

邮储银行选择在蔡川村开展小额贷款，将农村熟人社会信息敞开优势和相互监督机制发挥到极致，筑起了风险防控的"防火墙"。在此基础上，借助地方政府对建档立卡贫困户实行评级授信的政策，联合乡政府和村"两委"共同对农户进行摸底、评审，分为A、B、C三个信用等级，组织对蔡川村民进行信用评价体系建设，信用等级根据农户借款的实际需求，逐年提高，2014年，蔡川村80%的农户都达到了A级，并被授予"信用示范村"。对评级授信农户在贷款额度、贷款期限、利率和还款方式等方面给予最大优惠。最高等级A级可授信到8万~10万元额度，贷款期限由1年延长至3年，贷款利率由年息13.5%降至最优惠的4.75%。并结合蔡川村实际，优化了还款方式和贷款时限，还款方式也更加灵活，由最低级的阶段性等额本息还款，到前10个月清息、当年年底还本，再到按季度清息、到期一次性还本。在贷款使用期限上，结合农业周期特点延长还贷时间，增强了资金的使用效率。

4. 严把整村推进贷款推荐审核关口，确保了贷款的安全运行

在农户借款使用过程中，邮储银行与乡政府、村"两委"紧密配合，建立了责任契约，由3家共同负责把好"三关"，即贷款推荐关、发放关和使用关。农户提交的贷款申请，经村级组织调查摸底初审后，报乡镇审核同意，推荐到邮储银行放贷，贷款发放及资金使用由乡、村、银行3家共同跟踪监督，确保贷款用到发展产业上。对逾期贷款，可由合作社利用合作基金垫付还款，化解农户信用风险，维护村民的信誉价值，也构建了蔡川村整体良好的信用环境，多年来蔡川村小额贷款没有出现一笔不良贷款。

(二)"蔡川模式"取得的成效

1. 蔡川村实现了脱贫致富

截至2017年5月,邮储银行在蔡川村累计发放贷款2832户1.11亿元,推动蔡川村民生产经营和生活条件发生了翻天覆地的变化,使该村人均纯收入由2008年的不到2000元增长到2016年的人均收入7350元,帮助蔡川村实现了脱贫致富,取得了商业银行商业可持续"造血式"扶贫的良好成效。值得一提的是,2016年12月31日,蔡川村在"十三五"开局之年已脱贫销号。

2. "蔡川模式"得到了肯定和推广

在自治区党委、政府和各级监管部门的大力支持下,邮储银行宁夏分行创造的"蔡川模式"得到了国务院、各级党委政府、监管部门的充分肯定和广大农民群众的广泛赞誉,树立了邮储银行履行社会责任的大行形象。

2016年5月13日,自治区党委农办和邮储银行宁夏分行联合上报《发挥"熟人"社会优势,探索"整村推进"金融扶贫新路子》到中农办,得到国务院汪洋副总理的亲笔批示:"值得推广"。2016年11月3日,自治区党委下发《关于推广邮政储蓄银行整村推进扶贫小额贷款工作的通知》,正式将"蔡川模式"的成功经验在全区金融机构推广,并提出具体要求,给予财政性存款等多方面配套支持政策。11月29日,自治区全面深化改革领导小组办公室将邮储银行宁夏分行的"蔡川模式"作为宁夏改革典型案例,以《改革内参》形式单独报中央深改办。11月末,人民银行银川中心支行将"蔡川模式"作为宁夏精准扶贫创新经验,写入宁夏申报"精准扶贫示范省(区)"材料中,2017年3月已获人民银行总行批复实施。同时,邮储银行宁夏分行在固原蔡川村、盐池曾记畔村、海原县关桥乡等地建设了"邮储银行三农金融服务站",乡亲们足不出村即可办理基础金融业务,得到了各级政府的充分肯定和乡亲们的好评。

2017年4月27日,宁夏银监局在银监会组织的银行业新闻发布会上介绍了"蔡川模式",引起了全国36家中央媒体的高度关注。6月3日,中央电视台《新闻联播》对蔡川金融扶贫经验做法进行了深度报道。7月3日至6日,全国政协副主席王家瑞一行来宁,对宁夏脱贫攻坚工作进行调研考察期间,实地到邮储银行推广"蔡川模式"的彭阳县陈泽恩中华蜂养殖点和草庙曹川朝那鸡扩繁场,了解脱贫攻坚工作推进情况,对推广金融精准扶贫"蔡川模式"工作给予充分肯定,鼓励邮储银行从大处着眼,小处着手,结合地区实际,发挥特色优势,共同打赢脱贫攻坚战。

3. "蔡川模式"的推广升级

邮储银行积极开展"整村推进"工作，已在全区 227 个贫困村（含 20 个脱贫村）发放小额贷款。为适应贫困地区扶贫产业发展，宁夏分行加快精准扶贫产品和服务升级，逐步从服务单一农户到推动农业产业化发展，从扶持农户种养殖到助力农业产业化升级，从服务农户到服务以龙头企业为核心的农业产业链，从贷款扶持农户脱贫到产业化带动贫困地区脱贫。2016 年 10 月，邮储银行与原州区政府、宁夏农垦集团等合作，通过政府全额贴息，扶持村民养殖澳大利亚进口的安格斯基础母牛，提升养殖业水平，推动养殖业升级。目前该项目已累计发放安格斯基础母牛产业贷款 810 户、6882 万元，在蔡川村投放 129 户、1100 万元，成功引进安格斯基础母牛 550 头，下一步预计发放该项目贷款过亿元，整个项目涵盖 21 个村，近 1600 家农户。

（三）"蔡川模式"的几点启示

邮储银行宁夏分行金融精准扶贫"蔡川模式"的培育和发展，为金融精准扶贫、民族地区贫困人口的脱贫致富树立典型，其成功实践带来以下启示：

1. 核心在于探索出金融精准扶贫的商业可持续发展之路

邮储银行坚持按照市场化运作要求实现分工协作，并在成本与效益的权衡分析前提下，主动下沉农村贫困地区的金融市场。发挥邮储银行网点覆盖范围广、扎根基层深、联系群众紧密的比较优势，探索出有自身特点的"造血式"金融精准扶贫、精准脱贫模式。

2. 基础在于拥有先进的小额贷款技术

邮储银行小额贷款提倡"零售业务批量做"，进行整村信用评级和入户调查，实行交叉验证方式，发放三户联保无抵押贷款，统一信息化系统，移动展业终端，提高贷款效率。将先进的小额贷款技术与贫困地区扶贫实践结合，立足贫困地区实际，选择种植、养殖户数较多、小型加工户集中、具有一定规模及种养殖经验、具有贷款需求的农户，在综合考虑资金成本、贷款损失风险、管理成本等因素的基础上，参照国际通行的小额贷款利率定价，确保可持续运转。

3. 关键在于"蔡川模式"可复制可推广

邮储银行宁夏分行实行的整村推进小额贷款模式，从包括蔡川村在内的 126 个信用村扩展到目前的 227 个信用村。"银行+致富能人/合作社+农户"模式紧密结合区域产业扶贫实际，搭建金融精准扶贫的平台，为具备特色产业发展条件的村镇实现脱贫致富提供了可复制的现实经验，在贫困、非贫困地区都具有普遍借鉴意义。

4. 成效在于真脱贫、真致富

邮储银行通过对贫困地区农户信用信息进行逐年收集整理，逐步建成双方认可的信用评级体系，不仅改善贫困地区的金融生态环境，为贫困农户持续获取商业贷款提供了前提，对于增强贫困地区农户的持续增收能力和可持续发展能力，乃至促进民族地区和谐稳定具有深远的意义。

第四章 新疆维吾尔自治区扶贫进展报告[①]

新疆维吾尔自治区的贫困问题非常特殊，兼具"区域、深度、民族、边疆"四重特性，集脱贫攻坚与反恐维稳于一体。打赢新疆脱贫攻坚战事关全疆社会稳定和长治久安的大局，事关我国脱贫攻坚的总目标，事关我国西北边疆的稳定，是具有全局性、战略性意义的重大事业。

2016年是"十三五"开局之年，也是脱贫攻坚的关键之年。新疆自治区根据中央的决策部署，紧扣重点难点，突出精准施策，举全疆之力，以超常规的举措，全力推进脱贫攻坚工作，脱贫成效显著，全面实现了预期目标。2016年共有63万建档立卡贫困人口实现脱贫，5个国家级贫困县摘帽，农村贫困发生率由2015年14.86%下降到9.85%，降幅达33.71%。2016年末，尚有122万贫困人口未脱贫，主要集中在南疆四地州，南疆之外的贫困县仅剩3个。为打赢脱贫攻坚战，近年来，新疆立足精准扶贫、精准脱贫，结合自身特点，制定了全区脱贫攻坚方略，出台了一系列扶贫政策和举措，逐步形成了相当完整且具有一定特色的"1+N"扶贫开发政策体系，包括：建立了"五级联动"管理体制，强化"五大抓手"；开展"十大专项行动"；出台六项政策，着力构建九大机制；制定南疆三地州扶贫攻坚规划，形成了"三线联动"边境扶贫模式；形成了专项扶贫、行业扶贫、社会扶贫、援疆扶贫"四位一体"的扶贫体制；大力整合区内扶贫资源，按照"先富帮后富、北疆帮南疆、兵团帮地方"的原则，确定由30个区内经济实力较强的县（市）和3个国家级经济开发区对口协作帮扶南疆四地州的27个县（市）。不过，由于南疆四地州整体贫困程度仍较深，经济增长的内生动力仍较弱，所以，新疆总体脱贫攻坚任务仍很艰巨，有

[①] 本部分内容得到新疆维吾尔自治区扶贫办、喀什地区扶贫办、阿图什市扶贫办、叶城县扶贫办以及国家统计局新疆调查总队等有关单位和领导的大力支持！

必要更加重视区域经济发展,动员更广泛的社会力量参与到南疆脱贫攻坚事业中,建立起长效保障机制。

一、2016年新疆维吾尔自治区贫困变化情况

2016年,新疆贫困片区和重点县经济取得较快增长,农牧民收入大幅提高,内生性发展动力进一步增强,贫困发生率整体下降了三分之一,民丰、察布查尔、青河、托里、巴里坤等5个国家级贫困县达到了摘帽目标。

(一)地方经济取得较快增长

2016年,新疆实现地区生产总值9617亿元,同比增长7.6%,全国实现生产总值744127亿元,同比增长6.7%,新疆的经济增速显著高于全国。而新疆贫困地区的经济增速总体上又显著快于新疆全区,其中,南疆四地州的经济增速均超过10%,平均达到10.48%。摘帽5县中,民丰县GDP增速最高,达到15.1%;巴里坤县GDP增速次之,为10%;青河县和察布查尔县的经济增速与新疆全区接近;托里县GDP增速较低,只有2.7%。其他三个贫困县的经济增速均略高于新疆全区,其中,尼勒克县的GDP增速最高,为8.4%。(见表4-1)

表4-1 2016年新疆贫困地区GDP及增速对比

指标		GDP(亿元)	GDP增速(%)
南疆四地州	合计	1677.56	10.48
	和田地区	236.33	10.30
	喀什地区	759.80	11.50
	克州	100.33	10.10
	阿克苏地区	581.10	10.00
摘帽五县	合计	166.62	8.60
	民丰县	9.11	15.10
	察布查尔锡伯自治县	51.98	7.40
	青河县	15.01	7.80
	托里县	37.92	2.70
	巴里坤哈萨克自治县	52.60	10.00
其他贫困县	合计	76.67	8.03
	尼勒克县	50.50	8.40
	吉木乃县	10.87	7.80
	裕民县	15.30	7.90
新疆	合计	9617.23	7.60

续表

指标		GDP（亿元）	GDP增速（%）
全国	合计	744127.00	6.70

注：阿克苏地区GDP不含一师。
资料来源：托里县、巴里坤县和裕民县数据来自各县2016年政府工作报告；其他各地州县的数据来自2016年国民经济和社会发展统计公报。

就人均GDP增速而言，新疆部分贫困地区也取得了较好成绩。2016年，新疆全区人均GDP为40427元，同比增长5.30%，比全国的增速要略低，当年全国人均GDP为53980元，同比增长了6.1%。而喀什等新疆部分贫困地区的人均GDP增速要大大超过新疆全区和全国水平。其中，喀什地区人均GDP增速达到11.20%，民丰县和尼勒克县人均GDP增速分别为10.5%和10.3%，克州的人均GDP增速为9.6%。不过，也有少数贫困地区人均GDP增速要低于新疆全区，其中，吉木乃县为4.1%，和田地区发布的人均GDP增速甚至为负值。（见表4-2）

表4-2 2016年新疆部分贫困地区人均GDP及增速对比

指标		人均GDP（元）	人均GDP增速（%）
南疆三地州	合计	14499	5.93
	和田地区	9900	-3.00
	喀什地区	16860	11.20
	克州	16736	9.60
摘帽县	合计	—	—
	民丰县	23502	10.53
	青河县	21529	
其他贫困县	合计	—	—
	尼勒克县	26907	10.30
	吉木乃县	27651	4.10
新疆	合计	40427	5.30
全国	合计	53980	6.10

资料来源：各地区（县）2016年国民经济和社会发展统计公报。

（二）农牧民收入大幅提高

2016年，新疆农村居民人均可支配收入首次突破万元大关，达到10183.18元，增长8.0%，扣除价格因素，实际增长6.7%，增速超过全国平均水平。当年，全国农村居民人均可支配收入为12363元，增长8.2%，扣除价格因素，实际增长6.2%。新疆贫困地区农牧民收入增速则较快，大大超过新疆全区和全国平均水平，

人均纯收入大幅提高。（见表4-3）

南疆四地州中，和田地区、喀什地区和克州的农牧民人均纯收入的增速都很高，分别为14.8%、13.9%、15.2%。阿克苏地区农牧民人均纯收入的增速相对低一些，为8.1%，也显著高于新疆全区和全国平均水平。平均而言，南疆四地州实现农牧民人均纯收入8009元，比上年增长12.70%。

摘帽五县中，民丰县农牧民人均纯收入增速最高，达到了21.88%。巴里坤县农牧民人均纯收入增速次之，为16%，其农牧民人均纯收入已高于新疆全区平均水平，接近全国平均水平。青河县农牧民人均纯收入增速也较高，为12.25%。察布查尔县农牧民人均纯收入增速相对低一些，为7.5%，略高于新疆全区和全国平均水平，不过，其农牧民人均纯收入较高，为12908元，显著高于新疆全区平均水平，达到了全国平均水平。

其他贫困县中，吉木乃县农牧民人均纯收入增速最高，为13.50%。尼勒克县和裕民县农牧民人均纯收入增速相对低一些，分别为7.62%、6.98%，略高于新疆全区和全国平均水平。不过，这两个县农牧民人均纯收入都较高，分别为12464元、13053元，显著高于新疆全区平均水平，达到全国平均水平。

表4-3 2016年新疆贫困地区农牧民人均纯收入及增速对比

指标		人均纯收入（元）	增速（%）	与新疆的比值（%）	与全国的比值（%）
南疆四地州	合计	8009	12.70	78.65	64.78
	和田地区	7002	14.80	68.76	56.64
	喀什地区	9275	13.90	91.08	75.02
	克州	6392	15.20	62.77	51.70
	阿克苏地区	10632	8.10	104.41	86.00
摘帽五县	合计	10563	—	107.35	88.42
	民丰县	10069	21.88	98.88	81.44
	察布查尔县	12908	7.50	126.76	104.41
	青河县	9258	12.25	90.91	74.88
	托里县	10016	—	98.36	81.02
	巴里坤县	12406	16.00	121.83	100.35
其他贫困县	合计	11319	9.37	111.16	91.56
	尼勒克县	12464	7.62	122.40	100.82
	吉木乃县	8439	13.50	82.87	68.26
	裕民县	13053	6.98	128.18	105.58
新疆	合计	10183	6.70	100	82.37

续表

指标		人均纯收入（元）	增速（%）	与新疆的比值（%）	与全国的比值（%）
全国	合计	12363	6.20	121.40	100

注：巴里坤哈萨克自治县、新疆和全国数据为农村居民可支配收入。

资料来源：托里县、巴里坤县和裕民县数据来自各县2016年政府工作报告；其他各地州县的数据来自2016年国民经济和社会发展统计公报。

就结构而言，新疆贫困地区农村居民人均可支配收入提高的最大来源是转移净收入。2016年，新疆贫困地区农村居民转移净收入为1720.78元，增加了27.45%，增加额为370.57元，约占当年人均可支配收入增加额的52%，远远超过工资性收入、经营净收入和财产净收入的贡献度。南疆三地州（和田地区、喀什地区、克州）的情况也是如此。2016年，南疆三地州农村居民转移净收入为1733.73元，增加了29.94%，增加额为399.46元，约占当年人均可支配收入增加额的49%，而工资性收入、经营净收入和财产净收入对人均可支配收入增加额的贡献度分别只有22.56%、23.98%、4.4%（见表4-4）。这说明扶贫开发已成为新疆贫困地区农牧民收入增加最重要的动因。

表4-4 新疆贫困地区农村居民人均可支配收入结构变化表

指标		人均可支配收入	工资性收入	经营净收入	财产净收入	转移净收入
南疆三地州	2015年（元）	7053.14	2277.6	3401.93	39.31	1334.3
	2016年（元）	7867.92	2461.63	3597.34	75.17	1733.78
	增速（%）	11.55	8.08	5.74	91.22	29.94
	与贫困地区的比值（%）	97.67	99.96	94.96	89.80	100.76
	与全区比值（%）	77.26	97.41	65.86	33.75	96.79
贫困地区	2015年（元）	7340.89	2241.43	3683.64	65.61	1350.21
	2016年（元）	8055.32	2462.69	3788.13	83.71	1720.78
	增速（%）	9.73	9.87	2.84	27.59	27.45
	与全区比值（%）	79.10	97.45	69.35	37.58	96.06
新疆	2015年（元）	9425.08	2131.37	5397.48	209.49	1686.74
	2016年（元）	10183.18	2527.11	5461.98	222.75	1791.33
	增速（%）	8.04	18.57	1.20	6.33	6.20

资料来源：根据国家统计局新疆调查总队统计数据整理。

从支出端来看，农牧民收入的增加显著提高了其生活水平。2016年，新疆贫困地区农村居民消费支出为5632.96元，较上年增长了3.66%；购置资产类支出为

1293.14元,较上年增长了45.27%。其中,南疆三地州农村居民消费支出为5511.77元,较上年增长了5.88%;购置资产类支出为1233.43元,较上年增长了48.64%(见表4-5)。不过,无论是南疆三地州还是新疆贫困地区整体,其农村居民的生活水平与全国的差距都较大。2016年,我国农村居民人均消费支出为10130元,较上年增长了9.8%,扣除价格因素,实际增长了7.8%。这似乎表明,新疆贫困地区农村居民增加的收入优先流向了资产购置而非消费。

表4-5 新疆贫困地区农村居民人均总支出结构表

指标	南疆三地州			贫困地区		
	2015年(元)	2016年(元)	增速(%)	2015年(元)	2016年(元)	增速(%)
总支出	8830.12	9504.88	7.64	9323.84	9817.09	5.29
消费支出	5207.39	5511.77	5.85	5434.11	5632.96	3.66
生产经营费用支出	2265.58	2183.95	-3.60	2393.9	2267.23	-5.29
财产性支出	2.27	3.84	69.16	5.87	4.68	-20.27
转移性支出	118.04	191.86	62.54	123.23	194.21	57.60
部分商业保险支出	0.27	1.38	411.11	1.41	3.18	125.53
购置资产及非经常性转移支出	829.82	1233.43	48.64	890.18	1293.14	45.27
借贷性支出	406.75	378.63	-6.91	475.14	421.67	-11.25

资料来源:根据国家统计局新疆调查总队统计数据整理。

(三)居民储蓄存款快速增加

2016年底,新疆居民人民币储蓄存款余额为7498.27亿元,比上年增长10.40%,居民人均人民币储蓄存款余额31267.81元,比上年增长8.65%,而全国居民人民币储蓄存款余额为597751亿元,比上年增长13.53%,居民人均人民币储蓄存款余额为43230元,比上年增长12.87%(见表4-6)。无论是总的储蓄存款余额还是人均储蓄存款余额,新疆的增速均低于全国水平。

不过,新疆贫困地区的情况正好相反,总体上,总的储蓄存款余额和人均储蓄存款余额的增速均显著高于全国平均水平。其中,南疆四地州表现最突出。2016年底,和田地区、喀什地区和克州居民储蓄存款余额的增速分别为17.5%、18.49%、21.27%;阿克苏地区居民储蓄存款余额增速稍慢,为11.97%;南疆四地州居民储蓄存款余额平均增速达到15.68%。人均居民储蓄存款余额方面,喀什地区和克州的增速很快,分别为18.09%和19.9%;和田地区和阿克苏地区的增速稍慢,分别为11.48%和12.96%;南疆四地州平均增速达到了15.61%。

摘帽县中,仅获取了察布查尔县相关资料。该县2016年底居民储蓄存款余额为

22.29亿元,比上年增加1.4亿元,增长了6.70%;人均居民储蓄存款余额为11372元,比上年增加752元,增长了7.08%。其总的居民储蓄存款和人均居民储蓄存款的增长速度均偏低。

其他贫困县情况较好。2016年底,尼勒克县居民储蓄存款余额为21.00亿元,比上年增长14.75%;人均居民储蓄存款余额为11311元,比上年增长17.29%。吉木乃县居民储蓄存款余额为7.68亿元,比上年增长17.61%;人均居民储蓄存款余额为19814元,比上年增长16.64%。这两个县总的居民储蓄存款余额和人均居民储蓄存款余额的增长速度均超过全国平均水平。

表4-6 2015—2016年新疆贫困地区居民储蓄存款余额的增长

指标		居民储蓄存款余额(亿元)			人均居民储蓄存款余额(元)			
		2015年	2016年	增速(%)	2015年	2016年	增速(%)	与全疆的比值(%)
南疆四地州	合计	1365.66	1579.84	15.68	12866	15582	15.61	49.83
	和田地区	183.02	215.05	17.50	7874	8778	11.48	28.07
	喀什地区	527.38	624.91	18.49	11722	13842	18.09	44.27
	克州	66.80	81.01	21.27%	11207	13437	19.90	42.97
	阿克苏地区	588.46	658.90	11.97	23255	26269	12.96	84.01
摘帽县	合计	—	—	—	—	—	—	—
	察布查尔县	20.89	22.29	6.70	10620	11372	7.08	36.37
其他贫困县	合计	—	—	—	—	—	—	—
	尼勒克县	18.30	21.00	14.75	9644	11311	17.29	36.17
	吉木乃县	6.53	7.68	17.61	16987	19814	16.64	63.37
新疆	合计	6791.62	7498.27	10.40	28778	31268	8.65	100.00
全国	合计	526508	597751	13.53	38302	43230	12.87	138.26

注:和田地区2016年居民储蓄存款余额系计算值。
资料来源:根据2015年和2016年各地州县国民经济和社会发展统计公报整理。

(四)地方财政收支均保持高速增长

2016年,新疆地方财政收入为1637.05亿元,较上年下降1.74%;地方财政支出为4496.73亿元,较上年增长7.86%,财政自给率为36.41%。而全国合计的地方一般公共预算收入为87195亿元,比上年增长4.2%;地方一般公共预算支出为160437亿元,比上年增长6.2%,财政自给率54.35%(见表4-7)。新疆的财政收入增长情况欠佳,财政支出增速也仅略高于全国水平。

然而,新疆贫困地区的地方财政收支均保持高速增长,为脱贫攻坚提供了强大的动力。其中,南疆四地州的地方财政收入增速相对更快,其他地区贫困县的财政支出增速相对更快。2016年，南疆四地州合计的地方财政收入比上年增长了29.90%，合计的地方财政支出比上年增长17.75%，财政自给率为17.96%；摘帽五县合计的地方财政收入比上年增长了15.89%，合计的地方财政支出则比上年增长51.23%，财政自给率14.77%；其他三个贫困县合计的地方财政收入比上年增长6.65%，合计的地方财政支出比上年增长23.00%，财政自给率11.36%。

南疆四地州中，和田地区财政收入增长最快，为51.21%；喀什地区次之，为37.35%；阿克苏地区和克州的财政收入增速分别为21.28%、15.22%。财政支出方面，喀什地区的增速最快，为21.84%；克州和阿克苏地区分别为19.46%、18.38%；和田地区的增速相对较慢，为8.95%。

摘帽五县的财政收入增速比较接近。托里县相对较高，为19.5%；巴里坤县和青河县相对较低，分别为13.91%、14.50%；民丰县和察布查尔县居中，分别为17.65%、16.85%。财政支出方面，托里县和青河县相对较高，分别为45.23%、42.71%；察布查尔县和巴里坤的增速相对较低，分别为23.41%、28.38%；民丰县居中，为32.42%。

其他贫困县中，吉木乃县财政收入增长最快，为28.71%；裕民县次之，为18.18%；尼勒克县财政收入增长情况欠佳，为-4.40%。财政支出方面，也是吉木乃县增速最快，为31.47%；尼勒克县和裕民县的增速分别为22.30%、15.0%。

从新疆贫困地区与全区财政收支增速对比来看，新疆的地方财力在不断地向脱贫攻坚倾斜。

表4-7 2015—2016年新疆地方财政收支变化

指标		地方财政收入			地方财政支出			财政自给率（%）
		2015年（亿元）	2016年（亿元）	增速（%）	2015年（亿元）	2016年（亿元）	增速（%）	
南疆四地州	合计	163.92	212.93	29.90	1006.89	1185.6	17.75	17.96
	和田地区	18.61	28.14	51.21	233.15	254.01	8.95	11.08
	喀什地区	57.37	78.80	37.35	420.13	511.90	21.84	15.39
	克州	10.97	12.64	15.22	100.83	120.45	19.46	10.49
	阿克苏地区	76.97	93.35	21.28	252.78	299.24	18.38	31.20
摘帽五县	合计	11.33	13.13	15.89	66.68	88.88	33.29	14.77
	民丰县	0.85	1.00	17.65	8.79	11.64	32.42	8.59
	察布查尔县	2.67	3.11	16.85	17.77	21.93	23.41	14.23
	青河县	2.00	2.29	14.50	12.97	18.51	42.71	12.37
	托里县	2.00	2.39	19.50	11.54	16.76	45.23	14.26
	巴里坤县	3.81	4.34	13.91	15.61	20.04	28.38	21.66

续表

指标		地方财政收入			地方财政支出			财政自给率（%）
		2015年（亿元）	2016年（亿元）	增速（%）	2015年（亿元）	2016年（亿元）	增速（%）	
其他贫困县	合计	4.51	4.81	6.65	34.44	42.36	23.00	11.36
	尼勒克县	2.73	2.61	-4.40	16.19	19.80	22.30	13.18
	吉木乃县	1.01	1.30	28.71	9.28	12.20	31.47	10.66
	裕民县	0.77	0.91	18.18	8.97	10.36	15.50	8.78
新疆	合计	1666.00	1637.05	-1.74	4169.00	4496.73	7.86	36.41
全国	合计	82983.00	87195	5.08	150219	160437	6.8	54.35

注：1. 和田地区、民丰县、巴里县、裕民县和全国数据为一般公共预算收入（支出）；2. 所有增速均为计算值。

资料来源：托里县、巴里坤县和裕民县数据来自各县2016年政府工作报告；全国数据来自财政部；其他地区数据来自各地2016年国民经济和社会发展统计公报。

（五）脱贫攻坚取得重大进展，贫困发生率大幅下降

2016年，新疆自治区举全区之力，加大脱贫攻坚工作的力度，加大对贫困地区倾斜，取得了巨大的成绩。2016年有63万建档立卡贫困人口实现脱贫，脱贫人数较2015年增加25万人，增幅达65.79%；有810个建档立卡贫困村达到退出标准，脱贫村数较2015年增加了510个，增幅达255%；和田地区的民丰县，伊犁州直属的察布查尔锡伯自治县、阿勒泰地区的青河县、塔城地区的托里县和哈密地区的巴里坤哈萨克自治县等5个国家级贫困县按计划达到摘帽标准，摘帽县数量较2015年增加3个，增幅达150%。截至2016年底，全区还有建档立卡贫困人口122万人，贫困发生率为5.09%，较2015年末的7.84%下降2.75个百分点，降幅达35.08%；农村贫困发生率为9.85%，较2015年末的14.86%下降5.01个百分点，降幅达33.71%。（见表4-8）

表4-8 2016年新疆脱贫攻坚整体进展

指标	2015年	2016年	增加量（人）	增幅（%）
脱贫人口（人）	380000	630000	250000	65.79
脱贫村（户）	300	810	510	255
摘帽县（个）	2	5	3	150
贫困发生率（%）	7.84	5.09	-2.75	-35.08
农村贫困发生率（%）	14.86	9.85	-5.01	-33.71

资料来源：相关年份新疆国民经济和社会发展统计公报、新疆扶贫办。

分地区看,作为主战场的南疆四地州,2016年脱贫攻坚成效很大,全年有608个贫困村整体退出,47.3万贫困人口脱贫,占新疆全区退出村和脱贫人口总数均为75%。2016年末,南疆四地州贫困发生率为11.05%,虽然与全国和新疆全区比,总体贫困程度仍然较很深,但较上年已大幅减轻,降幅超过全国平均水平。其中,和田地区贫困发生率为15.13%,较上年的21.7%,下降30.28%;喀什地区贫困发生率为11.96%,较上年的17.13%,下降30.18%;克州贫困发生率为19.23%,较上年的26.27%,下降26.8%。(见表4-9)

摘帽五县2016年脱贫户数为13353户,脱贫人口为46078人,实现了预定目标。南疆四地州之外,仅剩三个贫困县尚未摘帽。2016年,三县共完成28个贫困村整村退出,4580贫困户、14609贫困人口脱贫,年末总体贫困发生率为5.19%,仅略高于新疆全区水平。其中,尼勒克县贫困发生率为4.19%,较上年的7.35%,下降42.99%;吉木乃县贫困发生率为8.03%,较上年的16.11%,下降50.16%;裕民县贫困发生率为6.59%,较上年的11.33%,下降41.84%。(见图4-1)

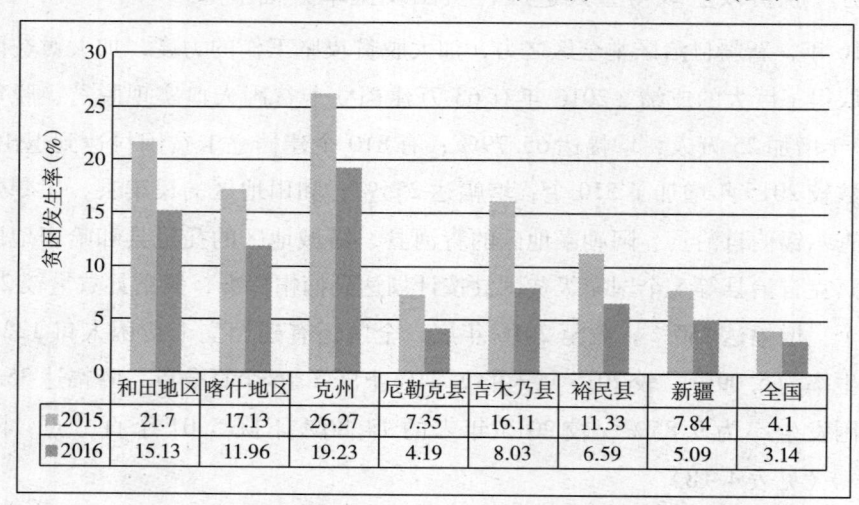

图4-1 2016年新疆重点地县贫困发生率及下降情况

表4-9 2016年新疆贫困地区脱贫攻坚进展

新疆贫困地区		脱贫户数	脱贫人口	整村推进	年末贫困人口	贫困发生率(%)	农村贫困发生率(%)
南疆四地州	合计	120599	473067	608	1113147	11.05	14.74
	和田地区	25300	133824	244	370635	15.13	19.46
	喀什地区	63743	230700	271	539826	11.96	15.46

续表

新疆贫困地区		脱贫户数	脱贫人口	整村推进	年末贫困人口	贫困发生率（%）	农村贫困发生率（%）
	克州	10412	40613	25	115943	19.23	24.72
	阿克苏地区	21144	67930	68	86743	3.46	5.15
	其中：乌什县	6066	20072	23	28319	12.17	14.19
摘帽五县	合计	13353	46078	103	0	0	0
	民丰县	2183	7085	19	0	0	0
	察布查尔县	3101	10847	29	0	0	0
	青河县	2043	6969	22	0	0	0
	托里县	4091	14366	19	0	0	0
	巴里坤县	1935	6811	14	0	0	0
其他贫困县	合计	4580	14609	28	14503	5.19	6.61
	尼勒克县	2105	7772	10	7772	4.19	5.12
	吉木乃县	1185	3152	14	3113	8.03	12.09
	裕民县	1290	3685	4	3618	6.59	10.47
新疆	合计	186794	631980	810	1220000	5.09	9.85
全国	合计	—	12400000	—	43350000	3.14	7.35

资料来源：相关地（州）县国民经济和社会发展统计公报、政府工作报告以及《新疆"十三五"脱贫攻坚规划》。

二、2016年新疆维吾尔自治区精准扶贫的主要政策与手段

党和国家历来高度重视新疆扶贫开发工作，赋予了新疆一系列特殊政策。新疆自治区始终认真贯彻中央扶贫战略决策和部署，围绕2020年全面小康总目标，聚焦社会稳定和长治久安，全力推进全区脱贫攻坚工作。近年来，新疆立足精准扶贫、精准脱贫，结合自身特点，制定了全区脱贫攻坚方略，出台了一系列扶贫政策和举措。通过不断的实践探索，到2016年底，新疆已逐步形成了相当完整且具有一定特色的"1+N"扶贫开发政策体系，为全面打赢脱贫攻坚战提供了有力的保障。

（一）根据中央的决策与部署，制定了全区脱贫攻坚方略

为确保到2020年我国农村贫困人口实现脱贫，全面建成小康社会，中央近年来颁布了一系列纲领性文件。根据中央的战略决策和部署，新疆自治区于2015年以及2016年2月、7月先后出台了《关于全面推进新疆精准扶贫精准脱贫的实施意见》《关于贯彻落实〈中共中央国务院关于打赢脱贫攻坚战的决定〉的意见》《新疆维吾尔自治区贫困退出实施意见》等配套性文件，确立了全区脱贫攻坚方略。以此为统

领,新疆陆续制定了相关的脱贫攻坚政策,形成了"1+N"政策保障体系。

1. 针对扶持谁,坚持"六个精准",实施"四统一"和"七到村七到户七到人"

基于"扶持对象精准、因村派人精准、项目安排精准、资金使用精准、措施到户精准、脱贫成效精准"的要求,实施项目编号、受益户标识、贫困人口扶持证、贫困户档案"四统一"以及"七到村七到户七到人",即目标任务到村、规划编制到村、资源聚合到村、驻村工作到村、帮扶责任到村、制度管理到村、检查考核到村("七到村"),政策宣传到户、结对帮扶到户、脱贫计划到户、项目资金到户、产业培育到户、跟踪监测到户、效益体现到户("七到户"),技能培训到人、职业教育到人、两免一补到人、学前双语到人、计生奖励到人、就业岗位到人、社会保障到人("七到人")。

2. 针对谁来扶,建立"五级联动"管理体制,强化"五大抓手"

严格执行脱贫攻坚一把手负责制,区地县乡村五级书记一起抓,建立"五级联动"管理体制。具体来说:(1)区负总责,重点抓政策制定、目标确定、项目规划、资金投放、检查指导、监督考核等;(2)地州协调,重点抓上下衔接、域内协调、项目监管、资金审计等;(3)县抓落实,重点抓进度安排、项目落地、资金使用、人力调配、推进落实等;(4)乡镇实施,重点抓建档立卡、项目实施、信息反馈等;(5)村级参与,重点抓群众参与、项目初选、公开公示、政策到户、满意度测评等。全区各级党委、政府的扶贫开发领导小组,均实行"双组长"制,由党政一把手担任扶贫开发领导小组组长,各部门各单位主要负责人任成员。此外,强化"五大抓手",即发挥扶贫开发领导小组成员单位、"访惠聚"住村工作组、社会扶贫、援疆扶贫、兵团对口支援在扶贫攻坚中的积极作用。

3. 针对怎么扶,落实"五个一批"工程,开展"十大专项行动"

在落实"发展生产脱贫一批,易地搬迁脱贫一批,生态补偿脱贫一批,发展教育脱贫一批,社会保障兜底一批"工程的基础上,着力开展特色产业带动专项行动、转移就业专项行动、易地扶贫搬迁专项行动、生态补偿脱贫专项行动、教育扶贫专项行动、社会保障兜底专项行动、民生改善专项行动、突破瓶颈制约专项行动、边境扶贫专项行动、现代文化引领专项行动。

4. 针对精准扶贫的政策与机制保障,重点出台六项政策,着力构建九大机制

根据自身的特点,新疆重点强化了财政政策、金融政策、资产收益政策、用地

政策、人才政策和激励政策，着力构建起精准扶贫机制、组织保障机制、纵向联动机制、横向协同机制、队伍保障机制、社会动员机制、扶贫宣传机制、脱贫评估机制和督查考核问责机制。九大机制中，第一项重点瞄准"六个精准"，其他各项重点瞄准"谁来扶"，而六项政策重点瞄准"怎么扶"。九大机制和六项政策合在一起，为精准扶贫提供了一个完整的政策与机制保障体系。

（二）确立了"以片为主，点线并举"的扶贫攻坚空间推进战略

新疆的贫困人口集中于南疆连片特困区、边境地区和高寒山区。为此，《新疆维吾尔自治区〈中国农村扶贫开发纲要（2011—2020）〉实施办法》把南疆三地州连片特困地区的24个县市作为全区扶贫攻坚主战场，将边境贫困地区的17个重点县、贫困山区划定的299个贫困村作为全区扶贫开发的重点区域，集中力量，全力攻坚，逐渐形成了"以片为主，点线带并举"的空间推进战略。

1. 制定南疆三地州扶贫攻坚规划

南疆三地州贫困问题突出，具有区域整体性特点，是新疆脱贫攻坚主战场，也是反恐维稳主战场。鉴于此，新疆编制了《南疆三地州片区区域发展与扶贫攻坚规划（2011—2020）》，确定以"区域发展带动扶贫开发，扶贫开发促进区域发展"作为扶贫攻坚的指导思想，并制定了两步走的行动计划：第一个阶段自2011年至2015年，主要目标是实现地区生产总值和农牧民人均纯收入翻一番，为全面建成小康社会奠定坚实基础；第二个阶段自2016年至2020年，主要目标是逐步消除贫困现象，确保各族群众同步迈进小康社会。随后，新疆启动并实施了《南疆三地州片区区域发展与扶贫攻坚实施规划（2011—2015）》，围绕基础设施建设、产业发展、民生改善、公共服务、生态建设和对外开放，将全区扶贫资金重点向南疆三地州倾斜。

根据三地州不同的资源社会情况，新疆还细化了各州扶贫攻坚的主攻方向。针对和田地区贫困发生率最高、基础设施和资源开发制约严重、产业发展和工业化短板突出等问题，确定了以加快发展作为主攻方向；针对克州边境贫困人口比例高、可耕土地匮乏、增收和脱贫困难，同时担负维稳固边的战略任务等特点，确定了以富民固边作为主攻方向，通过边境扶贫推动脱贫；针对喀什地区贫困人口众多、脱贫难度大，同时经济发展面临新机遇等特点，确立了以加大经济中心发展和贫困人口的政策兜底力度为主攻方向，以建立喀什经济开发区为契机，按照"中心带动、组团发展、整体推进"的要求，通过积极培育增长极，来辐射带动扶贫开发。

除南疆三地州外，新疆还划定阿克苏干旱和半干旱贫困片区、哈密山区贫困片

区、阿勒泰沿边贫困片区、塔额盆地贫困片区、伊犁特昭山区贫困片区等5个小片区，作为区定连片特困区，予以重点扶持，形成了1大+5小的片区空间格局。

2016年5月，国务院扶贫办决定将阿克苏地区列入南疆连片特困区，整体享受片区政策，南疆连片特困区由此从三地州扩大到四地州，原先的阿克苏干旱和半干旱贫困小片区已进入了大片区的范围。

2. 形成了"三线联动"边境扶贫模式

新疆陆地边境线长达5600多公里，占我国陆地边境线的四分之一，守边固边责任大，任务重，同时，边境地区的贫困问题极为突出。鉴于此，早在2007年，国务院扶贫办就确定在新疆阿合奇县开展边境扶贫试点工作。2010年9月，根据中央新疆工作座谈会的精神，国务院扶贫办制定了全面推进新疆扶贫开发工作的指导意见，决定扩大新疆边境扶贫试点工作。2011年4月，新疆出台了《新疆边境扶贫扩大试点规划（2011—2015）》，将17个边境地区国家扶贫重点县（市）全部列为边境扶贫对象，共涵盖行政村1505个，其中贫困村达1053个。该规划提出，边境扶贫以县（市）为单元，以行政村为基础，以边民（守边户、抵边户）为重点对象，以整村推进为主体平台，统筹边境一线、二线和三线功能；2011—2015年期间，统筹安排1053个贫困村整村推进，重点实施252个边境贫困村整村推进，其中包括边境一线贫困村210个，边境二线贫困村42个。

2015年1月，新疆扶贫办出台了《自治区边境扶贫工作指南》（以下简称《指南》）。根据《指南》，新疆决定在原有17个重点县（市）边境扶贫试点的基础上，进一步扩大边境扶贫政策覆盖面，以地方财政为支撑，将边境扶贫的范围扩展到全部15个边境地区非国家扶贫重点县（市），实现了对32个边境县（市）的全覆盖。

2016年2月，新疆自治区出台的《关于贯彻落实〈中共中央国务院关于打赢脱贫攻坚战的决定〉的意见》明确提出了要实施"边境扶贫专项行动"，纳入"十大专项行动"中。随后，由新疆自治区民委（宗教事务局）牵头制定了《脱贫攻坚边境扶贫专项行动实施方案》。

经过多年的实践，新疆已形成了"以开放为引领、发展为基础、富民为核心、固边为目标"的边境扶贫理念和"三线联动"（一线守边、二线固边、三线服务）的边境扶贫模式。

3. 实施山区特困村扶贫攻坚工程

山区特困村是新疆扶贫攻坚的又一大难点。它们散布在偏远深山区、高寒地带，土地贫瘠，水资源匮乏，自然灾害频繁，人口居住分散，不仅贫困程度高，而且扶贫开发项目实施难度大，成本高，脱贫难度极大。鉴于此，《新疆维吾尔自治区〈中国农村扶贫开发纲要（2011—2020）〉实施办法》确定了299个山区特困村，将其作为全区扶贫攻坚点，实施山区特困村扶贫攻坚工程。从2011年起，自治区每年从财政扶贫资金中切出专款，每个山区特困村投入100万元，按照"就地开发与易地扶贫搬迁相结合、资源开发与生态环境保护相结合"的原则，采取整村推进的方式，集中实施现代畜牧业、特色种植业、特色手工业、住房建设、基础保障、能源建设、旅游资源开发、生态资源保护、人力资源培训等9大工程，着力改善农牧民生产生活条件，同时加大易地搬迁力度，引导贫困户子女向城镇、企业转移就业。

从2014年起，新疆对山区特困村扶贫攻坚实施方案进行了调整，把分年投入改为集中投入，即由原来每年每村投入100万元改变为集中6年的财政扶贫资金一年投入600万元，每年选择50个村，采取"一年准备、一年实施、一年验收"的方式整村推进，2013年确定2014年的50个村，2014年实施，2015年验收，以此类推，到2020年实现全部299个山区特困村整村推进。

（三）整合扶贫资源，形成了专项扶贫、行业扶贫、社会扶贫、援疆扶贫"四位一体"的扶贫机制

扶贫攻坚已是新疆第一大民生工程。从中央到援疆兄弟省市、社会各界，对新疆的扶贫支持力度都在不断加大。新疆自身从自治区到地（州）、县、乡、村，已全面动员。在此背景下，如何整合好各方面资源，使之充分发挥出减贫功效，就成了一个重大课题。新疆在这方面积极展开探索，推行统筹使用财政涉农资金，整合区内扶贫资源，逐渐形成了专项扶贫、行业扶贫、社会扶贫、援疆扶贫"四位一体"的扶贫机制。

1. 推行统筹使用财政涉农资金

2014年8月，在精准扶贫的新形势下，国务院扶贫开发领导小组发出通知，要求改革财政专项扶贫资金管理机制，从2015年起，原则上将项目审批权限下放到县，由县级政府自主确定扶持项目。2016年6月，国务院办公厅发出通知，要求进一步改革扶贫资金管理机制，赋予贫困县统筹整合使用财政涉农资金的自主权，统筹范围包括各级财政安排用于农业生产发展和农村基础设施建设等方面资金，2016年先在连片特困地区和国家扶贫开发重点县范围内开展试点，试点数量不少于贫困县总数的三分之一，2017年推广到全部贫困县。

新疆随即于2016年7月出台了《关于支持贫困县推进财政涉农资金统筹整合使用的试点意见》，在国家明确的统筹整合范围基础上增加了14项，在25个县（市）

开展相关试点工作，试点数量超过了贫困县总数的2/3。

2. 整合区内扶贫资源

在积极争取外部支援的同时，新疆也大力整合区内扶贫资源。2016年6月，按照"先富帮后富、北疆帮南疆、兵团帮地方"的原则，新疆制定了《区内协作扶贫工作方案》，确定由30个经济实力较强的县（市）和3个国家级经济开发区对口协作帮扶南疆四地州的27个县（市）。

另一方面，在上一年"百企帮百村"试点活动基础上，新疆工商联和新疆扶贫办全面启动了"千企帮千村"行动，引导新疆民营企业、商会，与建档立卡贫困村签约结对，帮助贫困村逐步脱贫致富，计划在"十三五"期间动员和组织1000家左右民营企业和商会通过"公司+基地+专业合作社+农户"等形式参与到此项行动中，重点帮助贫困村发展一批特色产业，解决一批贫困户劳动力就业，落实一批公益捐赠项目。

3. 充分发挥援疆扶贫作用

对口援疆是新疆具有的一个独特政策优势。据统计，"十二五"期间，19个对口援疆省市累计实施了6000多个援疆经济合作项目，到位资金8800多亿元，带动12万人稳定就业，为促进新疆经济快速发展，改善受援地民生尤其是基础设施和住房、教育、医疗等基本生活条件，发挥了重要作用，对新疆扶贫攻坚工作也发挥了积极促进作用。

"十三五"期间，新疆将充分发挥对口援疆的作用，实现援疆与扶贫的有机结合，援疆资金与项目将进一步地向贫困地区和贫困人群倾斜。2016年上半年，新疆自治区制定了《援疆扶贫工作方案》，明确了精准扶贫、产业扶贫、转移就业扶贫、社会组织扶贫、技能提升扶贫等援疆扶贫重点；加大了对建档立卡贫困户建房支持力度，在落实好原定的补助标准基础上，每户再增加1万~2万元的房屋建设补助资金；确保援疆资金安排在县及县以下基层的比例不低于80%，安排用于民生领域的比例不低于80%。

由此，新疆的专项扶贫、行业扶贫、社会扶贫、援疆扶贫"四位一体"扶贫机制逐渐得到完善。专项扶贫着眼于"扶准"，到户到人；行业扶贫着眼于"扶业"，在基本公共服务和致富产业上取得重大进展；社会扶贫着眼于"扶缺"，补充专项扶贫、行业扶贫未覆盖部分；援疆扶贫着眼于"造血"，面向基层民生、面向产业、就业，与专项扶贫、行业扶贫、社会扶贫互相对接与融合。

（四）制定实施方案，开展"十大专项行动"

根据自身特点，新疆在落实"五个一批"工程的基础上，2016年着力开展了

"十大专项行动",并制定了相应的实施方案。

1. 特色产业带动专项行动

特色产业带动专项行动的扶持对象是新疆3029个贫困村和174万有劳动能力的贫困人口,其主要目标是使每个贫困村都形成一个以上带动农牧民特别是建档立卡贫困户稳步增收的主导产业,每个有劳动能力和意愿的贫困人口都能参与到特色产业发展中来,每个贫困户都能掌握1~2项实用技术,从而使得贫困户有稳定的收入来源,自我发展能力显著增强。

《特色产业带动专项行动实施方案》具体提出了十大农村特色产业发展带动工程,包括:粮棉高产稳产田建设带动工程、特色林业发展带动工程、畜牧产业发展带动工程、区域特色农业发展带动工程、庭院经济培植带动工程、农业科技支撑带动工程、农产品市场开拓带动工程、农业产业化带动工程、高标准农田建设带动工程、二三产业发展带动工程。其中,农业产业化带动工程重点支持贫困地区大力发展农副产品产地初加工、精深加工业和农产品贮藏保鲜、仓储物流业等产业以及休闲观光农业和"农家乐"、"牧家乐"等特色乡村旅游业;第二、第三产业发展带动工程着力依托当地资源优势,在扶贫重点片区、贫困县布局上马工业项目,特别是纺织业、民族医药、特色清真食品工业等产业。

2. 转移就业专项行动

转移就业专项行动的扶持对象是全区建档立卡劳动年龄内、有劳动能力和就业意愿的贫困劳动力,以零就业贫困户为重点,其主要目标是保证每户至少有一名有劳动能力和就业意愿的贫困劳动力实现就业,做到"出现一户、认定一户、就业一人",使得贫困户通过转移就业获取工资性或劳务性收入,实现就业脱贫。

《转移就业专项行动实施方案》具体提出了转移到企业稳定就业、鼓励灵活就业、培训促进就业、就业帮扶等四条帮扶路径。

3. 易地扶贫搬迁专项行动

易地扶贫搬迁专项行动的扶持对象是居住在:(1)自然条件恶劣,就地脱贫无望;(2)自然灾害频繁,不具备基本生存条件;(3)生态环境脆弱,人口严重超负荷等区域的11万建档立卡贫困人口,其主要目标是在"十三五"前三年完成易地扶贫搬迁建设任务,在后两年巩固和提高搬迁贫困人口后续生产发展能力,确保到2020年搬迁人口全部脱贫。

《易地扶贫搬迁专项行动实施方案》具体提出了在迁移方式上以集中安置(包括在行政村内就近安置、依托城镇或产业园区安置、新建移民村安置、依托乡村旅游区安置）为主，以分散安置（包括插花安置、投靠亲友）为辅，前者约占搬迁人口的86%，后者约占14%。

4. 生态补偿脱贫专项行动

生态补偿脱贫专项行动的扶持对象是重点贫困县（市），主要目标是通过实施退耕还林、退耕还草、天然林保护、防护林建设、森林抚育、防沙治沙、湿地保护与恢复、退牧还草、水生态治理、水土保持、草原生态保护、农村环境综合整治等重大生态工程，使贫困地区生态环境质量得到保护和提高，贫困地区人居环境得到改善；结合财政转移支付和生态保护补助奖励机制，提高贫困人口参与度和受益水平，使部分有劳动能力的贫困人口转为生态保护人员。

5. 教育扶贫专项行动

教育扶贫专项行动的扶持对象是全区所有贫困家庭的学生，其主要目标是通过对家庭经济困难学生精准地实行资助"全覆盖"等一系列措施，让贫困家庭子女都能接受公平有质量的教育，阻断贫困代际传递，确保到2020年，贫困地区的教育发展达到全区平均水平，同步实现基本普及15年教育的目标。

《教育扶贫专项行动的实施方案》具体提出了积极推进教育精准扶贫、加强爱国主义和民族团结教育、加快双语教育普及进程、巩固提高基础教育普及成果、加快发展现代职业教育、提升高等教育服务能力、实施各级各类学校结对帮扶计划、加强贫困地区教师队伍建设、推进教育信息化进程、加强教育脱贫管理能力等脱贫措施。

6. 社会保障兜底专项行动

社会保障兜底专项行动的扶持对象是全区87万丧失或部分丧失劳动能力的贫困人口，其主要目标是将这部分缺乏劳动能力、无法通过产业扶持和就业帮扶脱贫的贫困人口，按照低保标准和认定程序，全部纳入低保范围，实现应保尽保，并按照国家扶贫标准的动态调整，逐步提高农村低保标准，确保其到2020年底达到年人均4000元的国家扶贫标准。

《社会保障兜底专项行动实施方案》还提出了一些配套措施，包括实施健康扶贫工程，大力提升贫困人口享受基本医疗卫生服务的保障水平，加大对贫困乡镇卫生院和村卫生室标准化建设力度，到2020年实现乡镇卫生院和村卫生室标准化全覆盖；做好其他社会保障工作，全面落实临时救助制度，完善困难残疾人生活补贴和重度残疾人护理补贴制度，加强农村特困人员供养。

7. 民生改善专项行动

民生改善专项行动的扶持对象以贫困地区农村为主，其主要目标是通过实施贫困村集中供水巩固提升工程、实施农网建设与改造工程、加快贫困村"村村通"工程建设、推进南疆天然气利民工程向沿线贫困乡村延伸、推进安居富民和定居兴牧工程等举措,全面改善贫困地区农村生产生活条件,着力解决好"最后一公里"、"最远一户人"的问题,确保贫困地区实现全方位脱贫。

《民生改善专项行动实施方案》还对推进安居富民和定居兴牧这两大民生工程提出了具体的规划:(1)大力开展富民安居工程建设,在"十三五"期间,完成建设部、国家发改委、财政部确定的135万户安居富民工程建设任务,优先向建档立卡贫困户倾斜;(2)继续推进游牧民定居工程,完成定居点住房56330套以及水、电、路等基础设施和生产配套设施的建设,到2020年,实现规划区5.6万户、22.7万人游牧民定居,其中贫困户和贫困人口约占一半。

8. 突破瓶颈制约专项行动

突破瓶颈制约专项行动的扶持重点是南疆四地州、边境地区、特困山区和沙漠腹地,其主要目标是通过建设一批交通、水利、电力、通信等重大基础设施项目,为贫困地区构建起相对完备基础设施体系,改善其发展环境,以支撑其经济社会发展,为解决区域性整体贫困创造条件。

《突破瓶颈制约专项行动实施方案》对相关项目提出了具体规划:(1)以实现"三个打通"(内地、周边、南北疆)为突破口,构建"6横、6纵、7枢纽、8通道"互联互通公路交通运输网;(2)以建立丝绸之路经济带核心区交通枢纽中心为总目标,全力构建"四纵四横"铁路主骨架;(3)大力发展通用航空,建设一批机场,架起南疆"空中通道";(4)加快推进一批220千伏和110千伏输变电工程,积极推进750千伏电网向南延伸、推进北电南送,构建环塔里木盆地坚强主电网,有效解决南疆缺电问题;(5)加快推进全疆33个贫困县行政村通宽带,实现网络全覆盖。

9. 边境扶贫专项行动

边境扶贫专项行动的扶持对象是32个边境县(市),其主要目标是到2020年,实现全部17个边境贫困县(市)脱贫摘帽,32个边境县(市)的全部726个贫困村脱贫摘帽,32个边境县(市)57.08万贫困人口全部脱贫。

《边境扶贫专项行动实施方案》提出了加强边境县(市)乡村道路建设,做好边境县(市)边民社会救助兜底脱贫工作,大力加强边境地区教育扶持力度,加强边境地区信息通信服务水平,大力推进边境地区的商贸发展,完成好边境地区富民安居建设工程,做好边境地区库区移民扶贫攻坚,加快边境地区就业扶持力度以及实施兴边富民行动,扶持人口较少民族发展,加大对边境一线的投入力度等一系列措施。

10. 现代文化引领专项行动

现代文化引领专项行动的扶持对象以贫困县（市）为主，其主要目标是以现代文化为引领，倡导现代文明理念、现代生产方式和现代生活方式，扶贫先扶志，治贫先治愚，把正信、扶智、励志贯穿扶贫开发全过程，为脱贫攻坚提供强大精神动力。

《现代文化引领专项行动实施方案》具体提出了一些文化硬件设施建设和项目实施的要求，包括35个贫困县（市）两馆一站（县文化馆和公共图书馆、乡镇文化站）建筑面积达到国家最低标准；3029个贫困村全面开展综合性文化服务中心建设；国家和自治区各种宣传文化、科技服务工程项目对贫困县、贫困村优先安排；坚持每年实施一批文化惠民扶贫项目等。

（五）财政、金融先行，全面构建扶贫政策支持体系

新疆已提出了重点围绕财政政策、金融政策、资产收益政策、用地政策、人才政策和激励政策等六项政策，构建起扶贫政策支持体系。从相关政策出台情况来看，财政、金融政策已先行，尤其是金融政策，呈现全面开花之势。

1. 加大对扶贫的财政投入，建立县级资金整合平台

在财政支持政策上，新疆提出要加大力度，实现自治区配套财政专项扶贫资金规模较大幅度增长。同时，调整财政支出结构，预算内投资进一步向贫困地区和贫困人口倾斜，农业综合开发、农村综合改革转移支付、各项惠民政策和项目等资金最大限度地向贫困地区、贫困村、贫困人口倾斜。在加大投入的同时，完善扶贫资金整合机制，建立县级涉农财政资金统筹调配、集中使用的平台。

2. 实施免抵押、免担保、全额贴息的扶贫小额信贷政策

根据国务院扶贫办《关于创新发展扶贫小额信贷的指导意见》的精神，新疆财政厅于2016年6月会同扶贫办、人民银行乌鲁木齐中心支行、新疆银监局等部门，制定了《自治区扶贫小额信贷贴息资金及风险补偿金管理办法》，着力解决了以往贫困户因无担保、无抵押资产、资信不足而面临的贷款难、资金贵的困难。

扶贫小额信贷主要用于支持有劳动能力、有贷款意愿、有就业创业潜质的建档立卡贫困户发展特色优势产业，最终实现脱贫增收的目标。其单笔额度上限为5万元，期限不超过3年，免抵押，免担保，可循环申请，贷款利率按照中国人民银行同档基准利率执行，但由县级政府以自有财力或自治区切块到县的财政涉农统筹整合资金，实行全额贴息。

扶贫小额信贷的风险采取"政府为主，金融机构为辅"的分担机制，县级政府

承担贷款损失的80%、承贷金融机构承担20%。自治区通过预算追加的方式,安排3.5亿元财政资金,用于35个贫困县建立扶贫小额信贷风险补偿金,作为抵押担保资产。其他非贫困县则用自有财力,建立风险补偿金。

扶贫小额信贷在流程上非常简便,由贫困户向村委会提出申请,经乡镇人民政府审核,报县扶贫领导小组审定。此后,承贷金融机构要在7个工作日内发放贷款。

承贷金融机构由人民银行乌鲁木齐中心支行负责协调,对建档立卡贫困户实行分片包干制。新疆农村信用联社对21个贫困县(市)、42个非贫困县(市)包干,中国农业银行新疆分行对10个贫困县(市),中国邮政储蓄银行新疆分行对4个贫困县(市)包干。

3. 积极发挥扶贫再贷款的助力作用

2016年3月25日,中国人民银行发布了《关于开办扶贫再贷款业务的通知》(以下简称《通知》),决定设立扶贫再贷款,专项用于支持连片特困地区、国家扶贫重点县和省级扶贫重点县的农村商业银行、农村合作银行、农村信用社和村镇银行等4类地方法人金融机构扩大涉农信贷投放。该项再贷款累计展期次数最多可达到4次,从而使其实际使用期限最长达到5年,可为地方法人金融机构提供期限较长资金来源。

《通知》发出后,人行乌鲁木齐中心支行迅速响应,积极行动,加大扶贫再贷款的投放力度,向南疆四地州倾斜,充分发挥扶贫再贷款对扶贫贷款的撬动作用和引导贷款成本降低的作用。全区各级人民银行在本辖区范围内,专项拿出10%的再贷款额度用于支持贫困地区的小微企业和贫困户。扶贫再贷款的利率较支农再贷款利率降低1个百分点。

三、2016年新疆维吾尔自治区脱贫人口的分布与特征

2016年,新疆自治区顺利完成了5个贫困县摘帽、810个贫困村退出和63万贫困人口脱贫的艰巨任务,向2020年全面小康的宏伟目标迈出了一大步。从各地州市发布的数据汇总情况来看,实际脱贫人口要略超计划数。

(一) 2016年新疆脱贫人口的分布

根据各地州市发布的脱贫人口数据,2016年,新疆脱贫人口主要分布在12个地州市。以数量而言,喀什地区脱贫人口最多,达230700人,占新疆全区脱贫人口的35.48%;和田地区次之,脱贫人口为133824人,占新疆全区脱贫人口的20.58%;享受片区待遇的阿克苏地区和片区之外的伊犁州,脱贫人口也较多,分别

占新疆全区脱贫人口的10.45%、10.10%;克州的脱贫人口为40613人,占新疆全区脱贫人口的6.25%。以上5个州合计的脱贫人口占新疆全区脱贫人口80%以上。其他各州脱贫人口数量相对较少,合计占总脱贫人口不到20%。其中,阿勒泰地区、塔城地区和巴音郭楞州的脱贫人口均达到了2万多人,博尔塔拉州、吐鲁番市和哈密市的脱贫人口达到了1万多人;昌吉州脱贫人口最少,为2628人,占总脱贫人口数的比例为0.40%。(见表4-10、图4-2)

表4-10　2016年新疆脱贫人口分布　　　　　　　　　　单位:人,个

地区	脱贫户数	脱贫人口	整村推进
和田地区	25300	133824	244
喀什地区	63743	230700	271
克州	10412	40613	25
阿克苏地区	21144	67930	68
伊犁州	19255	65634	73
阿勒泰地区	6637	20644	49
塔城地区	8285	24030	31
哈密市	3177	10743	12
昌吉州	804	2628	3
巴州	10009	26558	17
博州	5234	12142	1
吐鲁番市	4069	14693	16

资料来源:各地发布的数据。
注:(1)个别未发布数据的地区采用规划数;(2)哈密市数据为伊州区和巴里坤县加总数。

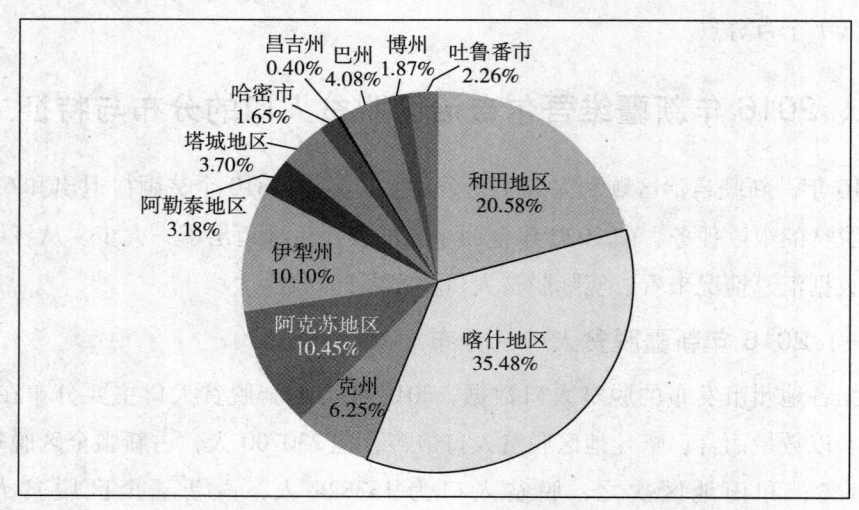

图4-2　2016年新疆各地州市脱贫人口占全区脱贫人口比例

(二) 2016年新疆脱贫人口的分布特征

按照脱贫人口所在地区的贫困程度来看,如表4-11、图4-3所示,2016年新疆脱贫人口的分布表现出以下特征:

1. 南疆四地州占主体

南疆四地州区域整体贫困程度高,贫困人口基数大,2016年脱贫人口数量也大,达473067人,占各地州市公布的脱贫人口合计数的72.27%,是新疆全区的脱贫主体。

表4-11 2016年新疆脱贫人口分布(按所在地区贫困程度分类)

		脱贫户数(个)	脱贫人口(人)	整村推进(个)
南疆四地州		120599	473067	608
摘帽五县		13353	46078	103
其他贫困县		4580	14609	28
非片区、非贫困县	合计	40886	120832	92
	伊犁州	14019	47015	34
	阿勒泰地区	3409	10513	13
	塔城地区	2904	5979	8
	巴州	10009	26558	17
	博州	5234	12142	1
	哈密市	1242	3932	3
	吐鲁番市	4069	14693	16

资料来源:根据各地发布的数据整理。

2. 非片区、非贫困县脱贫人口较多

2016年,新疆非片区、非贫困县脱贫人口达120832人,对全区脱贫人口总数贡献较大,占比达18.46%。其中,伊犁州非贫困县脱贫人口最多,达47015人;巴州次之,为26558人;吐鲁番市、博州和阿勒泰地区的非贫困县脱贫人口均达到了1万多人;塔城地区和哈密地区非贫困县脱贫人口相对较少,分别为5979人和3932人。

3. 摘帽五县和其他贫困县脱贫人口占比相对不高

由于贫困人口基数较小,摘帽五县和其他贫困县的脱贫人口在数量上似乎不算大,合计为60687人,占新疆全区脱贫人口总数的比例为9.27%,约为非片区、非贫困县脱贫人口占比的二分之一。不过,这部分贫困人口脱贫意义重大,使得新疆贫困县数量由33个下降到28个,也为2017年所有片区外贫困县实现摘帽目标打下

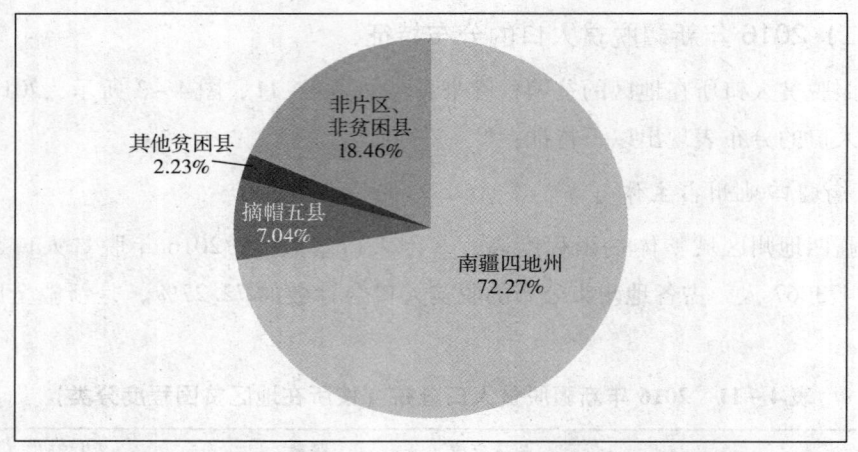

图 4-3 2016 年新疆各类地区脱贫人口占全区脱贫人口的比例

了坚实的基础。

四、2016 年新疆维吾尔自治区未脱贫人口的分布及原因

（一）未脱贫人口分布

在 2016 年实现 63 万贫困人口脱贫后，新疆维吾尔自治区还剩余 122 万贫困人口；在 810 个贫困村验收退出的基础上，尚有 1743 个贫困村有待退出；在民丰、察布查尔、青河、托里、巴里坤等 5 县摘帽验收的基础上，未来新疆脱贫摘帽工作将集中在 28 个贫困县。

表 4-12 2016 年末新疆维吾尔自治区未脱贫贫困县分布表

地区	下辖县、县级市及自治县个数	贫困县名称	个数	占比（%）
阿克苏地区	9	乌什县、柯坪县	2	22.22
克孜勒苏柯尔克孜自治州	4	乌恰县、阿合奇县、阿图什市、阿克陶县	4	100
喀什地区	12	泽普县、麦盖提县、巴楚县、喀什市、疏附县、岳普湖县、英吉沙县、疏勒县、塔什库尔干县、莎车县、叶城县、伽师县	12	100
和田地区	8	洛浦县、于田县、和田县、和田市、墨玉县、皮山县、策勒县	7	87.50

续表

地区		下辖县、县级市及自治县个数	贫困县		
			名称	个数	占比（%）
伊犁哈萨克自治州	直属县	10	尼勒克县	1	10
	塔城地区	7	裕民县	1	14.29
	阿勒泰地区	7	吉木乃县	1	14.29

数据来源：根据《新疆维吾尔自治区贫困退出实施意见》整理。

新疆自治区未脱贫贫困人口高度集中于南疆地区。全疆未脱贫的28个贫困县中，25个地处南疆四地州，占比89.29%；23个隶属南疆三地州，占比82.14%，未脱贫贫困县集中分布在南疆地区。新疆计划于2017年完成10县市摘帽，其中包含伊犁哈萨克自治州的尼勒克、吉木乃、裕民3县（见表4-12）。待该三县完成脱贫验收之后，新疆未脱贫贫困县将全部集中于南疆地区，南疆三地州贫困县将占贫困县总数将提高到96.43%。阿克苏地区的柯坪县计划于2018年实现脱贫摘帽，届时，贫困县将全部集中于南疆三地州。

从贫困人口来看，2016年末，未脱贫人口也是主要集中在南疆四地州，占新疆全区未脱贫人口的92.4%。片区外未摘帽三个贫困县未脱贫人口为14503万人，占未脱贫人口总数的比例仅为1.2%。非片区、非贫困县尚有未脱贫人口77084万人，占未脱贫人口总数的6.4%。（见表4-13）

表4-13 2016年末新疆未脱贫人口分布　　　　单位：人

地区		年末贫困人口	地区		年末贫困人口
南疆四地州	合计	1113147		吉木乃县	3113
	和田地区	370635		裕民县	3618
	喀什地区	539826	非片区、非贫困县	合计	77084
	克州	115943		伊犁州	28704
	阿克苏地区	86743		阿勒泰地区	5978
	其中：乌什县	28319		塔城地区	6805
未摘帽三县	合计	14503		巴州	32039
	尼勒克县	7772		博州	3558

资料来源：根据各地发布的数据整理。

此外，2017年，新疆加强了户籍管理工作，新增了一批户籍人口，主要是超计划生育人口和未及时落户新生儿，其中，初步识别出的贫困人口约40万人。这一人群主要集中在南疆地区，约为35.7万人。待新增贫困人口信息采集和审批录入工作完成后，新疆未脱贫人口将由120多万增至160多万人，主战场仍在南疆地区。

（二）未脱贫原因

1. 经济发展水平较低

随着扶贫攻坚的深入，南疆地区生产总值在2016年实现了较快增长，但是南疆地区，尤其是南疆三地州人均生产总值仍显著低于其他地区。克州、喀什地区、和田地区人均生产总值分别是新疆人均生产总值的41.40%、41.70%和24.49%，均不及全疆人均生产总值水平的一半；南疆三地州、四地州2016年生产总值分别为1096.46亿元、1677.56亿元，仅占到新疆生产总值的11.40%、17.44%。

与经济发展水平较低相对应，南疆地区的产业结构仍处于较初级阶段，农业居主要地位，工业基础非常薄弱，工业化程度低。而且，南疆地区农业的产业化程度很低，存在着龙头企业少规模小，订单农业比例不高，各类农民合作组织发展缓慢，产品市场开拓力弱等问题。

表4-14 2010—2016年南疆三地州及新疆产业结构（%）

年份	第一产业		第二产业		第三产业	
	南疆	新疆	南疆	新疆	南疆	新疆
2000	54.1	21.1	13.26	39.4	32.64	39.5
2005	43.17	19.6	19.12	44.7	37.71	35.7
2010	38.99	19.8	18.25	47.7	42.76	32.5
2015	27.25	16.72	27.42	38.57	45.33	44.71
2016	29.84	17.15	29.21	37.28	40.95	45.57

数据来源：根据相关年份《新疆统计年鉴》和2016年统计公报整理。

农牧业收入是新疆贫困地区收入的主要来源，对第一产业的依赖进一步加剧了自然环境对当地居民收入的影响。据统计，农业和牧业分别占新疆贫困人口经营收入的59.04%、20.57%，处于经营收入占比的第一、第二位，批发及零售业位居第三，占比8.09%；贫困地区87.4%的劳动力集中在第一产业，南疆三地州87.0%的劳动力集中在第一产业。在第二、第三产业规模较小的情况下，贫困人口相应的工资性收入也较少。

表4-15 2016年南疆三地州及贫困地区农民人均收入结构（%）

指标	南疆三地州	贫困地区
工资性收入	23.42	22.71
经营性收入	57.51	58.81
第一产业经营收入	47.13	48.73
第二产业经营收入	0.65	0.61

续表

指标	南疆三地州	贫困地区
第三产业经营收入	9.73	9.47
财产性收入	0.75	0.82
转移性收入	18.32	17.66

数据来源：根据国家统计局新疆调查总队统计数据整理。

2. 贫困程度深，具有区域整体性特征

南疆四地州整体贫困发生率为11.05%，是新疆贫困发生率的2倍多，是全国贫困发生率的3倍多。和田地区和克州的贫困发生率更高。总体上，贫困问题具有区域性，贫困程度深。

此外，全疆共计32个边境县，其中贫困县17个，南疆四地州就有10个边境贫困县，占边境贫困县的58.82%。南疆边境线总长2560公里，占新疆边境线总长的45.7%，虽然拥有吐尔尕特、伊尔克什坦、红其拉甫等重要口岸，与吉尔吉斯斯坦、塔吉克斯坦、乌兹别克斯坦、巴基斯坦以及阿富汗接壤，但周边国家发展也较落后，边境县贫困情况较为突出。

3. 自然环境差，地理位置偏僻

新疆地处西北干旱地区，降水量少，农业抵抗自然灾害的能力较弱，尤其是南疆地区。2016—2017年冬季降水量，全疆为24.9mm，北疆降水量40.4mm，南疆降水量7.7mm，南疆降水量不足北疆的19.06%。恶劣的自然条件是制约新疆贫困人口生产生活条件改善的十分重要因素。

表4-16 新疆气候等自然条件概况

地区	降水量（mm）	荒漠化土地面积（平方公里）	沙化土地面积（平方公里）
新疆	247.6	107.06	74.71
全国	730	261.16	172.12

南疆四地州更是一个集荒漠沙化和贫困于一体的特困地区，贫困村很多分布在特困山区、边境以及沙漠腹地，土地可利用率低。根据新疆第五次荒漠化和沙化监测工作显示，截至2014年底，新疆荒漠化土地占新疆国土面积的64.31%，危害程度较重，沙化土地面积占新疆国土面积的44.87%，而当前未脱贫的4个地州及其下辖的28个贫困县全部包括在内[1]。南疆三地州环绕在塔克拉玛干沙漠南缘，大部

---

[1] 新疆维吾尔自治区林业厅. 新疆荒漠化和沙化状况公报. 2016-10-09.

分是沙漠、戈壁和山地，耕地面积极为有限，不到10%的绿洲承载着全疆44%的人口。克州、喀什地区及和田地区的人均耕地面积分别为1.33亩、1.76亩和1.11亩，低于新疆平均水平2.84亩[①]。

自然灾害（主要有旱灾、洪灾、地震、风灾、雪灾、泥石流等）频发，对当地居民生产生活也产生了巨大的影响。2013—2015年，阿图什市、柯坪县、于田县、麦盖提县、皮山县（均为南疆未脱贫贫困县）共发生5级以上地震9次，占近三年新疆地震的60%，造成直接经济损失66.09亿元，使5.49万户农牧民失去住所，分别占近三年全疆地震损失和造成农户失去住所户数的99.11%和99.09%。

此外，南疆地区面积大，人口居住分散，加之交通设施密度低，导致了空间距离较远，与外界联系不足。南疆三地州距离中心城市一般都超过400公里，与首府乌鲁木齐的距离则超过1000公里。贫困村平均距县城距离39.76公里，22.98%的贫困村距县城距离在50公里以上，11.51%的贫困村距县城在100公里以上。[②]

表4-17 南疆中心城市距离表　　　　　　　　　　　单位：公里

	阿图什市	喀什市	和田市	阿克苏市
乌鲁木齐	1455	1457	1513	1010
阿图什市	—	32	437	379
喀什市	—		431	406
和田市				555

南疆地区复杂和封闭的自然地理环境，造成了其交通和信息交流不畅，经济活动成本偏高，扶贫开发成本高、难度大。

4. 人口增长过快，整体素质较低

第六次全国人口普查数据显示，新疆常住人口为21813334人，同第五次全国人口普查的18459511人相比，10年共增加3353823人，增长18.17%，年平均增长率为1.68%，而同期全国增长率为5.84%，年均增长率为0.57%。[③] 过快的人口增长势必会带来不利的环境问题并引起人地关系紧张。

人口文化素质延缓了先进技术和模式在南疆地区的推广应用，加大了就业扶贫难度。南疆三地州及贫困地区人口中，初中及以下教育程度的人口比重均超过90%，明显高于全疆水平。

---

① 新疆统计局. 新疆统计年鉴(2016).
② 韩林芝. 新疆贫困现状与扶贫开发对策建议[J]. 农村经济与科技, 2014(8).
③ 新疆统计局. 新疆维吾尔自治区2010年第六次全国人口普查主要数据公报.

表4-18　2016年南疆三地州及贫困县劳动力素质与就业状况（%）

项目	南疆三地州	贫困地区
未上过小学	3.1	2.8
小学	33.4	33.0
初中	54.5	54.3
高中	6.2	6.9
大学专科	2.0	2.1
大学本科及以上	0.7	0.9
曾受过技能培训劳动力比重	76.2	74.3
第一产业就业比重	87.0	87.4
第二产业就业比重	2.6	2.6
第三产业就业比重	10.4	10.1

数据来源：根据国家统计局新疆调查总队统计数据整理。

新疆贫困地区少数民族高度集中，贫困地区常住人口中少数民族占比达97.2%。由于自然和历史背景，绝大部分少数民族人口不会说普通话，形成了一个脱贫的短板，语言障碍较突出。

五、新疆维吾尔自治区精准扶贫、精准脱贫与巩固提升的思路

脱贫攻坚是新疆各项工作的重中之重，南疆四地州则是新疆脱贫攻坚和反恐维稳的主战场。针对扶贫格局的变化，新疆积极主动应对，强化顶层设计，加大区内外资金对扶贫攻坚的投入，加快产业发展，加强转移就业，巩固、提升脱贫成果，加大脱贫攻坚的力度。

（一）强化顶层设计

随着脱贫攻坚的深入，新疆进一步加大顶层设计的力度，制定、出台了《关于深入贯彻落实习近平总书记重要讲话精神　集中力量打赢南疆脱贫攻坚战的实施意见》《新疆维吾尔自治区"十三五"脱贫攻坚规划》《南疆四地州片区区域发展与扶贫攻坚"十三五"实施规划》等一系列重要文件，为进一步地打赢脱贫攻坚战，提供了指引。

（二）加大区内外资金对扶贫攻坚投入

通过整合区内外资源，新疆形成了专项扶贫、行业扶贫、社会扶贫、援疆扶贫"四位一体"的扶贫体制，不断加大区内外资金对扶贫攻坚的投入：将援疆资金与

项目进一步地向贫困地区和贫困人群倾斜，实现援疆与扶贫的有机结；按照"先富帮后富、北疆帮南疆、兵团帮地方"的原则，确定由30个区内经济实力较强的县（市）和3个国家级经济开发区对口协作帮扶南疆四地州的27个县（市）；充分发挥财政政策和金融政策的作用，大力实现自治区配套财政专项扶贫资金规模较大幅度增长，积极发挥扶贫小额信贷和扶贫再贷款的作用。

（三）加快产业发展

通过开展特色产业带动专项行动，加快产业发展。主要方向是大力发展特色种植业、特色畜牧业、特色林果业、设施农业、高效节水农业、民族特色手工业等，大力发展农副产品产地初加工、精深加工业和农产品贮藏保鲜、仓储物流业等产业以及休闲观光农业和"农家乐"、"牧家乐"等特色乡村旅游业；依托当地资源优势，在扶贫重点片区、贫困县布局上马工业项目，特别是纺织业、民族医药、特色清真食品工业等产业；积极发挥"互联网+"，支持有意愿的贫困人口开办网店以及电商企业拓展农村业务；充分发挥日照充足的有利条件，积极发展光伏产业。

（四）强化转移就业在脱贫攻坚中的作用

通过开展转移就业专项行动，强化转移就业在脱贫攻坚中的作用。新疆已确定目标，通过转移企业就业、灵活就业、自主创业和培训促进就业等途径，保证贫困家庭中有劳动能力和就业意愿的贫困劳动力至少有一人实现就业，实现农村零就业贫困家庭"出现一户、认定一户、就业一人"的就业扶贫目标。

针对南疆四地州转移就业难的问题，新疆专门编制了《喀什、和田地区城乡富余劳动力有组织转移就业三年规划（2017—2019）》，通过北疆、东疆33个经济相对发达县（市）联合用力，三年内解决喀什地区、和田地区10万人专业就业问题。

总体上看，以上举措正发挥积极作用，推动新疆脱贫攻坚工作向纵深推进。

不过，由于南疆地区贫困的区域性和深度性，要使区域性、整体性的深度贫困在长期上得到根本解决，离不开区域经济发展的支持。因此，从新疆社会稳定和长治久安的总目标出发，有必要更加重视南疆区域经济的发展，以加快区域经济发展来促进脱贫攻坚工作，为解决区域性深度贫困问题提供长远的保障。

就现状而言，要加快南疆区域经济发展的步伐，就不能脱离其现有工业化水平较低的现实，要抓住新型产业业态（如电商、现代物流）等发展机遇，更应该紧紧抓住制造业这一薄弱环节，补齐短板。为此，南疆地区可在大力发展特色产品加工业，带动特色农牧业进一步发展的同时，大力发展劳动密集型产业，带动农村富余劳动力进厂就业；大力发挥政策优势，全力抓住"一带一路"发展机遇，积极承接东中部地区相关制造业转移。

此外，鉴于南疆城镇化水平很低，有必要更加重视推进城镇化的进程。城镇化与经济发展是相互促进的。经济发展会带动城镇化水平的提高，城镇化带来的集聚效应又会促进经济发展。在城镇化水平较低阶段，尤其如此。这样，推进城镇化对解决区域性、整体性贫困问题也有长久的助益。

推进城镇化的进程本身可以和区域经济发展、脱贫攻坚紧密结合。第一，要加大城镇基础设施建设力度，为产业和人口集聚积极创造条件；第二，要加快经济园区的建设，用产业集聚吸纳农村富余劳动力就业，促进城镇化的发展；第三，将转移就业、易地搬迁等扶贫项目与城镇化建设结合起来，尽可能地引导人口迁向城市和中心城镇，这样既减少了公共基础设施建设和维护成本，也有利于形成长久脱贫机制；第四，要制定优惠政策，鼓励农村人口进城入厂，落户城镇。

六、典型案例

（一）叶城县：发展庭院经济，助力脱贫攻坚

1. 叶城县贫困情况

叶城县地处新疆维吾尔自治区西南部，距首府乌鲁木齐1500多公里，距喀什市260公里，下辖28个乡镇（场区）、343个村（社区）。全县土地面积3.1万余平方公里，耕地面积113万亩，是一个以农业为主、农牧结合的农业县，也是国家扶贫开发重点县和边境县。2016年末，叶城县总人口为52万余人，其中乡村人口32.3万人。当年，全县地区生产总值为85.9亿元，人均地区生产总值为1.65万元，农牧民人均纯收入为11438元，总体经济发展水平较低。

2013年底，叶城县建档立卡贫困户为37851户，贫困人口为143325人，分布在20个乡（镇区）的305个行政村，贫困发生率达44.78%，整体贫困程度很深。

2014—2016年，叶城县脱贫攻坚取得巨大成效，累计有15496户、63441贫困人口脱贫。截至2016年底，建档立卡贫困户已下降到22577户，贫困人口减少为79884人，贫困发生率下降为21%。在叶城县脱贫攻坚战中，发展庭院经济起到了重要的助力作用。

2. 叶城县发展庭院经济主要举措

农村庭院是农村居民的栖息地，包括农户住宅区及其周围环境如菜园、果园等。庭院经济是以家庭成员为主要劳动力，以集约技术为手段，以庭院和四周非承包地为基础和开发利用对象，从事种植业、养殖业、加工业等方面的生产经营活动。

（1）深入调研，找出路径

叶城县人多地少，庭院经济发展滞后。农村脏乱差难以有效治理，"只见新房，不见新村"问题突出，特别是庭院土地资源浪费严重，直接制约农民脱贫致富步伐。为充分挖掘庭院经济增收潜力，作为脱贫攻坚有效抓手，推进美丽乡村建设，切实改善农村环境和农民生活方式，从2015年开始全县全面启动庭院经济建设工作，县委安排了庭院经济专题调研，深入分析庭院经济的现状，准确把握发展趋势，广泛听取基层意见、充分尊重农民意愿，召开县直农口单位领导座谈会，在充分调研和认真分析的基础上，进一步明确了发展庭院经济的指导思想和目标任务，提出将庭院经济"十个一"目标作为帮扶干部的重要抓手，以民族团结为重要载体，以脱贫攻坚为实现路径，采取美丽乡村建设、安居富民工程、精准扶贫相结合的方式，按照"一乡一业、一村一品"发展思路，加快推进农业供给侧结构性改革。

（2）确立"十个一"工程

在多次进行深入乡村调研的基础上，叶城县于2016年提出了贫困户脱贫庭院经济发展"十个一"目标，即"一套安居房、一座标准牲畜棚圈、一群母畜（牛羊不少于5头，驴1头）、一批家禽（鸡、鸭不少于10只，鹅不少于5只，鸽子不少于10对）、一片菜园（大拱棚）、一片果园、一架葡萄、一个规划合理环境整洁的庭院、一人就业和培养一名大学生"。通过庭院经济"十个一"建设，深入挖掘农业内部增收潜力，充分用农村低效闲置土地，拓宽了农户增收渠道，推动了美丽乡村建设、增进了民族团结、促进了社会稳定、增加了就业渠道。

（3）政策扶持 高位推动

叶城县成立了以县委主要领导为组长的庭院经济建设工作领导小组，各乡镇（场区）分别成立以乡镇（场区）长为组长的领导机构，安排专人负责庭院经济建设工作。县委出台了《庭院经济发展实施方案》，在各乡镇创建庭院经济发展示范村，定期召开庭院经济发展观摩会、现场推进会，并纳入年度考核重要内容，以点带面强力推进，使各乡镇学习有榜样，推进有措施，考核促动力。

（4）摸底调查，规划先行

为实现农户居住环境整洁、闲置土地资源充分利用，解决美丽乡村建设"最后一公里"问题，叶城县针对农民房前、院中、屋后大量低效土地闲置未利用实际，先后组织开展了两次农户庭院经济发展意愿摸底调查核实工作，制定了以发展庭院设施农业种植专业村、庭院特色家禽肉鸽养殖专业村、庭院畜禽养殖专业村、庭院陆地蔬菜种植专业村、庭院特色林果业专业村等一村一特色、一村一品的规范化发展规划,以发展高效立体庭院经济为目标的庭院经济发展规划,指派专人根据农户庭院格局逐户绘制庭院经济发展规划草图,准确核实庭院经济发展模式,形成了科学合理的一户一规划方案,为整村、整乡制定庭院经济发展规划提供依据。

(5) 宣传发动,群众参与

为推动农民群众积极自觉地参与到庭院经济发展工程中来,叶城县在各乡镇(区)积极创建了一批整村推进具有示范引领作用的庭院经济发展示范村,利用广播电视、大喇叭等媒介大力宣传贫困户精准扶贫庭院经济的先进典型、具体做法、实施成效。通过每月召开1~2次庭院经济建设现场推进会,组织各乡镇(区)开展先进典型经验交流,充分调动了干部群众参与庭院经济的积极性和主动性,推动农民由"要我干"向"我要干"转变,为庭院经济发展奠定良好的舆论基础。

(6) 资金整合,强力推进

以财政专项涉农资金统筹整合使用为抓手,整合扶贫、农业、林业、畜牧、园艺、援疆等项目资金2.81亿元。其中整合精准扶贫入户项目资金14008万元、安居富民乡村基础设施配套资金9058万元、兴边富民和人口较少数民族发展资金1200万元、畜牧业良种繁育体系建设项目、良种畜补贴项目等资金1213.4万元、庭院经济专项资金600万元、"两个全覆查"帮扶资金2350.19余万元,为庭院经济发展缓解了资金困难,强力推进了庭院经济建设"十个一"。

(7) 严格督导,强化考核

为确保庭院经济建设质量,抽调县委农办、农业局、扶贫办等单位干部组成庭院经济建设督导组,分别由农口4名县领导带队,分片区不间断检查指导乡村庭院经济建设工作,将庭院经济建设作为促进农村经济发展和脱贫攻坚的主要任务,列入县委农村工作的重点进行考核,制定出台了庭院经济发展"十个一"目标绩效考核办法,把资金分配与工作考核、资金使用绩效与评价相结合,建立严格、规范、透明的贫困户脱贫庭院经济建设"十个一"和"两个全覆盖工程"帮村包户考核激励问责机制,加快了庭院经济发展"十个一"目标的实现步伐。

3. 叶城县发展庭院经济取得的成效

(1) 提高农村土地利用率

通过摸底调查,全县可归整庭院、改造老果园面积13.57万亩,已完成农户庭院规整老果园改造11.5万亩,利用9.3万亩,定植制干葡萄60万株、樱桃20万株、种植蔬菜5万亩,为贫困户购牲畜34131头、家禽195716只羽;新建牲畜棚圈6638座,禽舍3168个,葡萄架3698架,拱棚4500余座,核桃嫁接改优6233株,购饲草加工机械1280余台(套)。

(2) 增加了农民收入

通过发展庭院经济，对房前、院中和屋后进行了规整，清理出的土地动员农户用于定植特色林果、发展设施农业、新建棚圈、种植蔬菜，建设冬菜储窖598座，切实解决了老百姓吃菜和剩余蔬菜储存的问题，实现农村家庭年户均节省支1500元左右。叶城提出户均增收10000元的目标，庭院经济部分典型的农户，当年建设当年仅庭院经济收入已达到或超过1万元。

(3) 推进了美丽乡村建设

通过改造农村居民房前屋后老果园，规整建设院内小菜园、小果园、修建标准禽舍、牲畜棚圈，改变了农户居民乱堆乱放陋习，治理了农村居民居住环境脏乱差的面貌，改变了农民群众的不良生活习惯，提高了农村文明程度。通过在各乡镇设立环卫保洁队伍，建立保洁日和保洁制度，保持乡镇周边环境整洁，推进了美丽乡村建设。

(4) 增加了民族团结

通过发展庭院经济，帮扶干部帮助群众制定发展思路，合理规划庭院，帮助解决就业3940人，安排汉族菜农教少数民族群众果蔬种植管理技术，引导帮扶干部购买贫困户庭院经济种植的瓜果、蔬菜、贫困户生产的禽畜产品，既解决了农民居民果蔬、畜禽销售难的问题，又促进了各民族之间相互交流、交往、交融。

(5) 促进了就业

通过庭院经济发展，农民利用空闲时间对庭院内、屋后的蔬菜、果树进行管理，养殖畜禽，使群众在院内屋后有事做，有钱挣，真正实现了房前屋后、饭前饭后，足不出户增收致富的目标，提高了农民的生活水平，转变了生活方式。

(6) 促进了社会稳定

通过庭院经济建设，全面开展消灭"三土"工作，利用清理出的杂树搭建了葡萄架，修建了篱笆墙、鸡舍、牲畜棚圈，将农民的围墙由以前的高砖墙、土围墙，变成了现在的篱笆墙，既美化了农村环境、节省了资金，又转变了农民群众文明生活方式，是以现代文化为引领的具体措施，也是"去极端化"的有效抓手。

(二) 阿图什市：土地整治，拓展出发展空间

1. 阿图什市贫困状况

阿图什市是新疆维吾尔自治区克孜勒苏柯尔克孜自治州的首府，位于新疆西南部，下辖6乡1镇76个行政村、3个街道办事处19个社区，边境线长达88.3公里。2016年，全市人均地区生产总值为1.62万元，城镇居民人均可支配收入为22899元，农村居民人均可支配收入6970元。总体而言，经济发展水平相当低，与新疆和

全国的平均水平差距很大。

2016年末，阿图什市总人口为26.88万人，其中，城镇人口9.29万人，乡村人口17.59万人。全市共有贫困户11920户，贫困人口53465人，贫困发生率为19.89%，乡村贫困发生率为30.39%，整体贫困程度很深。

2. 阿图什市土地整治的背景

我国土地资源禀赋条件较差，可耕地面积较小，人多地少的矛盾一直较突出。因此，如何对低效利用、不合理利用和未利用的土地进行治理，对生产建设破坏和自然灾害损毁的土地进行恢复利用，以提高土地利用率和集约化水平，受到了国家的高度重视。1997年，《中共中央、国务院关于进一步加强土地管理切实保护耕地的通知》明确提出："积极推进土地整理，搞好土地建设。"2001年，国土资源部会同有关部门组织编制了《全国土地开发整理规划（2001—2010）》。2012年2月，国务院批复《全国土地整治规划（2011—2015）》。由此，土地整治已经上升为国家层面战略部署。土地整治可以通过优化土地利用布局增加耕地面积，可以改善农村生产生活条件，还可以改善土地生态环境，促进生态文明建设。

阿图什市地处天山南麓、塔里木盆地西缘，光热充足，干旱少雨，年均日照时数达2745小时，平原区全年平均降水量为78毫米，年蒸发量为3218毫米（约为降水量的40倍）。由于自然条件差，所以，全市可耕地面积小，共19777公顷，仅占总土地面积的1.28%，按乡村人口计算，人均耕地仅1.69亩。而且，土地盐碱化非常严重。主要盐碱地分布在上阿图什乡、阿扎克乡、松他克乡、阿湖乡和格达良乡等5个乡。这些乡的实播农田共有19193公顷，其中，盐渍化耕地面积为16206公顷，占84.44%，非盐渍化耕地面积为2987公顷，仅占15.56%。土地少，质量差，成了这些乡经济发展的最大制约因素，也是致贫一个最主要的原因。同时也意味着通过土地整治提升质量的潜力大。另一方面，这些乡村在传统上居住较分散，未加以利用的零碎土地较多，通过土地整治增加可耕地的潜力也较大。

基于以上情况，在前述5个乡开展土地整治，不仅契合国家战略要求，也是脱贫攻坚的有效路径。因此，阿图什市决定自2015年起在格达良乡开始土地整理试点，每年由财政投入1000万元，计划利用5年时间，改变其耕地盐碱重、土地分散等问题，努力将该乡打造成克州现代化农业示范区。格达良乡下辖8个村，是阿图什的主要棉花生产基地。2015年，全乡总人口为20141人，当年地区生产总值为9799万元，人均地区生产总值仅为4865元，人均纯收入为3882元，经济发展水平极低，与阿图什市的平均水平也有很大差距。

3. 阿图什市土地整治的做法与成效

格达良乡曲许尔盖村是最早的土地整治试点村。该村位于阿图什市 31 公里处，距乡政府 15 公里，全村有 11 个村民小组，总户数 514 户，总人口 3027 人，土地总面积为 62.92 万亩，耕地面积为 10092.6 亩，人均耕地面积 3.33 亩，产业结构以农业生产为主，以畜牧业、特色林果业为辅。

曲许尔盖村土地综合整治工作主要包括三个方面：一是与安居工程结合，改变分散居住和居住条件差的状况，为搬迁家庭集中建设安居房，打造美丽新村；二是对土地进行集中平整；三是整体建设排碱和灌溉渠道，对盐碱地进行全面改造和治理。

试点范围涉及该村 8、9、10 三个小组，共计 96 户、454 人，涉及的耕地总面积为 2173.22 亩，其中，30 年承包土地 1076.17 亩，新开发土地 1097.05 亩；涉及搬迁的家庭共 77 户，其中，贫困户为 62 户。

试点工程采取分期推进的方式进行。第一期整治范围为该村 8、9 小组，涉及搬迁户 33 户，其中，房屋为土块房为 25 户；综合整治土地为 900.32 亩，其中 30 年承包土地为 424.07 亩，新开发土地为 476.25 亩。

第二期整治范围为该村 9、10 小组，涉及搬迁户 44 户，其中，房屋为土块房的为 35 户；综合整治土地为 1272.9 亩，其中，30 年承包土地 652.1 为亩，新开发土地为 620.8 亩。

通过土地整治，试点范围的耕地不仅盐碱化问题得到根本改善，而且面积也大幅增加。土地整治前，试点范围耕地面积为 2172.9 亩，整治后增加到 3500 亩。新增的 1327 亩耕地，预留 500 亩为村集体地，其余的 827 亩耕地则按照平整前占地量分配，每户均新增耕地约 10 亩，后期户均可增收 20000 余元，人均增收约 4000 元，大幅度提升了试点农户的收入水平。

总体上看，土地整治帮助试点区域建设田成方、地平整、土改良、沟相通、路相连、节用水、生态好的高标准农田，进一步提高农业综合生产能力，切实改善农业生产条件和群众居住环境，全面提升群众生活质量，为试点区域注入了强大的内生发展动力，成为脱贫攻坚的一个有效路径。

第五章　西藏自治区扶贫进展报告

习近平总书记在第六次西藏工作会议上指出，我们的战略思路是"治国必治边、治边先稳藏"，这充分表明西藏治理的重要性。作为全国唯一的省级集中连片深度贫困地区，西藏地处我国西南边陲，集"战略资源储备基地、高原特色农产品基地、中华民族特色文化保护地以及世界旅游目的地"于一体，不仅是陆上"丝绸之路"的重要组成部分，还是我国内陆重要屏障和缓冲地带，西藏的稳定发展关系"一带一路"倡议的顺利实施，关系民族团结、边疆稳固和国家长治久安。

长期以来，西藏的经济发展离不开贫困治理，脱贫攻坚不但是西藏经济社会发展的重要课题，而且是一项重大的政治任务，解决好西藏深度贫困问题，是维护西藏长期稳定发展和西藏群众共享改革开放成果的重要保证，战略意义深远。

2016年，西藏自治区深入贯彻落实党的十八大，十八届三中、四中、五中、六中全会和中央扶贫开发工作会议，东西部扶贫协作座谈会，中央第六次西藏工作座谈会精神，深入贯彻习近平总书记系列重要讲话精神，特别是"治国必治边、治边先稳藏"的重要战略思想和"加强民族团结、建设美丽西藏"的重要指示，坚持"五位一体"总体布局和"四个全面"战略布局，坚持依法治藏、富民兴藏、长期建藏、凝聚人心、夯实基础的重要原则，坚持把打赢脱贫攻坚战作为经济社会发展的头等大事和第一民生工程，按照"六个精准"①、"六个结合"②、"八个到位"③的工作要求，扎实推进"五个一批"④工程，10个贫困县（区）达到摘帽标准，1008个贫困村

---

① "六个精准"：扶持对象精准、项目安排精准、资金使用精准、措施到户精准、因村派人精准、脱贫成效精准。
② "六个结合"：扶贫开发与戍边固疆相结合、与新型城镇化相结合、与新农村建设相结合、与产业发展相结合、与防灾避灾相结合、与反分裂斗争相结合。
③ "八个到位"：政策保障到位、资金投入到位、产业带动到位、项目安排到位、民生服务到位、社会帮扶到位、援藏支持到位、群众参与到位。
④ "五个一批"：发展生产脱贫一批、易地搬迁脱贫一批、生态补偿脱贫一批、发展教育脱贫一批、社会保障兜底一批。

（居）退出，14万多名贫困人口实现脱贫，全区脱贫攻坚工作取得显著的成绩。

一、2016年西藏自治区贫困变化情况

西藏自治区是集中连片特困地区中面积最大的区域，而且也是我国唯一的省级集中连片特困地区，贫困面比较广，贫困程度比较深，再加之海拔高、生态环境脆弱等自然环境因素的影响，"十三五"时期的脱贫攻坚任务十分艰巨。作为"十三五"时期脱贫攻坚的第一年，2016年西藏自治区的脱贫攻坚成效关系着2020年全自治区农村贫困人口实现脱贫、贫困县全部摘帽、解决区域性整体贫困的任务能否如期完成。

（一）西藏自治区经济运行情况

2016年西藏经济健康稳定增长。从生产总值上来看，2016年自治区GDP达到1150亿元，按可比价计算，同比增长10.0%，高出全国3.1个百分点，位居全国第三。2016年西藏自治区GDP比2015年增长了124亿元，与全国GDP 742353亿元相比，比重仍然偏小。西藏自治区近六年来GDP增速呈逐年趋缓的态势，与全国GDP增速态势基本一致。（见图5-1）

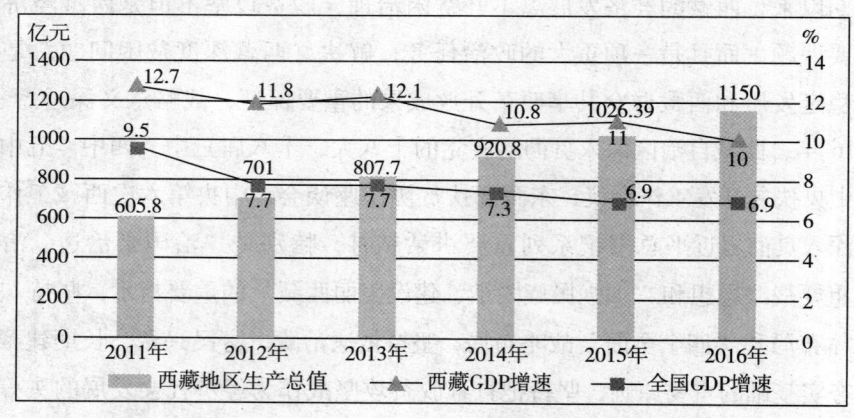

图5-1 2011—2016年西藏自治区生产总值及增速与全国平均水平对比
资料来源：根据国家民委内部资料和西藏自治区统计公报整理而得。

就人均水平来看，2016年西藏人均GDP为35143元，比2015年提高了3462元，西藏人均GDP增速为7.8%，比2015年下降了0.5个百分点。2016年西藏自治区人均GDP与全国人均GDP相比仍然相差较大，比全国平均水平少18837元。从近六年的GDP增速来看，2012年、2013年、2015年和2016年西藏人均GDP增速均超过全国平均水平，2016年西藏人均GDP增速达到7.8%，比全国人均GDP增速高

1.7个百分点,而且西藏和全国的人均GDP增速均呈现下降趋势。(见图5-2)

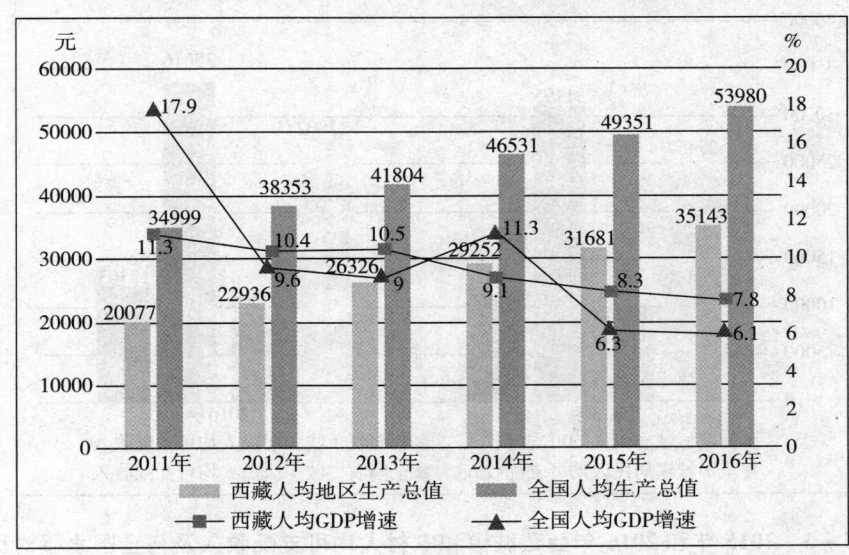

图5-2 2011—2016年西藏人均地区生产总值及增速与全国平均水平对比
资料来源:根据国家民委内部资料和西藏自治区统计公报整理而得。

从人均可支配收入来看,西藏2016年城镇居民人均可支配收入达到27802元,比2015年上涨2345元;农(牧)民人均可支配收入为9094元,比2015年上涨850元。从人均可支配收入增速来看,西藏2016年城镇居民人均可支配收入增速为9.2%,比2015年下降了6.4个百分点;农(牧)民人均可支配收入增速为10.3%,比2015年下降1.7个百分点。与全国平均水平相比,2016年西藏城镇居民人均可支配收入比全国城镇居民人均可支配收入(33616元)低5814元,而增速比全国平均水平(7.8%)高1.4个百分点;2016年西藏农(牧)民人均可支配收入比全国农(牧)民人均可支配收入(12363元)低3269元,而增速比全国平均水平高2.1个百分点。从上述分析可以看出,虽然城镇人均可支配收入在绝对值上是农(牧)民的三倍,但是农(牧)民在人均可支配收入增速上比城镇居民高出1.1个百分点。(见图5-3)

从产业结构来看,2016年西藏自治区第一产业增加值达到104.98亿元,比2015年增加8.09亿元;第二产业增加值达到429.92亿元,比2015年增加53.73亿元;第三产业增加值达到615.17元,比2015年增加61.86亿元。第二产业和第三产业增加值增长相对较快。2016年西藏自治区第一产业增加值占全自治区生产总值的比重为9.1%,比2015年降低0.3%;第二产业比重为36.4%,比2015年提高0.7%;第三产业比重为53.5%,比2015年降低0.4%。与全国第一、第二、第三

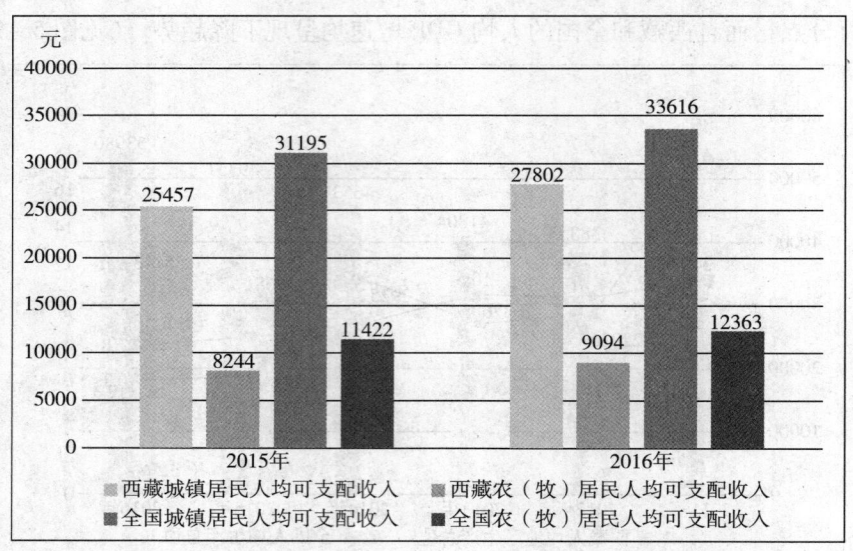

图 5-3　2015 年和 2016 年西藏城镇和农村人均可支配收入及与全国水平对比
资料来源：根据国家民委内部资料和西藏自治区统计公报整理而得。

产业比重相比，2016 年西藏自治区第一、第三产业比重分别高出 0.5 个百分点和 1.9 个百分点，第二产业比重则低于全国平均水平 2.4 个百分点。（见表 5-1）

表 5-1　2015 年和 2016 年西藏与全国第一、第二、第三产业增加值

单位：亿元

年份 省区	2015 年				2016 年			
	第一产业	第二产业	第三产业	比重（％）	第一产业	第二产业	第三产业	比重（％）
西藏	96.89	376.19	553.31	9.4:36.7:53.9	104.98	429.92	615.17	9.1:37.4:53.5
全国	60863	274278	341567	9:40.5:50.5	63671	296236	384221	8.6:39.8:51.6

资料来源：根据国家民委内部资料和西藏自治区统计公报整理而得。

（二）2016 年西藏自治区减贫情况

1. 2016 年西藏自治区总体贫困人口变化情况

2015 年是"十二五"时期的最后一年，西藏自治区生产总值达到 1026.39 亿元，同比增长 11％，经济增速位居全国前列。但是西藏自治区贫困发生率依然较高，全自治区 74 个县（区）都是国家级贫困县，有 5369 个贫困村，59 万贫困人口，脱贫攻坚任务依然艰巨。

2016 年是"十三五"开局之年，西藏自治区生产总值达到 1148 亿元，增长 11.5％，经济平稳健康发展。2016 年初，在国家重点贫困县 74 个、贫困村 5369 个、贫困人口 59 万人的基础上，西藏自治区通过采取产业扶贫、易地搬迁扶贫等一系列扶贫措施，完成10个县（区）1008个贫困村脱贫摘帽，14.7万人精准脱贫。截至2016年底，全自治区330万常住人口中有44万贫困人口，贫困发生率下降至13.3%。虽然根据2016年贫困县脱贫退出计划有10个县已达到脱贫摘帽标准，但与完成74个县的全部脱贫任务还有一定的差距。

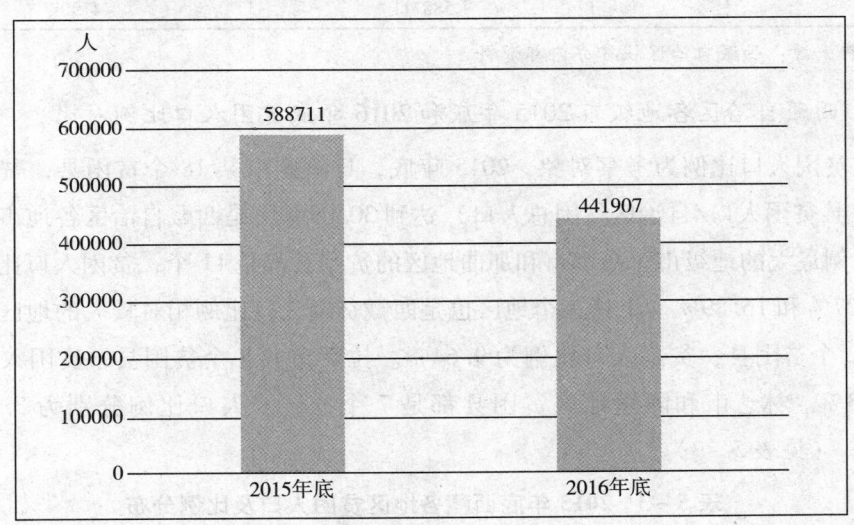

图5-4　2015年底和2016年底西藏自治区贫困人口对比

2. 西藏自治区各地级市2015年底和2016年底贫困人口数对比

2015年西藏贫困人数超过100000人的地级市有日喀则市、昌都市和那曲地区，是西藏自治区脱贫攻坚的重点地区。经过一年的脱贫攻坚，截至2016年底，贫困人数超过100000人的地级市减少1个，还有日喀则市和昌都市贫困人数超过100000人，分别为125412人和136903人。从表5-2中可以看出，2016年底，日喀则市、昌都市和那曲地区仍然是西藏自治区脱贫攻坚的重中之重，贫困人口相对较少的那曲地区仍有贫困人口81206人，脱贫任务依然繁重，迫切需要因地制宜地采取针对性的扶贫手段进行脱贫攻坚。

表5-2　2015年底和2016年底西藏各地级市贫困人口　　　单位：人

地级市	2015年底	2016年底
日喀则市	169608	125412
昌都市	170473	136903
那曲地区	102402	81206
山南市	57844	38681
拉萨市	44162	27350

续表

地级市	2015年底	2016年底
林芝市	22803	14007
阿里地区	21419	18348
合　计	588711	441907

资料来源：西藏自治区扶贫办内部资料。

3. 西藏自治区各地级市2015年底和2016年底贫困人口比例对比

以贫困人口比例为考察对象，2015年底，日喀则市共18个贫困县，贫困人口比例（县贫困人口/自治区贫困总人口）达到30.09%，是西藏自治区各地市中贫困人口比例最大的地级市。昌都市和那曲地区的贫困县都是11个，贫困人口比例分别为26.07%和16.89%。上述三个地区也是西藏贫困人口比例相对较大的地区。山南市共12个贫困县，贫困人口比例为9.64%。拉萨市共8个贫困县，贫困人口比例为9.53%。林芝市和阿里地区贫困县都是7个，贫困人口比例分别为3.99%和3.79%。（见表5-3）

表5-3　2015年底西藏各地区贫困人口及比例分布

排序	地区	贫困县	贫困人口比例（%）
1	日喀则市	萨嘎县、亚东县、吉隆县、岗巴县、聂拉木县、康马县、桑珠孜区、仲巴县、白朗县、江孜县、谢通门县、定结县、萨迦县、仁布县、拉孜县、昂仁县、定日县、南木林县	30.09
2	昌都市	卡若区、左贡县、江达县、类乌齐县、洛隆县、八宿县、边坝县、贡觉县、芒康县、察雅县、丁青县	26.07
3	那曲地区	双湖县、比如县、嘉黎县、安多县、申扎县、聂荣县、尼玛县、巴青县、索县、班戈县、那曲县	16.89
4	山南市	琼结县、加查县、曲松县、桑日县、措美县、措那县、乃东县、洛扎县、扎囊县、贡嘎县、浪卡子县、隆子县	9.64
5	拉萨市	城关区、尼木县、达孜县、曲水县、墨竹工卡县、当雄县、堆龙德庆县、林周县	9.53
6	林芝市	巴宜区、朗县、米林县、墨脱县、波密县、工布江达县、察隅县	3.99
7	阿里地区	噶尔县、札达县、普兰县、日土县、措勤县、革吉县、改则县	3.79

资料来源：西藏自治区扶贫办内部资料。

经过2016年一年的脱贫攻坚，截至2016年底，日喀则市贫困县减少3个，贫困人口比例下降1.71%；昌都市贫困县减少1个，贫困人口比例上升4.91%；那曲地区贫困县数量没有变化，贫困人口比例上升1.49%；山南市贫困县减少3个，贫困人口比例下降0.89%；拉萨市贫困县减少一个，贫困人口比例下降3.34%，林芝市贫困县减少2个，贫困人口比例下降0.82%；阿里地区贫困县数量也没有变化，贫困人口比例上升0.36%（见表5-4）。从贫困人口比例的横向对比来看，日喀则市、山南市、拉萨市、林芝市的贫困人口比例比2015年底有所下降，而昌都市、那曲地区和阿里地区的贫困人口比例则出现了上升趋势。这表明，昌都市、那曲地区和阿里地区还需进一步加大力度进行精准扶贫、精准脱贫，借鉴其他地级市的脱贫经验，找准致贫原因，加快实施因地制宜的扶贫政策。

表5-4　2016年西藏各地区贫困人口比例分布

排序	地区	贫困县	贫困人口比例（%）
1	日喀则市	萨嘎县、吉隆县、岗巴县、聂拉木县、桑珠孜区、仲巴县、江孜县、谢通门县、定结县、萨迦县、仁布县、拉孜县、昂仁县、定日县、南木林县	28.38
2	昌都市	左贡县、江达县、类乌齐县、洛隆县、八宿县、边坝县、贡觉县、芒康县、察雅县、丁青县	30.98%
3	那曲地区	双湖县、比如县、嘉黎县、安多县、申扎县、聂荣县、尼玛县、巴青县、索县、班戈县、那曲县	18.38%
4	山南市	琼结县、加查县、桑日县、措美县、错那县、扎囊县、贡嘎县、浪卡子县、隆子县	8.75%
5	拉萨市	尼木县、达孜县、曲水县、墨竹工卡县、当雄县、堆龙德庆县、林周县	6.19%
6	林芝市	朗县、墨脱县、波密县、工布江达县、察隅县	3.17%
7	阿里地区	噶尔县、札达县、普兰县、日土县、措勤县、革吉县、改则县	4.15%

资料来源：西藏扶贫办内部资料。

4. 2016年西藏自治区各地市减贫人口及比例

2016年西藏自治区共减少贫困人口146804人，其中日喀则市减贫44196人，昌都市减贫33570人，那曲地区减贫21196人，山南市减贫19163人，拉萨市减贫16812人，林芝市减贫8796人，阿里地区减贫3071人。从减贫人数来看，由于日喀则市、昌都市、那曲地区贫困基数相对较大，因而2016年减贫人数相对较多，减贫人数超过20000人。林芝市和阿里地区由于贫困人口基数相对较小，2016年减贫人数不超过10000人。从减贫比例来看，林芝市、拉萨市和山南市的减贫比例分别为38.57%、38.07%和33.13%，均超过30%，甚至林芝市的减贫比例接近40%。日喀则市、那曲地区的减贫比例分别为26.06%、20.70%，昌都市的减贫比例为19.69%，也接近20%。阿里地区的减贫比例是14.34%，在西藏自治区各地市中最低。（见表5-5、图5-5）

表5-5　2015年底和2016年底贫困人数及2016年减贫比例　　单位：人

地级市	2015年底	2016年底	2016年减贫人数	2016年减贫比例（%）
日喀则市	169608	125412	44196	26.06%
昌都市	170473	136903	33570	19.69%
那曲地区	102402	81206	21196	20.70%
山南市	57844	38681	19163	33.13%
拉萨市	44162	27350	16812	38.07%
林芝市	22803	14007	8796	38.57%
阿里地区	21419	18348	3071	14.34%
合　计	588711	441907	146804	24.94%

资料来源：西藏扶贫办内部资料。

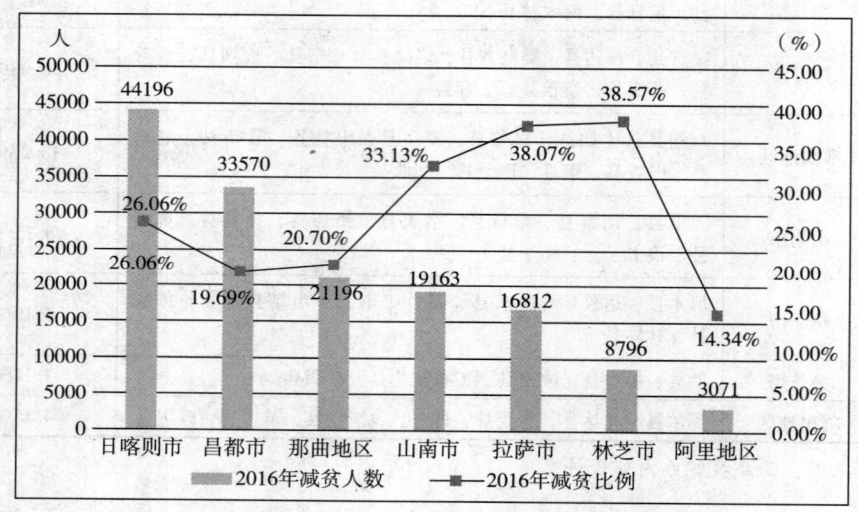

图5-5　2016年西藏各地级市减贫人数及比例

总体来看，在保持经济平稳健康发展的同时，2016年西藏自治区共完成14.7万人的脱贫任务，10个贫困县脱贫摘帽。各地级市也在各自贫困人口基础上实现较大程度的减贫任务。但由于自然环境和资源禀赋等方面不同，各地级市之间又有差异，如林芝市和阿里地区2016年减贫人数分别为8796人和3071人，减贫人数相对较少，需进一步加大扶贫力度，努力提高当地贫困人口脱贫意识，确保到2020年能够与全自治区其他地市如期解决区域性整体深度贫困问题。

二、2016年西藏自治区精准扶贫的主要政策与手段

打赢脱贫攻坚战，是实现中华民族伟大复兴中国梦的首要前提，是与全国一道

全面建成小康社会的关键之举,也是实现西藏长治久安的重要保障。西藏自治区以国家扶贫战略为导向,先后出台多项自治区扶贫政策及实施办法,制订《西藏自治区"十三五"时期脱贫攻坚规划》,坚持把打赢脱贫攻坚战作为经济社会发展的头等大事和第一民生工程,举全区之力、集全民之智,按照"六个精准""六个结合""八个到位"工作要求,扎实推进"五个一批"工程。在政策合力下,现阶段西藏自治区取得积极的扶贫效果。

(一) 西藏自治区扶贫政策

2016 年西藏自治区结合自身贫困群体多、分布区域大以及致贫因素复杂等贫困特点,因地制宜,采取策略。在产业扶贫、易地搬迁扶贫、生态补偿扶贫、教育扶贫等一系列扶贫思路基础上,形成了关于精准扶贫系列政策安排。制定出台了《中共西藏自治区委员会西藏自治区人民政府贯彻落实〈中共中央国务院关于打赢脱贫攻坚战的决定〉的实施意见》,科学编制了《西藏自治区"十三五"时期产业精准脱贫规划》等,研究制定了《西藏自治区 2016 年产业脱贫攻坚实施方案》《西藏自治区"十三五"时期生态补偿脱贫实施方案》,以及《西藏自治区脱贫攻坚责任制实施细则》等配套政策(见表 5-6)。这些都是西藏自治区在"十三五"时期进行脱贫攻坚的指导性文件,涉及各个领域,为西藏 2020 年实现全面脱贫奠定了坚实的政策保障。

表 5-6 2016 年西藏自治区制定的扶贫政策文件

序号	类别	名称
1	意见	《中共西藏自治区委员会西藏自治区人民政府贯彻落实〈中共中央国务院关于打赢脱贫攻坚战的决定〉的实施意见》
2		《关于贫困地区发展特色产业促进精准脱贫指导意见》
3		《关于西藏开展统筹整合使用财政涉农资金工作的实施意见》
4		《关于进一步落实精准扶贫金融政策和信贷资金安排的意见》
5	规划	《西藏自治区"十三五"时期脱贫攻坚规划》
6		《西藏自治区"十三五"时期产业精准脱贫规划》
7		《西藏自治区"十三五"时期易地扶贫搬迁规划》
8		《西藏自治区旅游扶贫规划》
9	方案、办法及细则	《西藏自治区 2016 年产业脱贫攻坚实施方案》
10		《西藏自治区"十三五"时期生态补偿脱贫实施方案》
11		《2016 年西藏自治区教育脱贫实施方案》
12		《西藏自治区 2016 年度转移就业脱贫工作方案》
13		《"十三五"期间西藏自治区科级以上干部结对帮扶实施方案》

续表

序号	类别	名称
14	方案、办法及细则	《西藏自治区2016年扶贫攻坚宣传工作方案》
15		《西藏民营企业"百企帮百村"精准扶贫行动实施方案》
16		《西藏自治区易地扶贫搬迁项目管理暂行办法》
17		《西藏自治区脱贫攻坚督查巡查工作办法》
18		《西藏自治区脱贫攻坚责任制实施细则》
19		《西藏自治区贫困人口脱贫考核办法》
20		《西藏自治区地（市）党委、政府（行署）脱贫攻坚工作成效考核办法》

资料来源：西藏自治区扶贫办内部资料。

（二）西藏自治区扶贫手段

2016年，西藏自治区扶贫开发进入"啃硬骨头"、攻坚拔寨的冲刺阶段。实现与全国一道建设全面小康社会的宏伟目标，让贫困人口如期摆脱贫困，时间紧，任务重。为打赢脱贫攻坚战，西藏在坚持"六个精准"，实施"五个一批"工程精准扶贫过程中，落实了产业扶持、搬迁扶持、生态补偿扶持、就业扶持、教育扶持、兜底扶持、边境扶持、资金扶持、援藏扶持、党建扶持等一系列扶贫工程。

1. 西藏精准扶贫中精准识别的工作模式

西藏在精准扶贫、精准脱贫过程中，通过前期摸底调研，从贫困人口、贫困重点区域、致贫原因和贫困户动态管理方面着手，建立贫困人口信息库，并认真分析致贫原因，为精准扶贫、精准脱贫奠定良好基础。在精准识别贫困人口方面，西藏组织5万多名干部走村入户，识别录入扶贫开发建档立卡信息系统贫困人口148695户、588711人。在精准识别重点区域方面，调查发现日喀则、昌都、那曲三地市贫困人口占西藏自治区贫困人口的75%，林周县、南木林县、浪卡子县等36个贫困县贫困人口占西藏自治区贫困人口的60%以上，因此将日喀则市、昌都市、那曲地区确定为西藏自治区脱贫攻坚的主战场，将林周等36个贫困县确定为西藏自治区脱贫攻坚重点县。在精准识别致贫原因方面，准确查出因病致贫、因残致贫、因学致贫、因灾致贫等13类致贫因子，并因人因户、因地因时制宜提出了脱贫措施。在贫困户动态管理方面，2016年，西藏新识别贫困人口3573人，返贫人口192人，全年新增贫困人口196人，做到有进有退，加强动态管理。

2. 西藏精准扶贫中的产业脱贫措施

西藏立足自身资源禀赋和比较优势，因地制宜发展特色产业，大力扶持农牧民专业合作社、家庭农（牧）场、专业大户等新型经营主体，积极打造从生产到加工、包装、储运、销售、服务的农牧业产业化链条，让贫困人口从全产业链中实现增收脱贫。在产业扶贫方面，2016年，西藏共整合各类涉农资金40亿元作为产业扶贫发展资金，设立风险补偿基金12.78亿元，撬动对口援藏、金融信贷、社会资本20亿元，实施种植业、养殖业、加工业、商贸业、建筑建材业等产业项目528个，带动贫困人口58683人脱贫。另外，旅游产业扶贫也是产业扶贫的新模式，2016年西藏投入1759.78万元进行5个乡村旅游建设；申请6700万元资金用于拉萨市城关区夺底乡、阿里地区噶尔县索麦村等乡村旅游扶贫示范工程建设；建立201亿元的旅游扶贫项目库，培育一批生态游、乡村游、观光游、休闲游、农业体验游等业态产品，丰富旅游生态和人文内涵。

案例5-1　林芝市米林县旅游扶贫与精准扶贫结合[①]

> 米林县位于林芝市西南部，雅鲁藏布江中下游，念青唐古拉山脉与喜马拉雅山脉之间。经精准识别，米林县共有建档立卡贫困户765户、2393人。
>
> 脱贫致富最终是落在产业上，产业帮扶不是给钱给物，最根本的是让贫困户动脑筋，力所能及地干活，不能"等、靠、要"。西藏把旅游业作为脱贫攻坚的主打产业，既能把贫困户调动起来又能弘扬优秀文化。米林县通过将旅游扶贫与精准扶贫结合，2016年在雅鲁藏布大峡谷景区、南伊沟景区发放旅游惠民资金863.08万元，吸纳派镇、南伊乡农牧民99人就业，带动贫困群众375人脱贫致富。

3. 西藏精准扶贫中的易地搬迁脱贫措施

从国家提出"精准扶贫，精准脱贫"以来，西藏对生存条件恶劣、生态环境脆弱、自然灾害频发、高寒牧区的建档立卡贫困人口进行易地扶贫搬迁，解决"一方水土不能养活一方人"问题，同时深入研究海拔4500米以上不适宜人类居住地区的贫困户搬迁问题。2016年西藏共落实易地扶贫搬迁贷款157.8亿元，完成投资41.8亿元，完成年度计划的81%；开工建设安置点376个、住房18306套，分别完成年度计划的100%、99.9%；完成7.7万人的搬迁任务，其中已搬迁入住3.58万人。

---

① 多领域产业引领助力西藏"江南"脱贫[EB/OL]中国西藏网,http://www.tibet.cn.

案例 5-2 拉萨市曲水县易地扶贫搬迁脱贫①

曲水县位于拉萨市的西南部，地处雅鲁藏布江和拉萨河交汇处，318 国道横贯全境，是内地空港至拉萨的重要窗口和门户。曲水县辖 5 乡一镇，常住人口共 3.53 万人。经精准识别，曲水县共有建档立卡贫困户 1371 户、4792 人，贫困人口占全县农村总户数、总人数的 16.61%、14.69%。

曲水县根据贫困户整体布局，确定建设两个搬迁点，分别是拉萨河畔"三有村"和才纳"四季吉祥"村。2016 年曲水县三有村和四季吉祥村全部完成搬迁，实现易地搬迁脱贫 451 户、1935 人，其中三有村 184 户、712 人，四季吉祥村 267 户、1223 人。完成易地搬迁产业配套资金 1886.89 万元，在"一区三园"中共 271 人务工就业，在农业合作社中共 67 名贫困人口实现就业，月收入达 1500 元以上。

4. 西藏精准扶贫中的生态补偿脱贫措施

西藏生态环境的重要性不言而喻，坚持"绿水青山就是金山银山"，坚持保护生态环境就是坚持保护生产力。2016 年西藏在主体功能区定位的基础上，制定《西藏自治区"十三五"时期生态补偿脱贫实施方案》，整合中央对民族地区、主体功能区、边境转移支付等重大生态资金，面向 59 万建档立卡贫困人口中有劳动能力的群体，实行"定岗定员、定岗定责、定岗定酬"，落实林业生态保护、草原生态保护、野生动物保护等各类专兼职生态补偿岗位 50 万个，人均补助标准 3000 元，兑现资金 15 亿元，保障有劳动能力的贫困人口和农村低收入人口就地就业。

案例 5-3 日喀则市南木林县大力推进生态补偿脱贫②

南木林县位于日喀则市东北部，是日喀则市人口第一大县。经精准识别，南木林县共有建档立卡贫困户 5592 户、2.76 万人，贫困覆盖率 32%。

2016 年南木林县根据生态保护需求，将 25082 名贫困群众就地转成护林员、湿地保护区管理员，年人均发放岗位补贴 3000 元。此外，还建设了苗圃基地 890 亩，培育苗木 380 万株，上年出场的苗木 6 万余株，实现经济效益 200 余万元。

---

① 曲水县扶贫办内部资料。
② 高原老人吃上生态饭[EB/OL]中国新闻网，http://www.hnr.cn。

5. 西藏精准扶贫中教育脱贫工作措施

从全国扶贫经验来看,"扶贫先扶智,治贫先治愚"是从提升贫困人口基本文化素质和劳动者技术技能角度出发治理贫困的理念。2016年西藏在实行免费教育过程中,完善15年免费教育和"三包"政策,实施中小学教学质量提升计划,巩固双语教育成果,推进教育人才组团式援藏,使各族群众子女享受满意的教育,进一步减轻贫困人口负担。另外,制定建档立卡贫困家庭子女接受高等教育实施免费补助政策管理办法,对建档立卡贫困家庭子女接受高等教育实行免费补助,专项招生建档立卡贫困家庭子女及"两后生"接受免费中职教育。2016年西藏共定向招收贫困家庭"两后生"2120人;实施贫困农牧民子女高考录取专项计划,录取贫困农牧民子女950名;资助家庭经济困难大学生4.11万人次、资助资金达到1.87亿元。

案例5-4 昌都市芒康县大力推进教育脱贫[①]

> 芒康县位于昌都市的最东部,地处川、滇、藏三省区交汇处。总面积11431平方公里,辖2镇14乡(含一个民族乡)。经精准识别,芒康县共有建档立卡贫困户4941户、2.93万人。
>
> 芒康县所在昌都市以控辍保学、贫困资助、推荐就业等方面为突破口进行教育脱贫。2016年芒康县筛选出贫困人口中适龄儿童少年共6346人,认真核对贫困家庭适龄儿童少年入学情况,确保贫困儿童少年全部入园入校;开展贫困大学生资助帮扶,全面摸清建档立卡在读贫困大学生245人,全年共资助大学生13人,资助金额累计超过3万元。

6. 西藏精准扶贫中社会保障脱贫工作措施

2016年西藏通过转移就业、兜底扶贫和健康扶贫完善社会保障脱贫工作。在转移就业方面,加强职业技能培训,通过把培训与易地扶贫搬迁、产业发展、项目建设等相结合,做到"培训一人、就业一人、脱贫一户";通过开展订单定向培训贫困人口49192人、实现转移就业34446人;利用专业合作组织、中小微企业培训吸纳贫困人口就业10.6万人。在兜底扶贫方面,将农村低保标准由2350元提高到2550元,兑现农村低保资金33803万元、临时救助资金18774万元;完成建档立卡贫困残疾人的鉴定工作,发放困难残疾人补贴和重度残疾人护理费9100万元。在健

---

① 西藏自治区扶贫办内部资料。

康扶贫方面，西藏共投资4070万元，改扩建32个乡（镇）卫生院；进行"组团式健康扶贫"，推进"1774"工程，实施全国三级医院与医院一对一帮扶；对西藏建档立卡贫困人口"因病致贫、因病返贫"进行调查，核查核准45个重点病种和48个次重点病种的发病、诊断、治疗和医疗保障措施。

案例5-5 山南市琼结县大力推进社会保障脱贫①

> 山南市琼结县位于山南市中部，喜马拉雅山脉北坡，三面环山。经精准识别，山南市共有贫困人口1.9万户、5.78万人，占西藏自治区贫困人口的10%。山南市琼结县共有建档立卡贫困户1152户、3729人。
>
> 山南市2016年提高了农村"五保"供养对象年人均供养标准，在现行每人每年供养标准基础上提高6000元；对于农村低保对象，按ABC类最低生活保障补助资金标准每人每年分别提高600元、400元、200元。2016年琼结县落实社会兜底脱贫729人（其中五保贫困户142人，低保贫困户587人），开展低保"提标扩面"工作，上报新增低保户26户、88人。组织全县建档立卡贫困户中29名有残疾迹象的贫困户赴市人民医院进行残疾鉴定，并按程序办理残疾证15人。

7. 西藏精准扶贫中的边境脱贫工作措施

西藏从"治国必治边、治边先稳藏"重要战略思想出发，将边境扶贫与富民固边、政策优惠、新型城镇化与对外贸易相结合，使边境贫困人口脱贫致富。在富民固边方面，通过兴边富民行动，加快边境地区基础设施建设和产业发展，改善边民的生产生活条件。在政策优惠方面，结合中央赋予西藏的特殊优惠政策以及边境地区转移支付政策，制定更加特殊的优惠政策，对不具备生存条件的边境地区，提高相应的补助标准。2016年将西藏一线、二线的边民补贴从人均1700元、1500元提高到了2700元、2500元。在新型城镇化方面，发挥新型城镇化对脱贫的辐射带动作用，把边境城镇作为转移贫困人口的重要载体，吸纳更多的非边境地区贫困人口到边境城镇就业创业；发挥好新农村建设对脱贫的推动作用，促进边境地区城乡基础设施一体化发展，推动基本公共服务均等化。在对外贸易方面，西藏与国家"一带一路"倡议紧密结合，利用7个口岸、43个贸易点优势，采取"合作社+农牧户+边贸扶贫+企业+金融"运作模式，推进边民互市贸易，以边贸带动扶贫，帮助边境地区贫困人口实现脱贫。

---

① 西藏自治区扶贫办内部资料。

案例 5-6　山南市洛扎县大力推进边境脱贫①

　　山南市洛扎县位于喜马拉雅山南麓，南与不丹接壤。经过精准识别，洛扎县共有建档立卡贫困户 1146 户、3171 人，贫困发生率为 17.6%。

　　2016 年山南市提高了边民补助标准，将边境一线边民补助每人每年提高 1200 元，边境联防队员生活补助在现行每人每月基础上提高 200 元，为 16~65 岁长期生活在勒乡、浪坡乡、拉郊乡并承担边境巡逻、执勤等任务的农牧民发放维稳固边专项补助每人每年 5000 元，65 岁以上边民每人每年 3000 元。2016 年洛扎县落实边境农牧民补贴惠民资金 6556 万元。洛扎县落实山南市富民固边政策，对边境一线的边民补助实行每年每人 2900 元，解决了边境一线群众的生活困难，补助的发放不仅让群众安心守边，还帮助大批贫困户"摘掉贫帽"。

8. 西藏精准扶贫中的援藏脱贫工作措施

　　西藏在东西部扶贫协作和对口支援的基础上进行援藏脱贫。2016 年西藏在东西部协作扶贫方面学习运用闽宁扶贫协作经验，把对口援藏资金项目 80% 向基层倾斜、向贫困人口倾斜、向改善贫困地区基础设施条件倾斜、向增强贫困地区"造血功能"倾斜。在与对口援藏省市、中央企业的衔接上，西藏加快援藏扶贫资金项目的落实，共投入援藏资金 11.41 亿元。在就业拉动方面，援藏省市与援藏企业和西藏高校毕业生建立就业创业培养机制，吸引一定数量的贫困人口到内地务工，在藏建设项目按一定用工比例招收贫困人口就业。2016 年全国扶贫援藏工作会议上，西藏受援地与 17 家对口援藏省市、17 家中央企业签订扶持框架协议，落实产业、人才、就业等援藏项目 111 个，培训贫困人口 9370 人，33 个援藏县（区）与西藏对口县建立乡（镇）援助机制。

案例 5-7　拉萨市曲水县大力推进援藏脱贫②

　　曲水县位于拉萨市的西南部，是内地空港至拉萨的重要窗口和门户。曲水县辖 5 乡一镇，常住人口共 3.53 万人。经精准识别，曲水县共有建档立卡贫困户 1371 户、4792 人，贫困发生率占全县农村总户数、总人数的 16.61%、14.69%。

---

① 西藏自治区扶贫办内部资料。
② 曲水县扶贫办内部资料。

> 拉萨市的对口援建省是江苏省，曲水县则由江苏省泰州市负责对口援建。根据西藏自治区援藏工作以产业对接为重点，曲水县强化产业援藏扶贫。2016年才纳净土健康产业园成为引领曲水产业援藏、致富百姓的示范项目，带动当地贫困户共计253人，其中临时工179人，年均增收6000~7000元，长期固定工74人，年均增收15000元。才纳村所有的贫困户都在产业园区有稳定的收入。

9. 大力推进党建脱贫

西藏选派优秀党员干部帮助村居两委推进脱贫攻坚工作。2016年西藏驻村工作队帮助发展新党员11256名，帮助村民增加现金收入2.3亿元。另外，组织开展"百企帮百村"行动，西藏自治区470家各类企业与670个贫困村（居）对接帮扶，投入资金1.16亿元，实施项目367个，8833户、39302名贫困人口受益。在定点扶贫和结对帮扶方面，2016年西藏开展区（中）直单位定点扶贫和干部结对帮扶工作，地厅级以上干部每人结对帮扶3户贫困户，县处级干部每人结对帮扶2户贫困户，科级干部、驻村工作队员、大学生村官每人结对帮扶1户贫困户，全自治区132家单位参与定点扶贫，实现5467个贫困村居全覆盖；13.67万科级以上干部与26.62万贫困人口结对帮扶，帮助落实扶贫项目1560个，投入资金7.4亿元。各级党组织、党员干部、驻村工作队引导贫困人口解放思想、转变观念，逐渐树立脱贫致富的主体地位。

案例5-8　山南市乃东区大力推进党建脱贫[①]

> 山南市2016年充分发挥基层党组织和党员先锋模范作用，把党建与脱贫结合，制定精准扶贫、精准脱贫各项措施。截至2016年底，达到脱贫退出标准的一般贫困户脱贫15175人，完成年初目标任务的119%，乃东、曲松、洛扎3县（区）脱贫率达100%。
>
> 山南市乃东区位于冈底斯山南部、雅鲁藏布江中游，是山南市人民政府所在地。经精准识别，曲水县共有建档立卡贫困户1941户、5324人。2016年乃东区实施"2321"包户结对帮扶政策，每名县级干部包2户，两名科级干部包3户，三名一般干部包2户，5名教师包1户。为结对帮扶户制定脱贫办法或帮扶措施7351条，组织开展实用技能培训6543人次，对467户建档立卡户发放扶贫贷款1401万元。

---

① 西藏自治区扶贫办内部资料。

10. 西藏精准扶贫中的基础设施建设情况

西藏提出实施"水电路讯网、教科文卫保"十项提升工程，着力改善贫困地区基础设施条件。在交通设施建设方面，通过道路联网工程和贫困乡村公路安全防护设施建设，吸纳贫困人口参与农村公路养护管理。2016年公路总里程达到8.2万公里，新增通公路的行政村352个，10.5万贫困人口解决出行难问题。在水利设施建设方面，西藏投资24.8亿元，优先投向2016年计划脱贫摘帽的10个县（区），实施小型农田水利项目55个、重点灌区工程50个、大中型灌区2项、农村饮水安全项目10个、城市饮用水源地工程10个，解决4.9万农村人口饮水安全问题。在广电设施建设方面，2016年36834户贫困户通广播电视，易地扶贫搬迁集中安置点实现广播电视全覆盖。

三、2016年西藏自治区脱贫人口的分布与特征

西藏是全国唯一省级集中连片深度贫困地区。2016年西藏14.7万贫困人口实现脱贫并得到国家确认，1008个贫困村（居）达到退出标准，10个贫困县（区）达到脱贫摘帽标准，其中5个县申请国家考核评估。

（一）2016年西藏自治区脱贫摘帽县考核基本情况

根据中共中央办公厅、国务院办公厅《关于建立贫困退出机制的意见》（厅字〔2016〕16号）和西藏自治区党委办公厅、政府办公厅《贫困村（居）退出与贫困县（区）摘帽考核办法》（藏党办发〔2016〕33号）精神，经拉萨市扶贫开发领导小组申请，自治区脱贫攻坚指挥部于2016年9月28日至10月7日，组成考核组对拉萨市城关区脱贫摘帽进行了实地考核，并委托中国科学院地理科学与资源研究所拉萨农业生态试验站开展独立评估。拉萨市城关区建档立卡扶贫对象共394户、1212人，家庭年人均可支配收入稳定超过自治区规定的2016年3311元脱贫标准线，实现了"三不愁""三有""三保障"，贫困发生率降至3%以下；11个建档立卡贫困村基础设施和基本公共服务水平明显提升，发展环境不断优化。经自治区扶贫开发领导小组研究，拉萨市城关区各项指标达到中央和自治区规定的脱贫摘帽标准。[①]

根据日喀则市、山南市、林芝市、昌都市关于对康马县、白朗县、亚东县、乃东区、洛扎县、曲松县、巴宜区、米林县、卡若区2016年拟脱贫摘帽县（区）评

---

① 关于拉萨市城关区脱贫摘帽的公示［EB/OL］中国共产党西藏自治区委员会，http://www.zgxzqw.gov.cn.

估考核验收的请示和自治区扶贫开发领导小组安排,依据《中共中央办公厅、国务院办公厅〈关于建立贫困退出机制的意见〉》(厅字〔2016〕16号)和《西藏自治区贫困村(居)退出与贫困县(区)摘帽考核办法》(藏党办发〔2016〕33号)文件精神,2016年11月3日至12月20日,自治区脱贫攻坚指挥部委托中国科学院地理科学与资源研究所开展第三方独立评估;2016年11月25日至12月15日,自治区脱贫攻坚指挥部组织七个考核组进行脱贫摘帽考核;2017年2月5日至3月15日,按照区党委、政府部署,自治区脱贫攻坚指挥部组织地市间交叉考核。综合评估考核结果:2016年,康马县等9县(区)脱贫户人均可支配收入稳定超过3311元扶贫标准,县(区)贫困发生率降至3%以下,贫困人口实现"三不愁""三有""三保障",贫困乡村基础设施条件和基本公共服务水平全面提升,发展步伐加快,各项指标达到中央和自治区规定的脱贫摘帽标准。①

至此,2016年西藏自治区脱贫摘帽的10个县都达到家庭年人均可支配收入稳定超过自治区规定的2016年3311元脱贫标准线,实现"三不愁""三有""三保障",贫困发生率降至3%以下,贫困村基础设施和基本公共服务水平明显提升,发展环境不断优化的要求。

(二)2016年西藏自治区脱贫摘帽县脱贫人口情况

2016年西藏自治区脱贫摘帽的10个县,脱贫人数共计45708人,脱贫户数共计12680户。昌都市卡若区脱贫人数最多,达到12699人,占10个县脱贫总人数的近1/4。从地理位置来看,此次脱贫摘帽县中有3个是边境县,分别是日喀则市的康马县、亚东县和山南市的洛扎县,三个县的脱贫人数共计10085人。(见表5-7)

表5-7 2016年西藏自治区脱贫摘帽县脱贫人数统计

序号	地级市	脱贫摘帽县	脱贫户数(户)	脱贫人数(人)
1	拉萨市	城关区	394	1212
2	林芝市	巴宜区	550	1514
3		米林县	765	2393
4		康马县	1010	4408
5	日喀则市	白朗县	1946	9237
6		亚东县	763	2506
7	昌都市	卡若区	3085	12699

① 关于康马县等9县(区)脱贫摘帽的公示[EB/OL].日喀则网,http://www.rkzw.cn.

续表

序号	地级市	脱贫摘帽县	脱贫户数（户）	脱贫人数（人）
8	山南市	乃东区	1941	5324
9		洛扎县	1146	3171
10		曲松县	1080	3244
合计			12680	45708

资料来源：根据西藏政府及相关网站资料整理而得。

2016年西藏自治区共脱贫146804人，脱贫摘帽县脱贫人数占自治区脱贫人数的31.14%，接近1/3（见图5-6），反映西藏自治区大分散、大集中的贫困分布格局。从近1/3的贫困人口分布中，可以探究该分布格局在扶贫过程中的共性，从而为其他未脱贫地区提供经验。

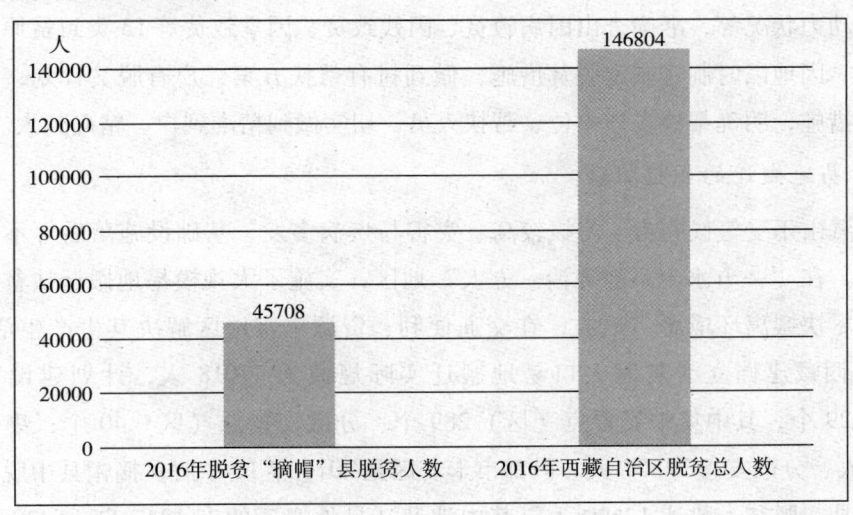

图5-6 2016年脱贫摘帽县与西藏自治区脱贫人数对比

（三）2016年西藏自治区贫困县成功摘帽的原因

从2016年初定脱贫摘帽任务，到2016年底如期完成脱贫攻坚任务，西藏自治区10个脱贫摘帽县紧紧抓住精准扶贫精准脱贫工作重心，按照"六个精准"、"五个一批"要求，大力推进扶贫领域攻坚力度，在市、县、乡、村四级共同努力下，最终完成了脱贫摘帽的艰巨任务，而且各项指标达到中央和自治区规定的脱贫摘帽标准。10个县能如期完成任务，主要原因是有党的建设统领、精准识别的全面展开、易地搬迁的积极推进、产业扶贫的大力支持以及社会保障的政策兜底。

1. 党的建设统领

脱贫摘帽县的县委、县政府始终把脱贫攻坚工作放在首要位置，层层签订"军令状",成立以县委书记任组长的扶贫开发领导小组,下设脱贫攻坚指挥部,县长任总指挥长。形成"主要领导亲自抓、分管领导具体抓"、"上下联动、部门协同"的"大扶贫"格局和工作机制。根据自治区党委的统一部署及"十三五"时期脱贫攻坚计划,西藏制定了《西藏自治区7地(市)各县(区)脱贫时序表》。按既定脱贫时序,2016年拉萨市城关区等10个脱贫摘帽县集中各种优势资源,加大资金整合力度,汇聚各方力量突破自身贫困问题,按期完成脱贫退出任务。

2. 精准识别覆盖整村

根据国家、区市县对贫困户、贫困村进行识别和建档立卡工作要求,各个县2016年初都开展了建档立卡回头看工作,严格识别标准,确保把真正贫困的群众找出来。通过"四看、四算、四问、四评"逐户调查和了解贫困户家庭情况、收入水平和劳动力状况等,准确查出因病致贫、因残致贫、因学致贫等13类致贫原因,因人因户、因地因时制宜制定脱贫措施,做到村有帮扶方案、户有脱贫计划,分类制定帮扶措施,明确帮扶责任单位、帮扶人员,切实做到精准到户、精确到人。

3. 易地搬迁的积极推进

西藏由于受气候恶劣、海拔较高、灾害与疾病多发、基础设施落后等不利因素的影响,在"一方水土不能养治一方人"地区,实施了大规模易地搬迁扶贫,让贫困村民尽快搬离环境恶劣地方,在交通便利、资源丰富地区解决其生产生活问题。2016年西藏建档立卡贫困人口易地搬迁实际规模为77018人,计划建设安置点(区)329个,其中集中安置点(区)289个、分散安置点(区)40个;集中安置52511人、分散安置24507人。昌都市卡若区是2016年10个脱贫摘帽县中脱贫人数最多的县,脱贫人数达12699人,其中涉及迁易地搬迁的有1247户、5420人,开工建设易地扶贫搬迁点24个,并结合"一精准四重点"工程,把卡若镇卡若村安置区作为该区易地扶贫搬迁示范工程,形成"易地搬迁引领脱贫、生态旅游引领新村"的卡若经验。

4. 产业扶贫的大力支持

一个地方如果没有产业的支撑难以实现脱贫致富长远发展,2016年西藏脱贫摘帽各县立足资源禀赋和比较优势,因地制宜发展特色产业,宜农则农、宜牧则牧、宜林则林、宜商则商、宜游则游,让贫困人口不离乡、不离土或者离乡不离土就能融入产业发展、增收致富。通过产业带动作用,解决贫困户的就业问题,并结合易地搬迁扶贫,让迁出去的贫困人口能够依靠自己的劳动解决自己的生产生活问题,从而能够越过贫困线,向小康生活迈进。例如,脱贫摘帽的拉萨市城关区,将净土健康产业发展与文化旅游产业相结合,通过智昭产业园举办丰富多彩的节会活动,促进268名群众就业,其中贫困户10户、11人,实现了精准扶贫、精准脱贫。

5. 社会保障的政策兜底

贫困地区的社会保障政策是确保打赢脱贫攻坚战的最后屏障。2016年西藏脱贫摘帽的各县县委、县政府主动担当,及时科学制定方案,解决贫困户兜底问题。将贫困人口全部纳入民政现行保障兜底政策,由政府出资将低保补助标准提高,全自治区的农村低保标准已由2350元提高到2550元,另外,制定教育、医疗等领域的相关政策,进一步完善脱贫攻坚政策体系,做到贫困户可以依据政策享有贫困人口相应待遇。完成建档立卡贫困残疾人的鉴定工作,发放困难残疾人补贴和重度残疾人护理费等。

四、2016年西藏自治区贫困人口未脱贫原因分析

2016年西藏自治区从年初的59万贫困人口减贫14.7万人,到2016年底,全自治区仍有44万农村贫困人口未脱贫。44万人属于深度贫困群体。习近平总书记在深度贫困地区脱贫攻坚座谈会上提出当前阶段要重点研究解决深度贫困之策。西藏作为深度贫困地区,完成脱贫攻坚任务具有艰巨性、重要性、紧迫性和复杂性等特点。截至2016年底,仍有44万深度贫困人口既有贫困户自身的主观原因,也存在自然环境和社会环境方面的客观原因。在既定脱贫时序下,按照梯次摘帽,有序退出原则,虽然扶贫攻坚工作在全面展开,但由于贫困户自身内生动力不足等问题,以及生态环境恶劣和社会参与度不高等困难,目前西藏还有64个贫困县没有实现脱贫。

(一)贫困户主动脱贫意识差,发展意识不强

西藏是农牧民占总人口近3/4的高原牧区,贫困户中绝大多数是农牧民。一方面,农牧民贫困人口文化素质较低,劳动力人口平均受教育年限不到9年,比全国平均水平低2年,15岁及以上人口文盲率高达37%,高出全国平均水平32个百分点。且贫困户思想保守,思维观念还停留在自给自足的自然经济时期,缺乏发展动力,安于现状。由于国家诸多惠农政策的实施和兑现,使部分贫困户向政府要钱要物,产生较严重的等待救济思想,也就是"等、靠、要"思想较严重。另一方面,贫困人口主动外出打工的不多,就业观念严重滞后,相当部分贫困户处在小钱不愿赚,大钱赚不来状态,其择业标准与自身素质能力极不相符,很难主动融入市场经济。加之虽然部分贫困人口虽然属于劳动力(16~60岁),且身体比较健康,但由

于宗教信仰原因，通过劳动致富的意愿不强，甚至产生一些额外的宗教消费。

（二）生存环境恶劣，自然条件难以改变

西藏集高海拔地区和生态环境脆弱于一体的特点导致西藏生存环境恶劣。山区、海拔高、高寒缺氧、高原冻土等自然条件是客观存在，西藏的贫困人口基本生活在这样不适合居住的环境中，特别是昌都、那曲、日喀则、阿里地区较为严重。一方面，恶劣的生存环境、无法改变的自然条件导致生活在这一区域内的贫困户赖以生存的耕地少、草场少、牲畜少，其脱贫致富的物质基础条件差。而且由于历史原因，西藏部分贫困户家庭对土地、草场等生产资料承包经营的较少，加之近年来家里人口增多，而土地和草场面积又不变，"人地矛盾"越发紧张，发展后继乏力。另一方面，自然环境的原因导致滑坡等地质灾害和地方病频繁发生，从而导致西藏因病致（返）贫和因灾致（返）贫的人数相比其他地区较多，最终加剧贫困人口的可持续生计问题。

（三）经济总体水平较低，产业结构过渡不合理

2016年西藏经济发展水平与全国平均水平差距较大。西藏自治区人均生产总值、城镇居民、农村居民人均可支配收入仅相当于全国平均水平的60%、80%、70%左右，西藏本地居民收入不足以实现资本积累，从而也就无法实现脱贫致富。而且西藏实现从原始社会直接到现代社会的跨越式过渡，不过这种跨越式过渡也使西藏在产业结构优化升级方面出现问题。2003年以前，西藏三次产业结构中第二产业的比重明显较低，第一产业和第三产业比重较高，呈现U型的非对称结构，而在2003年，第二产业才首次超过第一产业。经过十几年的经济发展，2016年西藏自治区三次产业比重为9.1:37.4:53.5，第二产业比重比全国平均水平仍低2.4个百分点。在十几年的产业结构变迁中，由于第二产业比重较低，西藏基本没有经历第二产业远高于第一、第三产业的机会，导致西藏第二产业资源积累不足，轻工业如一些污染小的加工制造业无法增加贫困地区的贫困人口就业机会，从而也就不能更好地带动贫困人口脱贫致富。

（四）社会参与度不高，结对帮扶意识存在偏差

脱贫未能见成效，其中一部分原因在于社会参与度不高，结对帮扶意识存在偏差造成的。例如，在社会救助扶贫方面，一些经济组织和社会组织的社会责任感不强，没有主动参与全社会扶贫的自主意识，特别是对扶持贫困户发展经济、新建产业兴趣不浓、帮助不大，认为做扶贫公益活动时间跨度长、见效慢，成效难以短时间内显现，参与度低。在结对帮扶方面，除了上述所说的贫困户主动脱贫的意识问

题，还有结对帮扶部门和干部的意识问题。一些部门和干部潜意识认为扶贫结对帮扶工作很难出成绩，导致有的帮扶单位和帮扶干部没有把心思用在帮助谋出路上，结对帮扶工作只停留在给钱给物式的"输血"扶贫上，没有重点解决贫困户发展生产中遇到的困难，未能注重将"输血式"扶贫模式转为"造血式"扶贫模式。

（五）致贫因素复杂化，致贫原因叠加

2016年西藏在精准识别致贫原因中准确查出因病致贫、因残致贫、因学致贫、因灾致贫、因缺耕地致贫、因缺水致贫、因缺技术致贫、因缺劳力致贫、因缺资金致贫、因交通不便致贫、因自身发展能力不足致贫、因婚致贫和其他原因致贫共13类致贫原因。从未脱贫人口的致贫原因来看，贫困户除主要致贫原因（缺劳动力、缺资金、因病、因学）外，大部分贫困户存在多个致贫原因，因学因病、缺劳力等致贫因素叠加，这些叠加的致贫原因导致致贫因素复杂化，在精准扶贫过程中要做到因户施策，就导致扶贫手段和措施的复杂化，政府的资金投入也相应地需要增加，给脱贫攻坚加剧难度。

总体来说，西藏自治区2016年脱贫攻坚效果显著，但脱贫攻坚任务依然繁重，尤其是边境地区基础设施建设、产业发展、民生事业发展等严重滞后，且在全国经济下行压力较大、财政增收放缓大背景下，减贫投入与需求矛盾开始显现。正是由于剩下的贫困人口都处在资源匮乏、交通不便、灾害频发等区域，因此该区域的公共服务能力和公共产品提供的可及性不足，产业培育发展难，资源要素配置难，扶贫项目实施成本高，扶贫边际收益递减，所以需要具有创新性的思路解决上述未脱贫的深度贫困地区的贫困问题。

五、西藏自治区精准扶贫、精准脱贫与巩固提升的几点建议

2016年，在以习近平同志为核心的党中央坚强领导和亲切关怀下，在全国人民的大力支援下，西藏自治区把脱贫攻坚作为重大政治任务、"十三五"时期的头等大事和第一民生工程来抓，全自治区各级党委、政府、农牧民、企业以及社会组织等同心同德、群策群力，脱贫攻坚工作取得显著成效。按照《西藏自治区"十三五"时期脱贫攻坚规划》部署的脱贫时序安排，2016年西藏自治区如期实现"10个贫困县（区）达到摘帽标准，1008个贫困村（居）退出，14万多贫困人口脱贫"目标，圆满完成了既定的脱贫工作任务。

随着经济社会发展和精准扶贫、精准脱贫工作的深入推进，西藏自治区贫困状

况不断发生变化，特别是面对扶贫进展中遇到的新情况、衍生出来的新问题以及贫中之贫、困中之困这一深度贫困"硬骨头"，有必要总结过往扶贫工作经验，结合西藏实际情况，对扶贫策略进行具有前瞻性、针对性、可操作性的调整，主要有以下思路：

（一）凝聚共识，加强社会文明和现代性建设

消除贫困、改善民生、实现共同富裕，是社会主义本质要求，也是党的重要使命。党的十八大以来，以习近平同志为核心的党中央高度重视扶贫开发工作，把扶贫开发作为关乎党和国家政治方向、根本制度和发展道路的大事来抓，做出一系列推进扶贫开发的重大决策，《中共中央、国务院关于打赢脱贫攻坚战的决定》（中发〔2015〕34号）的出台为全国精准扶贫、精准脱贫工作的开展做出部署安排。其中，无论是在领导关怀上、资金投入上、政策优惠上、人力供给上还是全国支援上等，中央都对西藏自治区的各项事业给予极大支持。正是在这一前提下，西藏自治区才得以在自然灾害多、发展基础薄、脱贫难度大等诸多不利因素条件下仍取得贫困治理的重大突破，精准扶贫才得以全面、有条不紊的展开，广大农牧民才得以享受到经济社会发展进步的成果。

因此，在脱贫攻坚中，建议西藏自治区在全自治区范围内详细解读中央关于脱贫攻坚的决策部署、政策举措，宣传脱贫攻坚的重大意义、政策措施、成就经验和在脱贫攻坚中涌现出来的先进典型，注意把"讲党恩，爱核心；讲团结，爱祖国；讲贡献，爱家园；讲文明，爱生活"融入脱贫攻坚工作中去，让广大群众充分认识到脱贫攻坚工作是实实在在地为了帮扶贫困人口，充分感受到脱贫攻坚确实已帮助一批贫困人口摆脱贫困，生活质量得到有效改善，充分意识到脱贫攻坚的进展离不开中央的坚强领导和强力推动。只有如此，润物无声、内化于心，才能进一步深化贫困人口对脱贫攻坚工作的深刻认识，才能使西藏各族群众积极解放思想、转变观念，树立起现代文明理念和生活方式，追求文明、健康、富裕的生活，自觉抵制宗教的消极影响，主动投入全面建成小康社会的事业中去，形成加强民族团结、维护国家统一和领土完整的强大合力。

（二）瞻前顾后，加强脱贫攻坚的稳固性和可持续性

习近平总书记在主持召开东西部扶贫协作座谈会上指出，"要坚持时间服从质量，科学确定脱贫时间"。一方面西藏自治区已顺利完成"10个贫困县（区）达到摘帽标准，1008个贫困村（居）退出，14万多贫困人口脱贫"的任务；另一方面，按照既定脱贫时序，2017年西藏自治区确定了"15个贫困县（区）摘帽，3.07万

户、12.67万人脱贫"目标。在这一时间节点上,建议西藏自治区按照"瞻前顾后,求精求全"的思路,既要巩固好精准扶贫发展成果,充分考虑到"因灾、因病、因残、因婚"等可能造成的返贫现象,也要着手解决脱贫攻坚中的突出问题,精益求精、统筹兼顾,进一步强化脱贫攻坚任务落实。

因此,建议西藏自治区建立并着手实施"瞻前+动态管理+顾后"机制。"瞻前"就是建议西藏自治区按照年度既定目标任务,继续贯彻"六个精准"、"六个结合"、"八个到位"的工作要求,扎实推进"五个一批"工程,既能聚焦重点区域,又能统筹全自治区脱贫步伐,尤其是在精准施策、精准管理上下功夫,特别是要纠正脱贫攻坚存在的层层加码、文山会海、大水漫灌、频繁填表报数等问题,狠杀形式主义歪风,有效减轻基层负担,进一步提高脱贫攻坚工作成效;"顾后"就是建议西藏自治区按照"脱贫不脱政策、减贫不减力度"的要求,不但要研究实施贫困人口脱贫、贫困村退出与贫困县摘帽后帮扶政策,做好返贫人口数据分析和返贫问题的针对性帮扶工作,而且要全面评估政策落实效果,总结经验模式,认真评估脱贫人口及可持续生计,真正做到求精求全;"动态管理"方面,要做好"瞻前"与"顾后"的衔接工作,进一步完善动态管理机制,通过指标信息就贫困人口、贫困村、贫困县的脱贫与否实行动态机制,管理做到有进有出,政策做到差异扶持。

(三)全员参与,多轮驱动构建大的扶贫格局

与全国其他贫困地区相比,西藏集民族地区、高寒海拔地区、生态脆弱区、地方病流行等集于一体区域,属于深度贫困地区之一。繁重的扶贫任务和较高的脱贫难度意味着西藏的脱贫攻坚绝不可能单纯依靠政府,也绝不可能单纯依靠扶贫部门推动。单纯地依靠单一力量或者单一方式势必难以打赢脱贫攻坚战,只有汇聚社会力量,从政府到民间,从扶贫部门到贫困群体,从水电路讯网到教科文卫保,从"输血"到"造血"等,真正做到全员参与、多轮驱动,才能够充分有效地整合多方力量推进精准扶贫和整体扶贫开发。

因此,建议西藏自治区最大限度挖掘、整合、利用好各方面的资源和力量,在全社会形成人人关心、人人支持、人人参与脱贫攻坚的共识和行动,真正实现由单一部门负责转变为全社会合力攻坚。为此,一是强化政府、企业、贫困群体等主体的互联互动,将主要由政府单一推动转变为主要由政府、市场和贫困群体三者共同推动,社团、企事业单位、驻藏部队和社会组织等其他力量全面参与。二是重构扶贫格局,在专项扶贫、行业扶贫、社会扶贫、援藏扶贫、金融扶贫格局基础上,大力推进党建扶贫,通过基层党建工作动员整合凝聚基层群众,增强内生力,帮助贫困人口实现思想意识脱贫;尝试推进旅游扶贫、公益扶贫、边贸扶贫等。三是以发

展生产为核心，促进精准扶贫与社会保障、教育扶智、易地搬迁、生态补偿的有效衔接，处理好扶贫与社会保障、教育、搬迁以及生态的关系，既不能由于急于脱贫、大水漫灌，导致浪费社会资源，破坏金山银山，也不能由于急于脱贫，危及生态，破坏绿水青山。

（四）先难后易，坚持可持续发展

西藏自治区目前仍是全国唯一的省级集中连片深度贫困地区。由于自然地理特征的差异，可以将地方病高发区、深山峡谷区、灾害频发区、高寒纯牧区、边境地区作为今后深度扶贫重点区域。由于缺资金、缺劳力、缺技术、自身发展能力不足以及交通设施落后地区的贫困人口较多，可将这些群体作为深度扶贫重点对象。鉴于日喀则市、昌都市、那曲地区贫困人口较多，可将三地市（区）作为深度扶贫重点城市（地区），而"五保户"、长期患病者以及残疾人等不具备脱贫能力的贫困群体则是上述三者的重中之重、困中之困。治理贫困是一项长期的、艰巨的任务，而西藏贫困人口在脱贫后的可持续生计、针对尚未脱贫的群体实施政策的可持续性、西藏生态环境的重要性与脆弱性都要求脱贫攻坚要坚持可持续发展。

因此，建议西藏自治区按照"先难后易"要求，集中资金、优惠政策、公共服务、特色项目等优势资源向重点区域、重点对象、重点城市倾斜，着力推进精准扶贫与社会保障的衔接驱动，聚焦特殊深度贫困群体，对不具备脱贫能力的深度贫困群体等"贫中之贫、困中之困"进行一揽子兜底。同时，按照习近平总书记关于"贫困地区要从实际出发，因地制宜，把种什么、养什么、从哪里增收想明白"的重要指示精神，深入研究贫困群体的实际需求，着力使脱贫巩固政策、精准扶贫政策具有长期实施性、实际可操作性、激励"造血"性，参与项目不在于大小而在于精准，享受政策不在于多少而在于有效。重要的是，在通过加强交通等基础设施建设，改善基础设施条件的基础上，激发贫困人口的脱贫动力与活力，重点关注贫困群体的思想观念、能力素质，长远发展视角来看，在教育培训、项目参与等过程，尤其是要注重激励西藏贫困人口主动解放思想、转变观念、自力更生、勤劳致富，此项意义深远。

（五）治边稳藏，安民富民

西藏地处我国西南边陲，与尼泊尔、不丹、印度、缅甸等国接壤，自古以来是我国神圣领土不可分割的重要组成部分，也是我国内陆地区重要的安全屏障和战略缓冲地带，西藏边境地区经济社会的可持续发展对于促进西藏自治区和谐稳定、加强民族团结、巩固祖国边防、维护国家统一具有极其重要的战略意义，这赋予了西藏边境地区打赢脱贫攻坚战更高层次的价值和更深层次的意义。但是，由于特殊的历史、自然、地理和复杂的周边环境等多方面因素影响，同其他地区相比，西藏边境地区生态环境脆弱、经济社会发展基础薄弱、交通与信息等设施条件落后、部分地区反分裂斗争和稳边固边形势复杂严峻，给其精准扶贫和精准脱贫工作带来较大挑战。

因此，西藏自治区必须按照习近平总书记提出的"治国必治边、治边先稳藏"重要指示精神，站在"为国守边、为国固边、为国兴边"的高度，在"边境地区一律不纳入易地扶贫搬迁"和"就地就近脱贫"原则下，加快边境地区基础设施建设和产业发展，推动边境地区公路通道、网络通信建设，着力改善边民的生产生活条件，继续加大向边境地区转移支付力度，提高边民补助标准，以边境城镇为载体，吸纳非边境地区贫困人口到边境城镇就业创业，推进边民互市贸易。只有如此，解除边民在边境地区生产生活的后顾之忧，才能稳扎稳打，让边民乐于生活在边境地区并以此为荣，自觉发扬爱国守边优良传统，这也是守边、固边、兴边的长久之计，必将为维护我国领土完整和祖国统一打下坚实的基础。

第六章 广西壮族自治区扶贫进展报告

广西壮族自治区是全国扶贫攻坚的主战场之一,其特点呈现贫困人口分布范围广、集群性特征明显、贫困地区自然环境恶劣,资源稀缺。截至2015年底,广西尚有452万贫困人口、5000个贫困村、54个贫困县,相较民族八省(区)而言,广西贫困发生率低但贫困人口数量大、减贫率低,脱贫难度较大。

2016年,按照中央关于扶贫开发的决策部署,广西自治区狠抓顶层设计,出台"1+20"系列文件及配套政策文件。制定"八个一批"、"十大行动"等脱贫路径。设计贫困户"八有一超"、贫困村"十一有一低于"、贫困县"九有一低于"的脱贫量化标准及程序,开展精准帮扶,聚焦重点领域,加大要素投入,创新工作机制,严格脱贫验收,不断深入推进脱贫攻坚,工作成效日益显现。截至2016年底,经过全区各地方严格的脱贫"双认定",广西1146176贫困人口确定脱贫,超额完成年度任务。943个贫困村、8个贫困县脱贫摘帽指标均已达标。广西自治区成为全国年减贫人数最多的省份。

从2016年全区统计的脱贫情况分布来看,在县一级层面,脱贫攻坚效果最好的几个县(市、区)与未脱贫人口较多的县(市、区)重叠性较大,充分说明,国家和自治区划定的脱贫攻坚任务重点的地区、脱贫政策重点扶持地区,2016年取得的脱贫效果在全区范围内也是较好的地区。同时,广西的扶贫工作中也存在一些扶贫重点、难点地方贫困人口基数大,年度脱贫效果存在一定差距。总结这些地方的特征和脱贫较困难的原因,对广西未来进一步制定有效政策和措施开展更加精准的扶贫工作具有重要意义。

一、2016年广西壮族自治区贫困变化情况

(一)2016年广西壮族自治区主要经济指标变化

2016年,广西自治区经济运行呈现缓中趋稳、稳中向好的态势,各项社会事业

不断进步,实现"十三五"良好开局。

初步核算①,2016年全区生产总值②(GDP)18245.07亿元,比上年增长7.3%。其中,第一产业增加值2798.61亿元,增长3.4%;第二产业增加值8219.86亿元,增长7.4%;第三产业增加值7226.60亿元,增长8.6%(见图6-1)。第一、第二、第三产业增加值占地区生产总值的比重分别为15.3%、45.1%和39.6%,对经济增长的贡献率分别为7.2%、47.0%和45.8%。按常住人口计算,人均地区生产总值37876元。(见图6-2)

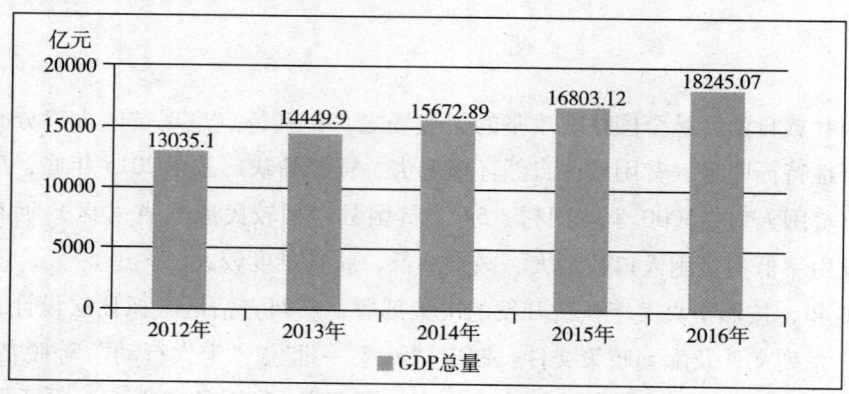

图6-1 2012—2016年广西生产总值(GDP)变化

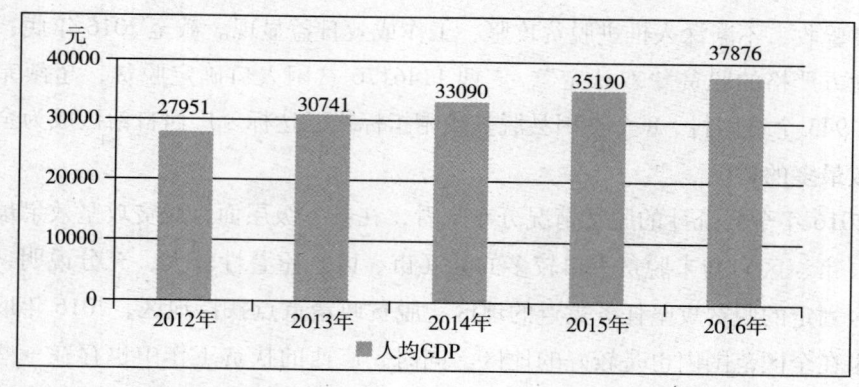

图6-2 2012—2016年广西人均生产总值(GDP)变化

2016年全区居民消费价格比上年上涨1.6%,其中食品烟酒价格上涨3.4%;固定资产投资价格下降0.5%;工业生产品出厂价格下降0.9%,工业生产品购进价格下降1.7%;农产品生产价格上涨6.1%;农业生产资料价格上涨0.7%。

---

① 《2016年广西壮族自治区国民经济和社会发展统计公报》。
② 地区生产总值、各产业增加值绝对数按现价计算,增长速度按不变价格计算。

2016年全区城镇新增就业41.87万人，比上年减少2.75万人；全区农村劳动力转移就业新增63.75万人次，比上年减少1.94万人次；年末城镇登记失业率2.93%。

2016年全区财政收入2454.05亿元，比上年增长5.2%。一般公共预算收入1556.24亿元，增长2.7%。其中，税收收入1036.20亿元，增长0.4%。一般公共预算支出4472.48亿元，增长10.0%。

2016年末全区户籍总人口5579万人，比上年末增加61万人；年末全区常住人口4838万人，比上年末增加42万人，其中城镇人口2326万人。全年出生人口77万人，出生率13.82‰；死亡人口29万人，死亡率5.95‰；自然增长率7.87‰。

2016年全区居民人均可支配收入18305元，比上年增长8.5%，扣除价格因素，实际增长6.8%。全区居民人均可支配收入中位数15295元，增长7.0%。按常住地分，城镇居民人均可支配收入28324元，比上年增长7.2%，扣除价格因素，实际增长5.5%；城镇居民人均可支配收入中位数为27189元，增长6.0%。农村居民人均可支配收入10359元，比上年增长9.4%，扣除价格因素，实际增长7.6%；农村居民人均可支配收入中位数为9449元，增长6.7%。本地非农务工人均月收入2598元，增长5.7%；外出农民工人均月收入3087元，增长5.8%。

2016年全区居民人均消费支出12295元，比上年增长7.8%，扣除价格因素，实际增长6.1%。按常住地分，城镇居民人均消费支出17268元，增长5.8%，扣除价格因素，实际增长4.1%；农村居民人均消费支出8351元，增长10.2%，扣除价格因素，实际增长8.4%。农村居民家庭食品消费支出占消费总支出的比重（恩格尔系数）为34.5%，城镇为34.4%。（见表6-1）

表6-1 2011—2016年城乡居民生活改善情况

年份 项目	2011	2012	2013	2014	2015	2016
城镇居民人均可支配收入（元）	18356	20681	22689	24669	26416	28324
农村居民人均可支配收入（元）	6003	6894	7793	8683	9467	10359
城镇居民家庭恩格尔系数（%）	39.5	39	37.9	35.2	34.4	34.4
农村居民家庭恩格尔系数（%）	43.8	42.8	40	36.9	35.4	34.5

2016年末全区参加城镇职工（包括企业和机关事业单位）基本养老保险人数751.91万人，比上年末①增加175.28万人，其中，参保职工511.24万人，参保离退休人员240.67万人。参加城镇基本医疗保险的人数1096.42万人，增加18.83万

---

① 2015年广西自治区机关事业单位基本养老保险尚未实施。

人（其中，参加城镇职工基本医疗保险人数530.71万人，参加城镇居民基本医疗保险人数565.71万人）。参加城镇基本医疗保险的农民工26.54万人，增加4.06万人。参加失业保险的人数283.71万人，增加10.53万人，领取失业保险金人数5.93万人。参加工伤保险的人数374.07万人，增加13.59万人（其中，参加工伤保险的农民工52.05万人，增加0.7万人）。参加生育保险的人数319.59万人，增加11.73万人。2016年末参加城乡居民基本养老保险的人数1772.03万人，比上年增加30.52万人。2016年末全区社会保障卡持卡人数2586.37万人。

2016年末全区共有111个县（市、区）开展新型农村合作医疗试点工作，新型农村合作医疗参合率99.3%，新型农村合作医疗基金支出总额为180.64亿元，受益人数6651.49万人次。

2016年末全区共有提供住宿的养老服务机构和设施1.2万个，床位16.2万张，年末收养6.9万人。为儿童提供救助收养服务的机构43个，床位3130张，年末收养1550人。各类社区服务设施1146个，其中社区服务中心82个，社区服务站633个。城市低保22.4万人，农村低保290.6万人，特困人员救助供养26.9万人。民政部门资助参加基本医疗保险147.7万人，民政部门直接救助60.1万人次。

（二）2016年广西壮族自治区减贫情况

1. 2016年度减贫总体情况

截至2015年底，广西共有贫困人口4520186人，贫困发生率为8.19%，贫困村5000个，贫困户1144230户。截至2016年底，经过各县严格的脱贫"双认定"，1146176贫困人口确定脱贫，超额完成年度任务。943个贫困村、8个贫困县脱贫摘帽指标均已达标。广西自治区成为全国年减贫人数最多的省份。

2016年南宁市邕宁区，梧州市龙圩区、陆川县，百色市右江区、田阳县、田东县，贺州市八步区，合山市8个贫困县"九有一低于"指标全部达标。其中，片区县1个，片区规划县2个，国家扶贫开发工作重点县1个，自治区扶贫开发重点县5个，享受国家扶贫开发工作重点县1个，享受自治区扶贫开发工作重点县1个。

2. 2016年度广西壮族自治区各市减贫情况

2016年，广西自治区减贫成果显著。从减贫绝对量来看，其中河池市、百色市、南宁市、玉林市减贫人数均超过10万人，河池市、百色市贫困基数大，减贫人数多。减贫最多的河池市减贫人数接近19万人，减贫率达到27.4%，占全区减贫人数的16.5%，减贫户47410户，贫困村摘帽91个。百色市年减贫近17万人，减贫率24.8%，占全区减贫人数的14.7%，贫困户减贫41938个。（见表6-2）

表 6-2 2016 年广西壮族自治区各市减贫（按减贫人口排名）

地市	贫困户减贫（个）	贫困人口减贫（人）	贫困村摘帽（个）
河池市	47410	189112	91
百色市	41938	168812	76
南宁市	29351	117021	104
玉林市	22636	100383	105
来宾市	22816	88660	42
崇左市	20041	84439	26
贺州市	19525	83390	46
贵港市	19162	80317	94
柳州市	18259	72317	50
桂林市	19370	70521	113
梧州市	11763	51096	59
钦州市	5207	23701	83
防城港市	2106	9111	32
北海市	1654	7296	22

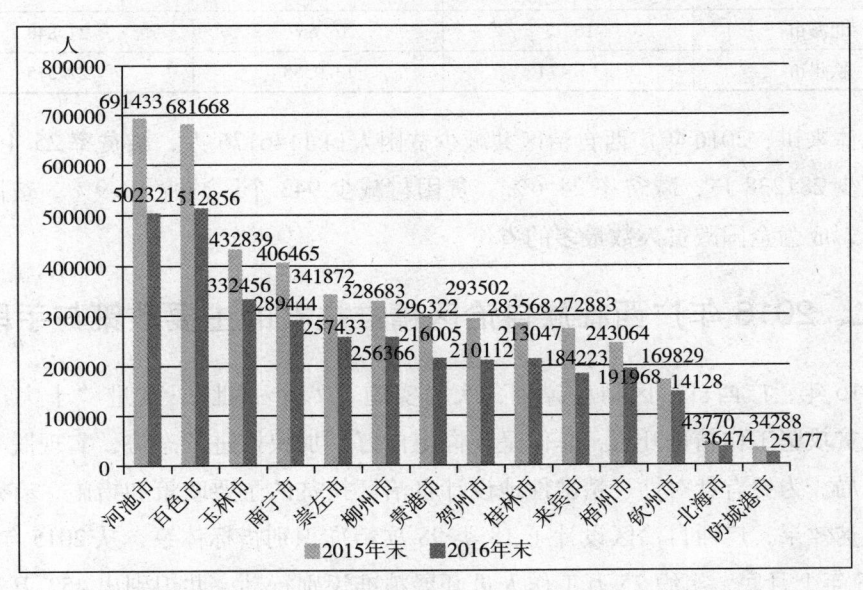

图 6-3 2015 年末至 2016 年末广西各市贫困人口变化对比

从减贫率来看，来宾市减贫率最高，达到 32.5%；其次分别为南宁市、贺州市、河池市、贵港市、防城港市，贫困人口减贫率均超过 25%。除北海市、钦州市外，广西其余 12 个地级市减贫率均超过 20%。从减贫人口和减贫率双重指标结合来看，河池市、南宁市、来宾市减贫效果较为突出。（见表 6-3）

从贫困村摘帽情况来看，桂林市、玉林市、南宁市贫困村摘帽村数最多，分别达到 113 个、105 个、104 个。防城港市贫困村摘帽率最高，约为 40%。（见表 6-3）

表 6-3 2016 年广西各市减贫率（按减贫人口排名）

地市	贫困户减贫率（%）	贫困人口减贫率（%）	贫困村摘帽率（%）
来宾市	31.189	32.4901	17.004
南宁市	26.821	28.7899	24.703
贺州市	28.021	28.4121	17.228
河池市	26.805	27.3507	13.304
贵港市	26.784	27.1046	26.111
防城港市	25.216	26.572	39.506
桂林市	24.055	24.8692	22.645
百色市	24.306	24.7645	10.08
崇左市	22.577	24.699	9.0592
玉林市	22.441	23.1918	23.756
柳州市	21.498	22.0021	15.974
梧州市	20.052	21.0216	22.264
北海市	16.13	16.669	27.848
钦州市	13.474	13.9558	27.575

总体来讲，2016 年广西自治区共减少贫困人口 1146176 人，减贫率 25.4%，贫困户减少 281238 户，减贫率 24.6%，贫困村减少 943 个，减少 18.9%，贫困县摘帽 8 个，成为全国减贫人数最多的省份。

二、2016 年广西壮族自治区精准扶贫的主要政策与手段

2016 年，广西自治区精心谋划，大力实施"八个一批"，推进"十大行动"，全区脱贫攻坚工作精进开展，总体呈现向上向好、加快推进的态势，实现脱贫攻坚良好开局。为更有针对性、精准性地设计自治区扶贫的主要政策和措施，有效加强精准扶贫效果，广西自治区设计了 18 类 98 项精准识别指标体系，从 2015 年 10 月至 2016 年 1 月底，组织 25 万工作人员开展精准识别行动，共识别出 452 万贫困人口、5000 个贫困村、6.94 万个自然村（屯）、2.46 万个移民搬迁村（屯）。广西自治区精准识别的经验做法得到国家领导人的多次肯定性重要批示，并在全国会议做典型发言，被中央媒体称为"史上最严"精准识贫。

在"广西式"精准扶贫的基础上，广西精心谋划多项政策和措施助力精准扶贫。

（一）2016年广西扶贫的主要政策

广西自治区2015年底编制的《广西脱贫攻坚"十三五"规划》等扶贫攻坚配套文件。2016年出台了"1+20"系列文件及配套政策文件。制定"八个一批""十大行动"等脱贫路径。设计贫困户"八有一超"、贫困村"十一有一低于"、贫困县"九有一低于"的脱贫量化标准及程序。出台《广西脱贫摘帽激励办法》。文件涵盖大数据平台建设、交通、水利、危房改造、移民搬迁、特色种养、工业扶贫、电商扶贫、旅游扶贫、培训就业创业、卫生帮扶、科技文化扶贫、最低生活保障、小额信贷、资产收益扶贫、"三留守"人员和残疾人关爱、社会力量参与脱贫攻坚、精准脱贫摘帽等方面内容，对全区扎实推进脱贫攻坚战具有十分重要的指导作用，为广西的扶贫工作提供坚实的政策保障。

表6-4 2016年广西自治区扶贫政策文件一览

文件层级	序号	文件名称
自治区党委、政府文件	1	《关于贯彻落实中央扶贫开发重大决策部署坚决打赢"十三五"脱贫攻坚战的决定》（桂发〔2015〕15号）
	2	《关于印发脱贫攻坚大数据平台建设等实施方案的通知》（桂政办发〔2016〕9号）①
	3	《关于印发脱贫攻坚农村"三留守"人员和残疾人关爱工作等实施方案的通知》（桂政办发〔2016〕17号）
	4	《关于印发"十三五"全区脱贫攻坚财政投入稳定增长机制工作方案的通知》（桂政办发〔2016〕25号）
	5	《转发自治区发展改革委扶贫办关于加快推进屯级道路等四类脱贫攻坚项目建设实施意见的通知》（桂政办发〔2016〕62号）
	6	《关于加快推进农村低保制度与扶贫开发政策有效衔接的实施意见》（桂政办发〔2016〕78号）
	7	《关于支持易地扶贫搬迁项目有关税费优惠政策的通知》（桂政办发〔2016〕79号）
	8	《关于印发自治区支持贫困县开展统筹整合使用财政涉农资金试点实施方案的通知》（桂政办发〔2016〕80号）
	9	《关于进一步明确精准脱贫摘帽标准及认定程序有关问题的通知》（桂政办发〔2016〕83号）

① 通知包括《脱贫攻坚大数据平台建设实施方案》《脱贫攻坚交通基础设施建设实施方案》《脱贫攻坚水利基础设施建设实施方案》《脱贫攻坚农村危房改造实施方案》《脱贫攻坚移民搬迁实施方案》《脱贫攻坚特色种养业培育实施方案》《脱贫攻坚鼓励企业参与工业扶贫开发实施方案》《脱贫攻坚农村电商发展实施方案》《脱贫攻坚旅游业发展实施方案》《脱贫攻坚教育帮扶实施方案》《脱贫攻坚劳动力培训就业创业实施方案》《脱贫攻坚卫生帮扶实施方案》《脱贫攻坚科技文化扶贫实施方案》《脱贫攻坚贫困人口最低生活保障实施方案》《脱贫攻坚贫困户小额信贷实施方案》《脱贫攻坚增加贫困户资产收益实施方案》共16个文件。

续表

文件层级	序号	文件名称
自治区扶贫领导小组及办公室	10	《关于下达2016年脱贫摘帽计划的通知》（桂扶领发）
	11	《关于启动"十三五"贫困村扶贫开发整村推进工作的通知》（桂扶领发〔2016〕7号）
	12	《关于做好2016年"雨露计划"扶贫培训工作的通知》桂扶领办发〔2016〕20号
	13	《关于开展帮扶贫困户联系贫困生活动的通知》（桂扶领发〔2016〕10号）
	14	《关于进一步加强和完善精准帮扶基础工作的通知》（桂扶领发〔2016〕14号）
	15	《印发〈"一户一册一卡"发放启用工作实施方案〉的通知》（桂扶领办发〔2016〕32号）
	16	《关于进一步加快落实脱贫攻坚责任的通知》（桂扶领综发〔2016〕15号）
	17	《关于印发广西做好保险助推脱贫攻坚工作实施方案的通知》（桂保监发〔2016〕79号）
	18	《关于印发〈广西边贸扶贫实施方案〉的通知》（桂扶领发〔2016〕18号）
	19	《关于严格做好2016年度贫困退出工作的通知》（桂扶领发〔2016〕20号）
	20	《关于建立脱贫攻坚精准管理模式的通知》（桂扶领发〔2016〕19号）
	21	《关于印发2016年度打赢脱贫攻坚战绩效考评指标的通知》（桂扶领办发〔2016〕55号）
	22	《关于进一步抓好"一帮一联""一户一册一卡"工作的通知》（桂扶领发〔2016〕21号）
	23	《关于印发〈广西壮族自治区扶贫资金项目公告公示制度实施办法（修订）〉的通知》（桂扶领发〔2016〕23号）
自治区扶贫办文件	24	《关于印发《广西脱贫攻坚探索资产收益扶贫操作指南》的通知》（桂开办发〔2016〕65号）
	25	《关于印发〈广西扶贫创业致富带头人培训工程实施方案〉的通知》（桂开办发〔2016〕84号）
	26	《关于加快推进2016年"美丽广西·生态乡村"村屯绿化专项活动工作的通知》（桂开办发〔2016〕137号）
	27	《关于做好易地扶贫搬迁贷款财政贴息工作的通知》（桂开办发〔2016〕141号）
	28	《关于做好构树扶贫工程试点工作的通知》（桂开办发〔2016〕155号）
	29	《关于做好贫困县统筹整合使用财政涉农资金的通知》（桂开办发〔2016〕186号）

根据2016年发布的扶贫政策相关文件，2016年广西自治区开始的主要的扶贫政策和规划：

1. 大数据平台建设

在《广西脱贫攻坚大数据平台建设等实验方案的通知》中指出，至2017年，完成自治区、市、县、乡、村五级扶贫机构网络全接入，实现扶贫业务相关部门之间网络高速连接，全区所有建制村接通符合国家标准的宽带网络；开发完成脱贫攻坚大数据应用子平台12个应用模块，实现与扶贫业务相关部门之间数据交换共享，为脱贫攻坚提供有力数据支撑。

至2019年，完成脱贫攻坚大数据服务子平台建设，向相关部门及社会公众提供扶贫信息查询、投诉举报、信息互动、政策导航等服务，提高公众对扶贫工作的参与度，进一步提升扶贫工作的透明度。

建立自治区、市、县、乡、村五级扶贫信息员队伍。到2017年，自治区、市、县、乡四级均需落实1名信息管理责任人及1名以上专职信息员，每村至少有1名会进行信息系统操作和进行系统动态管理的信息员。

2. 精准脱贫摘帽

在《脱贫攻坚农村"三留守"人员和残疾人关爱工作等实施方案的通知》中，围绕国家"两不愁、三保障"的扶贫总体目标，设置"八有一超"贫困户脱贫指标。"八有"指有稳固住房，有饮用水，有电用，有路通自然村，有义务教育保障，有医疗保障，有电视看，有收入来源或最低生活保障；"一超"指家庭人均纯收入超过国家扶贫标准。

贫困村脱贫摘帽计划：2016—2020年，全区所有贫困村分5批脱贫，每年有1000个以上贫困村脱贫摘帽。原则上五类贫困村在2016年脱贫摘帽，四类贫困村在2017年脱贫摘帽，三类贫困村在2018年脱贫摘帽，二类贫困村在2019年脱贫摘帽，一类贫困村在2020年脱贫摘帽。脱贫标准：按照"一低四有四通三解决"的标准执行。"一低"指脱贫村贫困发生率低于（等于）国家对贫困村脱贫要求的贫困发生率；"四有"指有合作组织，有特色优势产业，有村公共服务设施（场所），有好的领导班子；"四通"指通硬化路，通电，通广播电视，通网络宽带；"三解决"指解决饮水问题，解决贫困户无房或危房问题，基本解决贫困户新型农村合作医疗参保问题。实行脱贫不减扶持政策。贫困村脱贫摘帽后，2020年底前保持扶持政策不变。

广西贫困县脱贫标准：按照"一低四通五有"的标准执行。"一低"指脱贫县农村贫困发率低于（等于）国家对贫困县脱贫要求的贫困发生率；"四通"行政村通硬化路，农户家庭通电，农户家庭覆盖广播电视信号，政村通网络宽带；"五有"指贫困县有2~5个特色优势产业，贫困村有公共服务设施，农户有饮用水，农户有新型农村合作医疗障，符合条件的贫困户有低保。实行脱贫摘帽不减扶持政策。贫困县脱贫摘帽后，2020年底前保持扶持政策不变。

3. 基础设施建设①

加快实施54个贫困县（含"天窗县"和享受待遇县）、5000个贫困村农村交通基础设施建设。完成贫困地区剩余建制村通硬化路建设，完善优先通达路线窄路面公路拓宽改造，推进通20户以上自然村（屯）公路建设。继续实施通建制村沥青（水泥）路建设。整合国家及自治区补助资金支持地方实施约800公里建制村通硬化路工程，同步建设便民候车亭。实施通自然村（屯）公路建设，实现所有具备条件的20户以上自然村（屯）通公路。支持特色优势产业基地、乡村旅游扶贫道路建设。

实施约2500公里优先通达路线窄路面公路拓宽改造，约1800公里县乡联网路提级改造工程。统筹推进农村公路安全生命防护工程及危桥改造，消除现有农村公路临崖、临水、急弯等危险路段，改善县乡道大、中桥危桥，基本完成贫困地区乡道及以上公路安全隐患治理，进一步提高农村公路安全服务水平。

贫困地区农村公路建设原则上采用《公路工程建设标准》规定的四级公路以上标准，其中：县乡联网沥青（水泥）路、通建制村公路路基宽度不小于6.5米，路面宽度不小于4.5米；通自然村（屯）公路路面不小于3.5米，并合理设置错车道；有条件的可建设停车场。

到2017年，深入推进"美丽广西·生态乡村"建设"饮水净化"专项活动，解决约80万贫困人口饮水不安全问题，贫困村自来水普及率达到75%左右，水质达标率达到60%左右。完成19个贫困县小农水重点县建设，实施贫困地区27座抗旱小型水库工程、12个水土保持综合治理工程和4个中型灌区节水改造，推进一批"五小水利"工程和特色农业节水灌溉建设，提升贫困地区农业生产灌溉条件。

每年的危房改造任务优先保证54个国家扶贫开发重点县和5000个贫困村，在此基础上，统筹兼顾区内其他地区建档立卡农村贫困危房户，已列入整体移民搬迁计划的不予安排。

整合各类农村危房改造资金，适当提高补助标准，实行差异化补助。以精准识别结果划定的建档立卡贫困户分数为基准，将危房改造对象按极端贫困、特别贫困、中等贫困、一般贫困四种类型，分类确定补助标准。全拆重建的按以上补助标准给予全额补助，修缮加固的按对应的补助标准给予减半补助。

---

① 《广西壮族自治区人民政府办公厅关于印发脱贫攻坚大数据平台建设等实施方案的通知》（桂政办发〔2016〕9号）。

4. 移民搬迁

2016—2020年，全区搬迁建档立卡贫困人口100万人。其中，2016年搬迁30万人（含2014年、2015年自治区下达计划搬迁建档立卡贫困对象10万人），2017年搬迁30万人（含2014年、2015年自治区下达计划搬迁建档立卡贫困对象7万人），2018年搬迁23万人，2019年搬迁17万人，2020年进行搬迁扫尾工作。

重点支持以自然村落为单元的整体迁出方式，特别是对20户以下扶贫成本极高的自然村（屯）实施整体搬迁，迁出地原则上不再安排基础设施和公共服务设施建设项目。

实行差异化建（购）房补助。滇桂黔石漠化片区县（不含"天窗县"）国家扶贫开发工作重点县基准补助金额每人不低于2.4万元；自治区扶贫开发工作重点县、滇桂黔石漠化片区"天窗县"、享受待遇县基准补助金额每人不低于1.8万元；其他面上县基准补助金额每人不低于1.35万元。

自治区按照移民搬迁建档立卡贫困人口100万人，搬迁资金人均6万元、户均不超过20万元测算，通过主体融资、争取国家补助资金、加大自治区本级财政投入和群众自筹等渠道筹措移民搬迁项目建设资金600亿元。

对搬迁移民实行"一扶四免三优先一确保"就业扶持政策，扶持符合条件的搬迁移民按规定申请创业担保贷款进行自主创业；搬迁移民子女免学费就读本地职高；搬迁移民免费参加园区企业培训、创业培训、技能培训等就业培训；开展农村实用技术免费培训；免费推荐搬迁移民到园区企业等用人单位就业；符合就业困难条件的安置区移民，同等条件下优先推荐就业或提供公益性岗位，优先落实灵活就业社会保险补贴，优先扶持自主创业，确保认定为城镇"零就业"家庭的搬迁移民户至少有一人实现就业。探索建立失业金使用机制，盘活和运作失业金用于贴息贷款，提高失业补助标准。

5. 产业发展扶持

2016—2020年，全区54个贫困县（含"天窗县"和享受待遇县）分别发展2~5个特色优势产业。具备条件的贫困村发展1个以上特色鲜明、附加值高、脱贫致富效果好的主导产业，贫困户家庭经营收入年增长率比全区平均水平高1个百分点。贫困县发展的每个重点产业，都要引进或培育1个以上的龙头企业带动产业发展，每个贫困县都要建设1个以上的产业园区。在每个贫困县建成2~3个农林业科技示范基地。

到2020年，贫困地区基本实现县有县域电子商务公共服务中心或电子商务集聚区，乡镇有电子商务工作站，村有电子商务服务点，贫困户能通过电子商务销售自产产品、购买生产生活资料。农村电子商务交易额年均增长20%以上。

加快贫困地区实施"快递下乡"工程，支持快递物流企业、电商企业建设物流配送中心和配备物流配送设施设备，在乡镇建立符合电商发展需要的快递物流配送门店，在贫困村建立快递服务点，到2017年实现快递物流乡镇基本覆盖，功能辐射到村，物流配送48小时内到达村（屯）。

2016—2018年，实施旅游扶贫三年行动计划，550个村全部启动旅游扶贫开发建设，实现9万人脱贫，力争全区通过旅游产业融合发展带动47万人脱贫。按照桂北、桂西北、桂西南、桂东、桂东南、环南宁六大重点旅游扶贫片区，20个重点旅游扶贫县和550个旅游扶贫村总体布局，分期分批推进贫困村旅游开发。

持续实施乡村旅游奖励政策，自治区对新创建、带动贫困人口脱贫成效显著的五星级乡村旅游区奖励100万元、四星级乡村旅游区奖励50万元、五星级农家乐奖励20万元、四星级农家乐奖励10万元。对录用贫困户劳动力的旅游企业按照相关政策给予扶持。

2016年完成贫困户信用信息采集和信用评定工作。大力推进"信用户"、"信用村"、"信用乡镇"、"信用县"四级联创工作，将扶贫信息网络系统与银行贷款管理系统有效对接，建立贫困户个人信用档案。

探索建立"政府＋银行＋保险"的风险分担机制，鼓励贷款贫困户积极购买扶贫小额信贷保证保险。采取"政府补一点，保险公司免一点，农民交一点"的办法，积极推广贷款贫困户人身意外保险。对贫困户购买扶贫小额信贷保证保险和人身意外保险的，可由县级财政从扶贫资金中给予不超过50%的保费补贴。鼓励保险公司在贫困村开展政策性农业保险业务，对贷款贫困户投保政策性农业保险的，财政加大保费补贴倾斜力度。

6. 贫困户资产收益

2016—2020年，力争全区贫困户人均资产性收入年均增幅达到20%以上。允许将财政专项扶贫资金和其他涉农资金投入农业、养殖、光伏、水电、乡村旅游等项目形成的资产，具备条件的折股量化给贫困村、贫困户，优先给予丧失劳动能力的贫困户。资产可由村集体、合作社或其他经营主体统一经营。在扶贫移民搬迁安置区，支持将财政资金投入形成的资产量化到户到人，以入股的形式发展集体物业经济。

鼓励龙头企业、农村合作经济组织共同利用财政专项扶贫资金和其他涉农资金成立经济实体，明确其吸纳一定数量贫困户劳动力就业，通过引导贫困户参与生产和创收活动、减免贫困户生产费用、提供优惠价格服务等方式，增加贫困户收益。

到 2017 年，全面完成土地承包经营权确权登记颁证；到 2020 年，全区 54 个扶贫开发工作重点县（含"天窗县"和享受待遇县）实现林权管理服务中心全覆盖。

7. 民生事业扶持

到 2017 年，实现贫困地区教育发展整体水平明显提升。基本解决学前教育"入园难"问题，基本消除义务教育"超大班额"、"大通铺"，基本实现结对帮扶覆盖到每所学校、每位教师、每个建档立卡贫困户子女。学前三年毛入学率达到 75%，九年义务教育巩固率达到 90%，高中阶段教育毛入学率达到 83%。

落实 2016 年起义务教育阶段特殊教育学校和随班就读残疾学生人均公用经费财政拨款标准达到每生每年 6000 元。

落实建档立卡贫困户子女学历教育扶持政策，实行"雨露计划"扶贫助学补助应补尽补。

以贫困户"两后生"为主要对象，通过中等职业学校和技工学校学历教育，培养持有中等职业教育学历证书和国家职业资格证书的"双证"型技术技能人才，其中接受全日制学历教育的学生按规定享受国家、自治区中等职业教育免学费和助学金政策。

2016—2017 年，实现村级公共服务中心覆盖 3000 个贫困村，配套建设科普宣传文化墙（栏）农家书屋。逐步为贫困村配备公共数字文化服务设备。分批精准选派贫困村科技特派员。到 2020 年，村级公共服务中心建设覆盖所有具备建设条件的贫困村，建设一批贫困村"数字文化驿站"，科技文化宣传、服务覆盖所有贫困村。

在 2015 年全区农村低保保障标准平均每人每年 2028 元的基础上，2016 年全区农村低保平均保障标准达到每人每年 2500 元，2017—2020 年，全区农村最低生活保障平均标准逐年提高，到 2020 年达到扶贫线标准。

8. 社会力量帮扶

深化两广扶贫职教协作，积极组织广西职业（技工）院校农村贫困学生到广东顶岗实习并推荐就业。主动协助广东省职业（技工）院校到广西招收农村贫困家庭"两后生"，并资助贫困学生完成学业、推荐就业。继续采取南宁市帮扶靖西市和那坡县，钦州市帮扶乐业县、玉林市帮扶凌云县、贵港市帮扶西林县、柳州市帮扶罗城仫佬族自治县和都安瑶族自治县，桂林市帮扶巴马瑶族自治县、梧州市帮扶大化瑶族自治县、北海市帮扶东兰县、防城港市帮扶凤山县的区内结对帮扶方式，帮扶市每年在受助县建设 1 个脱贫攻坚示范村，无偿援助每个示范村的财政帮扶资金不少于300万元，受助县要主动协调推进项目，按时完成项目建设，发挥效益。

到2020年，引导超过100户规模以上企业落户贫困地区，每个贫困县培育3个以上特色优势产业，新增2000户以上小微企业。自治区每年筹措1亿元，扶持贫困地区本市以外新引进且带动贫困户增收的劳动密集型、农林产品初加工和产业链配套等中小微企业发展。

贫困地区企业吸纳符合条件的建档立卡贫困劳动力就业，并签订1年以上劳动合同的，按企业为其实际缴纳的基本养老保险、基本医疗保险、失业保险予以补贴。企业以"公司+农户"经营模式带动贫困农户脱贫且合作2年以上的，每户一次性补贴3000元，所需资金从就业资金中列支。

（二）2016年广西扶贫工作主要成果

作为2016年减贫人数最多的省份，广西自治区认真贯彻中央脱贫攻坚各项部署要求和政策，举全区之力攻坚克难，科学顶层设计，狠抓政策落实，明确扶贫主体责任，实现"十三五"脱贫攻坚的良好开局，为全国扶贫工作树立良好的实践典型和理论借鉴。总体来看，2016年广西扶贫工作主要措施明确，成果显著。

1. 狠抓顶层设计

完善政策体系。广西自治区出台"1+20"系列文件及配套政策文件。制定"八个一批"、"十大行动"等脱贫路径。设计贫困户"八有一超"、贫困村"十一有一低于"、贫困县"九有一低于"的脱贫量化标准及程序。出台《广西脱贫摘帽激励办法》。编制《广西脱贫攻坚"十三五"规划》。

建立责任体系。实行"一把手"负总责的脱贫攻坚责任制，层层签订《脱贫攻坚责任书》，分解任务、传导压力，并明确了贫困村第一书记、扶贫工作队员、帮扶联系责任人的责任。

确立考核评估体系。建立市县扶贫开发成效考核、第三方评估、督查巡查等工作机制。修订完善《广西壮族自治区贫困县党政领导班子和领导干部经济社会发展实绩考核办法（试行）》，增加平时考核指标，占总分的20%。出台《广西壮族自治区设区市党委和政府扶贫开发工作成效考核办法（试行）》。同时，邀请人大代表、政协委员参与，对市县脱贫成效进行第三方独立评估。

2. 开展精准帮扶

安排8000多个单位结对帮扶5000个贫困村，选派5000名第一书记、3.5万名工作队员驻村帮扶。开展"一帮一联"活动（帮扶贫困户、联系贫困户学生），全区46.9万名干部帮扶联系114.5万户贫困户，帮扶力量实现全覆盖。帮扶人员深入贫困户家中，认真填写《广西脱贫攻坚精准帮扶手册》和《广西脱贫攻坚精准帮扶联系卡》，制订帮扶计划，开展精准帮扶。

3. 聚焦重点领域

产业扶贫。54个贫困县共引进市级以上龙头企业188家；2016年预脱贫的1000个贫困村中，已有880个村组建了农民合作社。推进资产收益扶贫，2016年有12.4万贫困户约42万人将扶贫小额贷款带资联营或委托企业经营。"空中农贸市场"电商扶贫模式推广到6个县、120个贫困村，新增30个农村淘宝合作县，建设9个电商扶贫示范县和10个智慧县域。

劳务输出。实施农民工培训创业行动，2016年1—11月共完成职业技能培训21.04万人次，举办农民工专场招聘会617场，成功就业2.8万人。

扶贫搬迁。组建了广西农村投资集团及79个项目县投融资主体。截至2016年11月底，已开工建设411个安置点，开工率100%；完成投资109亿元，完成率48.9%；完成融资150.46亿元，完成率100%。

教育扶智。实施贫困户子女上学从幼儿园到高中15年全免费，在2016年普通高校招生中首次安排精准脱贫专项计划，名额2000名。组织全区48所技工院校结对帮扶54个贫困县，对贫困家庭"两后生"进行免费就业培训并推荐就业，已有6693名学员入学。

基础设施建设。2016年共筹措44.3亿元新建成屯级道路1.1万公里；落实资金7.09亿元，新解决31.09万贫困人口饮水难问题；将贫困户危房改造户均补助标准提高到每户2.3万元，完成贫困户危房改造3.2万户。

低保兜底。2016年全区纳入低保贫困人口151万人，比年初增加了48万人。有9个市81个县提高了农村低保标准，全区农村低保平均达2774元，其中10个贫困县超过3100元。

4. 加大要素投入

加大财政投入。自治区财政共筹措落实资金398亿元。其中，自治区财政安排扶贫资金144.75亿元，同比增加3.8倍。

加大信贷投入。截至2016年12月31日，自治区完成贫困户评级授信108.45万户，授信金额435.06亿元。2016年累计发放贫困户贷款41.30万户、197.54亿元。建立县级扶贫小额信贷款风险补偿金12.1亿元。

加大社会投入。通过中央和区内单位定点帮扶、"扶贫日"活动、"千企扶千村"活动、两广扶贫协作等，共筹集社会帮扶资金32亿元。

加大土地投入。对脱贫攻坚项目用地应保尽保，2016年已落实用地2507公顷。

加大技术投入。安排贫困县科技经费3790万元，12月底前将向5000个贫困村选派了2800名科技特派员。

5. 创新工作机制

建立新的组织保障体系。自治区、市、县、乡四级党政主要领导担任本级扶贫开发领导小组"双组长"，各级扶贫领导小组均设立若干专责小组，自治区和部分市县扶贫办主任兼任同级政府副秘书长或政府办副主任，自治区、市、县三级扶贫部门新增编制472名，任务重的乡镇还成立扶贫工作站。

创建精准管理模式。从上至下，建立统一的"挂图作战、清单管理、滚动集成、精准摘帽、带奔小康"管理模式。

创建"一户一册一卡"模式。自治区统一制作并向贫困户发放《广西脱贫攻坚精准帮扶手册》和《广西脱贫攻坚精准帮扶联系卡》，贫困户、帮扶联系人分别持一本红皮、蓝皮手册，双方定期登记帮扶、收支等情况并签字确认、同步更新，为精准脱贫提供了可靠依据。

创新工作推动机制。自治区组建督查组，每周一到周四深入县乡村进行督查暗访。对督查暗访中发现的好经验、好典型用红头简报通报，对存在问题的用黑头简报通报并限期整改、适时回访。同时，坚持问题不过周原则，逐级协调解决问题，自治区共收到各市上报问题337个，已协调解决318个。

6. 严格脱贫验收

严格对照脱贫摘帽标准，开展贫困户、贫困村、贫困县脱贫摘帽验收。贫困户方面，按照一年两批次开展贫困户脱贫"双认定"工作。截至2016年12月底，全区120万贫困人口基本确定脱贫，占年度任务的100%。贫困村方面，有1105个贫困村纳入2016年脱贫摘帽计划进行核验，各市县进行脱贫摘帽自查工作，自治区按20%的比例对脱贫摘帽贫困村随机抽查核验。贫困县方面，2016年共有8个县脱贫摘帽，在自查基础上自治区逐个核验。上述贫困户、贫困村、贫困县脱贫摘帽正在按计划进行中，自治区于12月15—25日组织29个核验工作组进行了核查验收。

三、2016年广西壮族自治区脱贫人口的分布与特征

截至2015年底，据自治区扶贫办统计，广西尚有贫困人口4520186人，贫困户1144230户，贫困村5000个。

(一) 广西壮族自治区 2016 年度脱贫人口分布

2016 年广西壮族自治区共实现 1146176 贫困人口脱贫，281238 户贫困户脱贫，943 个贫困村脱贫。超额完成年度任务，8 个贫困县脱贫摘帽指标均已达标。（见表6-5）

表6-5　2016 年广西壮族自治区脱贫人口、脱贫户、摘帽村分布①

市、县、区	脱贫户数（户）	脱贫人口数（人）	脱贫村数（个）
南宁市	29351	117021	104
宾阳县	3042	11790	15
横县	3400	13397	18
江南区	543	1936	5
良庆区	602	2044	6
隆安县	3246	13025	0
马山县	6705	28549	7
青秀区	291	987	5
上林县	4408	17621	2
武鸣县	1809	6515	17
西乡塘区	686	2536	7
兴宁区	313	976	5
邕宁区	4306	17645	17
柳州市	18259	72317	50
柳北区	291	918	3
柳城县	1703	6303	4
柳东新区	141	393	0
柳江县	1500	5800	9
柳南区	98	400	2
鹿寨县	1621	6516	5
融安县	2642	9835	1
融水苗族自治县	6138	25200	17
三江侗族自治县	4088	16853	9
阳和新区	37	99	0
桂林市	19370	70521	113
恭城瑶族自治县	1614	5901	10
灌阳县	1972	7449	11

---

① 数据来源：广西壮族自治区扶贫开发办公室。

续表

市、县、区	脱贫户数（户）	脱贫人口数（人）	脱贫村数（个）
荔浦县	1192	3774	10
临桂县	1098	4245	9
灵川县	1363	5034	8
龙胜各族自治县	1731	6687	11
平乐县	1860	6899	5
全州县	3550	12018	16
兴安县	842	2959	7
雁山区	208	840	1
阳朔县	709	2690	7
永福县	1189	4376	6
资源县	2042	7649	12
梧州市	11763	51096	59
苍梧县	1285	5556	8
长洲区	126	472	3
龙圩区	4600	20171	14
蒙山县	1117	4431	6
藤县	2984	12756	13
万秀区	67	285	1
岑溪市	1584	7425	14
北海市	1654	7296	22
海城区（含涠洲管委会）	140	608	1
合浦县	1103	4907	19
铁山港区	269	1141	1
银海区	142	640	1
防城港市	2106	9111	32
东兴市	123	489	4
防城区	513	2172	19
港口区	194	816	3
上思县	1276	5634	6
钦州市	5207	23701	83
灵山县	1905	9250	34
浦北县	1410	6331	20
钦北区	1277	5355	15
钦南区（含钦州港区）	615	2765	14

续表

市、县、区	脱贫户数（户）	脱贫人口数（人）	脱贫村数（个）
贵港市	19162	80317	94
港北区	1195	5760	7
港南区	2041	8307	17
桂平市	9797	42381	36
平南县	4512	16643	16
覃塘区	1617	7226	18
玉林市	22636	100383	105
北流市	1606	7076	12
博白县	3102	15114	25
福绵区	553	2343	8
陆川县	13903	60932	26
容县	1285	5468	11
兴业县	1820	7840	20
玉州区	367	1610	3
百色市	41938	168812	76
德保县	1184	4315	5
靖西县	6422	28128	10
乐业县	1380	5936	7
凌云县	4178	17886	7
隆林各族自治县	2648	11513	14
那坡县	2131	9092	2
平果县	3468	14367	10
田东县	6563	26598	6
田林县	2632	10654	10
田阳县	5787	18974	2
西林县	1587	6522	2
右江区	3958	14827	1
贺州市	19525	83390	46
八步区	4468	17413	20
富川瑶族自治县	6497	28194	7
平桂区	2122	9983	3
昭平县	3419	14238	8
钟山县	3019	13562	8
河池市	47410	189112	91

续表

市、县、区	脱贫户数（户）	脱贫人口数（人）	脱贫村数（个）
巴马瑶族自治县	3640	16376	9
大化瑶族自治县	5029	20158	11
东兰县	4685	18934	11
都安瑶族自治县	8933	36157	16
凤山县	3391	14100	8
环江毛南族自治县	4189	15480	0
金城江区	2779	10103	5
罗城仫佬族自治县	5800	23524	6
南丹县	3055	11183	12
天峨县	1546	6434	6
宜州市	4363	16663	7
来宾市	22816	88660	42
合山市	2542	9460	8
金秀瑶族自治县	2743	10716	3
武宣县	4658	19139	6
象州县	2083	8336	5
忻城县	7178	26584	4
兴宾区	3612	14425	16
崇左市	20041	84439	26
大新县	3344	14093	2
扶绥县	1672	6122	5
江州区	1888	7097	4
龙州县	2400	9524	0
宁明县	4658	19982	5
凭祥市	568	2300	2
天等县	5511	25321	8
合计	281238	1146176	943

从广西自治区2016年各市脱贫人口绝对数量在全区所占比例来看，河池市、百色市、南宁市比例较多，四个市脱贫人口占到全区脱贫人口总数的51%，从这个层面上来说，上述四个市是广西自治区脱贫攻坚的中坚力量，其中河池、百色两市占据全区脱贫人口数的32%，成为自治区脱贫任务的"桥头堡"和"主战场"。

从脱贫的绝对量来看，各县（市、区）排名如表6-6所示。

表6-6 2016广西壮族自治区各县（市、区）脱贫人数排名

市、县、区	脱贫人口数（人）	市、县、区	脱贫人口数（人）
陆川县	60932	资源县	7649
桂平市	42381	灌阳县	7449
都安瑶族自治县	36157	岑溪市	7425
马山县	28549	覃塘区	7226
富川瑶族自治县	28194	江州区	7097
靖西县	28128	北流市	7076
田东县	26598	平乐县	6899
忻城县	26584	龙胜各族自治县	6687
天等县	25321	西林县	6522
融水苗族自治县	25200	鹿寨县	6516
罗城仫佬族自治县	23524	武鸣县	6515
龙圩区	20171	天峨县	6434
大化瑶族自治县	20158	浦北县	6331
宁明县	19982	柳城县	6303
武宣县	19139	扶绥县	6122
田阳县	18974	乐业县	5936
东兰县	18934	恭城瑶族自治县	5901
凌云县	17886	柳江县	5800
邕宁区	17645	港北区	5760
上林县	17621	上思县	5634
八步区	17413	苍梧县	5556
三江侗族自治县	16853	容县	5468
宜州市	16663	钦北区	5355
平南县	16643	灵川县	5034
巴马瑶族自治县	16376	合浦县	4907
环江毛南族自治县	15480	蒙山县	4431
博白县	15114	永福县	4376
右江区	14827	德保县	4315
兴宾区	14425	临桂县	4245
平果县	14367	荔浦县	3774
昭平县	14238	兴安县	2959
凤山县	14100	钦南区（含钦州港区）	2765
大新县	14093	阳朔县	2690
钟山县	13562	福绵区	2343

续表

市、县、区	脱贫人口数（人）	市、县、区	脱贫人口数（人）
横县	13397	凭祥市	2300
隆安县	13025	防城区	2172
藤县	12756	良庆区	2044
全州县	12018	江南区	1936
宾阳县	11790	玉州区	1610
隆林各族自治县	11513	铁山港区	1141
南丹县	11183	青秀区	987
金秀瑶族自治县	10716	兴宁区	976
田林县	10654	柳北区	918
金城江区	10103	雁山区	840
平桂区	9983	港口区	816
融安县	9835	银海区	640
龙州县	9524	海城区（含涠洲管委会）	608
合山市	9460	东兴市	489
灵山县	9250	长洲区	472
那坡县	9092	柳南区	400
象州县	8336	柳东新区	393
港南区	8307	万秀区	285
兴业县	7840	阳和新区	99
西乡塘区	2536		

经计算，2016年全区脱贫人口最多的县（市、区）是陆川县，占全区年度脱贫人口总数的5.3%，桂平县占3.7%，都安瑶族自治县占3.1%，马山县占2.5%，富川瑶族自治县占2.45%，靖西县占2.45%，田东县占2.32%，忻城县占2.32%，天等县占2.2%，融水苗族自治县占2.2%，罗城仫佬族自治县占2%，以上县脱贫人口总数占据全区脱贫人口的30%。可以认为是2016年脱贫人口大县。

从减贫率来看，各县（市、区）排名如表6-7所示。

表6-7 2016年广西自治区各县（市、区）减贫率排行

市、县、区	贫困人口减贫率（%）	市、县、区	贫困人口减贫率（%）
柳东新区	100	大化瑶族自治县	24.954
阳和新区	100	阳朔县	24.722
合山市	82.982	象州县	24.686
龙圩区	76.687	扶绥县	24.447

续表

市、县、区	贫困人口减贫率（%）	市、县、区	贫困人口减贫率（%）
陆川县	70.872	临桂县	24.35
邕宁区	66.741	兴宾区	24.28
海城区（含涠洲管委会）	64.475	兴安县	24.183
柳南区	64.205	港北区	23.827
柳北区	56.147	平南县	23.592
右江区	55.434	环江毛南族自治县	23.227
田东县	51.043	覃塘区	22.907
八步区	44.01	龙胜各族自治县	22.733
富川瑶族自治县	43.86	港南区	22.6
江南区	38.55	西林县	22.559
田阳县	37.542	钟山县	22.554
凌云县	37.202	凭祥市	22.426
青秀区	36.488	靖西县	22.347
西乡塘区	35.698	上林县	21.72
兴宁区	34.708	大新县	21.695
武宣县	34.505	融水苗族自治县	21.656
武鸣县	34.279	昭平县	20.34
金城江区	34.244	田林县	19.515
上思县	34.201	龙州县	18.738
港口区	33.498	隆安县	18.306
金秀瑶族自治县	33.447	三江侗族自治县	18.305
忻城县	32.901	融安县	18.292
柳江县	31.852	灌阳县	18.187
桂平市	31.793	蒙山县	17.606
南丹县	31.458	东兴市	17.59
马山县	30.291	防城区	17.239
宾阳县	30.008	银海区	17.039
鹿寨县	28.919	那坡县	16.91
宜州市	28.774	平桂区	16.772
凤山县	28.549	钦北区	16.624
东兰县	28.497	浦北县	15.557
灵川县	28.457	合浦县	15.546
全州县	28.309	铁山港区	15.199
罗城仫佬族自治县	28.262	乐业县	15.055

续表

市、县、区	贫困人口减贫率（%）	市、县、区	贫困人口减贫率（%）
天等县	27.803	钦南区（含钦州港区）	15.04
宁明县	27.772	苍梧县	15.015
平果县	27.753	隆林各族自治县	14.472
柳城县	27.416	长洲区	14.069
巴马瑶族自治县	27.259	万秀区	13.998
资源县	27.151	岑溪市	13.734
荔浦县	27.137	藤县	13.408
横县	26.876	北流市	12.468
良庆区	26.514	玉州区	11.821
都安瑶族自治县	26.441	博白县	11.789
恭城瑶族自治县	26.36	灵山县	11.778
雁山区	25.862	福绵区	10.885
天峨县	25.575	容县	10.732
江州区	25.563	兴业县	10.342
平乐县	25.24	德保县	6.1382
永福县	25.069		

资料来源：广西壮族自治区扶贫开发办公室。

注：2016年贫困人口减贫率的计算是以2015年末贫困人口为基数。

结合2016年脱贫人口的绝对数量和年脱贫率来看，两个指标均较为突出[①]的县（市、区）有：陆川县、都安瑶族自治县、马山县、富川瑶族自治县、田东县、忻城县、天等县、罗城仫佬族自治县、龙圩区、武宣县、田阳县、邕宁区等。

（二）2016年广西脱贫人口的分布特征

从广西的贫困人口分布和扶贫工作任务重点来看，贫困人口主要集中在广西西部地区的百色市、河池市，桂西北、西南岩溶石山贫困片区、边境地区贫困片区、桂中石山旱片区、九万大山贫困片区、大瑶贫困片区。上述地区大部分被列为国家扶贫开发重点县、和滇桂黔石漠化片区县。这些地方自然环境十分恶劣，发展条件严重受限，如河池市2015年石山总面积高达167万公顷，占辖区总面积的49.7%，石漠化面积为85万公顷，占河池市总面积的25.4%，是我国石漠化最严重的地区之一。石漠化导致耕地资源十分稀缺，河池市耕地总面积为561.09万亩，其中，旱地面积346.21万亩，水田面积214.88万亩。人均耕地面积仅1.35亩，部分村屯人

---

① 筛选年度脱贫率25%以上，脱贫绝对数量占全区比例超过1.5%的县（市、区）

均耕地面积甚至不到 0.2 亩，耕地资源十分匮乏。

根据之前的数据分析，脱贫人口绝对数量较多的 11 个县占全区减贫人口的 30%。从陆川县、桂平县、都安瑶族自治县、马山县、富川瑶族自治县、靖西县、田东县、忻城县、天等县、融水苗族自治县、罗城仫佬族自治县的行政区划分布来看，河池市 2 个、百色市 2 个、南宁市 1 个、玉林市 1 个、贵港市 1 个、柳州市 1 个、贺州市 1 个、来宾市 1 个、崇左市 1 个。（见图 6-4）

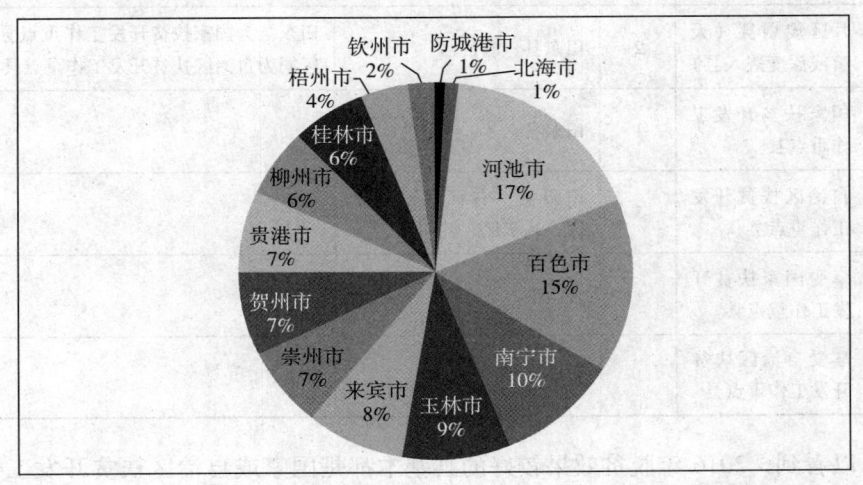

图 6-4　2016 年自治区各市脱贫人口分布比例

2016 年脱贫人口较多的 11 个县按类别特征分，共有 7 个滇桂黔石漠化片区县、1 个片区规划县、9 个国家扶贫开发工作重点县、3 个自治区扶贫开发工作重点县。（见表 6-8）

表 6-8　2016 年脱贫人口大县分布类型

序号	类别	数	地方	备注
1	片区县	2	★马山县、★靖西县、★都安瑶族自治县、★罗城仫佬族自治县、★天等县、★忻城县、★融水苗族自治县	标★的同为国家扶贫开发工作重点县
2	片区规划县	6	★田东县	
3	国家扶贫开发工作重点县	2	◆马山县、田东县、◆靖西县、◆都安瑶族自治县、◆罗城仫佬族自治县、◆天等县、◆忻城县、富川瑶族自治县、◆融水苗族自治县	标◆的为片区县，未标的为不纳入片区县
4	自治区扶贫开发工作重点县	2	◆田阳县、陆川县、桂平市	标◆的为片区县

2016年广西自治区脱贫摘帽的8个贫困县的分布也呈现一定特征,片区县1个,片区规划县2个,国家扶贫开发工作重点县1个,自治区重点县5个,享受国家扶贫开发工作重点县1个,享受自治区扶贫开发工作重点县1个。(见表6-9)

表6-9　2016年广西壮族自治区脱贫摘帽贫困县一览

序号	类别	县数	县名	备注
1	片区县	1	田阳县	田阳县同为自治区扶贫开发工作重点县
2	片区规划县(天窗或深度嵌入县)	2	田东县、右江区	田东县为国家扶贫开发工作重点县,右江区同为自治区扶贫开发工作重点县
3	国家扶贫开发工作重点县	1	田东县	
4	自治区扶贫开发工作重点县	5	田阳县、右江区、邕宁区、八步区、陆川县、	
5	享受国家扶贫开发工作重点县	1	合山市	
6	享受自治区扶贫开发工作重点县	1	龙圩区	

可以看到,2016年脱贫效果较好的县基本都是国家或自治区扶贫开发工作重点县,充分说明,自治区的扶贫开发工作精准到位,扶贫政策指向性明确,扶贫措施效果明显。

四、2016年广西壮族自治区未脱贫人口的分布与原因

(一)2016年广西壮族自治区未脱贫人口的分布

截至2016年底,广西壮族自治区尚有贫困人口3374010人,贫困户862992户,贫困村4057个。(见表6-10)

表6-10　2016年末广西壮族自治区贫困人口、贫困户、贫困村分布

市、县、区	贫困户总数(户)	贫困人口总数(人)	贫困村总数(个)
南宁市	80080	289444	317
宾阳县	8308	27500	33
横县	10689	36451	38
江南区	1051	3086	4
良庆区	1908	5665	4
隆安县	15381	58127	63

续表

市、县、区	贫困户总数（户）	贫困人口总数（人）	贫困村总数（个）
马山县	16953	65701	68
青秀区	593	1718	2
上林县	16211	63508	63
武鸣县	4287	12491	23
西乡塘区	1463	4568	5
兴宁区	630	1836	1
邕宁区	2606	8793	13
柳州市	66676	256366	263
柳北区	286	717	0
柳城县	5359	16687	19
柳东新区			
柳江县	3818	12409	14
柳南区	83	223	0
鹿寨县	4877	16016	17
融安县	12260	43933	52
融水苗族自治县	22422	91164	84
三江侗族自治县	17571	75217	77
阳和新区			
桂林市	61154	213047	386
恭城瑶族自治县	4792	16485	43
灌阳县	9122	33508	54
荔浦县	3695	10133	23
临桂县	3593	13188	21
灵川县	3947	12656	26
龙胜各族自治县	5949	22728	48
平乐县	5994	20435	26
全州县	8798	30435	52
兴安县	2749	9277	21
雁山区	673	2408	6
阳朔县	2617	8191	16
永福县	3831	13080	20
资源县	5394	20523	30
梧州市	46900	191968	206
苍梧县	7448	31446	41

续表

市、县、区	贫困户总数（户）	贫困人口总数（人）	贫困村总数（个）
长洲区	854	2883	0
龙圩区	1747	6132	12
蒙山县	6063	20736	26
藤县	19604	82381	86
万秀区	468	1751	2
岑溪市	10716	46639	39
北海市	8600	36474	57
海城区（含涠洲管委会）	117	335	0
合浦县	6210	26657	51
铁山港区	1533	6366	3
银海区	740	3116	3
防城港市	6246	25177	49
东兴市	607	2291	0
防城区	2472	10427	23
港口区	467	1620	0
上思县	2700	10839	26
钦州市	33438	146128	218
灵山县	15631	69287	87
浦北县	8105	34364	58
钦北区	6107	26858	40
钦南区（含钦州港区）	3595	15619	33
贵港市	52381	216005	266
港北区	4424	18414	28
港南区	7823	28449	33
桂平市	21582	90922	115
平南县	12840	53901	63
覃塘区	5712	24319	27
玉林市	78234	332456	337
北流市	11476	49679	47
博白县	23599	113087	113
福绵区	5348	19183	18
陆川县	6075	25043	41
容县	11514	45484	36
兴业县	17204	67970	72

续表

市、县、区	贫困户总数（户）	贫困人口总数（人）	贫困村总数（个）
玉州区	3018	12010	10
百色市	130604	512856	678
德保县	17674	65982	75
靖西县	24741	97744	113
乐业县	8193	33493	36
凌云县	7147	30192	46
隆林各族自治县	16358	68040	74
那坡县	11539	44676	57
平果县	10148	37401	44
田东县	6713	25511	47
田林县	10880	43941	58
田阳县	8479	31567	50
西林县	5499	22389	39
右江区	3233	11920	39
贺州市	50156	210112	221
八步区	5469	22153	45
富川瑶族自治县	8968	36088	50
平桂区	11477	49540	37
昭平县	13668	55761	52
钟山县	10574	46570	37
河池市	129460	502321	593
巴马瑶族自治县	10193	43700	41
大化瑶族自治县	14947	60622	63
东兰县	12510	47507	62
都安瑶族自治县	24882	100590	104
凤山县	8416	35289	38
环江毛南族自治县	14233	51167	60
金城江区	5512	19400	43
罗城仫佬族自治县	16193	59711	61
南丹县	5645	24366	35
天峨县	4570	18723	29
宜州市	12359	41246	57
来宾市	50338	184223	205
合山市	593	1940	0

续表

市、县、区	贫困户总数（户）	贫困人口总数（人）	贫困村总数（个）
金秀瑶族自治县	5948	21323	25
武宣县	9580	36328	39
象州县	6947	25432	28
忻城县	15814	54215	47
兴宾区	11456	44985	66
崇左市	68725	257433	261
大新县	13471	50868	46
扶绥县	6026	18920	35
江州区	6095	20666	32
龙州县	11618	41304	47
宁明县	12904	51967	47
凭祥市	2215	7956	8
天等县	16396	65752	46
合计	862992	3374010	4057

从广西各市贫困人口总数来看，百色市最多，为512856人，河池市502321人，玉林市332456人，南宁市289444人，崇左市257433人，柳州市256366人，贵港市216005人，桂林市213047人，贺州市210112人，梧州市191968人，来宾市184223，钦州市146128人，北海市36474人，防城港市25177人。

经过2016年扶贫工作的推进，百色、河池、玉林、南宁四市贫困人口总数已经少于全区总数的50%，百色市、河池市贫困人口占全区总数共计30%。（见图6-5）

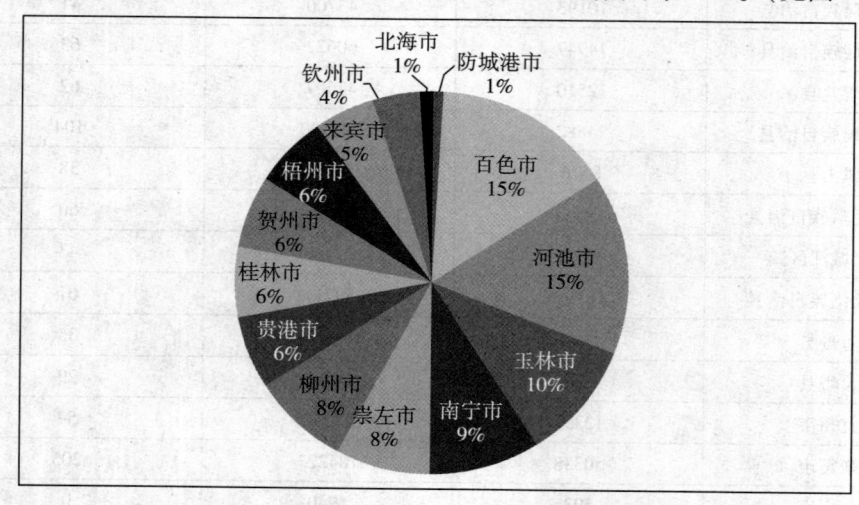

图6-5 2016年末广西各市贫困人口分布

从各县贫困人口在全区贫困人口总数中所占比例来看,博白县居首,其次是都安瑶族自治县、靖西县、融水苗族自治县、桂平市、藤县、三江侗族自治县、灵山县、隆林各族自治县、兴业县、德保县、天等县、马山县、上林县、大化瑶族自治县、罗城仫佬族自治县、隆安县、昭平县、忻城县等。贫困人口均在全区总数的1.5%以上。从上述县的行政区划分布来看,河池市3个、百色市3个、南宁市3个、玉林市2个、柳州市1个、贵港市1个、梧州市1个、钦州市1个、崇左市1个、贺州市1个、来宾市1个。(见表6–11)

在贫困人口绝对数量排名前十的县,百色市2个、玉林市2个、河池市1个、柳州市2个、贵港市1个、梧州市1个、钦州市1个。

表6–11　2016年末各县(市、区)贫困人口在全区贫困人口所占比例

市、县、区	比例(%)	市、县、区	比例(%)
博白县	3.351709	陆川县	0.742233
都安瑶族自治县	2.981319	南丹县	0.722167
靖西县	2.896968	覃塘区	0.720774
融水苗族自治县	2.701948	龙胜各族自治县	0.67362
桂平市	2.694776	西林县	0.663572
藤县	2.441635	八步区	0.656578
三江侗族自治县	2.229306	金秀瑶族自治县	0.631978
灵山县	2.053551	蒙山县	0.61458
隆林各族自治县	2.016592	江州区	0.612506
兴业县	2.014517	资源县	0.608267
德保县	1.955596	平乐县	0.605659
天等县	1.948779	金城江区	0.574983
马山县	1.947267	福绵区	0.568552
上林县	1.882271	扶绥县	0.560757
大化瑶族自治县	1.796734	天峨县	0.554918
罗城仫佬族自治县	1.769734	港北区	0.54576
隆安县	1.722787	柳城县	0.494575
昭平县	1.652663	恭城瑶族自治县	0.488588
忻城县	1.606842	鹿寨县	0.474687
平南县	1.597535	钦南区(含钦州港区)	0.462921
宁明县	1.540215	临桂县	0.39087
环江毛南族自治县	1.516504	永福县	0.387669
大新县	1.507642	灵川县	0.375103

续表

市、县、区	比例（%）	市、县、区	比例（%）
北流市	1.472402	武鸣县	0.370212
平桂区	1.468283	柳江县	0.367782
东兰县	1.408028	玉州区	0.355956
岑溪市	1.382302	右江区	0.353289
钟山县	1.380257	上思县	0.32125
容县	1.34807	防城区	0.309039
兴宾区	1.33328	荔浦县	0.300325
那坡县	1.324122	兴安县	0.274955
田林县	1.302338	邕宁区	0.26061
融安县	1.3021	阳朔县	0.242768
巴马瑶族自治县	1.295195	凭祥市	0.235803
龙州县	1.224181	铁山港区	0.188678
宜州市	1.222462	龙圩区	0.181742
平果县	1.108503	良庆区	0.167901
横县	1.080347	西乡塘区	0.135388
武宣县	1.076701	银海区	0.092353
富川瑶族自治县	1.069588	江南区	0.091464
凤山县	1.045907	长洲区	0.085447
浦北县	1.018491	雁山区	0.071369
灌阳县	0.993121	东兴市	0.067901
乐业县	0.992676	合山市	0.057498
田阳县	0.935593	兴宁区	0.054416
苍梧县	0.932007	万秀区	0.051897
全州县	0.902042	青秀区	0.050919
凌云县	0.89484	港口区	0.048014
港南区	0.843181	柳北区	0.021251
宾阳县	0.815054	海城区（含涠洲管委会）	0.009929
钦北区	0.796026	柳南区	0.006609
合浦县	0.790069	柳东新区	0
田东县	0.756103	阳和新区	0
象州县	0.753762		

（二）2016年广西壮族自治区未脱贫人口特征与原因

从上述数据可以看到，在市一级看来，2016年未脱贫人口与脱贫人口分布基本趋同。从县一级来看，脱贫攻坚效果最好的几个县（市、区）与未脱贫人口较多的县（市、区）重叠性较大。这充分说明，国家和自治区划定的脱贫攻坚任务重点的地区、脱贫政策重点扶持地区，在2016年取得的脱贫效果在全区范围内也是较好的地区。但是，未脱贫人口也存在一些扶贫重点、难点地方贫困人口基数大与年度脱贫效果有一定差距，如博白县、藤县、三江侗族自治县、灵山县、隆林各族自治县、兴业县、德保县等。总结这些地方的特征以及其脱贫较困难的原因对广西未来进一步制定有效政策和措施开展更加精准的扶贫工作具有重要意义。

广西自治区贫困人口多的重要原因在于地理环境，广西贫困人口相对集中，地域集群性特征非常明显。大部分贫困人口都居住在大石山区、少数民族聚集区和边境地区，资源稀缺，脱贫非常困难。根据近几年返贫率的数据统计，返贫率维持在6.5%左右高居不下，由于地理位置偏僻，生存环境恶劣，更主要的是因为贫困地区的基础设施较差，从而导致抵御自然灾害和疾病等风险能力薄弱。在新一轮的扶贫工作中，广西被纳入滇桂黔石漠化片区，片区线基本集中在国家扶贫开发工作重点县和自治区扶贫开发工作的重点县。

自然条件、经济发展基础、基础设施建设、人民知识水平、劳动能力是制约贫困地区脱贫的最重要因素，但除去历史、自然、经济基础等多方面制约因素，还存在许多扶贫工作过程中的难点，在本次调研和统计中，广西自治区在扶贫工作中存在的困难可以总结为以下几个方面：

1. 产业发展难

广西自治区有近一半的贫困人口，尤其是典型县区的贫困人口，居住在大石山区，这些地区缺耕地、缺水，发展产业不具备基本条件；大部分县产业发展缺资金，缺龙头企业及合作社带动，产业规模小、效益低，贫困户大多还是单打独斗；多数贫困户自身能力弱，缺劳动力、缺技术、缺志气，参与产业建设程度低；大部分贫困村原始积累少，林权改革和土地登记确权后，集体资产更少，基本没有村级集体经济收入。

在政策方面，部分产业政策较为滞后，并且没有根据不同地区的具体情况制定特殊的发展政策。产业政策是贫困地区增收的主要途径，根据调查显示，广西的贫困地区具有大规模的企业寥寥无几，无法发挥出产业扶贫的作用，保证农民的持续稳定增收。由于长期以来对贫困地区的产业扶持精准度不够，导致产业发展的组织化程度不高，农业发展无法实现现代化规模。

广西的贫困地区在地域上呈现明显的集群性，贫困人口所生活的地区自然环境恶劣，受教育水平低，产业发展受到自然条件制约，因病因灾返贫现象严重。只有认真地研究广西的贫困问题，分析广西贫困地区致贫的原因，才能在"十三五"期间打赢扶贫的攻坚战。

在脱贫指标认定方面，贫困村特色优势产业界定范围过小，特色产业认定难。当前，农村特色产业大多是根据各村不同的环境条件、人力资源条件、风俗文化条件、政府引导条件和市场条件的共同作用下自然形成的，这些产业不仅仅是种植业和养殖业，还有传统的手工业、现代的电子商务产业都可以给农民带来增收，因此，农村的特色产业没有具体的认定标准，如果用狭义的产业来衡量广义的增收指标，就会造成有的贫困村难以确定拿什么产业来做特色优势产业。

2. 扶贫搬迁难

中央对随迁的非贫困户没有补助，自治区受财力所限能够给予随迁非贫困户的补助较低，与建档立卡贫困户的补助标准差距较大，影响整村搬迁。

重搬迁、轻发展问题较为突出，不少县对贫困户搬迁后如何发展、怎么增收没有同步规划、同步考虑，办法不多，移民增收困难，特别是一些因残、因病致贫、无青壮劳力的贫困户搬迁后，原有的生产性、保障性等收入减少，生活成本增加，又无法从事其他工作获得工资收入，脱贫难度不减反增。

3. 老、弱、病、残的贫困户脱贫难

老、弱、病、残的贫困户是脱贫攻坚工作的重中之重、难中之难。按照"八有一超"脱贫标准，有大部分贫困人口可以按期脱贫，但难点就在于有一定规模的老、弱、病、残，无劳动力、无技能，贫困人口的存在，即使享受低保，由于低保线低于脱贫线，因而这类群体的脱贫难度巨大。

4. 资金保障难

自治区财力薄弱，人均财力仅相当于全国平均水平的65.6%，在全国排倒数第二位；仅相当于民族八省（区）平均水平的65.4%，在民族地区排倒数第一位。全区财政支出中，有56.8%依赖中央财政转移支付，自治区本级和市县财政的扶贫投入均十分有限。

5. 政策衔接难

自治区贫困户与非贫困户是按精准识别分数划定的，很多农户因一两分之差未能纳入贫困户，这部分"临界户"的家庭条件与村里的贫困户相差不大，但贫困户可以在产业开发、搬迁建房、贴息贷款、子女上学等方面享受国家和自治区的特惠政策扶持，而"临界户"不能享受，心理很不平衡，不少"临界户"申诉、上访，要求重新识别，争当贫困户，2016年1—10月，自治区扶贫办共收到信访事项1857

件,月均185件(是"十二五"时期的年均总量),日均8.5件(是"十二五"时期的月均总量),扶贫领域信访工作形势严峻。

贫困户的财产性认定也存在一定困难。从目前对贫困户的调查情况来看,农村里争当贫困户的问题比较突出,存在一定的隐瞒财产和收入、"伪贫困"的现象,其目的就是期望以贫困户的身份获取政府利益,"脱贫光荣、贫困可耻"的风气在一些基层地方还没有形成。因此,在脱贫"双认定"时,如果贫困户不如实报告家庭和个人收入变化事项,在一年中新增加的财产和收入渠道和数量都难以认定,这样就会造成"八有一超"中的家庭人均纯收入低于国家扶贫标准难以认定。

6. 观念转变难

部分干部对脱贫攻坚工作的重要性、紧迫性认识不足,宗旨意识不强,工作沉不下去,重形式、轻实效,喊口号多,干工作少,总觉得慢一点无所谓。一些贫困群众脱贫缺乏信心,徘徊观望,消极被动,"等、靠、要"思想较为严重,自我脱贫的内生动力不足。

五、广西壮族自治区精准扶贫、精准脱贫与巩固提升的思路

为贯彻中央脱贫攻坚工作的新要求,适应当前脱贫攻坚工作的新形势,确保顺利"啃下硬骨头",及时完成脱贫任务,巩固上一年扶贫工作的成果,广西自治区2017年初着手开始研究制定脱贫攻坚新政策,经过反复调研、论证,最终于2017年广西脱贫攻坚大会前后出台一系列新的脱贫攻坚政策文件,具体包括:《关于调整完善脱贫攻坚8个实施方案有关政策的通知》《关于全区易地扶贫搬迁集中安置点统一规划设计和建筑风格的意见》《广西脱贫攻坚责任制实施细则》《广西壮族自治区财政专项扶贫资金管理办法》《关于加快贫困村村级集体经济发展的意见》等。这些文件提出很多新的政策与思路。①

2017年广西自治区贫困人口脱贫计划任务70万人、力争脱贫目标100万人,贫困村计划脱贫摘帽900个、力争目标1100个,贫困县计划脱贫摘帽6个、力争8个。同时,要巩固2014年、2015年、2016年贫困户、贫困村和贫困县脱贫摘帽成果。

为实现上述目标,广西自治区2017年将着力抓好以下几个方面工作:

---

① 广西壮族自治区扶贫开发办公室,广西脱贫攻坚工作新闻发布会。

（一）积极改革创新，着力推动扶贫产业大发展

一是大力推动农村扶贫供给侧改革，促进产业特色化、多元化、组织化、股权化、规模化、市场化发展。二是充分发挥贫困地区政策洼地引力和特色资源优势，通过企业投资对接会等形式有针对性地开展招商引资工作，吸引龙头企业、社会资本到贫困地区投资发展。引导建立贫困户与企业的利益联结机制，通过"公司+基地+农户"、"公司+合作社+农户"、土地流转和入股等多种形式，让贫困户从产业发展中得到更多实惠，看到更大希望，增强贫困户的"造血"功能。三是大力发展电商扶贫，推进电子商务进农村综合示范县建设，大力推广"空中农贸市场"电商扶贫模式，不断增加和拓宽贫困地区农产品销售渠道。四是加大金融对产业扶贫的支持，充分发挥财政资金的引导和杠杆作用，加快贫困地区信用体系、担保体系、风险补偿机制建设，帮助企业、合作社、贫困户解决贷款难、贷款贵问题。争取国家加大对自治区扶贫再贷款的支持，扩大地方金融机构向带动贫困户发展的企业、合作社发放扶贫贷款的规模。探索开展保险支持产业扶贫的有效方式。

力争通过2017年努力，全区贫困地区现代特色农业（核心）示范区（含区市县乡4级示范区）总数达到524个；乡村旅游区（农家乐）总数达1210个；贫困县农民工创业园总数达23个；电商扶贫示范县总数达28个；组织2900名贫困村科技特派员指导建设农（林）业科技示范基地1000个；建设光伏扶贫示范项目807个；推动每个贫困县集中力量发展2~5个特色优势产业，覆盖带动60%以上贫困户增收脱贫。

（二）加快推进易地扶贫搬迁，着力加强后续发展扶持

一是加强易地扶贫搬迁前期工作。结合工业化、新型城镇化和新农村建设，统一规划、合理布局、科学设计移民集中安置点，特别是加强乡村易地扶贫搬迁集中安置点规划指导，突出地域特色建筑风格，优化人居环境，提升"美丽广西"乡村建设水平。二是严守国家易地扶贫搬迁"红线"。严格控制住房建设规模和成本，原则上控制在1400元/平方米，特殊情况不超过1600元/平方米；按公寓房安置的，以户为单位人均住房建设面积不超过25平方米，以"一户一宅"方式安置的，每户宅基地面积不超过80平方米，人均住房面积不超过25平方米，可以为搬迁户预留好续建、加层空间。严格控制建档立卡搬迁户户均自筹资金额度，防止举债搬迁、加重负担。加强拆旧房工作力度，积极做好搬迁群众政策宣传和思想动员工作。三是加快工程项目建设进度。加快推进安置点项目住房建设，完善安置点基础设施和公共服务设施配套，确保年内开工、年内搬迁入住，或交钥匙，完成48.4万贫困人

口搬迁。四是强化后续产业、就业扶持。一方面是加大产业扶持力度，另一方面是解决就业，通过现有企业吸纳、引进企业帮扶、劳务输出带动、支持返乡创业等方式，为贫困人口提供就业岗位，着力增加搬迁群众的租金收入、薪金收入和股金收入，确保搬迁户就业有渠道、收入有提高、生活能融入。

（三）加快推进培训就业创业，着力促进贫困人口有效增收

一是加大资金整合力度。加强部门协作，围绕贫困劳动力的培训需求，开展订单培训、定向就业，提高资金使用效益。二是深入推进"雨露计划"。落实精准补助、应补尽补政策，对参加中、高等职业学历教育的自治区农村建档立卡贫困户学生，按学制年限、分学期申请、补助，每生每学期补助1500元（其中扶贫巾帼励志班的学生，每生每学期补助2000元）；对参加普通高校本科学历教育并取得全日制本科学籍的自治区农村建档立卡贫困户新生，每生一次性补助5000元。三是推进技工院校结对帮扶工作。深化48所技工院校结对帮扶54个贫困县贫困家庭"两后生"职业培训专项计划，帮助一批未继续升学的自治区农村建档立卡贫困户初、高中毕业生接受为期一学年的中期就业技能培训，按1.2万元/人·学年的标准补贴培训费和生活费。四是加大贫困地区劳动力培训扶持力度。对16~60周岁、有劳动能力的自治区农村建档立卡贫困户劳动力参加扶贫部门主办的短期技能培训，并考取职业资格证书的，每人每期补助3000元；对自主参加扶贫部门以外的单位主办的技能培训，获得国家承认并可在网上查证的职业资格证书的自治区建档立卡贫困户劳动力实行以奖代补，每人一次性奖励800元；围绕产业扶贫项目、科技扶贫项目，对从事农业生产经营的自治区农村建档立卡贫困户劳动力开展农村实用技术培训。五是加大贫困地区"双创"支持力度。通过政策扶持、优化服务、技能培训等，让农村"双创"成为推进贫困地区产业发展、贫困户增收的重要力量，落实简政放权、放管结合、优化服务一系列措施，营造返乡下乡人员创业创新良好环境。

（四）实施贫困村提升工程，花大力气补齐贫困村脱贫摘帽短板

一是加强基础设施建设。确保2017年预脱贫摘帽村20户以上自然村（屯）达到砂石路以上标准，加快贫困村（屯）道路硬化，力争贫困县98%（含）以上行政村村委会或行政村中心学校所在地通硬化路连接上级路网或其他乡（镇）；力争全区54个贫困县农村集中供水率总体达到78%，自来水普及率达到76%以上，确保计划摘帽的900个贫困村村内98%以上农户有安全饮水；推进2017年预脱贫摘帽贫困县、贫困村农网建设，实现村村通动力电，贫困村内98%以上农户家中接通生活用电；年内完成7万户贫困户危房改造。二是提高基本公共服务水平。2017年内

计划投入教育扶贫项目建设资金26.8亿元，全面改善贫困地区义务教育薄弱学校办学条件，实施学生帮扶计划，确保建档立卡贫困户子女应助尽助、应补尽补，严控适龄儿童辍学率。实施贫困人口城乡居民基本医疗保障个人缴费财政补助专项政策，加大对患大病、慢性病、残疾贫困人口的救助力度，实施分类救治，提高就医报销比例，降低起付线，减少医疗负担。三是强化社会保障兜底。加强低保对象与建档立卡贫困人口信息核查，及时将符合条件的贫困人口纳入低保范围，确保应保尽保。统筹推进低保政策与医疗救助、教育救助、住房救助、就业救助等救助制度衔接，加强产业、就业指导和扶持，防止"一兜了之"。逐步提高农村低保标准，全区平均年保障标准由2016年2982元提高到2017年3200元左右。四是加快贫困村特色产业转型升级。在贫困村培育贫困人口参与度高、对贫困人口脱贫带动作用明显的主导产业，打造特色、优质农产品品牌。积极发展乡村旅游、资产收益扶贫、农村电商等新业态，拓宽贫困群众增收门路。加快组建贫困村农民专业合作社，完善利益联结机制，带动贫困村、贫困户长期稳定增收。五是提升村级基层组织能力。抓好党建促脱贫攻坚工作，配强贫困村村"两委"班子，培养一批创业致富带头人。加强贫困村第一书记、驻村工作队管理及考核，改善他们的工作和生活条件。严格落实召回制度。

（五）强化政策扶持，下大功夫建立和发展贫困村集体经济

《国务院"十三五"脱贫攻坚规划》明确规定，到2020年，每个贫困村村集体经济年收入要达到5万元以上。自治区大部分贫困村村集体经济收入薄弱，不少是"空壳村"，村集体经济收入是贫困村摘帽必须解决的问题。一是出台扶持政策及措施。自治区已经制定《关于加快贫困村村集体经济发展的意见》，梳理资源开发型、资产盘活型、产业带动型等10种村集体经济发展模式，并提出加快和支持贫困村集体经济发展的财税、土地、金融等各方面政策，即将印发实施。该意见明确：鼓励盘活村级集体闲置的办公用房、门店、厂房、校舍等设施设备；政府投资形成的农村饮水、小型灌溉、垃圾处理、文化娱乐、房产物业等项目可交由贫困村村集体经济组织持有管护；鼓励有条件的贫困村在城镇规划区等地区，通过异地兴建、联村共建等形式兴建专业市场、门面商铺、仓储设施、娱乐设施等物业，条件受限的村，也可通过异地兴建或购置物业，以物业租赁等形式增加集体经济收入；明确县级财政要统筹各级、各项资金，确保每个贫困村有50万元以上壮大贫困村村级集体经济发展的资金。对引企入村、村企合作的企业，开辟用地绿色通道，对贫困村村级集体经济发展项目优先给予贷款支持和利率优惠。二是建立贫困村村集体经济组织。率先在全区5000个贫困村每村成立一个村民合作社，合作社是行政村依法设立、全

体村民参加的集体所有、合作经营、民主管理、服务社员的农村集体经济组织，接受村党支部领导，受村委会委托，承担村级集体资金、资产、资源经验管理职能，按规定自主组织生产经营活动，独立承担相应的法律责任。自治区还将印发《广西村民合作社管理暂行办法》及章程，规范管理，理顺关系，使村民合作社成为发展贫困村村集体经济的重要平台。

（六）加大扶贫资金投入，着力强化资金使用监管

2016年，全区共落实脱贫攻坚资金超过500亿元，扶贫投入力度空前，2017年自治区将继续加大扶贫资金投入。一是加大财政专项扶贫资金投入。筹集落实自治区本级财政专项扶贫资金33.6亿元，同比增长近45%。二是深入推进统筹整合使用财政涉农资金试点，2017年将全区54个贫困县全部纳入整合试点，并在2016年12月底已下达54个贫困县整合计划数179.5亿元。三是加强资金使用管理。出台新《广西财政扶贫专项资金管理办法》，围绕安全和高效，强化资金使用全过程管理，加强财政监督、审计监督，进一步下放财政专项扶贫资金项目审批权限到县，简化资金审批、拨付、报账等相关程序，全力保障资金使用高效、安全。

（七）调整完善脱贫摘帽标准，确保从严从稳精准脱贫

根据中央从严从稳脱贫新要求新标准，对自治区贫困户"八有一超"、贫困村"十一有一低于"和贫困县"九有一低于"脱贫摘帽标准作了调整完善。比如贫困户脱贫摘帽标准方面，明确在2016年"有收入来源"的基础上增加"不愁吃不愁穿"和"稳定"，以达到国家提出的"稳定实现农村贫困人口不愁吃、不愁穿"要求。贫困村脱贫摘帽标准方面，为突出特色产业的优势地位，强调特色产业的覆盖面，同时借鉴外省做法，将原来每个行政村有1个（含）以上产业、除丧失劳动能力或长期外出务工外所有贫困户都有1个（含）以上的产业的要求，修改为必须满足以下2个条件：（1）有1~3个特色产业，且覆盖全村60%（含）以上贫困户（无劳动能力或主要劳动力长期外出务工的贫困户除外）；（2）有农民合作社等新型农业经营主体或有产业基地（园）覆盖。贫困县脱贫摘帽标准方面，根据国家脱贫攻坚"十三五"规划要求，增加"2017年全县义务教育巩固率达90%以上（含）并逐年提高，到2020年达93%以上（含）。"我们还进一步完善了脱贫摘帽认定程序，其中贫困户脱贫仍然实行"双认定"，即组织由贫困村第一书记、县乡村干部及帮扶责任人组成的脱贫验收组，对照贫困户"八有一超"标准，逐户评估认定，填写"双认定"验收表，贫困户及验收组人员共同签字确认，防止数字脱贫、被脱贫，确保脱贫成效经得起历史和实践检验。

（八）凝聚社会各界力量，合力推动脱贫攻坚

2017年，广西将继续做实精准帮扶，广泛动员社会各界力量，形成合力推进脱贫攻坚。一是加强定点扶贫。充分发挥中央、自治区、市、县四级定点扶贫单位作用，加强定点扶贫考核，推动责任落实。二是扎实推进粤桂扶贫协作。落实双方签订的扶贫协作框架协议，用好深圳市帮扶资金，加强产业、教育、医疗、旅游等十个方面协作，健全协调对接机制。三是强化民企作用。继续深入推进"千企扶千村"行动，聚焦产业、就业、培训等方面，动员更多民企参与，精准帮扶。四是动员其他力量。继续开展扶贫日活动，提升活动品牌及影响力。依托"微助八桂""互联网+精准扶贫"公益平台，汇聚党员干部、各界群众、爱心企业、慈善团体的磅礴力量。

六、典型案例

（一）陆川县脱贫攻坚实现摘帽

陆川县作为广西壮族自治区年度脱贫人口绝对数量最多（60932人）的县，其2016年扶贫工作及成效较为突出。

2016年陆川县脱贫摘帽，31个贫困村脱贫出列，5.3万人贫困人口脱贫。陆川县通过打造九个示范来实现摘帽目标：

一抓思想脱贫，打造思想扶贫的示范。对贫困人口进行培训，实现贫困户"1户1人1技能"全覆盖。2016年培训农民10000人次以上，1.5万人贫困人口实现就业脱贫。

二抓富民产业，打造特色产业扶贫的示范。每个贫困村抓好至少1个以上增收脱贫的主导产业，组建1家以上合作社或农业企业，带动60%以上贫困户脱贫。大力发展种植、养殖产业，带动1.3万户、4万人以上脱贫。

三抓移民搬迁，打造易地搬迁扶贫的示范。投资1.95亿元，实施4个扶贫搬迁安置点，2016年完成自治区下达的移民搬迁任务，脱贫96户、386人。

四抓乡村旅游，打造乡村旅游商贸扶贫的示范。一是环九洲江生态乡村旅游带建设，带动5000户以上贫困群众脱贫。二是依托阿里巴巴农村淘宝网的有利平台，打造"互联网+"的脱贫致富示范点，实现31个脱贫村设立淘宝店，带动3000户脱贫。

五抓资金保障，打造金融资金支撑扶贫的示范。一是从2016年开始，县按当年一般公共预算收入增量的15%以上增列专项扶贫资金预算。二是加大资金整合力度，各相关部门的涉农资金要向贫困村倾斜。三是启动贫困户小额贷款和信用贷款

工作，扶持 2000 户贫困户通过产业开发增收脱贫。

六抓设施完善，打造整村推进扶贫的示范。完善贫困村的路、水、电、房等重点基础设施。2016 年完成脱贫 31 个村的道路、饮水、电力、住房、网络、文化体育等基础设施建设。

七抓教育扶贫，打造人才智力扶贫的示范。完善教育帮扶机制，对建档立卡贫困户学生进行全程帮扶。扶持贫困家庭"两后生"（初、高中毕业后未继续升学的贫困家庭中的富余劳动力）接受职业学历教育。2016 年"雨露计划"发放 200 万元。

八抓社会帮扶，打造社会帮扶脱贫的示范。全县 14 个镇都成立脱贫攻坚精准扶贫协会，广泛动员社会力量参与扶贫工作。引导企业用工 5000 人，带动 5000 户；增设公益性岗位（教育、卫生、清洁等）1000 个，带动 1000 户；转移就业 20000 人，带动 20000 户。

九抓政策保障，打造社会保障兜底扶贫的示范。以新型农村合作医疗政策和医疗救助政策为基础，加大财政投入力度，完善大病保险政策，增加大病报销比例，解决好因大病致贫、因长期慢性病致贫和因残疾致贫人口的贫困问题。

（二）合山市脱贫摘帽

合山市地处广西中部，红水河之滨，辖 3 个镇、29 个行政村及 2 个社区，区域面积 360 平方公里，总人口约 15 万人。全市土地总面积 54.9 万亩，其中耕地 18.6 万亩（水田 6.2 万亩、旱地 12.4 万亩）；煤田面积 260 多平方公里，占总面积 72%，煤炭藏量 6.88 亿吨，占广西煤田储量的 1/3。随着煤炭的过度开采及使用不当，合山市资源渐渐枯竭，2009 年 3 月，经国务院批准列为全国第二批资源枯竭城市。2012 年，区党委、区人民政府给予合山市"在广西享受国家扶贫开发工作重点县待遇"。

据统计，2011 年，该市贫困户达到 6057 户、21762 人。2015 年底，重新识别贫困户为 3135 户、11400 人，数据显示，因病致贫与因学致贫人口分别占了全市贫困人口的 28.76% 和 16.62%，无劳动能力导致贫困的有 324 户，脱贫成了一块"难啃的硬骨头"。合市凝聚了机关单位、企业与贫困户"三位一体"的力量，共谋脱贫致富路。

2016 年，合山市组织开展励志扶贫宣讲和送温暖等活动上万余次，充分发挥"党员、教师、医护人员"的先锋作用，给贫困户送科技书籍近 7000 份，开展技能和创业培训 24 期，为贫困学生 3738 人次发放教育财政专项资金 237 万元，并为 5891 名贫困人口建立电子健康档案。

此外,积极动员社会力量助推精准扶贫。合山祥星制糖、合山鑫桂有限公司等16家帮扶企业向全市贫困户提供了345个劳动就业岗位,2016年,该市共实现贫困人口转移就业2576人。

扶贫不是一个人的事。"充分发挥贫困群众在脱贫攻坚战中的主体地位,并结合各方社会力量,形成一个'你赶我超争脱贫、你帮我拉促脱贫'的大格局,是打赢脱贫攻坚战取得最终胜利的关键所在。"合山市委书记莫莲表示,授渔式扶贫才能真正让贫困户有出路、能致富、不返贫。

以产业扶贫为主要工作方向。产业是脱贫的支撑,是增强贫困户"造血"功能的有力保障。合山市以合作社为平台,撬动金融杠杆,以"政府+龙头企业+金融机构+合作社+农户"五位一体模式,大力发展扶贫产业项目,增加贫困群众经济收入。2016年,该市57个种养扶贫产业项目"百花齐放",其中,坚果、砂糖橘种植达到了1570多亩,肉牛、肉兔养殖达到26974多头(只);52家合作社吸纳带动贫困户,总投资1.03亿余元,覆盖率达99.9%,8个贫困村在全区率先实现扶贫产业全覆盖。

为确保合作社正常经营,资金有效运转,该市配套出台《合山市农民专业合作社使用扶贫资金管理办法》《合山市农民专业合作社扶贫资金监督办法》等文件,确保资金使用过程阳光、透明、安全、高效,使入股的贫困户股本增收有保障。

产业的发展不仅拉动贫困户收入的增长值,还推动村集体经济的发展。2016年,该市通过创新产业模式,扩大合作社规模以及政府投资两种方式,增加村集体经济收入,前三年合作社每年须将政府投入资金的8%分红给村委作为村集体收入,三年后,每年按低于商业贷款利息一个点的利率收取合作社租金作为村集体经济收入,租期20年。

强督查明责任,确保"真扶贫、扶真贫"。为杜绝"被脱贫"和"数字脱贫"现象的发生,确保"真扶贫、扶真贫",以提升群众的满意度和幸福感,合山市成立单位、村、镇、市四级攻坚小组和31个督查组多方式开展精准扶贫工作"回头看",对系统数据信息、帮扶手册等其他扶贫材料进行详细复核,确保扶贫工作落地见效。

除此之外,合山还通过科技手段,建立精准扶贫数据大平台,采取"线上核查、线下突击"双重方式助推精准脱贫。自2016年以来,合山市共提拔重用脱贫实绩突出的干部5名,通报批评不作为、慢作为干部14名,以正反两面活教材,激发干部在脱贫攻坚一线干事创业的精气神,推动全市脱贫摘帽工作顺利开展。

2016年合山市完成脱贫"双认定"2542户,贫困人口脱贫9460人;8个贫困村达到"十一有一低于"摘帽标准出列；全市实现脱贫摘帽，全市贫困发生率为2.3%。

(三) 邕宁区脱贫攻坚摘帽

自2015年以来，邕宁全城区累计投入扶贫开发资金近6亿元，2016年实现了1.7万贫困人口脱贫，城区和17个村脱贫摘帽，在自治区、南宁市贫困县区中率先摘帽出列，贫困发生率由2015年的8.3%下降至2016年底的2.8%，下降5.5个百分点。人民生活水平不断提高，人民群众的幸福感、获得感、自豪感大大增强。

邕宁区积极地按照自治区制定的《精准识别贫困户贫困村实施方案》，运用"一进二看三算四比五议"方法精准识别贫困户。坚持不合并步骤、不简化流程，进村入户开展识别。首创村级"五人议事小组"，全力打通脱贫攻坚精准帮扶"最后一公里"。

邕宁区积极探索、大胆创新，在74个村（社区）首创以乡（镇）包村领导、贫困村第一书记（或驻村工作队员）城区帮扶单位负责人、村支书和扶贫专干组成的村级"五人议事小组"，乡（镇）包村领导充分发挥组织领导、统筹协调作用；贫困村第一书记积极联系派出帮扶后盾单位争取产业发展、基础设施等项目扶持；城区帮扶单位认真组织本单位干部职工实施好结对帮扶工作，协调相关部门及时落实扶贫保障政策；"村两委"干部积极调动贫困户脱贫积极性和主动性，督促落实各项扶贫项目并加强扶贫资金监管；扶贫专干切实做好所在贫困村贫困户脱贫和信息跟踪管理工作，汇聚"五人力量"，形成村级脱贫攻坚精准帮扶"组合拳"。

创新扶贫工作运行机制。建立"城区—乡镇—村"三级联动工作机制，解决了扶贫工作人员不足问题，又确保了城区各单位、乡镇、村"有人抓扶贫"的问题，为脱贫攻坚战提供强有力的人员机构保障。

创新精准帮扶工作机制。城区出台了《关于贯彻落实中央、自治区和南宁市扶贫开发工作重大决策部署坚决打赢"十三五"脱贫攻坚战的决定》和10个脱贫攻坚配套实施方案，"1+10"文件的出台构建具有邕宁特色、更为完整的精准扶贫政策体系，为推进广西脱贫攻坚提供坚强保障。

创新产业扶贫模式，为脱贫提供强大产业支撑。城区采取"公司+基地+合作社+农户"、"合作社+农户"等模式大力推进产业扶贫，重点推进种桑养蚕、果蔬、家禽等特色产业种养，大力引进龙头企业带动特色产业发展，通过土地流转和签订技术培训、成品回收协议以及财政补助资金、土地入股等方式，实现企业与贫困户利益捆绑，为贫困户脱贫增收拓宽渠道，为扶贫攻坚提供产业支撑。

创新扶贫基础设施建设推进方式。2016年根据脱贫需求明确实施的150多个基础设施项目仅用不到9个月的时间就全部完成施工任务。特别是在危房改造工作，在创新成立"村级建房施工队"，统一为符合危改条件的贫困户建房的基础上，城区制定出台不稳固住房改造奖励方案等相关政策，对在既定时间节点完成不稳固住房改造的，分别给予6000元/户和3000元/户的奖励资金，有效激发贫困户不稳固住房改造的积极性。2016年共有1371户建档立卡户的不稳固住房完成改造，并达到入住基本条件，实现所有贫困户基本有安全稳固住房。

创新教育扶贫模式。城区建立"一帮一联"教育帮扶工作机制，实现建档立卡贫困生结对帮扶全覆盖。在严格执行"雨露计划"、"两后生"助学工程的基础上，城区统筹3000万元教育资助金向有在校学生的贫困户发放，实现贫困学生从学前到大学教育资助全覆盖。改变以往教育扶贫政策由村委负责宣传、贫困户自行申请的做法，采取帮扶干部引导帮助贫困户办理资助手续、贫困户无法办理的由帮扶干部负责办理的方式，避免村委宣传不到位、贫困生父母弱智无法办理等情况导致贫困户存在因病致贫、因病返贫现象发生。2016年全年完成补助资金发放1405.03万元，受益贫困户子女14887人次。

建立贫困户脱贫验证机制。为保证脱贫精准，邕宁区积极探索建立"一二三"精准脱贫验证机制。"一核验"：以城区为主体，派出20个核验组对全城区各乡镇、村上报的脱贫人口"八有一超"达标情况进行地毯式排查核验，重点检查脱贫户有产业、有劳动就业、有稳定收入并达到稳定脱贫情况，在达标户中按照优中选优原则，确保贫困户稳定脱贫不返贫。"二公示"：以乡镇、村为主体，对脱贫对象认定情况在村屯内张榜公示，让村民参与评估，防止"被脱贫"现象发生。"三公告"：以乡镇为主体，对已通过核验、公示的预脱贫户在政府网站平台进行公告，脱贫工作公开透明，公告无异议则上报自治区，并在国务院扶贫信息系统勾选脱贫。经过层层严格审核把关，按照优中选优的原则，最终确定2016年4306户、17645人贫困人口脱贫。

第七章 贵州省扶贫进展报告

2016年，贵州省深入贯彻党中央和国务院的决策部署，大力推进"大数据、大扶贫"理念，脱贫攻坚首战告捷，并继续向纵深推进。2016年，贵州省减少贫困人口115.7万人，在全国率先打响易地搬迁扶贫第一炮，对45.8万农村人口实施搬迁，其中建档立卡贫困人口36.2万人。贵州省城镇、农村居民人均可支配收入分别增长8.8%和9.5%；城镇新增就业75.78万人；新增38个县基本普及15年教育、18个县实现义务教育基本均衡；建成40所省级示范性中职学校、300个农村幼儿园、300个标准化农村寄宿制学校和1000个农村留守儿童之家。公共文化服务体系不断完善，打造一批文化精品。实施基层医疗卫生服务能力三年提升计划，完成329所乡镇卫生院标准化建设，199家县级以上公立医院实现远程医疗，32.51万人次享受城乡居民大病保险，每个乡镇卫生院和社区卫生服务中心配备2名以上执业医师，12296所乡村中小学配备校医。贵州省在发展和扶贫领域都取得良好的成效，极大地改变贫困户的生产生活条件。在脱贫之路上，贵州在精准地"造血"，尽力阻断"贫穷循环"。贫困地区步入可持续脱贫致富的新轨道，贫困户拥有可持续脱贫致富的新生活。

一、2016年贵州省贫困变化情况

（一）人口发展与民族分布

表7-1　2012—2016年贵州省总人口及增速

年份	总人口（万人）	增量（万人）	增速（%）
2012	3484.07	15.07	0.43
2013	3502.22	18.15	0.52
2014	3508.04	5.82	0.17

续表

年份	总人口（万人）	增量（万人）	增速（%）
2015	3529.5	21.46	0.61
2016	3555	25.5	0.72

资料来源：贵州省统计局。

近年来，贵州全省总人口增量、增速总体呈现加快趋势。2012—2016年，贵州省总人口增量分别为15.07万人、18.15万人、5.82万人、21.46万人和25.5万人，增速分别为0.43%、0.52%、0.17%、0.61%和0.72%。（见表7-1）

表7-2 2016年末常住人口及其构成

指标名称		年末数（万人）	比重（%）
年末常住人口		3555.00	100.00
按城乡分	城镇	1569.53	44.15
	乡村	1985.47	55.85
按性别分	男性	1833.45	51.57
	女性	1721.55	48.43
按年龄结构分	0~14岁	791.70	22.27
	15~64岁	2396.42	67.41
	65岁及以上	366.88	10.32

资料来源：贵州省统计局，贵州省国民经济和社会发展统计公报（2016）。

2016年末，贵州常住人口3555.00万人，比上年末增加25.50万人。其中，城镇人口1569.53万人、乡村人口1985.47万人，城镇人口占年末常住人口比重为44.15%，比上年提高2.14个百分点；60周岁及以上人口554.22万人，占年末常住人口比重为15.59%；男女性别比（以女性为100）为106.5（见表7-2）。人口出生率13.43‰，死亡率6.93‰，自然增长率6.50‰。

从人口的城乡结构来看，贵州城镇化水平呈不断提高的趋势。2016年末，全省城乡人口结构中，城镇人口1569.53万人，乡村人口1985.47万人，城镇人口比2015年末增加86.79万人，乡村人口减少61.29万人。全省常住人口城镇化率为44.15%，提高2.14个百分点。从劳动年龄人口的存量来看，总量依然庞大。2016年末，全省15~64岁劳动年龄人口为2396.42万人，比上年增加10.1万人，劳动年龄人口规模继续呈现增长态势。

贵州拥有中国全部的56个民族，其中世代居住的民族有18个，分别是汉族、苗族、布依族、侗族、土家族、彝族、仡佬族、水族、回族、白族、瑶族、壮族、毛南族、满族、蒙古族、羌族。其中在贵州省人口超过10万的有汉族、苗族、布依族、侗族、土家族、彝族、白族和回族。表 7-3 展示了贵州省少数民族在各地区的分布情况。表 7-4 展示了贵州省民族自治地方的行政区划。

表 7-3　贵州少数民族分布情况

民族	分布的主要地区
苗族	黔东南州、黔南州、黔西南州、松桃县、紫云县、务川县、水城县
布依族	黔南州、黔西南州、镇宁县、紫云县
侗族	黔东南州、玉屏县、碧江区、石阡县
土家族	铜仁市
彝族	毕节市、六盘水市
仡佬族	遵义市、关岭县、石阡县
水族	三都县
回族	威宁县、兴仁县、平坝区、兴义市
白族	毕节市、盘县
瑶族	黔东南州、荔波县
壮族	从江县、独山县、荔波县、都匀市
畲族	凯里市、麻江县、都匀市、福泉市
毛南族	平塘县、独山县、惠水县
蒙古族	毕节市、石阡县、思南县
仫佬族	凯里市、麻江县、黄平县
满族	黔西县、大方县、金沙县、云岩区
羌族	石阡县、江口县

资料来源：贵州省统计局。

表 7-4　贵州省民族自治地方行政区划

民族自治州（县）名称	地级	县级	县级市	成立时间	土地面积（平方公里）
黔西南布依族苗族自治州	1	8	1	1982 年 5 月 1 日	16804
黔东南苗族侗族自治州	1	16	1	1956 年 7 月 23 日	30337
黔南布依族苗族自治州	1	12	2	1956 年 8 月 8 日	26197
道真仡佬族苗族自治县		1		1987 年 11 月 29 日	2156
务川仡佬族苗族自治县		1		1987 年 11 月 26 日	2773
镇宁布依族苗族自治县		1		1963 年 9 月 11 日	1703
关岭布依族苗族自治县		1		1981 年 12 月 31 日	1468
紫云苗族布依族自治县		1		1966 年 2 月 11 日	2284
威宁彝族回族苗族自治县		1		1954 年 11 月 11 日	6296
玉屏侗族自治县		1		1984 年 11 月 7 日	516
印江土家族苗族自治县		1		1987 年 11 月 20 日	1961

续表

民族自治州（县）名称	地级	县级	县级市	成立时间	土地面积（平方公里）
沿河土家族自治县		1		1987年11月23日	2469
松桃苗族自治县		1		1956年12月31日	2861
三都水族自治县		1		1957年1月2日	2384

资料来源：贵州省民政厅。

2016年末，贵州少数民族人口占全省总人口的40%。全省有3个民族自治州、11个民族自治县，地级行政区占全省的30%，县级行政区46个单位，占全省的52.3%；少数民族自治地区面积9.78万平方公里，占全省面积的55.5%，有253个民族乡。少数民族人口数量占全国少数民族总人口的12.1%，居全国第三位。

（二）经济发展情况

表7-5 2016年贵州基本情况及其与全国水平的比较

指标	贵州	全国	贵州占全国比重（%）
面积（万平方公里）	17.62	963.41	1.83
人口（万人）	3555	138271	2.57
生产总值（亿元）	11734.43	744127	1.58
人均生产总值（元）	33127	53980	61.37
生产总值增长率（%）	10.5	6.7	156.72
人均生产总值增长率（%）	11	6.1	180.33
一般公共预算收入（亿元）	1561.33	159552	0.98

资料来源：全国数据来自《中国2016年国民经济和社会发展统计公报》，贵州数据来自《2016年贵州省国民经济和社会发展统计公报》。

贵州面积占全国国土总面积的1.83%，2016年人口数占全国总人口的2.57%。2016年贵州省地区生产总值为11734.43亿元，占全国经济总量的比重由2015年的1.52%提高到了2016年的1.58%，提高约0.06个百分点。人均地区生产总值为33127元，占全国平均水平的61.37%。2016年贵州的地区生产总值增长率为10.5%，几乎为全国国内生产总值增长率6.7%的1.6倍，位居全国前列。贵州人均地区生产总值增长率为11%，也明显高于全国平均水平（6.1%）。（见表7-5）

财政方面。贵州统计局数据显示，2016年贵州财政总收入2409.35亿元，比2011年增加1079.36亿元，近五年年均增长12.6%。其中，一般公共预算收入1561.33亿元，占全国一般公共预算收入的0.98%。贵州一般公共预算收入占地区生产总值的比重为13.3%，低于全国的21.44%。

表7-6 2016年贵州地区生产总值构成及变动

地区生产总值	绝对值（亿元）	增长（%）	构成（%）	比上年同期变动率（%）
总体	11734.43	10.5	100	
第一产业	1846.54	6.0	15.8	0.2
第二产业	4636.74	11.1	39.5	持平
第三产业	5251.15	11.5	44.7	-0.2

资料来源：贵州统计局。

从按产业划分的情况来看，贵州2016年第一产业增加值为1846.54亿元，增长率为6.0%；第二产业增加值为4636.74亿元，增长率为11.1%；第三产业增加值5251.15亿元，增长率为11.5%。第一产业、第二产业、第三产业增加值占地区生产总值的比重分别为15.8%、39.5%、44.7%。①（见表7-6）

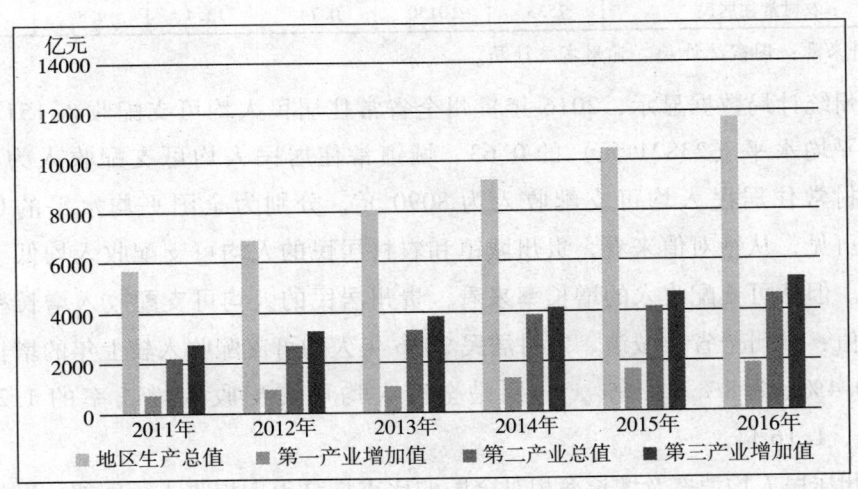

图7-1 2011—2016年贵州省地区生产总值变化趋势

资料来源：国家统计局。

注：地区生产总值按当年价格计算。2004—2012年地区生产总值数据执行《国民经济行业分类》（GB/T 4754—2002），三次产业划分根据《三次产业划分规定》（2003）。2013年开始，行业分类执行《国民经济行业分类》（GB/T 4754—2011），三次产业划分根据《三次产业划分规定》（2012）。

从增长速度来看，2011年到2016年，贵州地区生产总值和第一产业、第二产

---

① 贵州省统计局.2016年贵州省国民经济和社会发展统计公报。

业、第三产业增加值均呈不断上升的态势,说明贵州经济运行情况良好,增速较快。虽然就总量而言,贵州经济发展水平与全国整体水平相比并不突出,但从增长率来看,贵州省无论在地区生产总值还是人均地区生产总值上均高于全国整体水平。这体现了近年来贵州持续的经济发展势头和较为强劲的经济增长潜力。

（三）贵州居民收入和支出情况

表7-7 2016年城乡常住居民人均可支配收入及其增长速度

指标	绝对值（元）			增长率（%）		
	贵州	全国	贵州/全国	贵州	全国	贵州/全国
居民人均可支配收入	15121	23821	0.63	10.4	8.4	1.24
城镇常住居民	26743	33616	0.80	8.8	7.8	1.13
农村常住居民	8090	12363	0.65	9.5	8.2	1.16
居民人均消费支出	11932	17111	0.70	14.6	8.9	1.64
城镇常住居民	19202	23079	0.83	13.5	7.9	1.71
农村常住居民	7533	10130	0.74	13.4	9.8	1.37

资料来源：国家统计局、贵州省统计局。

贵州统计局数据显示,2016年贵州全省常住居民人均可支配收入15121元,是全国平均水平（23821元）的0.63。城镇常住居民人均可支配收入为26743元,农村常住居民人均可支配收入为8090元,分别为全国平均水平的0.8和0.65。可见,从绝对值来看,贵州城镇和农村居民的人均可支配收入均低于全国平均值。但从可支配收入的增长率来看,贵州居民的人均可支配收入增长率高于全国均值：贵州全省、城镇、农村居民2016年人均可支配收入较上年的增长率分别为10.4%、8.8%、9.5%,分别是全国人均可支配收入增长率的1.24倍、1.13倍、1.16倍。

贵州居民人均消费及增长率相对全国的比重均高于人均收入。例如,贵州居民的人均全年城镇常住居民人均消费支出19202元,是全国的0.83,名义增长率为13.5%,是全国的1.71倍;农村常住居民人均消费支出7533.29元,占全国平均水平的0.74.相对上年的名义增长为13.4%,是全国平均水平的1.37倍。从居民消费支出类别来看,用于提升生活质量的交通和通信、教育文化和娱乐、医疗保健等类别支出增长较快,分别比上年增长21.9%、14.4%、19.9%[①]。

[①] 贵州统计局.2016年贵州经济运行情况[EB/OL]. http://www.tjcn.org/jjfx/201702/34801_2.html.

表7-8 2011—2016年贵州城乡居民可支配收入   单位：元

城乡	地区	2011年	2012年	2013年	2014年	2015年	2016年
农村	全国	6977	7917	9430	10489	11422	12363
	贵州	4145	4753	5434	6671	7387	8090
城镇	全国	21810	24565	26467	28844	31195	33616
	贵州	16495	18701	20667	22548	24580	26743

资料来源：2016年中国住户调查数据（国家统计局）《中国统计年鉴2015》《贵州统计年鉴2015》《中国农村贫困监测报告2015》《中国2016年国民经济和社会发展统计公报》《2016年贵州省国民经济和社会发展统计公报》。

注：从2013年起，国家统计局开展了城乡一体化住户收支与生活状况调查，2013年及以后数据来源于此项调查。与2013年前的分城镇和农村住户调查的调查范围、调查方法、指标口径有所不同。

从2011—2016年贵州与全国城乡居民的可支配收入变动情况来看，一方面，"十二五"以来，贵州省城乡居民人均收入均实现了稳步增长，人民生活持续改善。另一方面，与全国总体收入水平相比，贵州居民人均收入水平依然偏低，且城乡居民收入之间差距较大。从表7-8中可见，无论是对城市居民还是对农村居民来说，贵州的居民可支配收入都远低于全国平均水平。2016年贵州省城镇居民人均收入26743元，农村居民人均收入8090元，城乡居民收入比仍高达3.3∶1，高于同年全国2.7∶1的平均水平。

表7-9 2014年和2016年贵州城乡居民收入结构变化情况

指标	2014年		2016年	
	绝对数（元）	占可支配收入比重（%）	绝对数（元）	占可支配收入比重（%）
城镇常住居民人均可支配收入	22548	—	26743	—
其中：工资性收入	13148	60.4	15351	57.4
经营净收入	3173	16.3	4282	16.0
转移性收入	4353	20.0	5168	19.3
财产性收入	711	3.3	1941	7.3
农村常住居民人均可支配收入	6671	—	8090	—
其中：工资性收入	2521	37.8	3211	39.7
家庭经营收入	2643	39.6	3116	38.5
转移性收入	1436	21.5	67	0.8
财产性收入	71	1.1	1696	21.0

资料来源：贵州省统计局。

贵州统计局颁布的数据显示，2014年到2016年，贵州居民收入实现了较快增长，2016年全省城镇居民人均可支配收入26743元，农村常住居民人均可支配收入

8090元，分别比2014年增加5024元和1419元。居民可支配收入中，工资性收入和经营净收入的占比较高。2016年城镇居民工资性收入15351元，近三年年均增长8.6%，对城镇居民人均可支配收入增长的贡献率为54.2%，占城镇居民人均可支配收入的比重为57.4%；农村居民工资性收入3211元，近三年年均增长13.7%，对农村常住居民人均可支配收入的贡献率为51.1%，占农村常住居民人均可支配收入的比重为39.7%，成为农民收入第一支柱。2016年城镇居民经营净收入4282元，近三年年均增长12.4%，对城镇常住居民人均可支配收入增长的贡献率为20.5%，占城镇常住居民人均可支配收入的比重为16.0%；农村居民家庭经营收入3116元，近三年年均增长8.3%，占农村常住居民人均可支配收入的比重为38.5%（见表7-9）。可见，工资收入和经营净收入是贵州居民可支配收入的主要来源和增长点。

（四）贵州贫困变化情况

1. 贵州重点扶贫地区

在国家确定的"11+3"集中连片特困地区中，涉及贵州的有武陵山区、乌蒙山区、滇桂黔石漠化区"三大片区"。国务院扶贫开发领导小组办公室发布的《国家扶贫开发工作重点县名单》包含全国592个贫困县，其中中部省份217县，西部省份375县，贵州省50县。贵州还有红军长征途径的68个"长征县"、46个少数民族自治县，这些都是贵州脱贫攻坚工程中的重要地区。（见表7-10）

表7-10 贵州省国家扶贫开发工作重点县与分布

地区	县名		
滇桂黔片区 （33个）	长顺县	麻江县	天柱县
	三穗县	丹寨县	雷山县
	望谟县	荔波县	贞丰县
	剑河县	三都县	晴隆县
	独山县	台江县	紫云县
	施秉县	黎平县	六枝特区
	罗甸县	岑巩县	水城县
	榕江县	从江县	黄平县
	普定县	平塘县	锦屏县
	兴仁县	普安县	关岭县
	册亨县	镇宁县	安龙县
乌蒙山片区 （6个）	赫章县	习水县	大方县
	纳雍县	织金县	威宁县

续表

地区	县名		
武陵山片区 （10个）	沿河县	道真县	印江县
	思南县	江口县	务川县
	德江县	石阡县	正安县
	松桃县		
六盘水市	盘县		

资料来源：贵州省扶贫办。

表 7-10 展示了贵州省的 50 个国家扶贫发开重点县，其中大部分分布于国家确定的集中连片特困地区，尤其以滇桂黔片区最多（33 个），武陵山（10 个）乌蒙山片区（6 个）次之。只有盘县位于非集中连片特困地区的六盘水市。

表 7-11 贵州少数民族自治县名单与分布

片区	县名		
滇桂黔片区 （35个）	镇宁县	锦屏县	瓮安县
	关岭县	剑河县	独山县
	紫云县	台江县	平塘县
	兴仁县	黎平县	罗甸县
	普安县	榕江县	长顺县
	晴隆县	从江县	龙里县
	贞丰县	雷山县	惠水县
	望谟县	麻江县	三都县
	册亨县	丹寨县	施秉县
	安龙县	荔波县	三穗县
	黄平县	贵定县	镇远县
	岑巩县	天柱县	
武陵山片区 （6个）	道真县	玉屏县	沿河县
	务川县	印江县	松桃县
乌蒙山（1个）	威宁县		
其他地区 （4个）	兴义市	都匀市	福泉市
	凯里市		

资料来源：贵州省扶贫办。

从贵州 46 个少数民族自治县及分布情况来看，其中大部分县均位于国家确定的集中连片特困地区中：35 个县分布于滇桂黔片区，武陵山片区、乌蒙山片区分别有 6 个、1 个。兴义市、都匀市、福泉市、凯里市不在集中连片特困地区中（见表 7-11）。值得注意的是，46 个少数民族自治县中有 36 个属于国家扶贫重点县。这说明少数民族自治地方依然是贵州脱贫攻坚的关键地区。

表7-12 贵州68个"长征县"及分布

片区	县名			
滇桂黔（29个）	水城县	施秉县	荔波县	册亨县
	西秀区	三穗县	贵定县	安龙县
	镇宁县	镇远县	瓮安县	黎平县
	关岭县	岑巩县	罗甸县	榕江县
	紫云县	天柱县	长顺县	从江县
	兴仁县	锦屏县	龙里县	台江县
	贞丰县	剑河县	惠水县	黄平县
	望谟县			
武陵山（12个）	务川县	江口县	印江县	碧江区
	凤冈县	玉屏县	德江县	思南县
	湄潭县	石阡县	沿河县	松桃县
乌蒙山（9个）	桐梓县	大方县	七星关区	纳雍县
	习水县	黔西县	威宁县	赫章县
	赤水市			
其他地区（18个）	盘县	修文县	绥阳县	开阳县
	花溪区	清镇市	余庆县	息烽县
	乌当区	钟山区	仁怀市	汇川区
	白云区	红花岗区	兴义市	金沙县
	播州区	福泉市		

资料来源：贵州省扶贫办。

从贵州68个"长征县"及分布情况来看，其中50个位于国家确定的集中连片特困地区中29个县分布于滇桂黔片区、12个分布于武陵山片区、8个位于乌蒙山片区。盘县等18县不在集中连片特困地区中（见表7-12）。68个"长征县"中有51个属于贫困县，37个是国家扶贫重点县，31个属于少数民族自治县。

2. 贫困人口和贫困发生率变动情况

表7-13 2016年贵州贫困面基本情况

贫困县	户籍人口（万人）	建档立卡贫困人口（万人）	贫困发生率（%）	未建档立卡总人口（万人）	农村人均可支配收入（元）	农村人均可支配收入增幅（%）
贵州省	3555.00	377.8	10.74	2768.73	8090	9.5
贫困县	2785.05	345.96	12.34	2121.2	7894	10.1

续表

贫困县	农村户籍人口（万人）	建档立卡贫困人口（万人）	贫困发生率（%）	未建档立卡总人口（万人）	农村人均可支配收入（元）	农村人均可支配收入增幅（%）
50个重点县	2145.05	301.72	14.08	1557.76	7693	10.5
46个少数民族自治县	1550.38	207.97	13.38	1150.3	—	—
占全省比值						
贵州省	1	1	1	1	1	1
贫困县	0.80	0.92	1.15	0.77	0.98	1.06
50个重点县	0.61	0.80	1.31	0.56	0.95	1.11
46个少数民族自治地方县	0.44	0.55	1.25	0.42		

资料来源：贵州省扶贫办。

从贵州2016年贫困面的基本情况来看，2016年，贵州全省户籍人口3555.00万人，其中未建档立卡人口2768.73万人、建档立卡贫困人口377.8万人，贫困发生率为10.74%。对比2015年末的66个贫困县来说，贫困人口为345.96万人，占全省贫困总人口的80%，但建档立卡贫困人口占全省贫困总人口的92%，贫困发生率为全省贫困发生率的1.15倍。50个重点县的贫困高于66个贫困县的12.34与46个少数民族自治地方县的13.38，为全省最高，是全省贫困发生率的1.31倍。虽然66个贫困县的农村居民人均可支配收入均低于全省平均水平，人均可支配收入增长速度较快，增幅分别为全省的1.06倍和1.11倍。少数民族自治县的农村户籍人口为全省的44%，但贫困人口达到了全省的55%，贫困发生率较高，为全省的1.25倍。50个扶贫重点县和46个少数民族自治县依然是扶贫攻坚的关键地区。（见表7-13）

表7-14　2012—2016年贵州减贫情况

年份	贫困县	贫困村（个）	贫困人口（个）	脱贫人口（万人）	减贫摘帽乡镇（个）	贫困发生率（%）
2012	66	13973	923	226	128	26.8
2013	66	13973	745	178	172	21.3
2014	66	9000	623	122	159	18
2015	66	9000	493	130	219	14
2016	60	7500	377.8	115.2	60	10.7

资料来源：贵州省扶贫办。

注：（1）2011年中央扶贫开发工作会议后，贵州省16个县划入国家集中连片特困地区，贫困县增加到66个。（2）2010—2013年，贫困村按老行政区划统计；2014年，按省民政厅提供的2013年行政区划，重新识别。（3）2010年，贫困人口标准为人均纯收入1274元（2010年不变价）及以下；2011年起，贫困人口标准为人均纯收入2300元（2010年不变价）及以下。

2016年，贵州省的贫困人口规模为377.8万人，全年相比于2015年减少115.2万人，6个贫困县、60个贫困乡镇摘帽，1500个贫困村退出。贫困县由2012年的66个下降为60个，贫困村由13973个减少到7500个。全省压缩党政机关6%的行政经费用于教育精准扶贫，对31.7万建档立卡贫困家庭学生上高中、大学免除学杂费，16.89万贫困家庭学龄前儿童吃上营养午餐（见表7-14）。可见，"十三五"开局之年，贵州的扶贫政策取得显著成效。

表7-15 2012—2016年贵州农村贫困人数及贫困发生率

贫困指标	地区	2012年	2013年	2014年	2015年	2016年
贫困人口数（万人）	全国	9899	8249	7017	5575	4335
	贵州	923	745	623	493	377.8
	贵州占全国比重（%）	9.3	9	8.9	8.8	8.7
贫困发生率	全国	10.2	8.5	7.2	5.7	4.5
	贵州	26.8	21.3	18	14	10.7
	贵州占全国比重（%）	2.6	2.5	2.5	2.5	2.4

资料来源：国家统计局．贵州省扶贫办。

注：本表采用2010年贫困标准，即现行农村贫困标准：每年2300元（2010年不变价）。

从表7-15中可见，自2012年以来，贵州全省农村贫困人口在持续减少，贫困发生率不断降低，而且贵州贫困人口数及贫困发生率与全国总体水平的比值也持续降低。但贵州的贫困发生率依然高于全国水平。按国家现行标准，贵州省的贫困人口规模从2015年的493万人下降到2016年的377.8万人，占全国贫困人口比重从2015年的8.8%下降到8.7%，降低了0.1个百分点。

2016年贵州的贫困发生率为10.7%，相比2015年的14%下降了3.3个百分点，是全国贫困发生率的2.4倍。可见，2012年到2016年，贵州省贫困人口数量和贫困发生率均逐年降低，贵州的扶贫政策取得了显著成效（见图7-2）。但贵州的贫困人口数和贫困发生率依然高于全国平均水平，仍然是全国农村贫困重点攻坚地区。

值得注意的是，虽然近年来贵州的贫困人口和贫困发生率均有明显下降趋势，但贵州目前依然有14个深度贫困县、20个极贫乡镇、2760个深度贫困村。其中，14个深度贫困县贫困人口达115.6万人，约占全省贫困人口的1/3；人均国内生产总值相当于全省平均水平的67.7%，脱贫难度极大。

3. 社会保险与最低生活保障情况

2016年末，贵州省参加城镇职工基本养老保险人数422.62万人，比上年末增长7.8%，其中企业职工309.85万人，增长7.5%。城乡居民基本养老保险参保人

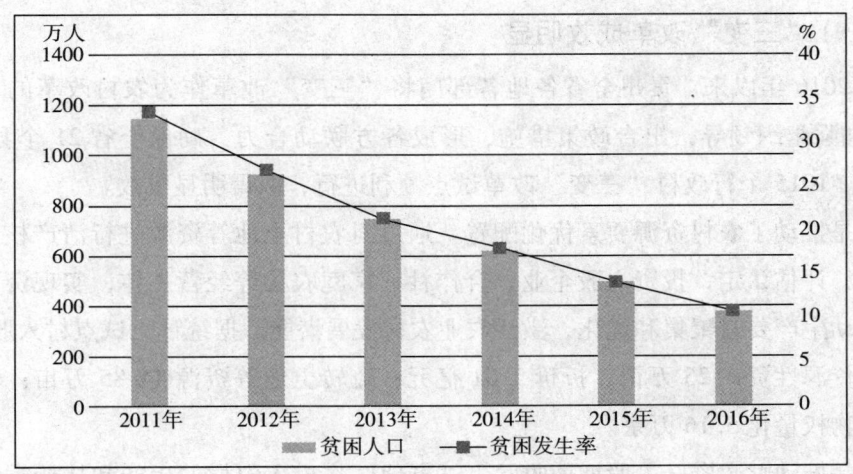

图 7-2 2011—2016 年贵州贫困人口和贫困发生率的变动趋势
资料来源：贵州省扶贫办。

数 1702.25 万人，比上年末增长 3.2%。失业保险参保人数 218.10 万人，比上年末增长 6.2%。城镇职工基本医疗保险参保人数 389.84 万人，比上年末增长 4.6%，其中，农民工 18.26 万人，增长 2.7%。城镇居民基本医疗保险参保人数 583.79 万人，比上年末增长 0.2%。工伤保险参保人数 305.04 万人，比上年末增长 5.1%，其中农民工 87.37 万人，下降 2.0%。生育保险参保人数 286.27 万人，比上年末增长 8.6%。

2016 年末，贵州共有 35.82 万人享受城市居民最低生活保障，比上年末减少 10.9%；304.79 万人享受农村居民最低生活保障，比上年末减少 8.4%。各类提供住宿的社会服务机构收养救助 4.72 万人，其中养老服务机构收养救助 4.05 万人。销售社会福利彩票 26.91 亿元，比上年增长 7.7%；筹集社会福利资金 8.13 亿元，增长 4.1%。

二、2016 年贵州省精准扶贫的主要政策和手段

2016 年，贵州省深入贯彻党中央和国务院的决策部署，大力推进"大数据、大扶贫"理念，脱贫攻坚首战告捷，宏观数据上减少贫困人口 115.7 万人，在全国率先打响易地搬迁扶贫第一炮，对 45.8 万农村人口实施搬迁，其中建档立卡贫困人口 36.2 万人，在发展和扶贫领域都取得良好的成效，极大地改变贫困户的生产生活条件。贵州省脱贫攻坚经验与成效如下：

(一)"三变"改革成效明显

自2016年以来,贵州全省各地各部门将"三变"改革作为农村改革的"牛鼻子",加强组织领导,出台政策措施,形成各方联动合力,确保全省21个县、140个乡镇、1015个行政村"三变"改革试点顺利进行,取得明显成效。

一是推动了农村资源要素优化配置。通过对农村土地等资源进行清产核资、登记备案、评估认定,投资入股企业、合作社、家庭农场等经营主体,实现资源变资产,推动生产要素聚集和优化,激活农业农村发展潜能。据统计,试点村入股土地、林地等资源性资产25万亩,折价2.01亿元;流转土地等资源44.85万亩;宅基地即其他物权量化5.16万宗。

二是推动财政资金入股增值收益。试点地区将投入农村的生产和扶持类财政资金在不改变性质和用途的前提下,入股到各类新型经营主体,部分量化为村集体或贫困农户的股金,实现资金变股金,按股比获得收益、享有分红,变"一次性"投入为"持续性"增收。目前,各试点县共筹集可变资金24.2亿元,通过"三变"形成股金16.4亿元。

三是推动农村股份合作规模经营。通过引导农民自愿以农村土地承包经营权、资金、技术等生产要素,入股合作社、农业企业等经营主体,实现农民变股东,分享产业链增值收益;同时注重培育新型经营主体,吸引企业投资和社会资金,优化各方利益联结,形成股份合作、利益共享、风险分担的经营机制。据统计,省级试点村中已有141.84万农民入股成为股东,共有983个经营主体参与"三变"改革,投入资金9.3亿元,撬动社会资产60亿元,共同推进特色产业发展。

四是推动了农民增收和集体经济发展。通过"三变"改革,以股权为纽带把各种资源要素整合,激活农村自然资源、存量资产、人力资本,推进农业供给侧结构性改革,培育壮大一批特色优势产业,促进农业增效、农民增收和农村集体经济发展。截至2016年底,1015个试点村通过改革获得收益16.6亿元,入股农民人均增收1170元,试点村集体经济收入共6490万元,平均每个村6.4万元。

五是推动精准扶贫、精准脱贫。"三变"有效改变过去点对点的扶贫模式,推进产业扶贫,让贫困群众有股可入、有事可做、有利可获,拓宽贫困群众的生产空间、生存空间和发展空间,切实做到精准扶贫、精准脱贫,让改革红利惠及更多贫困群众。2016年,试点村共减少贫困人口11.1万人,占试点村贫困人口的23%。

(二)强力推进"大扶贫"战略行动

为了落实国家脱贫攻坚规划,促进科学治贫、精准扶贫、有效脱贫,加快贫困地区经济社会发展，贵州省政府开展并强力推进大扶贫战略行动。贵州省人民代表大会公布的《贵州省大扶贫条例》指出：大扶贫是指把脱贫攻坚作为头等大事和第一民生工程，统揽经济社会发展全局，构建政府、社会、市场协同推进和专项扶贫、行业扶贫、社会扶贫等多方力量、多种举措有机结合的大扶贫格局，争取国家和其他省（区、市）支持，动员和凝聚全社会力量广泛参与，通过政策、资金、人才、技术等资源，全力、全面帮助本省贫困地区和贫困人口增强发展能力，实现脱贫致富的活动。"简而言之，大扶贫就是动员起方方面面的力量，人人愿为、人人可为、人人能为。"[1]

贵州省的大扶贫树立创新、协调、绿色、开放、共享的发展理念，坚持开发式扶贫的方针，贯彻精准扶贫、精准脱贫的基本方略，遵循政府主导、社会参与、多元投入、群众主体的原则。力争做到扶贫对象精准、项目安排精准、资金使用精准、措施到户精准、因村派人精准、脱贫成效精准，通过基础设施建设、发展生产、易地扶贫搬迁、生态补偿、发展教育和医疗、社会保障兜底等措施实现贫困人口脱贫。脱贫攻坚与区域发展相结合，通过脱贫攻坚促进区域发展，区域发展带动脱贫攻坚。

各级人民政府负责本行政区域的大扶贫工作，如贫困地区基础设施建设、优化产业结构、开展产业扶贫、电商扶贫、建设美丽乡村、发展乡村旅游等脱贫措施。实行省负总责、市（州）县落实、乡（镇）村实施的管理体制，建立和完善大扶贫目标责任和考核评价制度。

大扶贫不只强调政府作用，也鼓励社会各界积极参与扶贫开发活动。各级人民政府应当为社会各界参与扶贫开发活动搭建平台、畅通渠道、提供服务，全方位引导社会各界参与扶贫开发。

贵州省各级政府组织15.7万名干部遍访贫困村贫困户，精准识别贫困人口并建档立卡动态管理，编制精准扶贫作战图。全力打好易地搬迁扶贫关键一仗，流转城乡建设用地增减挂钩指标9890亩，建设555个安置点，建成9.7万套搬迁房，实现每户搬迁家庭就业1人以上。大力发展特色种养业，在1300个贫困村设立电商网点，为10.28万就地脱贫人口整治13.76万亩优质农田。73.4万贫困人口实现产业脱贫。压缩党政机关6%的行政经费用于教育精准扶贫，对31.7万建档立卡贫困家庭学生上高中、大学免除学杂费，16.89万贫困家庭学龄前儿童吃上营养午餐。完成44万农村青壮年劳动力规范化技能培训。对158万人"两无"人员实行政策性

---

[1] 贵州省扶贫办. 贵州大扶贫：脱贫攻坚是第一民生工程[EB/OL]. http://www.gzfp.gov.cn/xwzx/jrtt/201609/t20160908_1273226.html.

兜底保障。39个中央单位、7个东部城市、1381户企业、45所省属院校开展对口定点帮扶,涌现出一批先进典型。6个贫困县、60个贫困乡镇摘帽、500个贫困村退出。

(三)坚持以人民为中心的发展思想,全力保障改善民生

2012—2016年,贵州省全力总攻"绝对贫困",人民福祉不断改善。全省坚持把脱贫攻坚作为头等大事和第一民生工程,五年减少贫困人口776.8万人。城乡居民人均可支配收入分别年均增长10.2%和12.4%。连年压缩行政经费用于发展教育,大力实施农村学前教育儿童、农村义务教育学生营养改善计划,对农村建档立卡贫困家庭学生上高中、上大学免除学杂费。大力实施基层医疗卫生服务能力三年提升计划,深入推进医疗卫生"百院大战",基层医疗卫生实现"五个全覆盖"。

农村危房改造,是民生工程、民心工程,也是发展工程。贵州自2008年开展农村危房改造工作以来,截至2016年底已累计完成292.48万户危房改造,保障和改善了民生,且有力促进经济社会发展,成效明显。实施城镇保障性安居工程174万套,改造农村危房180万户。

2016年,贵州城镇、农村居民人均可支配收入分别增长8.8%和9.5%。城镇新增就业75.78万人。新增38个县基本普及15年教育、18个县实现义务教育基本均衡。建成40所省级示范性中职学校、300个农村幼儿园、300个标准化农村寄宿制学校和1000个农村留守儿童之家。花溪大学城入住学生9.1万人。公共文化服务体系不断完善,打造一批文化精品。实施基层医疗卫生服务能力三年提升计划,完成329所乡镇卫生院标准化建设,199家县级以上公立医院实现远程医疗,32.51万人次享受城乡居民大病保险,每个乡镇卫生院和社区卫生服务中心配备2名以上执业医师,12296所乡村中小学配备校医。国家委属医院和对口帮扶城市医院帮扶66个贫困县人民医院。两孩政策全面实施,计划生育服务管理不断加强。建成生态体育公园15个。城乡居民基本医保财政补助标准提高到420元。调整机关事业单位工作人员基本工资标准,提高机关事业单位离退休人员待遇、城乡低保标准和困难残疾人生活补贴、重度残疾人护理补贴标准。对78.7万受灾群众实施救助。建成城镇保障性安居工程27.6万套(户),改造农村危房30万户。安全生产事故起数和死亡人数实现双降,刑事案件发案数持续下降,信访维稳工作进一步加强。国防建设与经济建设协调发展。司法行政、民族、宗教、外事、侨务、对台、人防、档案、方志、文史、参事、妇女、儿童、老龄、残疾人等各项事业均取得新的进步。

三、2016 年贵州省脱贫人口的分布与特征

（一）集中连片特困地区脱贫人口的分布与特征

表7-16　2016年贵州集中连片特困地区脱贫情况

片区名	2016年农村户籍人口（万人）	贫困人口			贫困发生率	
		总数（万人）	占全省贫困人口比重（%）	比上年减少人数（万人）	贫困发生率（%）	贫困发生率比上年下降百分点（%）
武陵山	582.68	54.57	14.4	25.92	9.21	4.66
乌蒙山	806.05	95.55	25.3	29.58	11.66	3.66
滇桂黔	1289.66	183.80	48.7	45.60	14.31	3.48

资料来源：贵州省扶贫办。

从表7-16中，我们可以看到贵州3个集中连片特困地区从2015年到2016的减贫情况。2016年，无论是农村户籍人口、贫困人口还是贫困发生率，滇桂黔片区都是三个集中连片特困地区中最多的，其次为乌蒙山、武陵山片区。武陵山、乌蒙山、滇桂黔片区的贫困人口分别占贵州省贫困总人口的14.4%、25.3%、48.7%，贫困发生率分别为9.21%、11.66%、14.31%。贵州全省2016年相比2015年减少贫困人口115.2万人，其中滇桂黔片区占45.6万人，其次为乌蒙山片区、武陵山片区。从贫困发生率来看，武陵山片区在三大片区中贫困发生率最低，且贫困发生率的降低百分点最高，其次为乌蒙山、滇桂黔片区。

（二）各市（州）脱贫人口的分布与特征

表7-17　2016年贵州市（州）的农村贫困基本情况

市（州）	贫困村（个）	农村贫困人口			农村居民人均可支配收入	
		总量（万人）	占全省比重（%）	比上年减少人数（万人）	绝对值（元）	增长率（%）
全省合计	9000	377.80	100.00	115.20	8090	9.5
毕节市	1981	92.51	24.49	22.94	7668	10.4
黔东南州	1853	70.20	18.58	14.12	7584	10.5
黔南州	836	45.36	12.01	12.93	8844	9.9
铜仁市	1565	43.04	11.39	15.28	7631	10.1
黔西南州	629	34.27	9.07	8.96	7779	10.2
六盘水市	615	33.35	8.83	8.30	8230	9.4

续表

市（州）	贫困村（个）	农村贫困人口			农村居民人均可支配收入	
		总量（万人）	占全省比重（%）	比上年减少人数（万人）	绝对值（元）	增长率（%）
遵义市	871	32.53	8.61	23.30	10109	9.3
安顺市	583	25.93	6.86	8.46	8120	9.7
贵阳市	67	1.37	0.36	0.15	12967	8.8

资料来源：贵州省扶贫办。

从市（州）级层面来看，贵州全省的9个市州均存在不同程度的贫困人口，部分市（州）贫困人口总量依然较大，其中以毕节市的农村贫困人口最多。2016年，全省农村贫困人口的市州分布如下：毕节市92.51万人，占全省的24.49%；黔东南州70.20万人，占18.58%；黔南州45.36万人，占12.01%；铜仁市43.04万人，占11.39%；黔西南州34.27万人，占9.07%；六盘水市33.35万人，占8.83%；遵义市32.53万人，占8.61%；安顺市25.93万人，占6.86%；贵阳市1.37万人，占0.36%（见表7-17）。毕节市、黔东南州、黔南州、黔西南州、六盘水市、贫困人口占全省贫困人口的比值较2015年有所上升，而遵义市、铜仁市、安顺市该比值均有不同程度下降。从减贫人数上看，遵义市2016年较2015年的减贫人口最多，为23.30万人；其次为毕节市，减贫22.94万人。

表7-18　2016年贵州各市（州）贫困发生率

市（州）	贫困发生率（%）	贫困发生率比上年下降（百分点）	贫困发生率高于全省（百分点）	贫困发生率降幅高于全省（百分点）
全省合计	10.74	3.27		
黔东南州	18.05	3.64	7.31	0.37
毕节市	13.15	3.33	2.41	0.06
六盘水市	12.79	2.89	2.05	-0.38
黔南州	12.76	3.69	2.02	0.42
铜仁市	11.44	4.1	0.7	0.83
黔西南州	10.87	2.88	0.13	-0.39
安顺市	10.48	3.26	-0.26	-0.01
遵义市	4.81	3.55	-5.93	0.28
贵阳市	0.7	0.08	-10.04	-3.19

资料来源：贵州省扶贫办。

2016年贫困发生率较2015年下降百分比最大的前三个市（州）分别为黔南州、黔东南州、遵义市。2016年贫困发生率低于全省平均水平的有贵阳市、遵义市、安顺市,高于全省的有黔东南州、毕节市、黔南州、六盘水市、铜仁市、黔西南州。贫困发生率降幅高于全省的有黔东南州、毕节市、黔南州、铜仁市、遵义市,低于全省的有贵阳市、六盘水市、黔西南州、安顺市、贵阳市。(见表7-18)

表7-19 2016年贵州省贫困发生率分布情况

序号	贫困发生率	县（市、区、特区）			个数（个）
1	5%以下	花溪区	乌当区	钟山区	17
		开阳县	息烽县	湄潭县	
		观山湖区	桐梓县	瓮安县	
		清镇市	凤冈县	西秀区	
		修文县	赤水市	播州区	
		绥阳县	余庆县		
2	5%~10%	仁怀市	黔西县	凯里市	21
		兴义市	万山区	汇川区	
		正安县	兴仁县	六枝特区	
		安龙县	碧江区	七星关区	
		习水县	务川县	松桃县	
		红花岗区	江口县	道真县	
		平坝区	普安县	金沙县	
3	10%~15%	福泉市	思南县	独山县	19
		惠水县	威宁县	镇宁县	
		龙里县	石阡县	关岭县	
		印江县	玉屏县	岑巩县	
		都匀市	贞丰县	平塘县	
		盘县	沿河县	普定县	
		贵定县			
4	15%~20%	赫章县	三穗县	雷山县	20
		荔波县	天柱县	三都县	
		纳雍县	大方县	锦屏县	
		德江县	望谟县	黄平县	
		黎平县	紫云县	织金县	
		长顺县	册亨县	水城县	
		麻江县	镇远县		
5	20%以上	从江县	榕江县	台江县	8
		施秉县	罗甸县	剑河县	
		晴隆县	丹寨县		

资料来源：贵州省扶贫办。

2016年，贵州各市、区、特区中，贫困发生率在20%以上的有8个，贫困发生率在15%~20%的有16个，贫困发生率在10%~15%的有19个，贫困发生率在5%~10%的有21个，贫困发生率在5%以下的有17个（见表7-19）。2016年大部分市、区、特区的贫困发生率分布于5%以下，相较于2015年，贫困发生率在20%以上的县区有了明显减少。①

四、2016年贵州省未脱贫人口的分布与特征

表7-20　2016年贵州省贫困发生率在5%以下县（市、区）的贫困情况

区、县名	贫困人口		贫困发生率		农村人均可支配收入	
	绝对数（万人）	比上年减少人数（万人）	贫困发生率（%）	比上年下降百分比（%）	绝对值（元）	较上年增长率（%）
全省	377.8	115.2	10.74	3.27	8090	9.5
花溪区	0.11	0.05	0.43	0.19	13463	8.5
开阳县	0.15	-0.01	0.46	-0.03	12366	9.4
观山湖区	0.08	0.01	0.57	0.07	14352	8.4
清镇市	0.3	0.07	0.75	0.11	12611	9.5
修文县	0.29	0.02	1.04	0.09	11904	9.7
乌当区	0.16	0	1.21	0.01	14197	8.7
息烽县	0.27	0.02	1.42	0.11	11856	9.6
桐梓县	1.71	2.53	2.47	3.53	9805	9.1
凤冈县	1.04	1.88	2.61	4.58	9271	9.1
赤水市	0.65	1.14	2.74	4.72	10094	9.3
钟山区	0.47	0.35	2.79	2.02	10899	9.8
湄潭县	1.23	1.54	2.82	3.5	11054	9.3
瓮安县	1.25	2.73	2.86	6.23	9156	10
西秀区	1.81	2.08	2.89	3.41	9924	10.2
播州区	4.24	3.78	3.54	3.15	11779	8.8
绥阳县	2.06	0.93	4	1.73	10470	9.3
余庆县	1.07	0.37	4.05	1.39	9700	9.2

资料来源：贵州省扶贫办。

表7-20从低到高展示了2016年贵州省贫困发生率在5%以下县（市、区）的

---

① 2016年，贵州全省的88个县（市、区、特区）中，贫困发生率在22%以上的有13个，在20%~22%的有10个，在15%~20%的有16个，在10%~15%的有22个，在5%~10%的有15个，在5%以下的有12个。

减贫情况。2016年，贵州贫困发生率在5%以下的县（市、区）17个，其中以花溪县的贫困发生率为全省最低、观山湖区的贫困人口最少。这些贫困发生率较低的县（市、区）的农村人均可支配收入及增长率基本都高于全省平均水平，属于人民生活水平较高的地区。

表7-21　2016年贵州省贫困发生率在5%~10%县（市、区）的减贫情况

区、县名	贫困人口		贫困发生率		农村人均可支配收入	
	绝对数（万人）	比上年减少人数（万人）	贫困发生率（%）	比上年下降百分比（%）	绝对值（元）	较上年增长率（%）
全省	377.8	115.2	10.74	3.27	8090	9.5
仁怀市	2.98	1.14	5.01	1.91	10240	8.7
兴义市	3.53	1.42	5.17	2.19	9964	10.2
正安县	3.67	3.5	6.12	8.94	8293	9.7
安龙县	2.74	1.35	6.33	3.09	7424	10.3
习水县	4.62	4.38	6.87	6.33	8577	9.3
红花岗区	1.41	-0.51	6.91	-2.9	12164	8.4
平坝区	2.22	0.71	7.15	1.89	8429	10.3
道真县	2.29	1.3	7.46	4.14	8291	9.5
黔西县	6.83	3.27	7.76	6.55	7751	10.5
万山区	1.08	0.69	7.88	5.44	7719	10.3
兴仁县	3.47	1.22	7.88	2.71	7712	10.2
碧江区	1.3	0.16	7.92	0.98	10365	10.2
务川县	3.34	2.38	7.93	5.73	8257	9.6
江口县	1.81	1.16	8.47	5.36	7497	10.5
普安县	2.89	0.64	8.58	1.9	7167	11.3
金沙县	3.84	1.51	8.71	2.71	8647	9.4
凯里市	3.25	1.28	8.79	3.29	9752	10.6
汇川区	1.92	-0.76	8.88	-2.87	12174	8.3
六枝特区	5.33	2.99	9.02	4.9	7879	10.8
七星关区	10.73	4	9.61	3.69	7821	9.9
松桃县	6.59	3	9.69	4.53	7288	10.6

资料来源：贵州省扶贫办。

表7-21从低到高展示了2016年贵州省贫困发生率在5%~10%县（市、区）的减贫情况。2016年，贵州贫困发生率在5%~10%的县（市、区）21个，其中贫困发生率最低的县（市、区）分别为仁怀市、兴义市、正安县，碧江区、红花岗区的贫困人口最少。汇川区的人均可支配收入最高。

表7-22 2016年贵州省贫困发生率在10%~15%县（市、区）的减贫情况

区、县名	贫困人口		贫困发生率		农村人均可支配收入	
	绝对数（万人）	比上年减少人数（万人）	贫困发生率（%）	比上年下降百分比（%）	绝对值（元）	较上年增长率（%）
全省	377.8	115.2	10.74	3.27	8090	9.5
福泉市	2.31	0.77	10.07	3.98	9139	10.1
惠水县	4.22	0.88	10.3	2.44	8910	9.8
龙里县	1.99	0.4	10.33	2	9223	10.4
印江县	4.29	1.66	10.35	3.92	7319	10.1
都匀市	3.37	0.35	10.38	0.92	10056	8.9
盘县	12.04	3.34	11.32	3.01	8474	10.3
普定县	5.01	1.9	11.33	3.81	7538	10.4
思南县	7.27	2.94	11.7	4.65	7328	9.8
威宁县	15.31	3.84	11.93	2.55	7643	10.1
石阡县	4.87	1.72	12.19	4.33	7452	9.1
玉屏县	1.59	0.06	12.26	0.42	9498	9.1
贞丰县	5.12	1.34	12.65	3.48	7503	10.6
沿河县	8.15	2.35	13.2	3.77	7274	9.6
贵定县	3.46	0.13	13.3	0.51	8851	10.8
独山县	4.55	1.27	13.88	3.71	8653	10.6
镇宁县	5.17	1.6	14.22	4.52	7232	10.1
关岭县	5.17	1.46	14.47	3.56	7200	8.7
岑巩县	2.88	0.85	14.83	5.05	7659	11.1
平塘县	4.71	1.48	14.98	4.57	8206	11

资料来源：贵州省扶贫办。

表7-22从低到高展示了2016年贵州省贫困发生率在10%~15%县（市、区）的减贫情况。2016年，贵州贫困发生率在10%~15%的县（市、区）19个，其中贫困发生率最低的县（市、区）分别为福泉市、惠水县、龙里县，玉泉县、龙里县的贫困人口较少。人均可支配收入与增长率最高的县（市、区）分别为都匀市、岑巩县。

表7-23 2016年贵州省贫困发生率在15%~20%县（市、区）的减贫情况

区、县名	贫困人口		贫困发生率		农村人均可支配收入	
	绝对数（万人）	比上年减少人数（万人）	贫困发生率（%）	比上年下降百分比（%）	绝对值（元）	较上年增长率（%）
全省	377.8	115.2	10.74	3.27	8090	9.5
赫章县	11.14	2.29	15.06	2.86	7269	10.8

续表

区、县名	贫困人口		贫困发生率		农村人均可支配收入	
	绝对数（万人）	比上年减少人数（万人）	贫困发生率（%）	比上年下降百分比（%）	绝对值（元）	较上年增长率（%）
荔波县	2.51	0.98	15.17	5.92	8452	10.2
纳雍县	13.08	2.76	15.38	2.67	7295	11.1
德江县	6.05	1.58	15.76	4.47	7283	10.4
黎平县	7.46	1.71	16.2	3.65	7213	9.5
长顺县	4.04	0.99	16.48	4.04	8331	10.9
麻江县	2.45	0.58	16.69	3.91	7259	10.5
三穗县	3.34	1.41	16.81	7.01	7723	11.4
天柱县	6.06	2.02	16.89	5.65	7765	9.4
大方县	14.45	2.62	16.95	2.12	7741	11
望谟县	5.38	1.26	17.16	4.05	6542	11.2
紫云县	6.43	0.83	17.19	2.09	7230	10.5
册亨县	4.1	0.83	17.57	3.34	6712	11
镇远县	3.13	0.4	17.91	2.66	7658	9.3
雷山县	2.44	0.39	17.94	2.87	7559	11
三都县	5.99	2.16	18.22	7.04	8289	10.5
锦屏县	4.03	1.1	18.74	4.97	7080	10.8
黄平县	6.8	1.41	19.38	3.6	7257	11.2
织金县	17.03	2.75	19.54	2.95	7627	10.8
水城县	15.48	1.65	19.72	1.28	7686	8.4

资料来源：贵州省扶贫办。

表7-23从低到高展示了2016年贵州省贫困发生率在15%~20%县（市、区）的减贫情况。2016年，贵州贫困发生率在15%~20%的县（市、区）20个，其中贫困发生率最低的县（市、区）分别为赫章县、荔波县、纳雍县，贫困人口最少的县（市、区）分别为雷山县、麻江县、荔波县。人均可支配收入与增长率最高的县（市、区）分别为长顺县、望谟县、黄平县。虽然这些县（市、区）的农村居民人均可支配收入大多低于全省平均水平，但许多县（市、区）的人均可支配收入增长率高于全省均值。

表 7-24 2016 年贵州省贫困发生率在 20% 以上县（市、区）的减贫情况

区、县名	贫困人口		贫困发生率		农村人均可支配收入	
	绝对数（万人）	比上年减少人数（万人）	贫困发生率（%）	比上年下降百分比（%）	绝对值（元）	较上年增长率（%）
全省	377.8	115.2	10.74	3.27	8090	9.5
剑河县	4.93	0.9	20.16	3.51	7222	10.7
台江县	3.08	0.3	20.18	3.77	6819	10.5
丹寨县	3.38	0.48	21.45	2.36	7340	11.3
罗甸县	6.88	0.87	21.55	2.61	8711	9.8
榕江县	6.85	1.29	21.92	5.63	7169	10.9
晴隆县	6.98	0.96	22.63	3.02	6813	9.2
施秉县	2.49	-0.1	23.67	-1.74	7868	9.2
从江县	7.58	0.15	24.29	-0.4	7622	11

资料来源：贵州省扶贫办。

表 7-24 从低到高展示了 2016 年贵州省贫困发生率在 20% 以上县（市、区）的减贫情况。2016 年，贵州贫困发生率在 20% 以上的县（市、区）8 个，这些县（市、区）的贫困发生率为全省贫困发生率的 2 倍以上，其中从江县的贫困人口和贫困发生率均为最高。除罗甸县外，这些县（市、区）人均可支配收入、农村居民可支配收入均低于全省平均水平，但大部分许多县（市、区）的人均可支配收入增长率高于全省均值，其中以丹寨县农村居民人均可支配收入增长率最高，为 11.3%，高于全省均值近 2 个百分点。

五、贵州省精准扶贫、精准脱贫与巩固提升的思路

（一）走可持续脱贫致富之路

2016 年，贵州有 120.8 万人告别贫困，超出计划数 20.8 万人，脱贫攻坚首战告捷。脱贫攻坚之战正在向纵深推进，2017 年将有 100 万人以上走出贫困线，迈进持续不断的好日子。在脱贫之路上，贵州在精准地"造血"，尽力阻断"贫穷循环"。贫困地区步入可持续脱贫致富的新轨道，贫困户拥有可持续脱贫致富的新生活，值得我们期待。

产业扶贫首当其冲。贵州土地零散，石漠化又严重，不少地方的群众，依靠传统产业，难以翻越贫困线，甚至陷入"越穷越垦、越垦越穷"的恶性循环里，既无法脱贫又恶化生态环境。扶贫的路径就是守住发展和生态两条底线，构建特色优势产业体系，让绿水青山变成金山银山。修文的猕猴桃即是一个成功案例，农民人均

收入已达万余元，既绿了山坡又鼓了钱袋。

市场机制至为关键。在现代社会，一个人与市场的关联度，决定他的收入状况。创建可持续脱贫致富的机制，关键就是要提高农村资源与市场的关联度，用市场手段激活农村资源。在贵州的"三变"改革探索中，农村资源变成资产、资金变成股金、农民变成股东，从人到资源，都与市场发生紧密关联。鸡年春节不少群众享受到分红，"三变"改革的红利正在逐渐释放。

易地搬迁扶贫刻不容缓。"八山一水一分田"的地理环境，致使不少百姓在苦寒之地生存，恶劣的生态环境导致"贫穷循环"，孕育了搬出穷窝、发展致富的"内生动力"。搬出穷窝难，富起来更难，持续地脱贫致富难上加难。贵州以问题和项目为导向，敢较真敢碰硬敢啃"硬骨头"，一头抓迁出地统筹开发，一头抓安置地就业和生产，让搬迁群众真切感受到日子有奔头，持续脱贫致富的路子愈加清晰。

教育扶贫重中之重。今天办好一所贫困山村的学校，未来就能阻断一群人的贫穷代际传递。贵州直面义务教育水平低、高中阶段教育资源短缺的现实，缩减行政经费来解决教育问题，在全国率先实行3年免费中职教育，2016年出资73.3亿元帮助各级各类学生365.7万人次。再穷不能穷教育，再苦不能苦孩子，精准教育扶贫是拔除穷根的治本之策。

众力并则能举万钧。脱贫攻坚任务艰巨，同步小康时间紧迫。这是一场不能输只能赢的硬仗，只要各方扶贫资源、内外力量继续汇聚，集中精力、集中火力，就能打好打赢脱贫攻坚战。这是一场关系贵州经济社会发展的关键之战，要毫不松懈地继续阻断"贫穷循环"，用心用情用力地培育"持续脱贫致富"覆盖所有的贫困人口，贵州就能如期与全国同步实现小康，贵州经济社会发展必将进入新境界迈向新高地。

（二）以红色文化助推扶贫攻坚

贵州是红色文化的沃土，更是长征文化资源富集的省份。近百年来，形成了各路红军和中央红军六进贵州、进行众多战役战斗、实现伟大转折的长征文化，支援全国抗战和抵抗日本帝国侵略者的抗战文化，开发贵州和巩固国防的"三线"文化，在加快改革开放和同步小康进程中展现贵州时代精神的当代文化。

红色文化不仅是中华民族先进文化的有机组成部分，而且是地方经济社会建设的重要内容。贵州作为革命老区，是全国脱贫攻坚的主战场，红色文化建设要以习近平总书记重要指示和省第十二次党代会精神为指引，在决胜脱贫攻坚、同步全面小康中发挥重要助推作用。要用伟大的遵义会议精神，"开放创新、团结奋斗"的时代精神和"不怕困难、艰苦奋斗、攻坚克难、永不退缩"的贵州精神，凝聚起贵州人民决胜脱贫攻坚的坚定意志。要创新更多更好的红色影视作品,扩大贵州影响力,传递贵州红色声音;继续办好在全国首创的"长征论坛",拓展红色文化的辐射作用;大力发展红色旅游,让"红色旅游"与绿色生态协调发展,激活老区群众的红色记忆,拓宽老区人民的致富路,提升老区群众的获得感。

(三)深入推进、开展健康扶贫工程

党的十八大以来,我国健康扶贫取得积极进展,已为全国553万户因病致贫返贫家庭、734万患病群众建立健康扶贫工作台账和动态管理数据库;截至2017年5月底,已经分类救治贫困患者260多万人。

党的十八大以来,围绕让贫困人口"看得起病、看得好病、方便看病、少生病"的工作思路,我国启动实施了《健康扶贫工程"三个一批"行动计划》,措施到人、精准到病。

2016年我国实现城乡居民医保、大病保险对农村贫困人口全覆盖,政策范围内住院费用报销比例提高5个百分点以上。2016年农村贫困人口医疗费用实际补偿比达到67.6%,个人负担进一步减轻。

当前健康扶贫已进入攻城拔寨的重要阶段,结合我国国情和行业特点,要深入实施"三个一批"行动计划,开展大病集中救治、推开慢病签约服务管理、全面建立重病兜底保障机制。在大病集中救治方面,做到三个"确保":确保2017年底前,将儿童白血病、儿童先天性心脏病、食管癌等9种大病集中救治覆盖所有贫困地区;确保到2018年底,大病集中救治覆盖建档立卡农村贫困人口和农村特困人员、低保对象,以及农村计划生育特困家庭。同时,各地要结合地方实际,逐步扩大集中救治病种,做到大病集中救治工作与脱贫攻坚任务进度相适应,确保到2020年农村贫困人口大病应治尽治,不落一人。

国务院扶贫办主任刘永富说,健康扶贫实施以来,各地积极探索成效明显。贵州省抓慢病救助,安徽省抓兜底保障,四川省抓预防保健,这些经验很有成效。但因病致贫返贫一直是首位致贫因素,越往后越突出。近几年,因病致贫返贫比例一直在40%以上,今后需要进一步加大工作力度,因地因病分类施策,一户一户研究解决。

(四)开展劳务输出扶贫措施

为扎实推进大扶贫战略行动,在2016年试点工作的基础上,更加精准地开展培训输出护工、家政等紧缺劳务人员工作,促进贫困人口实现就业脱贫,贵州省人民政府制定《开展培训输出护工、家政等紧缺劳务人员工作方案》(以下简称《方案》)。贵州省人民政府办公厅为此下发文件,在扎实推进大扶贫战略行动,在2016年试点工作基础上,更加精准地开展培训输出护工、家政等紧缺劳务人员工作,促进贫困人口实现就业扶贫,制定专门的实施方案。《方案》,坚持政府引导与社会参与相结合、社会公益与市场配置相结合、宣传发动与个人需求相结合、跨省输出就业与就地就近就业相结合的原则,通过规范开展护工和家政服务等职业技能培训,有针对性地提升贫困劳动力技能水平和就业水平,确保2017年输出一万名护工、家政等紧缺人员稳定就业,实现"培训一人、输出一人、就业一人、脱贫一户"的目标。

(五)开展精准扶贫学生资助,深化教育扶贫措施

贵州省教育厅和贵州省扶贫办为此专门联合下发文件,根据贵州省2017年脱贫攻坚春季攻势行动令和省委、省政府主要领导批示精神,为进一步做好教育精准扶贫学生资助工作,确保应助尽助,要求做到:分类认真处理审核对比结果、汇总上报资助情况、全面清理资助结余资金、进一步加强政策宣传以及高度重视责任落实等。

(六)开展生态扶贫

既要金山银山,也要绿水青山,而且绿水青山就是金山银山。走绿色发展之路,成了贵州的初心。于是,思路清晰的贵州省选择了一条生态路径:立足自身的资源禀赋和市场需求,从实际出发,因地制宜地选择发展生态友好型、环境友好型产业。

经济增长与生态保护往往是一对矛盾,在贵州,这种矛盾更为突出。既要为生态"留白"、给自然"种绿",又要脱贫攻坚发展经济,贵州该何去何从?

对此,贵州坚持"绝不能走'先污染后治理'的老路,不能走'守着绿水青山苦熬'的穷路,更不能走'以牺牲环境生态为代价,换取一时经济增长'的歪路。"

多年来,贵州坚守生态底线,厚植生态基础,既要"金山银山"也要"绿水青山"。在绿色经济发展的道路上,贵州的脚步越走越坚实,可分享的绿色红利不断积累,人民群众获得感不断增强。贵州率先出台首部省级、市级层面的生态文明建设条例;制定生态文明体制改革实施方案,提出8个方面45项具体改革举措,搭好生态文明制度改革的"四梁八柱";出台生态文明建设目标评价考核办法、生态环境损害党政领导干部问责暂行办法等;编制贵州国家生态文明试验区实施方案,提出绿色发展等8个方面的制度创新试验……这些制度创新成果,是老百姓能够享受到的最基本生态红利。

贵州围绕绿色产业发展，发布大数据、大生态、大健康以及数字经济、旅游经济、绿色经济和传统产业转型升级等工程项目共 1311 个、总投资 1.57 万亿元，绿色产业项目加快推进实施；同时通过实施绿色农产品"泉涌"行动，向市场提供更多绿色有机无公害农副产品。通过发展绿色产业、优化绿色产品供给，贵州发展的绿色化程度不断提升，贫困群众借助绿色经济发展增加了收入，脱贫致富步伐进一步加快。

围绕山青、天蓝、水清、地洁四条底线，贵州省制订绿色贵州建设三年行动计划、大气污染防治行动计划实施方案、水污染防治行动计划工作方案和土壤污染防治工作方案等政策措施。实施十大污染源治理工程，深入开展环保督察巡查、环保基础设施攻坚行动，全面推行河长制，大力推进石漠化综合治理和矿山环境恢复治理。

2016 年，贵州省森林覆盖率已达 52%，空气优良天数比例达 96.6%，市州中心城市集中式饮用水源地水质达标率稳定在 100%，城市污水处理率、生活垃圾无害化处理率分别达 90.5% 和 87.3%。环境质量的改善，让人民群众享受到更好的生活环境。

六、典型案例

（一）盘州市贾西村创新"四机制"破解深度贫困难题

贾西村是盘州市盘关镇典型的深度贫困村。全村 9.86 平方公里总面积中 25°以上坡耕地占 51% 以上，石漠化面积占 20% 以上，交通、信息闭塞，农业基本与市场隔绝，村民长期以苞谷、洋芋为生。近年来，贾西村积极探索创新主体引领、产业发展、投入保障、激励考核机制，走出了一条机制新、产业强、百姓富、生态美的脱贫攻坚新路子，预计 2017 年贫困人口人均增收 3490 元，年底全村农民人均可支配收入达到 9000 元以上，比上一年增长 62%。

1. 创新主体引领机制，凝聚脱贫合力

牢固树立组织引领脱贫攻坚的"核心"意识，把整合各方力量作为脱贫攻坚的先导和基础。一是创新联村党委建设机制。按照"把支部建在产业链上、让党员冲在脱贫一线"的思路，以贾西村为扶贫核心区，联合海坝村、茅坪村等 7 个村，组建盘关镇天富刺梨园联村党委，各村支部书记任委员，整合市县乡村帮扶人员力量，制定挂村领导、包村工作组、联户干部脱贫攻坚责任清单，打破区域界限，整合各村资源要素，推进产业连片发展。二是创新合作社管理机制。按照"一园多社、政经分开"的原则，在盘关镇天富刺梨园内组建农民专业合作总社，按照专业化程度将周边7个村级合作社作为分社，总社负责统一规划、育苗、培训和监管，分社按片区组织务工、管护和结算分红，充分发挥好合作社链接群众的作用。三是创新能人引领带动机制。按照选好党组织能人、产业发展能人和致富带头能人"三个能人"的原则，镇党委任命懂经营、会管理的镇属平台公司人员任联村党委书记、调整配强相关党支部书记，在县级农业部门聘请退休专业技术人员负责指导产业培育发展，支持返乡创业致富能人聂德友牵头任合作总社理事长。目前，贾西村已有584户、1691人入股村级合作社，入股率达81.11%，其中120户贫困户、258人全部入股，入股率100%。

2. 创新产业发展机制，强化脱贫支撑

紧盯耕地破碎、石漠化严重、贫困程度深的问题，坚持"生态产业化、产业生态化"理念，推进产业发展立体化，提高土地产出率，做足百姓富、生态美的文章。一是创新产业选择机制。以农业特色产业"3155"工程为引领，突出市场需求导向，因地制宜，大力选育本地野生刺梨、地参、鱼腥草和蜜蜂为主打产业，大力实施林药、林苗、林菜、林蜂等立体种养业，把产业引向林下和空中。目前，以贾西村为核心的刺梨产业园规模达到3.12万亩，完成林下育苗620亩、套种中药材地参2300亩、鱼腥草2000亩、凤仙透骨草300亩，投资新建蜂房和蜂蜜加工厂，利用刺梨花、中药花等作为蜜源，发展养殖蜜蜂500群，产业覆盖8个村3498户、9446人，其中贫困户423户、842人。二是创新产业经营机制。针对过去产业扶贫只管种不管销、只管产量不管质量的问题，主动面向市场调整产品结构、拓展生产结构，由县属专业平台公司入股合作社的办法，负责资金托底和对接市场，着力解决合作社后续发展的问题。目前，县属平台公司启动建设年产30万吨刺梨深加工项目，健全产业种植、加工、销售一体化链条，推进扶贫产业与市场无缝对接。三是创新产业融合机制。结合贾西村自然山水和特色产业，加快开发莲池九峰旅游景区，高标准建设生态化、循环化刺梨绿色加工厂，推动农工融合、农旅融合、产景融合，顺势发展农业观光旅游和乡村旅游，把刺梨产业打造为集生产、加工、研发、观光、体验、旅游为一体的自然生态产业群，形成绿色、生态、可持续的永续脱贫产业。

3. 创新激励考核机制，激发脱贫动力

坚持扶贫必先扶志的理念，把不养懒汉、不养闲人贯穿扶贫工作始终，不断激发群众发展内生动力和活力。一是创新思想发动机制。坚持把做群众思想工作放在首位，丰富活动内容和载体，积极开展"总书记话儿进村寨"、"院坝党课"、"产业基地党课"和"正党风、正家风、正民风"主题创建活动，以环境整治为载体，以精神文明为核心，营造"比、学、赶、超"氛围，从思想上将"要我脱贫"转变为"我要脱贫"，着力实现"精神脱贫"。二是创新资金奖补机制。坚持以项目发动群众，引导群众主动参与，以劳动创造美好生活。如在"四在农家·美丽乡村"建设中，政府每户配套1万元基础设施建设资金，除污水管网、弱电管网、主干道路等技术要求高、资金量大的工程按规划要求由公司组织实施外，房屋改造、串户道路、庭院硬化、花池菜园、道路绿化等与群众息息相关的工程，由政府统一提供必要的建材，群众按商定的标准自行实施，政府负责指导并按标准发放劳务费，引导群众改自己的房、拆自己的墙、美自己的院，增强群众自豪感和成就感。如在天富刺梨园区管护过程中，建立农户协管机制，每年每株给予1元管护费，每亩可增加100元收入，发动群众共同管护。三是创新评比考核机制。充分发挥老党员、老干部、村老、寨老、网格员、群众代表等的带头作用，修订村规民约，完善村寨管理制度，推进村寨共同评比、共同管护。如在修缮庭院、废旧利用过程中，建立创新思维评比机制，鼓励各家"摆出来"比一比、赛一赛，其余人"凑过来"讲一讲、评一评；如在卫生整治工作中，建立积分考核激励机制，将群众的垃圾清运费、网格员绩效工资与群众卫生整治积分挂钩，以户为单位，每户每月10分基础分和1~5分奖励分，年底根据群众得分情况，分等收取次年垃圾清运费；在不文明行为整治中，将群众不文明行为在公示栏、群众大会上"曝光"，在评比中破除陈规陋习，引导群众自发维护村容村貌、追求乡风文明。

4. 创新投入保障机制，确保脱贫实效

坚持"三变"引领，整合各类资源，以股份合作为核心，以股权联结为纽带，引导农民尤其是贫困户参与发展，确保扶贫的精准性。一是创新资源整合机制。由盘州市政府产业平台公司宏财集团下属宏财聚农投资有限责任公司投资参股介入，与天富种植农民专业合作社共同组建宏财天富刺梨产业园区，解决资本不够、技术力量不足和管理不精的问题。农户将土地经营权入股合作社获得保底分红，合作社组织农民技术培训和统一务工，解决土地分散、用工短缺和农民增收难的问题。目前，园区平均每天创造就业岗位近400个，务工农民平均月收入1500元以上，带动8个村257户、685人稳定脱贫。二是创新资金整合机制。聚焦政策资金整合，将各级财政投入农村的生产发展类、扶贫开发类资金，在不改变资金使用性质和用途的前提下，量化为村集体或农民持有的股金，投入产业园区，撬动各类资金投入，促进发展效果最大化和扶贫效益最大化。目前，已整合各类资金8100万元投入园区，其中财政资金310万元，平台公司资金3200万元，"特惠贷"资金145万元，撬动社会资金4445万元。2016年以来，已有120户贫困户从财政扶贫资金和"特惠贷"

金融扶贫资金中获得收入15.9万元。三是创新收益分配机制。根据产业发展实际，对土地经营权入股农户分阶段进行收益分配。第一阶段在刺梨产业未产生效益前，以耕地每年400元/亩、荒山每年100元/亩保底分红。第二阶段为刺梨产业产生效益后，采取"保底分红+收益"二次分红模式，在保底分红的基础上，按照参股股比，利润分配园区占85%（其中：聚农公司占51%，合作社占49%），参股农户占10%、村集体占5%，既增加村集体经济积累，带动贫困群众稳定脱贫，又保证产业园区稳定、持续发展。

（二）铜仁市贫困村提升工程

自2016年10月以来，铜仁市在全市全面开展了以"三真三因三定"（"三真"即真情实意、真金白银、真抓实干；"三因"即因势利导、因地制宜、因户施策；"三定"即定点包干、定责问效、定期脱贫）为统揽的脱贫攻坚定点帮扶工作，对贫困户实施"四改一维一化"人居环境改造项目全覆盖；贫困村全覆盖实施"四大攻坚战"，实现整村推进，提升贫困村整体发展能力。该市脱贫攻坚定点帮扶为实施贫困村提升工程做出基础性的实践探索。铜仁市在总结定点帮扶"整村推进"经验的基础上，结合国务院《政府工作报告》《国务院扶贫开发领导小组关于印发2017年扶贫开发工作要点》及省扶贫开发领导小组关于实施贫困村提升工程的新要求，率先在全省实施贫困村提升工程。

铜仁市实施贫困村提升工程，全面贯彻实施精准扶贫、精准脱贫基本方略，紧扣铜仁市脱贫攻坚目标任务，以农业供给侧结构性改革和农村"三社"融合促"三变"改革为动力，以"三真三因三定"定点帮扶为总揽，以村为单位，着力实施扶贫精准管理、基础设施建设、特色产业发展、基本公共服务、精神文明建设、村党组织建设"六大提升工程"。

扶贫精准管理提升工程将贫困人口"一户一档"基础信息、档案建设及管理责任到乡村干部、第一书记、驻村干部人头，精准到人、到类、到项，确保贫困人口识别准确率、退出准确率均达100%，因村因户帮扶工作群众满意度达95%以上。基础设施建设提升工程着力打通农村基础设施"最后一公里"，补齐发展"短板"，确保贫困人口住上安居房、饮上安全水，改善整个农村生产生活条件，全面提升农村居民生活质量。特色产业发展提升工程以"梵净山珍·健康养生"品牌为引领，以"三社"融合和"三变"改革为动力，做到"长短结合"，大力发展优势特色产业，培育壮大农业经营主体，建立贫困户受益利益联结机制，实现"县县有主导产业、村村有集体经济、户户有增收项目、人人有脱贫门路"的目标。基本公共服务提升工程全面落实国家、省关于易地扶贫搬迁、教育、医疗健康、就业、社保兜底等政策，认真落实市级定点帮扶教育资助、医疗救助等兜底政策，着力提升农村基本公共服务保障供给水平，实现贫困村全体村民共享基本公共服务，全面提升群众的获得感和满意度。精神文明建设提升工程将扶贫与扶智、扶志结合，激发贫困村和贫困人口内生动力，鼓励主动脱贫、光荣脱贫。抓好贫困村环境综合整治，使农村青山常在、绿水长流、空气常新，实现百姓富与生态美有机统一。村党组织建设提升工程以"民心党建"为引领，切实加强村党组织能力建设，加强农村"三支队伍"建设，着力打造一支"不走的扶贫工作队"，为决战脱贫攻坚、决胜全面小康提供坚强的组织和人才保证。

铜仁市按照年度分解目标任务，实施贫困村提升工程"三年大会战"，用三年时间将1565个贫困村（含2016年退出村）全覆盖实施贫困村提升工程。每个贫困村在脱贫退出时超过国定验收标准，实现有一个扶贫精准管理的长效机制、有一批功能完善的基础设施、有一个稳定增收的特色产业、有一套保障有力的公共服务、有一个乡风文明的美丽乡村、有一个核心引领的村级党组织等"六有"目标。到2020年，铜仁市贫困人口、贫困村、贫困县全部退出，贫困人口稳定实现"一达标两不愁三保障"，人民群众获得感和满意度全面提升，努力将贫困村建成脱贫准、基础牢、农民富、保障优、乡村美、组织强的幸福宜居美丽家园。

铜仁市强化脱贫攻坚"五主五包"责任担当，将责任和压力层层传导，转变作风抓实抓细；各区（县）将整合财政涉农资金，撬动金融资金和社会资金，加大对贫困村提升工程的投入，切实解决好贫困村发展资金短缺问题；强化考核指挥棒，围绕提升工程的项目推进、资金整合及使用、措施到位等情况开展督查问效，并注重考核结果运用，确保贫困村提升工程取得实实在在的成效。

第八章　青海省扶贫进展报告

青海是除西藏之外全国最大的藏族集聚区，全国10个藏族自治州中6个在青海，占全国藏区总面积的30.6%。2016年，青海省委省政府在采取统筹谋划部署、强化脱贫攻坚的组织领导、全面构建精准扶贫政策体系、切实打牢精准脱贫基础、推进"八个一批"行动计划、破除贫困地区发展"瓶颈"制约、深化扶贫攻坚工作机制创新等政策措施的基础上，在全省人民的共同努力下，年度脱贫攻坚工作有力有序推进。2016年全年，青海完成11.6万人贫困人口脱贫、404个贫困村退出、6个贫困县（行委）摘帽任务，贫困发生率由13.2%下降至10.13%。

同时，青海不断创新扶贫策略。在充分尊重穆斯林群众生产生活风俗习惯和首创精神的基础上，青海省大力发展适合穆斯林群众生产生活习惯的民族特色产业，如大力发展"拉面经济"。通过"拉面产业"等促进脱贫致富的做法，青海走出了一条具有青藏高原民族特色的脱贫攻坚产业发展之路。另外，青海结合地方病等实际情况积极采取健康扶贫的策略。如玉树州积极防控重大传染病和地方病，作为造福民众的重大民生工程、幸福工程，以此加快健康玉树建设步伐、推进精准扶贫和新玉树转型跨越发展。

但也应看到，青海是我国集中连片特殊困难地区和国家扶贫开发重点县全覆盖区域，全省98%的地区属于全国集中连片特殊困难地区，集中了西部地区、民族地区、高海拔地区、贫困地区的所有特征，至2016年底，青海共有1218个贫困村、12.2万贫困户、41.5万贫困人口，脱贫攻坚省情特殊、任务艰巨。

一、2016年青海省贫困变化情况

2016年，青海省委、省政府以习近平总书记精准扶贫战略思想和"四个扎扎实实"的重大要求为指引，全面贯彻落实党中央、国务院关于脱贫攻坚的一系列重大决策部署，坚持实施精准扶贫、精准脱贫基本方略，加强领导，高位推进，精心谋划，精准发力，年度脱贫攻坚工作有力有序推进。

（一）脱贫目标如期完成

2016年，青海省年度计划6个贫困县摘帽、400个贫困村退出、11万贫困人口脱贫，实际完成11.6万贫困人口脱贫、404个贫困村退出、6个贫困县（行委）摘帽任务，贫困发生率由13.2%下降至10.13%。同时，贫困群众增收渠道明显拓宽，农村牧区居民人均可支配收入由2015年的7933元增加到8650元，增长9%以上，全省脱贫攻坚工作取得显著成效。

（二）扶贫资金大幅增长

2016年青海省扶贫资金投入大幅度增长，通过统筹财政专项、行业扶贫、地方配套、金融信贷、社会帮扶和对口援青资金，形成了"六位一体"的投入保障机制。2016年，全省落实财政专项扶贫资金73.4亿元，较上年增长136.8%，占"十二五"期间扶贫资金总投入的77%。其中，中央财政专项扶贫发展资金17.1亿元，增幅43.2%；省级财政资金8.44亿元，增幅67.3%；市州、县级财政投入扶贫配套资金7.8亿元，较上年增长3.7倍；落实金融扶贫资金24.7亿元。深入推进贫困县重筹整合使用财政涉农资金工作，涉及整合资金28类67项，截至2016年底，全省各地共计整合使用涉农资金119.5亿元。

（三）脱贫攻坚重点工程成效显著

青海省紧紧扭住"精准"不放松，有力有序推进"八个一批"行动计划，稳步提高贫困群众收入水平。

一是发展特色产业促脱贫。全面构建户有扶持项目、村有集体经济、县有产业园区"三位一体"的精准扶贫产业保障体系，为贫困群众持续稳定脱贫奠定基础。按照农区人均5400元、牧区6400元标准，投入产业扶贫资金9.7亿元，实施33个县的到户产业扶贫项目，扶持16.2万贫困群众发展特色产业；投资3.51亿元，按照精准扶贫折股量化的思路，全省建设10个精准扶贫产业园和50个旅游扶贫示范村项目；投资8.1亿元，按照每村50万元的标准，对全省1622个贫困村互助资金安排全覆盖。

二是推进易地搬迁促脱贫。将易地扶贫搬迁工程作为脱贫攻坚的"当头炮"，坚持搬迁与脱贫同步推进，加大投入力度，创新融资模式，因户精准施策，实现应搬尽搬。年度共下达易地扶贫搬迁专项资金19.1亿元，占年度投资完成率的103%，全省38个县535个村的2.1万户、7.8万人搬迁项目全部开工建设，项目开工率和工程进度均位居全国前5。2016年11月上旬，省扶贫开发工作领导小组组织召开了全省易地搬迁脱贫现场观摩会，总结了经验，通报了问题，部署了工作。同时，根据国家发展改革委、国务院扶贫办等5部门《关于印发"十三五"时期易地扶贫搬迁工作方案的通知》精神，注资29.5亿元成立青海省扶贫开发投资有限公司，为易地扶贫搬迁提供资金保障。

三是就业转移促脱贫。大力实施"雨露计划"工程，完成贫困劳动力短期技能培训13810人次、贫困村致富带头人培训1551人次，转移就业4.2万人次。开发扶贫公益性岗位1165个，人均增收4238元。"青春创业行动"带动贫困地区5300名青年创业就业。职业学历教育补助贫困家庭学生4430人，资助贫困家庭大学生5452人。

四是资产收益促脱贫。对产业选择难和无经营能力的贫困户，探索建立扶贫产业园和旅游扶贫项目资产收益机制，将产业扶持资金折股量化到贫困户，持续稳定增加财产性收入，受益贫困群众达到2.71万户、9.3万人。

五是生态保护促脱贫。结合加大生态保护工作力度，"十三五"期间计划设置生态公益管护岗位4.31万个，其中2016年新增贫困人口公益性生态管护员岗位1.45万个，年人均增收2.16万元。

六是加强教育促脱贫。投入财政资金17.6亿元，全面落实六州藏区全部和西宁、海东两市贫困家庭子女15年免费教育。落实面向贫困地区高校招生计划260名、免费定向生计划240名。

七是医疗保障和救助促脱贫。深入推进健康扶贫行动，全面落实"一免七减"政策，累计为贫困群众减免医疗费用550万元；免费实施白内障复明手术1345例，资助实施先心病患儿177例。开展临时和医疗救助13.5万人次，累计发放救助金3.3亿元。新建贫困村卫生室86个。

八是社会保障兜底促脱贫。对农牧区12万无劳动能力或部分丧失劳动能力贫困群众按照年人均2500元标准实施生活补助。对11万原低保对象中有劳动能力、29万新增低保对象，按照年人均2016元、400元标准实施分档生活补助。

同时配合金融扶贫、乡村旅游扶贫、互助资金等多种方式。其中，金融扶贫方面，2016年青海省全面落实金融支持精准扶贫青海行动方案及主办银行制度，为贫困户发展产业提供基准利率、免抵押、免担保的5万元以下、3年以内的小额信贷支持。采取贴息补助的方式，支持产业化龙头企业、专业合作组织、能人大户、家庭农牧场等新型经营主体发展特色产业。金融扶贫各主办银行为13.8万户贫困户建立了精准扶贫金融服务方案，评定信用贫困户4.98万户，落实扶贫小额贷款24.7亿元。推进"双基联动"合作贷款模式，建立贷款网点263个、信贷工作室1840个，发放合作贷款34亿元，惠及53万农牧民。乡村旅游扶贫方面，按照村均投入

300万元标准,投资1.5亿元,在50个贫困村实施乡村旅游扶贫项目,扩宽贫困群众增收渠道。互助资金方面,按照每村投入50万元标准,投资8.1亿元,在全省1622个贫困村建立互助资金协会,有效解决贫困群众小额贷款难、村级集体经济发展难等问题。

二、2016年青海省精准扶贫的主要政策与手段

(一)坚持着眼长远,统筹谋划部署

2015年7月,青海省委省政府经过深入调研,广泛听取各方面意见,综合考虑青海扶贫开发实际,召开省委十二届九次全委会,对在2020年前实现整体脱贫做出总体部署。同年12月,展开了省委扶贫开发工作会议,对提前实现整体脱贫进行再动员和再部署,根据《中共中央国务院关于打赢脱贫攻坚战的决定》精神,制定出台《中共青海省委青海省人民政府关于打赢脱贫攻坚战提前实施的意见》(以下简称《实施意见》),围绕"四年集中攻坚,一年巩固提升"的总体要求,明确打赢扶贫攻坚战的指导思想、目标任务、实现路径和保障措施,确保到2019年底全省建档立卡贫困人口实现稳定脱贫、建档立卡村全部退出、贫困县(市、区、行委)全部脱贫摘帽,发出了打赢扶贫攻坚战的动员令。2016年青海省认真贯彻落实中央扶贫开发工作会议、东西扶贫协作座谈会等重要会议精神,先后召开省委十二届九次全会、省委扶贫开发工作会议研究部署,做出"四年集中攻坚、一年巩固提升"的战略部署,始终坚持脱贫攻坚与实施生态保护、发展特色产业、促进民族地区平安与振兴、加快新型城镇化建设等重点工作有机结合,立足当前,着眼长远,紧盯脱贫攻坚目标任务,统筹谋划各项工作,努力形成攻坚合力。

全省各市州、县(市、区)党委和政府迅速行动,将贯彻落实省委扶贫开发巩固走会议精神和工作部署摆在更加突出的位置,分别召开脱贫攻坚动员大会做出具体部署,结合本地区实际制定出台精准扶贫脱贫实施意见或脱贫攻坚行动方案;省直各有关部门相继召开专题会议动员部署行业扶贫工作,进一步强化措施、量化任务、细化责任,形成聚神聚力抓攻坚、谋脱贫的良好氛围。

专栏8-1 "十三五"期间青海省分年度脱贫攻坚目标任务

2015年12月出台的《中共青海省委青海省人民政府关于打赢脱贫攻坚战提前实施的意见》中提出"十三五"期间青海省分年度脱贫攻坚目标任务:

> 2016年贫困人口人均可支配收入达到3316元以上（按2010年2300元扶贫标准测算，下同）；实现6个贫困县摘帽、400个贫困村退出、11万贫困人口脱贫。
>
> 2017年贫困人口人均可支配收入达到3532元以上；实现11个贫困县摘帽、500个贫困村退出、14万贫困人口脱贫。
>
> 2018年贫困人口人均可支配收入达到3762元以上；实现14个贫困县摘帽、500个贫困村退出、14万贫困人口脱贫。
>
> 2019年贫困人口人均可支配收入达到4000元以上；实现11个贫困县摘帽、222个贫困村退出、13万贫困人口脱贫。
>
> 2020年，进一步做好脱贫攻坚巩固提升工作，为全面建成小康社会创造必备条件。

（二）强化脱贫攻坚的组织领导

一是青海省委及时调整加强了扶贫开发工作领导小组，党委和政府主要领导开发工作领导小组做出调整和加强。成立由省委、省政府主要领导担任组长的扶贫开发工作领导小组，首次以"双组长"的形式强化责任落实。2016年以来，领导小组先后3次召开会议专题研究部署工作，2次召开工作推进会和现场观摩会，省委、省政府主要领导和分管领导先后20余次听取专题汇报，作出指示批示80余次。省政协十一届二十一次常委会围绕"深入开展精准扶贫有关问题"开展了专题协商。同时，省人大积极发挥人大监督作用，将脱贫攻坚纳入监督工作计划，进行专题调研，开展专题询问。有36个县组建脱贫攻坚指挥部，下设多个由县级领导任组长的攻坚小组，抽调精干人员集中办公。同时，省、市（州）县（市、区）乡（镇）党委政府层层签订脱贫攻坚目标任务书，进一步压实脱贫攻坚责任。二是全面落实领导干部联县联乡包村制度，省委、省政府主要领导亲自带头，实行包"战区"督战，8位省领导负责指导8个市州脱贫攻坚工作；39名省级领导分别联系39个县（市、区），实行重点督导。276名市（州）级领导联系221个乡镇，1123名县（处）级干部联系1050个贫困村。三是加强了市州、县两级扶贫机构和队伍建设，充实专业扶贫工作力量。大部分市（州）县扶贫干部增加到15人以上，部分乡（镇）成立扶贫工作站，配备专兼职扶贫干部。全省扶贫干部由原来的不足500人增加到1800多人。县级党委政府进一步强化服务保障，对扶贫部门的工作给予重点支持，2016年共计落实扶贫部门工作经费2810万元。

(三) 全面构建精准扶贫政策体系

为深入贯彻落实"六个精准"要求，根部青海省委省政府《实施意见》精神，结合中央"五个一批"脱贫攻坚计划，在省政府的统一协调下，省直各有关部门经过广泛深入调研、反复征求意见，研究制订并出台发展产业、易地搬迁、资产收益、转移就业、医疗保障和救助、发展教育、生态保护与服务、低保兜底"八个一批"脱贫攻坚行动计划，制定出台交通、水利、电力、医疗卫生、科技、通信、金融、文化惠民、电商和市场体系建设、农牧民危旧房改造10个行业扶贫专项方案，并以省政府文件印发各地，构建有针对性、可操作性强，较为完善的"1+8+10"脱贫攻坚政策体系，进一步细化精准扶贫、精准脱贫的实现路径；同时，突出规划引导，编制完成《青海省"十三五"脱贫攻坚计划》，着力打好脱贫攻坚政策"组合拳"，为打赢脱贫攻坚战提供政策保障措施。

(四) 切实打牢精准脱贫基础

一是按照省委省政府在2015年底实现全省农村低保标准和扶贫标准"两线合一"的要求，在国务院扶贫办安排建档立卡"回头看"的基础上，对全省建档立卡人口开展再识别再认定工作。在精准识别过程中，全省各级党委和政府主动作为，在完成"规定动作"、层层签订承诺函的同时，抽调近3万名干部进村入户开展调查核实工作，组织财政、公安、住建、工商、银行等部门重点对建档立卡数据信息进行倒查、抽查，挤出"水分"，夯实基础，并派出49支督查组对建档立卡工作开展督察。全省共识别认定"两线合一"建档立卡贫困人口16万户、52万人，建档立卡贫困村1622个。制定《青海省贫困退出第三方评估办法》，通过第三方评估，提升脱贫攻坚社会公信力和群众认可度。在2016年国家组织开展的第三方评估试点工作中，青海省贫困人口识别准确率为99.29%，高出全国平均水平1.7个百分点。

二是按照中央有关部署，省委组织部等5部门联合印发了《关于选派第一书记和扶贫（驻村）工作队的通知》，制定《第一书记和扶贫（驻村）工作队干部管理办法》和《关于进一步加强第一书记和扶贫（驻村）干部关爱激励的十条措施》，全省共选派第一书记和扶贫（驻村）干部7865名，实现贫困村、维稳重点村、基层组织软弱涣散村驻村工作队全覆盖；全省共建立各级领导干部联系点1310个，坚持每年2至3次蹲点调研，帮助解决突出困难和问题。选派第一书记和扶贫（驻村）干部7865名，实行挂钩扶贫，不断提升基层党组织带领贫困群众脱贫致富的能力和水平。建立"一联、双帮、三治"帮扶工作机制，坚持治穷、治弱、治乱相结合。全省10.9万名党员干部与15.4万户贫困户认亲结对，帮助贫困群众解决生活困难，发展扶贫产业。为强化扶贫（驻村）干部的管理，建立第一书记和驻村干部召回制度，对不作为不担当群众反映强烈的驻村干部实行了召回，对部分第一书记和驻村干部进行了调整。

三是启动精准扶贫大数据管理平台建设，按照"一个中心"（脱贫攻坚指挥中心）"五个系统"（精准指挥系统、扶贫对象动态管理、扶贫项目资金监管、扶贫决策分析和协同办公管理系统）的总体框架，开发适合需求的扶贫信息系统，将数据支撑、项目管理、资金管理、任务进度、绩效评估等纳入系统管理，为脱贫攻坚科学决策、项目实施、成效考核等提供技术手段和支撑。健全完善社会帮扶机制。13家中央定点扶贫单位落实各类帮扶资金1.12亿元，较2015年增长近6倍。全省2500家省市县三级定点扶贫单位与1824个"三类村"结成帮扶对子，投入各类帮扶资金超过10亿元。扎实推进"百企帮百村、百企联百户"精准帮扶行动，全省247家民营企业（异地商会）与299个贫困村建立结对帮扶关系，落实帮扶资金约2亿元。

（五）推进"八个一批"行动计划

精准靶向、综合施策，大力实施脱贫攻坚重点工程。紧紧扭住"精准"不放松，规划推进发展特色产业脱贫、实施转移就业脱贫、实施易地搬迁脱贫、实施生态保护脱贫、探索资产收益脱贫、实施发展教育脱贫、开展医疗保险和救助脱贫、实行农村低保制度兜底脱贫"八个一批"行动计划，稳步提高贫困群众收入水平。

表8-1 青海省"八个一批"脱贫攻坚行动计划的对象范围及目标任务

行动计划	对象范围	目标任务
发展产业脱贫攻坚行动计划	全省42个贫困县（市、区、行委）、1622个建档立卡贫困村的13万户有劳动能力和发展生产意愿的贫困家庭，涉及39.9万贫困人口	紧紧围绕"四年集中攻坚，一年巩固提升"的总体部署，通过发展产业，到2019年，使每个有劳动能力的贫困农牧户有1项稳定增收的特色产业，实现贫困户长期稳定增收，农牧民内生发展动力进一步增强。到2020年，实现13万户、39.9万贫困人口通过发展产业全部脱贫，人均可支配收入高于国家扶贫标准，贫困村全部退出，为贫困县摘帽打牢基础
青海省易地搬迁脱贫攻坚行动计划	建档立卡易地搬迁贫困户33377户、118869人，因地质灾害、生态环境脆弱、生产生活条件恶劣，确需与建档立卡贫困户同步整村整社搬迁的非建档立卡户19103户、81198人	2016年至2019年在8个市（州）、38个县（市、区）、279个乡（镇）、1234个村实施易地搬迁扶贫项目，搬迁安置农牧户52480户、200067人，其中，西宁市、海东市搬迁安置23750户、94890人，分别占全省搬迁安置总规模的45.3%和47.4%；藏区六州搬迁安置28730户、105177人，分别占全省搬迁安置总规模的54.7%和52.6%

续表

行动计划	对象范围	目标任务
青海省资产收益脱贫攻坚行动计划	在发展产业脱贫行动计划确定的对象中,自身没有经营能力和发展产业选择难的建档立卡贫困人口,实施资产收益扶贫项目	通过资产收益扶贫,到2020年使每个自身没有经营能力和发展产业选择难的建档立卡贫困人口人均可支配收入达到国家扶贫标准,实现长期增收、稳定脱贫
青海省转移就业脱贫攻坚行动计划	全省42个贫困县(市、区、行委)、1622个建档立卡贫困村的52万贫困人口中,具有劳动能力和转移就业意愿的富余劳动力(以下简称贫困家庭劳动力)	通过开展职业技能培训、转移就业、鼓励扶持自主创业、开发公益性岗位安置等措施,到2019年底,转移就业贫困家庭劳动力31.5万人(次),确保有富余劳动力的贫困户至少有1人实现转移就业;职业技能培训8.2万人(次),其中,农牧业生产技术培训1.5万人(次)、转移就业技能培训6.02万人(次)、劳务经纪人培训2000人(次)、致富带头人培训4800人(次);鼓励扶持自主创业400人;开发公益性岗位安置2000人
青海省医疗保障和救助脱贫攻坚行动计划	全省42个贫困县(市、区、行委)、1622个建档立卡贫困村的52万贫困人口中,实施医疗保障和救助脱贫攻坚行动	2016年至2020年,实施贫困人口就医"一减七免"、医疗精准扶贫"十覆盖"政策,切实减轻贫困人口就医负担;建立参保专项补助制度,确保贫困人口全部纳入医疗保险范围,充分享受医疗保险待遇;实施贫困人口医疗救助和重特大疾病医疗救助政策,进一步提高医疗救助水平,发挥医疗保障和救助政策的集成优势
青海省教育脱贫攻坚行动计划	全省42个贫困县(市、区、行委)、1622个建档立卡贫困村的52万贫困人口中,不同学龄段在校学生和有技能培训需求的劳动力人口	全面普及15年免费教育,积极发展学前教育,均衡发展义务教育,基本普及高中阶段教育,大力发展职业教育、实施教育强民、技能富民的精准脱贫举措,促进贫困家庭脱贫致富。到2019年,贫困地区学前三年毛入园率达到85%,九年义务教育巩固率达到95%,小学辍学率控制在0.5%以下,初中辍学率控制在1.2%以下,高中阶段毛入学率达到90%、其中,青南地区贫困县学前三年毛入园率达到70%,高中阶段毛入学率达到80%、贫困地区教育基本公共服务水平达到全省平均水平
青海省低保兜底脱贫攻坚行动计划	全省42个贫困县(市、区、行委)、1622个建档立卡贫困村的52万贫困人口中,实施"两线合一"低保兜底脱贫攻坚行动计划	按照推进精准扶贫、精准脱贫要求,进一步加强最低生活保障制度与扶贫政策和其他社会保障制度的衔接,落实最低生活保障政策和各项扶贫帮扶措施,充分发挥低保制度的"兜底"作用,确保全省贫困人口按期实现整体脱贫,与全省人民同步迈入小康社会
青海省生态保护与服务脱贫攻坚行动计划	全省42个贫困县(市、区、行委)、1622个建档立卡贫困村的52万贫困人口	到2017年,设置生态公益管理岗位4.31万个,安排建档立卡贫困人口4.31万人从事生态公益管护工作。基本保证三江源等重点生态功能区贫困农牧每户有劳动能力、具备条件的1人从事生态公益管护工作。对农区重点林区、贫困人口较多的地区,根据国家政策适当增加生态管护岗位

资料来源:根据《中共青海省委青海省人民政府关于打赢脱贫攻坚战提前实施的意见》及"八个一批"脱贫攻坚行动计划的相关内容整理而得。

（六）补齐短板、提升水平，着力破除贫困地区发展瓶颈制约

进一步优化投资结构，加大资金倾斜力度，全力推进十个行业扶贫专项行动方案落实，着力改善贫困地区基础设施条件，提升公共服务保障能力。目前，已投入行业扶贫资金65亿元，新改建乡村公路5500公里，修建便民桥190座；开工建设贫困家庭危房改造项目1.41万户；启动实施312个贫困村饮水安全巩固提升工程、108个贫困村电网改造工程、151个贫困村综合性文化中心项目、7个县全国电子商务进农村综合示范项目等。深入开展残疾人脱贫攻坚工作，将符合条件的2.05万贫困残疾人全部纳入精准扶贫范围，开展残疾人技能培训1.33万人次。

（七）强化认识、增能强技，着力强化扶贫干部"能担当"

一是开展"大讨论"，凝心聚力。从2016年1月起在全省扶贫系统开展了历时3个月的"打赢脱贫攻坚战，扶贫干部怎么干"大讨论活动，做到大讨论、深调研、重协调、强队伍的统筹结合，解决扶持谁、谁来扶、怎样扶、如何干等认识问题，激发扶贫干部的干事激情和工作热情。二是组织"大培训"，提升水平。为全方位解读脱贫攻坚政策和路径措施，解决好各级扶贫干部认识不清、政策不通、措施不明等问题，全省组织、扶贫部门联合举办打赢脱贫攻坚战专题培训班，受训各级各类干部4869人。三是进行"大交流"，拓展思路。各地分别组织召开扶贫干部和驻村第一书记、驻村干部座谈交流会，就经验做法和困难问题开展座谈，交流经验，分析问题，统一思路，提升践行能力。

（八）深化扶贫攻坚工作机制创新

一是建立贫困退出机制。为提高脱贫攻坚的针对性、有效性，根据中共中央办公厅、国务院办公厅印发的《关于建立贫困退出机制的意见》，在广泛调研征求各方面意见的基础上，制定《青海省建档立卡贫困人口和贫困村退出及贫困县脱贫摘帽实施方案》，提出贫困退出的目标任务、脱贫退出计划、脱贫退出标准、退出程序、工作要求，对贫困户脱贫、贫困村退出、贫困县脱贫摘帽的方法及第三方评估、贫困退出后的政策扶持、防止"被脱贫"、"数字脱贫"等。坚持以脱贫实效为依据，以群众认可为目的，确定贫困人口脱贫、贫困村退出、贫困县摘帽各6项约束性指标，确保真脱贫、脱真贫。二是建立精准管理机制。统一印制发放《建档立卡贫困户精准管理手册》，做到每家一册，每户一档。贫困村统一制作脱贫攻坚"六张图"，明确目标任务和工作流程，实行挂图作战。扎实推进县级精准扶贫综合信息平台建设，健全完善系统功能，初步形成"户有管理手册、村有作战挂图、乡有规范档案、县有数据平台、省有指挥中心"的精准扶贫管理格局。三是建立督察巡

察机制。制定《青海省脱贫攻坚督察巡查工作办法》,定期组织开展脱贫攻坚督察巡查工作,坚持双月通报、季度督察制度,切实加强对脱贫攻坚政策措施落实情况的跟踪问效。2016年省级层面开展督察和暗访5次,各市州、县级开展各类督察700余次。会同省检察院启动开展集中整治和加强预防扶贫领域职务犯罪专项工作,对落实扶贫政策和项目全程跟进监督,形成高压态势,做到廉洁扶贫、阳光扶贫。四是建立考核评价机制。制定省直定点扶贫单位、省直行业部门以及市州、县级党委和政府脱贫攻坚考核办法,量化细化考核内容,将贫困县脱贫攻坚考核指标权重提高至70%,对市州和行业部门的考核结果计入年度目标责任考核指标体系,强化考评结果运用,着力发挥号脱贫攻坚"指挥棒"的作用。五是建立惩防监督机制。会同纪检监察部门专题安排部署扶贫领域监督执纪问责工作,层层签订廉洁扶贫责任书,强化意识、筑牢防线。与省检察院共同组织召开集中整治和加强预防扶贫领域职务犯罪专项工作会议,对在全省范围内开展为期5年的集中整治和加强预防扶贫领域职务犯罪专项工作做出部署。六是建立投入保障机制。明确积极调整省级财政支出结构,随财力增长不断加大扶贫资金的投入力度,从2016年起省级财政扶贫专项资金每年增长20%以上,统筹财政专项、行业扶贫、地方配套、金融信贷、社会帮扶和援青资金,形成"六位一体"的投入保障机制。同时制定《青海省切块财政支农资金及项目管理办法》《关于加强财政扶贫专项资金使用和项目管理的指导意见》《关于建立扶贫开发金融服务主办银行制度的意见》《金融支持精准扶贫青海行动方案》等,对扶贫资金的分配使用、相关扶贫项目的扶持范围和标准、项目管理和验收考评等,以及金融扶贫扶持对象、扶持方法和实施步骤等做出较为详细的安排。2016年,青海全年落实财政专项扶贫资金73.4亿元,其中,省级财政资金8.44亿元,增幅67.3%;市州、县级财政投入扶贫配套资金7.8亿元,较上年增长3.7倍。省政府注资19.5亿元,配套专项建设资金10亿元,成立省扶贫开发投融资公司。全年落实扶贫小额信贷24.7亿元,有效缓解贫困群众融资难、融资贵的问题。

专栏8-2 青海省建档立卡贫困人口和贫困村退出及贫困县脱贫摘帽实施方案[①]

> 一、工作目标。通过实施发展特色产业、转移就业、易地搬迁、生态保护、资产收益、发展教育、医疗保险和救助、农村低保制度兜底"八个一批"脱贫

---

① 根据《青海省建档立卡贫困人口和贫困村退出及贫困县脱贫摘帽实施方案》的内容整理而得。

攻坚行动计划以及交通、水利、电力、通信、医疗卫生、文化惠民、金融、科技、电子商务和市场体系建设、农牧民危旧房改造等扶贫专项方案，到2019年，使全省52万"两线合一"建档立卡中有劳动能力和发展生产意愿的贫困人口（含低保人口）全部实现脱贫，1622个建档立卡贫困村全部退出，42个贫困县（市、区、行委）全部摘帽。

二、脱贫退出标准。

1. 贫困人口脱贫标准。贫困人口脱贫以户为单位，即贫困户同时实现以下6项指标的，经评议可脱贫：(1) 贫困户年人均可支配收入达到或超过《实施意见》确定的年度人均可支配收入标准；(2) 有安全房住；(3) 义务教育阶段学生无因贫辍学；(4) 参加城乡居民基本医疗保险；(5) 参加城乡居民基本养老保险；(6) 欧意愿的劳动力（含两后生）参加职业教育或技能培训。

2. 贫困村退出标准。贫困村同时达到以下6项指标的，可申请退出：(1) 贫困发生率低于3%；(2) 有村级集体经济或贫困村村级互助发展资金；(3) 农区有通行政村的沥青（水泥）路，牧区有通行政村的沥青（水泥）或砂石路；(4) 有安全饮用水；(5) 有生产生活用电；(6) 有标准化村卫生室和村级综合办公服务中心。

3. 贫困县摘帽标准。贫困县同时实现以下6向项指标的，可申请摘帽：(1) 县级农牧民人均可支配收入达到当年全省农牧民人均可支配收入的70%以上；(2) 贫困发生率低于3%；(3) 九年义务教育巩固率达到93%以上；(4) 城乡居民基本医疗保险参保率达到98%以上；(5) 城乡居民基本养老保险参保率达到95%以上；(6) 贫困村推出率达到100%。

三、脱贫退出程序。

1. 贫困户脱贫退出程序：拟选对象—精准帮扶—民主评议—审核公告—开展评估。

2. 贫困村退出程序：初选对象—精准施策—审核公示—开展评估—审批公告。

3. 贫困县退出程序：拟订计划—申请退出—市州初审—省级核查—评估审批。

（九）健全制度、强化宣传，着力营造脱贫攻坚"大氛围"

省委宣传部、省扶贫局组织召开全省脱贫攻坚宣传工作会议，印发《脱贫攻坚宣传工作意见》，建立健全扶贫宣传工作制度。在《青海日报》、青海电视台开设"青海脱贫攻坚"专栏，组织开展"脱贫攻坚基层行"活动。首次开展"中国扶贫攻坚——走进青海主题采访"活动，组织17家中外媒体的27名记者走进玉树实地采访。截至2016年10月底，在央媒和省内各类重要媒体刊发脱贫攻坚稿件3271篇，超过2015年全年刊稿量2643篇，编发《脱贫攻坚信息》30期。在2016年9月召开的全国扶贫宣传工作会议上介绍了经验。

三、2016年青海省脱贫人口的分布

据青海省扶贫开发局公布的资料显示，2016年青海省顺利完成11.6万贫困人口脱贫、404个贫困村退出、6个贫困县（行委）摘帽任务，全省脱贫攻坚工作取得显著成效。各市州具体情况如下：

西宁市按照"三年脱贫攻坚、两年巩固提高"总体部署，以深化供给侧结构性改革为主线，建立并积极实施精准扶贫政策措施，全面完成80个贫困村退出、2.6万贫困人口脱贫的目标。

海东市把脱贫攻坚作为市委市政府的第一要务和"头等大事"，紧盯全面160个贫困村退出和40086名贫困人口脱贫目标任务，脱贫攻坚工作取得阶段性胜利。

海西蒙古族藏族自治州共投入扶贫资金10.61亿元，全州贫困人口年人均可支配收入达10494元，8个贫困县、1197个贫困村、2580户、6122名贫困人口达到摘帽、退出、脱贫的条件，呈现脱贫提速、发展提效、民生提质的良好局面。

黄南藏族自治州5400名贫困人口脱贫、16个贫困村退出和河南县脱贫摘帽工作顺利通过验收。

海南藏族自治州围绕同德县实现贫困县摘帽，29个贫困村退出，8872人实现脱贫的目标任务，共落实各类扶贫资金21.13亿元，在精准施策上出实招、见实效，脱贫攻坚保持良好的发展态势。

海北州通过精准识别确定86个贫困村，建档立卡贫困人口2.26万人。2016年，海北州认真履行脱贫攻坚主体责任，实现25个贫困村退出、6737人脱贫的任务，贫困人口全州脱贫攻坚年度目标任务全面完成。

果洛藏族自治州紧紧围绕13个贫困村和8000名贫困人口实现产业扶贫、易地扶贫搬迁以及基础设施建设等项目，扶贫开发各项工作取得良好成效。

玉树藏族自治州实现20个贫困村如期退出、19890名贫困人口如期脱贫。

四、2016 年青海省未脱贫人口的分布与原因

(一) 未脱贫人口分布

2015 年底,青海省有建档立卡贫困人口 16 万户、52 万人 (含低保人口,统称贫困人口),贫困发生率为 13.2%,高于全国 6.5 个百分点;2016 年,青海完成 11.6 万贫困人口脱贫、404 个贫困村退出、6 个贫困县 (行委) 摘帽任务,贫困发生率由 13.2% 下降至 10.13%。至 2016 年底,青海共有 1218 贫困村、12.2 万贫困户、41.5 万贫困人口。(见表 8-2)

表 8-2 2016 年青海省脱贫情况

县市区名	贫困县属性		2016 年贫困退出情况			2016 年底实有贫困状况		
	重点县(个)	片区县(个)	退出村数(个)	脱贫户数(户)	脱贫人数(人)	贫困村数(个)	贫困户数(户)	贫困人数(人)
合计	15	40	404	35685	119735	1218	122370	415440
西宁市	2	2	80	8105	27293	250	12981	43749
大通县	1		33	3553	12566	83	4930	17993
湟中县	1	1	33	3231	10339	123	6337	20601
湟源县		1	14	1321	4388	44	1714	5155
海东市	5	5	160	11102	39916	474	39063	143007
民和县	1	1	25	2023	8295	100	9287	37133
乐都区	1	1	27	1548	5091	114	7701	26214
平安区	1		22	1129	3714	22	1186	3796
互助县		1	28	2955	10192	90	11004	38839
化隆县	1	1	27	1949	7197	117	8223	31173
循化县	1	1	31	1498	5427	31	1662	5852
海北州	0	4	25	2027	6659	61	5286	16408
门源县		1	12	851	3116	32	2569	8733
祁连县		1	5	467	1332	13	1171	3479
海晏县		1	3	196	621	9	616	1900
刚察县		1	5	513	1590	7	930	2296
黄南州	1	4	16	1439	5400	89	11018	41419
同仁县		1	0	0	0	29	3089	12562
尖扎县		1	0	0	0	34	2583	9563
泽库县	1	1	0	0	0	26	5346	19294
河南县		1	16	1439	5400	0	0	0

续表

县市区名	贫困县属性		2016年贫困退出情况			2016年底实有贫困状况		
	重点县（个）	片区县（个）	退出村数（个）	脱贫户数（户）	脱贫人数（人）	贫困村数（个）	贫困户数（户）	贫困人数（人）
海南州	0	5	29	2616	7761	141	14708	45270
共和县		1	0	0	0	40	4873	14261
贵德县		1	0	0	0	48	3986	12344
贵南县		1	0	0	0	30	2549	9104
同德县		1	29	2616	7761	0	56	175
兴海县		1	0	0	0	23	3244	9386
果洛州	3	6	13	2568	8120	61	9765	30769
达日县	1	1	1	296	962	12	2020	6819
久治县		1	2	441	1613	7	1111	3796
玛多县	1	1	5	685	1901	6	1055	2688
玛沁县		1	2	535	1687	12	1841	5345
甘德县	1	1	2	355	950	12	2374	7031
班玛县		1	1	256	1007	12	1364	5090
玉树州	4	6	20	5749	19799	84	29068	93523
玉树市		1	6	1608	5229	19	7664	25564
称多县		1	5	806	3034	18	4688	15387
囊谦县	1	1	5	1262	4934	23	6590	24418
杂多县	1	1	2	749	2560	10	4480	12785
治多县	1	1	1	516	1640	7	3148	8225
曲麻莱县	1	1	1	808	2402	7	2498	7144
海西州	0	8	61	2079	4787	58	481	1295
德令哈市		1	5	179	524	15	82	223
格尔木市		1	4	167	484	12	110	320
乌兰县		1	3	292	776	12	108	300
都兰县		1	43	1026	1975	0	0	0
天峻县		1	6	415	1028	19	181	452
茫崖行委		1	0	0	0	0	0	0
冷湖行委		1	0	0	0	0	0	0
大柴旦行委		1	0	0	0	0	0	0

资料来源：青海省扶贫开发局相关统计资料。

青海省农村牧区贫困问题具有"区域性、民族性、特殊性、综合性"的特征，"小集聚、大分散、程度深、返贫高、难度大"特点依然突出。从致贫因素来看，

22.6%因病致贫、6.7%因学致贫、6.0%因灾致贫、3.3%因残致贫，因病、因残、因学、因灾致贫或返贫现象依然突出；贫困地区资源禀赋差，抵御灾害和市场风险的能力弱，返贫压力大；住房难、行路难、饮水难、用电难、上学难、就医难、通信难、增收难等问题依然存在，具有贫困户、贫困村、贫困县、贫困区（片）等多级并存和空间分布格局。从总体上来看，青海省剩余贫困人口贫困程度更深、减贫成本更高、脱贫难度更大，已进入"啃硬骨头"、攻坚拔寨的冲刺阶段。

（二）面临困难

青海省是六盘水和四省藏区两个集中连片特殊困难地区全覆盖区域，集中西部地区、民族地区、高海拔地区、贫困地区的所有特征，脱贫攻坚省情特殊、任务艰巨。

一是自然条件残酷。青海省贫困地区生存环境十分恶劣，是全国生存环境最恶劣的地区之一。（1）海拔高，平均海拔在3000米以上，藏区一般在4000米以上；（2）气温低，年平均气温-5.6℃~8.6℃；（3）空气稀薄，含氧量低；（4）降水量少，时空和地域分布不均；（5）自然灾害频繁，雪灾、低温、干旱为主要灾害。青海省贫困地区经济发展滞后，产业结构单一，长期靠天养畜、靠天吃饭，自我发展能力十分有限，成为农村贫困人口增收脱贫的瓶颈。二是贫困发生率高。全省有贫困村1622个，占行政村总数的40%；建档立卡贫困人口52万人，其中，西宁、海东24.9万，占47.9%；藏区六州27.1万人，占52.1%。全省贫困发生率为13.2%，高于全国7.5个百分点。三是贫困程度深。大多数贫困人口居住在前脑山地区和高寒牧区，社会发育程度低，经济结构单一，增收难度大。贫困人口部分呈小集聚、大分散的特点，贫困战线长，行业短板多，脱贫程度高。从年度推进情况看，水电路讯等基础设施和教育、医疗救助等公共服务补"短板"尚有一定差距。四是致贫原因复杂。贫困人口致贫因素复杂多样且交织叠加，主要致贫因素中，因病、因残、缺劳力、缺技能的占55.4%。同时，由于受传统习俗影响，因婚因丧致贫问题也较为突出。五是增收空间狭窄，脱贫难。随着经济发展和生态保护力度加大，第二、第三产业给贫困农牧民提供的就业机会开始下降，青海省六盘山片区，群众增收最有效、最直接的途径是外出务工，工资性收入占家庭总收入的60%以上。青海省藏区常住居民政策性收入、采挖虫草收入占到家庭总收入的80%以上，其经营性收入和劳务收入不足20%。青海省贫困地区特别是集中连片特殊困难地区发展相对滞后，在加快整体脱贫的进程中，新旧矛盾相互交织，不平衡、不稳定、不协调的问题增多，这些重点难点问题加大了提前整体脱贫的难度。六是返贫压力大。农村牧区人口收入大多数处于中间位置，结构呈"橄榄型"，贫困界限不明显，存在相当一部分贫困边缘户,加之贫困地区资源禀赋差,抵御自然和市场风险能力弱,脱贫产业选择培育难,贫困群众持续稳定脱贫难度和返贫压力大。

(三)存在问题

虽然青海脱贫攻坚取得阶段性成效,但与国务院扶贫办、省委省政府的要求和群众的期盼还存在一定差距:一是个别地区对脱贫攻坚的艰巨性和复杂性认识不足,出现急于求成、急功近利的倾向;二是由于青海省贫困地区经济发展滞后,产业结构单一,县级项目储备不足,存在产业项目选择难、发展难的问题;三是个别村级班子凝聚力、战斗力不强,工作思路不宽、办法不多,带动作用发挥不够明显;四是部分群众观念滞后,自我脱贫意识不强,内生动力不足,"等、靠、要"的思想仍然存在。大多数贫困地区比较偏远,交通、信息比较闭塞,群众观念落后,"等、靠、要"的思想比较严重。特别是受宗教影响,青南牧区牧民"惜售"牛羊、"不杀生",致使当地畜牧业生产受到不同程度的冲击,贫困群众生产经营性收入减少;五是推进不平衡。受自然条件和气候差异影响,工程建设施工期短、见效慢,工作推进不平衡;个别地区对政策理解把握不够准确、执行有偏差,金融扶贫到户小额信贷政策落实和推进不力,政府对扶贫项目大包大揽,群众自主脱贫的作用发挥不够。

(四)以海东为例

海东市属于六盘山集中连片特困地区,是青海脱贫攻坚主战场,脱贫攻坚成效关系全省打赢扶贫攻坚战大局。"十二五"期间,海东市脱贫36万人,为实现当时青海全省完成百万人口减贫目标做出重大贡献。党的十八大以来,海东市脱贫攻坚取得显著成效,但应看到新时期其脱贫攻坚难度仍然很大。主要包括:一是贫困人口多,海东市是青海省最大的农业区和贫困人口集中分布区,有5个国家扶贫开发重点县,一个省定扶贫重点县,贫困村约占全省贫困村总数的40%,贫困人口约占全省贫困人口总数的1/3。二是贫困问题复杂。海东市6个县区中有4个民族自治县,青海5个世居民族都有分布,独有的两个少校民族也都在海东,贫困问题和民族问题交织。三是易地搬迁任务重。海东市纳入易地搬迁扶贫规划的人口为1.6万户、6.6万多人,约占全省1/3,其中非建档立卡户约占一半,基础设施配套和建房补助压力大,区域就地就近安置空间小。四是发展条件差。海东资源禀赋差,产业优势不足,第一产业占比高青海平均水平5个百分点,而第三产业占比低于全省平均水平5个百分点,90%以上的贫困人口分布在浅脑山区,基础设施和配套公共服务薄弱。海东市打赢扶贫攻坚战,是青海省脱贫攻坚中最困难、最重要的环节。必须整合各方资源,制定切实可行、行之有效的措施,助推海东圆满完成脱贫攻坚任务。

五、青海省精准扶贫、精准脱贫与巩固提升的思路

按照青海省委省政府的决策部署,坚持问题导向,注重工作实效,着力在工作落实落细上下功夫,在综合施策上见实效,坚决打好扶贫攻坚战。

(一)细化2017年脱贫攻坚的目标和任务

据青海省扶贫开发局提供资料显示,2017年青海省结合自身实际,提出以下目标任务和重点工作:

目标任务。2017年全省贫困人口人均可支配收入达到3532元以上,实现11个贫困县摘帽、500个贫困村退出、14万贫困人口脱贫。

重点工程。紧盯目标任务,重点实施十个专项扶贫工程。一是产业扶贫工程。实施24.61万人的到户产业扶持项目、13个县扶贫产业园项目和50个贫困村旅游扶贫项目。二是安居脱贫工程。实施易地扶贫搬迁工程,计划搬迁安置22141户、91542人。实施7500户建档立卡贫困户危房改造项目。三是教育培训工程。完成短期技能培训1万人次、致富带头人培训1500人次,实施贫困生职业学历教育补助5000人,资助贫困大学生7000人。四是金融扶贫工程。落实扶贫开发金融服务主办银行制度和精准扶贫金融服务三级联动机制,扩大扶贫小额信贷规模,计划引导金融扶贫贷款30亿元。五是脱贫保险工程。对52万建档立卡贫困人口实施意外伤害保险项目,织密贫困群众风险保障网。六是电商扶贫工程。实施13个县区开展电商扶贫试点,建设县级电子商务配送中心、村级配送站,建立上下贯通的电商服务体系。七是互助资金工程。选择500个贫困村、500个非贫困村继续实施互助资金项目,发展壮大村集体经济。八是青春创业扶贫工程。深入开展"青春创业扶贫行动",扶持6000名贫困大学生创业就业。九是巩固提升工程。按照"摘帽县原有政策不变"的要求,对2016年如期摘帽县实施扩面扶贫和巩固提升项目。十是社会扶贫工程。深入推进定点扶贫、"双百"精准扶贫。建立完善东西扶贫协作机制,加强与江苏省及各援青市县的工作衔接。

(二)清醒认识存在的突出问题

青海省委十二届十三次全会对青海省脱贫攻坚工作存在的问题作了深刻分析,指出个别地区对扶贫资金整合不够,各干各的,形不成合力;个别产业项目设计不科学,穿"新鞋"走"老路","大水漫灌"变成缩小版;个别行业部门上下

衔接不到位不同步，扶贫项目和资金落地慢，甚至有"趴窝"现象；一些贫困群众仍然存在"等、靠、要"思想。对此，青海必须有清醒地认识：脱贫攻坚首战告捷，只是迈出了第一步，取得的成果也只是阶段性的。随着攻坚的不断深入，一些深层次的矛盾和问题会逐渐暴露，而且越往后，问题越多，困难越大，要求也越严。千万不能沾沾自喜、骄傲自满，对打赢脱贫攻坚这场硬仗的艰巨性要有足够的认识。

（三）强化组织实施

一是从严落实组织领导责任。把脱贫攻坚作为青海省"十三五"的头等大事和第一民生工程，实行脱贫攻坚省负总责、市（州）县抓落实的工作机制，形成省市县乡村五级书记一起抓的工作格局。省委和省政府对全省扶贫工作负总责，抓好目标确定、工作规划、组织动员、资金投放、检查指导等工作。市（州）委和政府要做好上下衔接、域内协调、督促检查工作，把精力集中在贫困县如期摘帽上。县级党委和政府承担主体责任，书记和县长是第一责任人，做好进度安排、项目落地、资金使用、人力调配、推进实施等工作。乡镇党委和政府承担具体责任，要认真落实各项扶贫措施，确保扶贫政策、项目、资金落地见效。要逐级签订脱贫攻坚责任书，建立脱贫攻坚年度报告制度，传导压力、压实责任。各级行业部门要按照部门职责落实脱贫攻坚责任，每年向本级扶贫开发领导小组报告行业扶贫任务落实和脱贫攻坚工作进展情况。市（州）县两级成立由党政主要负责同志担任组长的扶贫开发工作领导小组，明确职能，发挥牵头抓总的作用，确保脱贫攻坚各项工作有序推进。市（州）县两级要重视和加强扶贫部门领导班子建设，充实工作力量，各乡镇要确定扶贫工作的负责人员，畅通服务渠道。

二是着力夯实基层基础。深入推进"三基"建设，增强基层党组织带领群众脱贫攻坚的能力和水平。抓好以村党组织为核心的村级组织配套建设，集中整顿软弱涣散村党组织，提高贫困村党组织的创造力、凝聚力、战斗力。选好配强村级领导班子，突出抓好村党组织带头人队伍建设。继续做好选聘高校毕业生到贫困村服务工作，发挥好大学生村官在脱贫攻坚中的作用。

三是强化驻村工作队的作用。加大对第一书记和扶贫（驻村）工作队跟踪管理，强力推动"123"工作机制落地，确保第一书记和工作队下得去、待得住、干得好，全方位、多功能发挥作用。加大驻村干部考核检查力度，不稳定脱贫不撤队伍、不换干部，不合格的召回，并由组织部门记录在案。对在基层一线干出成绩、群众欢迎的驻村干部，要重点培养使用。

四是充分调动贫困群众积极性。充分发挥贫困群众主动性和创造性，增强贫困群众"造血功能"和自我发展能力。要引导贫困群众通过自力更生努力改变贫困面貌，彻底转变"等、靠、要"思想观念，激发贫困群众主动脱贫的积极性。坚持从实际出发，正确引导群众预期，充分尊重群众意愿，认真落实"一事一议"、"村民自建"、"以工代赈"、"以奖代补"等政策，让贫困群众参与脱贫计划和实施方案的制订，参与扶贫项目建设、管理和监督全过程，充分尊重他们的民主权利，发挥他们的主体作用。

五是依法推进脱贫攻坚。认真贯彻落实《青海省农村牧区扶贫开发条例》，依法落实脱贫攻坚措施，管理扶贫项目和资金，开展监督检查。在规划编制、项目安排、资金使用、监督管理等方面，提高规范化、制度化、法治化水平。健全贫困地区公共法律服务制度，切实保障贫困人口合法权益。强化执法监督和责任追究，推动整体脱贫攻坚依法有序开展。

六是营造脱贫攻坚良好舆论氛围。把握正确舆论导向，全面宣传党和政府扶贫开发的决策部署、政策举措，宣传青海省扶贫开发取得的巨大成就，宣传各地区各部门精准扶贫、精准脱贫的好做法、好经验。各级新闻媒体要深入脱贫攻坚主战场，充分报道脱贫攻坚、脱贫致富的生动实践和先进典型，发挥好典型示范作用，形成精准扶贫、精准脱贫的良好氛围。

（四）创新体制机制

一是健全财政扶贫投入保障机制。积极调整省级财政支出结构，随财力增长不断加大扶贫资金的投入力度，从2016年起省级财政扶贫专项资金每年增长20%以上。健全完善资金整合机制和多元投入机制，扩大资金整合范围和规模，集中使用，增加对贫困地区基础设施建设和提高基本公共服务水平的投入。各行业部门管理的涉农资金，各项惠民政策、项目和工程，优先保证贫困村、贫困户需求。发达省市对口援青资金重点用于基础设施、公共服务等脱贫攻坚项目。以县为单位建立专项扶贫资金、相关涉农资金和社会帮扶资金捆绑集中使用机制。支持贫困村发展资金互助合作组织，每个贫困村注入50万元资本金滚动使用。建立扶贫资金年审制，对每年使用的扶贫项目资金，省财政安排专项资金，委托第三方进行年审，保证扶贫资金使用效果。建立扶贫资金违规使用责任追究制度。健全完善省对下扶贫资金绩效考评办法和指标体系，强化县级政府对扶贫资金的监管，确保扶贫开发项目资金"接得住、管得好、有效益"。健全完善扶贫项目资金公示公告制度，强化社会监督，构建扶贫资金综合监管格局。

二是健全金融扶贫机制。建立省级扶贫开发投资公司，独立封闭运行，承接通过专项建设基金、地方政府债券注入的易地扶贫搬迁项目资本金，以及相关金融机构提供的长期低息贷款。鼓励市（州）县政府出资组建融资担保平台，鼓励涉农融资担保机构向扶贫对象和扶贫项目提供融资支持和信贷担保。全面落实金融支持精准扶贫青海行动方案及主办银行制度，着力扩大扶贫领域信贷投放，以支持产业园区、产业化龙头企业、专业合作组织、能人大户发展扶贫产业。重点为贫困户提供基准利率、免抵押、免担保的小额信贷支持，省级财政按基准利率全额贴息。争取和使用好扶贫再贷款。支持贫困地区产业化龙头企业在股权交易中心挂牌融资。市（州）县政府可参照省信贷风险补偿政策，制定本地信贷风险补偿政策。按照贫困户信用评级办法，在全省贫困地区全面推进贫困户信用评级工作。积极开展农村牧区产权抵押融资试点。开展农牧民专业合作社信用合作试点。积极发展扶贫小额贷款保证保险业务，扩大贫困地区农牧业保险覆盖面，提高对贫困户保险保费的补贴标准。加大创业担保贷款、助学贷款、妇女小额贷款、康复扶贫贷款实施力度。加强贫困地区金融服务基础设施建设，扩大乡村服务网点，不断拓展服务品种和领域，提升金融服务水平。

三是健全精准扶贫脱贫机制。完善精准识别、建档立卡基础性工作，做到一户一本台账、一个脱贫计划、一套帮扶措施，倒排工期、不落一人。贫困户识别由户籍所在地政府负责。建立完善贫困人口动态管理机制，推行扶贫对象网络实名公示制度。建立贫困户脱贫认定机制，实行脱贫逐户销号，做到脱贫到人。对已经脱贫的农牧户，在一定时期内让其继续享受扶贫相关政策。加强对扶贫开发工作绩效的社会监督，开展贫困地区群众扶贫满意度调查，建立对扶贫政策落实情况和扶贫成效的第三方评估机制，严禁弄虚作假搞"数字脱贫"。加快推进扶贫开发信息化建设，加强农村牧区贫困统计监测体系建设，建立扶贫信息系统数据与财政、民政、人社、卫计、残联、统计、调查总队、住建、税务、金融等部门数据的有效对接和共享机制，运用大扶贫数据库信息，精准掌握扶贫项目实施、扶贫资金管理、脱贫实效考核等情况。

四是建立贫困退出机制。建立脱贫退出机制，出台贫困户退出管理办法，明确退出标准，制定脱贫攻坚验收办法，明确贫困户脱贫、贫困村和贫困县退出标准及时序，建立由户到村到乡到县的脱贫成效评价制度。对提前摘帽的贫困县，在脱贫攻坚期内原有支持政策不变、扶持力度不减，并实行奖励。委托科研机构、社会组织、新闻媒体等对脱贫攻坚政策落实、精准脱贫情况和相关工作进行第三方评估，增强公信力和可信度，对脱贫退出做到"三认账"（贫困户认账，当地干部群众认账，第三方评估认账）。

五是健全考核激励机制。考核工作从2016年到2020年，每年开展一次，由省扶贫开发工作领导小组统一领导。主要考核减贫成效、精准识别、精准帮扶、扶贫资金等情况。将贫困县脱贫攻坚年度重点目标任务纳入市（州）县（市、区）领导班子目标责任（绩效）考核指标体系，完善对贫困县扶贫绩效考核办法，提高扶贫成效在目标责任（绩效）考核指标中的分值权重。建立考评结果与脱贫绩效挂钩机制，把脱贫攻坚实绩作为选拔任用干部的重要依据。对脱贫攻坚成效显著、提前退出的贫困县党政主要负责人，符合干部选拔任用条例的优先提拔使用；对脱贫攻坚工作重视不够、成效不明显，未按期完成脱贫任务的贫困县党政主要领导实行诫勉问责，采取组织调整措施给予降职免职。建立对各行业部门扶贫责任落实情况的考核评价制度，对行业部门承担的扶贫责任建立目标清单，对其中具有牵动性、可考核性的目标任务逐步纳入领导班子目标责任（绩效）考核指标体系。建立脱贫攻坚专项审计制度，确保精准脱贫效果。

六是健全部门合力攻坚机制。各行业部门要制定行业扶贫规划和年度实施方案，全面落实脱贫攻坚中承担的目标、任务和责任，对承担的脱贫攻坚任务进行倒排工期，加强年度工作计划的组织落实，做到扶贫项目优先安排，用地计划单列下达，扶贫资金优先保障，扶贫工作优先对接，扶贫措施优先落实。省级行业部门要加大对市（州）县两级行业部门指导，将责任、权利、资金、任务落实到县。充分发挥人大、政协的监督职能，调动社会各界关注扶贫开发。

七是健全社会力量参与机制。健全完善党政军机关定点帮扶贫困村、城乡党员干部结对帮扶贫困户工作机制。建立省级领导联系重点县，市（州）级领导联系重点乡镇，县级领导联系重点贫困村工作机制，发挥示范带动作用。发挥各民主党派、工商联、群众团体、大专院校、科研院所、驻青解放军和武警部队等在整体脱贫攻坚中的重要作用，精准开展帮扶活动。动员和引导爱国宗教人士参与脱贫攻坚。鼓励各类企业通过投资兴业、开发资源、吸纳就业等形式，到贫困地区建立生产基地、物流基地，打通贫困农牧户生产经营与市场的渠道，提升扶贫产业辐射带动效益。通过购买服务等方式，鼓励各类社会组织开展到村到户精准扶贫。完善扶贫龙头企业认定制度，实行动态管理，建立与贫困户利益紧密联结机制，增强企业辐射带动贫困户增收的能力。吸纳贫困人口就业的企业，按规定享受税收优惠、职业培训补贴等就业支持政策。加强与社会公益基金组织的协调合作，吸纳社会公益基金参与脱贫攻坚，加大与国际基金组织的合作力度，积极争取国际援建项目。

六、青海脱贫攻坚典型案例

(一) 青海大力发展"拉面脱贫产业"助推脱贫攻坚

> 青海省是一个多民族聚居的省份,少数民族人口占全省人口的47%,其中信仰伊斯兰教的回族和撒拉族人口合计约为97万人,约占全省总人口的1/5。2016年底全省建档立卡贫困人口41.6万人,其中穆斯林贫困群众约为6.69万人,占比为16.08%。穆斯林贫困群众是青海脱贫攻坚的主战场之一。
>
> 近年来,青海省大力发展适合穆斯林群众生产生活习惯的民族特色产业,在充分尊重穆斯林群众生产生活风俗习惯和首创精神的基础上,各项引导扶持政策及时跟进,成功找到了一条脱贫攻坚之路。习近平总书记在2016年全国"两会"上专门问到青海"拉面产业"。李克强总理在中央民族工作会议上指出,青海通过"拉面产业"促进脱贫致富的做法,走出一条具有青藏高原民族特色的脱贫攻坚产业发展之路。

1. 青海拉面产业发展状况

据青海省人力资源和社会保障厅统计,经过三十多年的发展,2016年以穆斯林群众为主体的青海人在全国280多个城市开办经营2.9万家拉面馆,年经营收入180亿元,年纯收入45亿元,年工资性收入近40亿元,年转移输出农村富余劳动力18万人次。截至2016年底,海东市群众在全国270多个大中城市开办的拉面店达2.52万家,从业人员16.4万人,拉面经济及相关产业经营收入达111.58亿元,实现利润33.05亿元,从业人员工资性收入36.48亿元。其中,"循化撒拉人家"、"化隆牛肉面"被国家工商总局商标局核准注册,填补了全省无集体商标的空白,也逐步成为全省餐饮业的知名品牌。

2. 通过拉面产业助推脱贫攻坚的青海做法

(1) 在岗实训助推贫困户精准脱贫。通过"精准扶贫户+拉面+带薪在岗实训+创业"模式,以全国拉面店为载体,将精准识别的贫困对象从"跑堂"实训成"拉面匠",掌握一技之长后,再扶持成"拉面老板",带动更多人实现脱贫致富。对已核查为建档立卡的年龄在18~50周岁的贫困对象,由驻村扶贫工作队和村委会筛选精准贫困户信息上报就业局,就业局将招工的拉面店和贫困人员进行信息对接,确定拉面老板信息库,确定贫困对象信息,确定实训单位,并经过一年实训,成为具有拉面技能合格证书的拉面匠。拉面店老板免费提供吃住并于当年支付不少于3

万元的工资。2017年上半年近海东市报名参加实训的就达2700人,贫困户中有137人和拉面店老板成功匹配。

（2）资金投入助推贫困户脱贫。鼓励已合格的拉面匠通过自身五年左右的资金积累,加上政府资金和金融扶贫资金贷款支持,开办经营扶贫拉面店。以购买服务的方式奖励给拉面店老板提供培训资金5000元；第一年奖励扶贫对象5000元,第二年继续从事拉面产业发展的贫困对象再奖励5000元；对拉面师傅奖励2000元；评定小组每评定一人奖励评审费1000元；对拉面电商服务中心每培训管理一名贫困对象奖励培训费1000元；驻村扶贫工作队和村委会每推荐一名贫困对象到拉面店实体店参加"带薪在岗实训"并实现上岗后,奖励工作经费500元；对驻外办事处每管理一名贫困对象奖励巩工作经费500元。

（3）政策扶贫助推贫困户脱贫。青海省海东市于2015年初制定出台《关于进一步促进拉面经济发展的实施意见》。2017年4月,青海省出台实惠政策,省人力资源和社会保障厅、财政厅、扶贫局等部门联合下发《关于进一步推动青海拉面经济发展促进就业创业的实施意见》,结合青海省实际,配套制定"两个办法、六个工作方案",即《关于进一步推动青海拉面经济发展促进就业创业的实施意见的操作办法》《青海拉面示范店品牌连锁店认定办法》《建设青海拉面经济信息平台工作方案》《青海拉面标识设计工作方案》《青海拉面高峰论坛实施方案》《青海拉面经济产业孵化园建设工作方案》《青海拉面技能大赛工作方案》《拉面经济法制宣讲工作方案》,以精准扶贫为重点,以就业增收为目标,坚持市场主导和政府引导相结合,龙头带动和群众带动相结合,走出省门和返乡创业相结合,加强政策扶持力度,强化职业技能培训,建立健全服务体系,从推动全省拉面经济升级扩面、培育青海拉面优质品牌、强化技能培训提升、建立健全服务体系、加大资金支持力度、奖励政策、宣传推广七个方面给予"拉面经济"、"真金白银"的支持。

专栏8-4　《化隆县精准扶贫拉面"带薪在岗实训+创业"实施方案》（摘要）[①]

紧紧围绕整体脱贫的目标,以市场为导向,以提高劳动力技能为重点,改变以往短期培训变为到输入地在岗实训,以全国拉面店为载体,推广"带薪在岗实训+创业"模式,将建档立卡贫困对象（以下简称贫困对象）从"跑堂"

[①] 根据《化隆县精准扶贫拉面"带薪在岗实训+创业"实施方案》内容整理而得。

实训成"拉面匠",帮助贫困对象掌握一技之长,再扶持成"拉面老板",促进拉面产业扩面转型发展,积极推进创业就业,实现脱贫致富。

一、"带薪在岗实训"计划

(一)实训计划

1. 实训对象:年龄在18~50周岁的贫困对象。

2. 实训工种:拉面店跑堂、拉面匠。

3. 实训时间:一年。

4. 实训地点:全国各地化隆籍老板开办的拉面实体店。

5. 实训人数:5000人(其中2016年1000人)。

二、扶持开办"扶贫拉面店"计划

(一)扶持对象

1. 参加"带薪在岗实训"的贫困对象均能申请开办"扶贫拉面店"。

2. "带薪在岗实训"期间提前拿到拉面技能合格证书并有条件开办"扶贫拉面店"的。

(二)扶持办法

1. 对有意愿开办拉面店的贫困对象,政府给予"扶贫拉面店"开办扶持资金1万~2万元。

2. 对参加"带薪在岗实训"满一年以上,掌握拉面技能后被银行评定为信用户,并有意愿开办拉面店的贫困对象给予5万元的信用贷款,由县扶贫局给予三年全额贴息。

3. 凡开办的"扶贫拉面店"完成选址,并签订房屋租赁合同或店面转让合同,经所在地驻外办事处确认后,予以发放扶持资金及贴息贷款。

(4)发展战略助推贫困户脱贫。拉面扶贫产业发展最快、规模最大、贫穷群众参与度较高的海东市提出坚持政府推动与市场化运作结合、扩面发展与提档升级比重、打造品牌与连锁经营共推的原则,确定力争到"十三五"末,全市从业者经营的拉面店及特色餐饮店总数达到4万家左右;从业人员达到25万人左右,以拉面为主的特色餐饮业及相关产业年经营收入达到360亿元,经营户年纯收入达120亿元以上,从业人口年工资性收入达110亿元左右,以拉面为主的特色餐饮业以及由此带动的其他产业发展成为全市服务业的支柱产业的奋斗目标。全省层面提出建立"互联网+拉面"、"合作制+众筹制"的社会资本与扶贫资金相结合的合作模式、

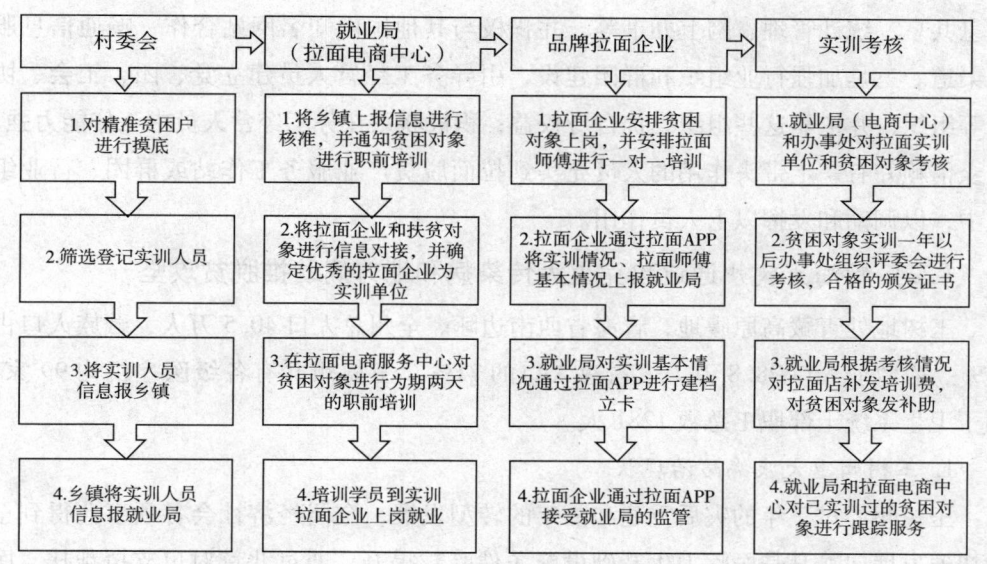

图 8-1 精准扶贫拉面"带薪在岗实训"方案流程

引进基金和投资基金建立融资平台等新的规划。

（5）返乡创业助推贫困户脱贫。青海把返乡创业作为延伸拉面脱贫产业重要链条，积极鼓励广大外出从事"拉面经济"并致富的群众返乡创业，积极投身家乡脱贫攻坚事业。相关部门通过项目推荐、创业培训、贷款扶持等一系列措施，鼓励引导致富群众返乡投入家乡的脱贫攻坚工作中，呈现"人回转、钱回流、企回迁、业回创"的格局，涌现出一大批投身家乡建设的优秀企业家和省内外享有盛名的清真餐饮业经济实体。截至 2016 年底，海淀市拉面从业人员返乡创办的企业达到 462 家，吸纳就业 6786 人，年实现销售收入 16.2 亿元，利润 5.7 亿元，务工人员年收入达 3.1 万元。一些经营者回乡创办的经济实体在全省特别是省会西宁享有盛名，如"中发源"、"大西门餐饮城"、"绿洲生态餐饮园"等，并引领全省清真餐饮业向规模化、品牌化发展，吸纳了一大批"走不出去"、"不愿出去"的贫困人口就业，并增加了"家门口"收入。

（6）管理服务助推贫困户脱贫。一是梳理正确的发展理念。坚持"市场主导、政府引导、突出重点"的原则，理顺政府与市场关系，以市场配置资源为主，政府注重引导和服务的经济发展意识；突出解决合法规范经营的问题，树立法治意识，对守法、诚信经营的政府重点扶持，从而推动拉面脱贫产业持续健康稳定的发展。二是加强政府管理。例如，海东市在现有驻外办事机构的基础上，以县为单位设"驻外拉面经济服务工作站"，强化对青海省务工经营人员的管理和服务工作，稳定扩大务工经营队伍。依据省人社金保工程建立拉面经济信息平台，开展政策发布、信息共享、统计管理、网上办事等,并积极与其他国内知名网站合作,畅通信息服务渠道。三是加强行业组织和群团建设,引导务工经营人员建立党、团、工会、协会等组织,并依靠这些组织维护自身权益;积极联系在务工经营人员中工作能力强、群众信赖并有一定带头作用的人员充实到拉面脱贫产业服务工作站或群团、行业组织中,以调动和发挥以上人员作用。

(二)青海玉树州通过攻克重大传染病和地方病助推脱贫攻坚

玉树地处青藏高原腹地,青海省西南边陲。全州总人口40.5万人,藏族人口占98%,农牧业人口28.8万人,占总人口的71%。玉树州共有各级医疗机构99家,圈子卫生系统干部职工总数1281人。

1. 玉树州重大疾病防治现状

玉树州经过三年的灾后重建和两年的转型发展,全州经济社会各项事业得到全面快速发展,尤其是医疗卫生基础设施条件跨越提升,通过北京对口支援帮扶,医疗救治水平也大幅提升,部分医疗设施走在全省藏区前列。但是受自然条件、生活习惯和防治水平落后等因素制约,以乙肝、结核病、包虫病等重大传染病和地方病对广大农牧民的健康威胁和经济社会发展的影响仍然严重。经过普查,包虫病2665例,患病率0.79%;乙肝22774人,患病率6.72%;肺结核2959人,患病率0.87%;性病/艾滋病142例,发病率0.04%;高血压病患者13223人,患病率3.9%;糖尿病患者1817人,患病率0.54%;风湿性心脏病患者2455人,患病率0.72%;风湿性关节炎患者9044人,患病率2.67%;妇科病患者4875人,患病率1.44%。经过分析发现,玉树州的乙肝、结核病、包虫病等重大疾病和传染病发病率远高于青海其他地区,且患病率较高的多数为农牧民群众和僧尼。特别是乙肝发病率是全省的17倍,而包虫病发病率是全省的12倍,主要集中在称多县,患病率高达2.45%;结核病发病率是全省的13倍;性病艾滋病发病率也呈现逐年递增趋势。其中,玉树州HIV/艾滋病累计病例已达63例;高血压病、心脏病、风湿性关节炎等高原病和妇科常见病的发病率也高于全省同类地区。因重大传染病和地方病流行严重,直接影响脱贫攻坚进程。为此,玉树州委州政府针对当前玉树州疾病防治现状、群众健康水平、脱贫攻坚任务等因素,综合考虑启动玉树州重大传染病和地方病防控工作,于2016年初启动并集中开展以乙肝、包虫病、结核病、性病艾滋病、鼠疫、碘缺乏病"六大病种"为重点的重大传染病和地方病防控工作,将此项工作作为助推精准脱贫、打造健康玉树、推进小康建设的重要抓手,向长期困扰农牧民健康的重大传染病和地方病宣战,并在顶层设计、经费投入、工作机制、人员招录、督导考核等方面进行全方位保障。

2. 主要措施和做法

重大传染病和地方病防控是一项造福民众的重大民生工程、幸福工程，也是加快健康玉树建设步伐、推进精准扶贫和新玉树转型跨越发展的重要举措。具体措施和做法如下：

一是在顶层设计上下功夫。在省卫计委及相关专家的支持帮助下，先后研究制订《玉树州重大传染病和地方病"十三五"防控规划》为主的"一主十四辅"的政策文件，明确"十三五"期间工作思路、目标任务。该规划得到国家、省卫生计生部门的高度肯定和认可，为藏区首个比较科学全面的疾病防控规划。同时还配套下发了《关于精准扶贫卫生计生支持计划的实施方案》《全州因病致贫、因病返贫对象精准医疗救治工作实施方案》《玉树州健康扶贫工程实施方案》《玉树州健康扶贫工程"三个一批"行动实施方案》等文件。

二是在组织领导上下功夫。成立党政主要负责人任"双组长"的专门工作机构，建立由政府主导、部门各负其责、全社会共同参与的工作机制。全面动员、层层传到压力，并将此项工作纳入年度目标责任考核，实行一把手总负责，健全完善扶贫工作责任制度，压紧健康扶贫工作责任，对完不成疾病和健康扶贫防控任务的地区严格问责。

三是在财力保障上下功夫。在财政极其困难的情况下，州市县将重大疾病防控工作经费纳入地方财政预算，安排专项配套经费。规划利用5年时间筹措5.18亿元经费，统筹用于重大传染病和地方病防控。2016年筹资1.4亿元，其中市州县自筹、北京援助资金安排近3000万元，开展玉树历史上第一次大规模疾病普查及诊疗工作。

四是在创新工作机制上下功夫。在充分整合州内医疗资源的基础上，动员协调省内外医疗机构、基金会的医疗资源协作开展疾病普查及包虫病、乙肝、结核病等疾病防治工作，形成州内外、对口支援地区各医疗机构的联动机制。2016年，累计组建专业普查队伍36支，投入专业人员2000人以上，动用专业体检车20辆、大型仪器设备30余台。青海省第四人民医院、省红十字医院、省康复医院、省慈善医院、恒安风湿骨科医院和州内多有医疗机构参与疾病普查，广东中山医院、省人民医院、青大附院、省高心所、省藏医院、省妇保院、省疾控中心和海南州人民医院、西宁市第一人民医院等省内外相关医院在疾病救治上给予支持。

五是在强化基层基础工作上下功夫。将工作重心放在基层基础工作上，着力加强基层疾病预防控制体系建设和人才队伍建设，通过政府购买服务方式公开招聘168名公共卫生服务人员并经过严格的岗前培训，为玉树州基层卫生机构培养一支用得上、走不掉的专业队伍。结合深化医疗卫生体制改革，对所有参与公共卫生的人员进行多轮业务培训，提高基本公共卫生、重大公共卫生、计划生育、妇幼卫生、爱国卫生等卫生惠民项目的执行效能，实现重大疾病防控与国家卫生项目的有效对接。

六是在提高健康普查的普惠性和质量上下功夫。在工作中，玉树州以实现全民健康普查为目标。通过设立示范区、划定重点区域的形式，突出重点人群、重点地区、重点疾病，克服种种困难，从学校、寺院优先保证普查的基础上，按照先农牧区后城镇、先贫困村后一般村的步骤，采取流动普查和固定普查相结合的方式，对辖区内所有农牧民、僧尼和在校学生全方位开展以常见病为主的健康普查，实现普查任务全覆盖。2016年，玉树城乡居民健康普查共完成34.2万人，其中农牧民25.6万人，学术7.4万人，僧尼1.2万人。普查结束后及时协调省内相关医疗机构进行第三方评估考核，进一步保证普查质量，查明玉树州疾病流行现状，为下一步疾病规范诊疗奠定基础。

七是在提高群众健康营养水平上下功夫。全面启动玉树州健康教育促进暨健康教育"六进"活动，制作编写一系列藏汉双语版宣传手册、海报，充分利用法定节假日、民族宗教集会及地区传统节日，以广播、电视、专栏等形式全方位立体式向广大农牧民群众进行宣传交易。编写中小学生版、成人版《健康教育知识读本》（汉藏双语版），纳入州内各中小学校和各党校教学大纲。通过多渠道、多形式传播传染病和地方病防治知识，着力提升全民健康影营养水平，凝聚全民参与疾病防治攻坚的力量和共识。

八是切断重大传染病和地方病传染源上下功夫。遵循"预防为主、防治结合、依法防治、科学防治"的基本原则，抓好源头控制、实行综合干预，认真研究分析包虫病、乙肝等疾病传播的渠道，加强疾病监测工作，提出科学的防控依据和措施，切断传染源，防止疾病传播、扩散，重点抓好流浪犬管理、住院分娩、计划免疫措施的落实，构筑起人民群众不得病、少得病的第一道健康保障线和强大的免疫屏障。在犬只管理方面，采取流浪犬网格化监测管理手段，做好流浪犬的收容工作，倡导和推行"0123"犬只限养政策（城镇不允许养犬，农区限养1只，牧区限养2只，寺院限养3只）。建设流浪狗收容中心6处，共集中圈养流浪犬6000余只。全州登记管理犬只10.2万只，依法捕灭染疫犬1700余只。制定出台《牲畜屠宰管理办法》及动物疫控、草原治理等办法，实行牲畜定点屠宰、强化检疫、病害内脏无害化处理，进一步加大畜疫防治和定居点1公里半径内灭鼠治虫工作力度，强化动物源性传染病的源头治理，保障动物源性食品安全。结合三江源国家公园体制试点，可可西里申遗等工作，大力开展环境综合治理，广泛开展爱国卫生运动。至2017年成功创建1个国家级卫生城市、12个省级卫生乡镇、6个省级卫生村、18个省级卫生单位。围绕农牧民定居点饮水安全和水源地保护，全面治理定居点生活垃圾等传染污染源，定期对居民饮用水进行水质检测，保证农牧民群众饮水安全。

九是在重大疾病规范管理和规范诊疗上下功夫。按照"不漏一户一人"的要求，对重点地区、重点人群进行再次筛查确认，明确诊断依据，将包虫病等重大疾病筛查纳入市县、乡镇、社区卫生服务机构的日常工作，采取"1名乡村干部＋1名乡村医生＋N疾病患者"的模式，"人盯人"对患者进行规范治疗和管理。切实加大接诊力度，在加强自身手术能力建设的情况下，聘请省内外专家进行手术治疗。属于药物治疗的病人做好等级管理、跟踪服务等保障工作。建成了玉树州包虫病、结核病、乙肝诊疗中心和全州首家精神病院。完成了包虫病手术治疗245例，药物治疗2713例。结核病"三位一体"管理病人2959人。切实落实包虫病、孕产妇住院分娩、脊柱侧弯、儿童先天性心脏病等重大疾病患者的医疗救助和项目补助等政策，最大限度地减轻患者负担。足额落实性病/艾滋病、高血压、糖尿病、心脏病、妇科病等重大疾病的补助政策。针对玉树地区乙肝发病率较高、基础免疫较低的实际情况，还在全力推进孕产妇住院免费分娩工作的同时，加强助产机构乙肝、卡介苗24小时及时接种工作，并对在健康普查中发现的低年龄段乙肝免疫空白儿童进行了全面的查漏补种工作，对于免疫空白成人动员及时接种乙肝疫苗。

十是在健康扶贫政策落实上下功夫。全面实施"四免六减"政策。全州州、县、乡三级医疗卫生服务机构全面实行免费挂号、免正常产住院分娩费、免7~18岁乙肝疫苗接种费、免包虫病诊疗费，并为建档立卡贫困患者、"五保户"、特困家庭、低保户住院药费、诊查费、检查费、检验费、麻醉费、手术费、住院床位费等费用下浮10%。全州各级医疗机构共设立济困门诊20个。通过积极争取民政、红十字会等部分和组织的救助项目资金，农牧民群众包虫病手术治疗已基本实现"零负担"。

第九章 云南省扶贫进展报告

云南省是全国脱贫攻坚主战场之一。云南省有88个贫困县，其中有27个深度贫困县，贫困县数量居全国第一。全省4277个建档立卡贫困村，居住着60%以上的贫困人口。建档立卡贫困人口中，文盲或半文盲有512917人，占11.46%。少数民族贫困人口2043143人，占贫困人口总数的45.65%，11个"直过民族"和人口较少民族数量为468255人，占全省贫困人口总数的10.46%。

2016年，云南省农村贫困人口下降到373万人，比2015年减少97万人；贫困发生率为8.6%；云南省贫困地区农民人均可支配收入为7847元，比2015年增加777元，同比增长11%，增速高于全省平均1.6个百分点，增速位居全国第六。同时，按照云南脱贫退出计划和"695"实施细则，禄劝等12个贫困县（市）脱贫摘帽，是贫困县分年度脱贫摘帽计划的第一批，对全省精准脱贫退出具有重要示范效应和引领作用。

但是，云南省脱贫攻坚、巩固提高任务艰巨，就特征而言：一是贫困人口数量呈"倒金字塔"结构；二是贫困人口基数大，分布广；三是贫困县数量所在州（市）比例高。究其主要原因，第一，贫困人口数量多，贫困发生率较高；第二，贫困地区产业短板依然巨大，农民增收越发困难；第三，区域整体性贫困交叉，集中连片深度贫困突出；第四，基础设施公共服务滞后，自我发展内生动力不足等原因。

因此，未来一定时期，云南省应以"两不愁、三保障"为标准，以脱贫攻坚供给侧结构性改革为动力，以深度贫困群体和深度贫困区域为重点，因村施策、因户施法，因族施计，深入推进"五个一批"工程，在产业扶贫、劳动力培训转移、教育扶贫、易地扶贫搬迁上取得新的突破，在深度贫困地区扶贫、边境贫困地区扶贫、少数民族团结进步脱贫、生态文明脱贫等方面做出示范，最大限度、集中力量改善贫困地区、贫困人口生产生活条件，推动农村贫困人口稳定脱贫，贫困县、贫困村高质量退出，高标准巩固提升。

一、2016年云南省贫困变化情况

(一) 2016年云南省经济社会发展概况

云南省地处我国西南边陲，总面积39.41万平方公里，占全国陆地总面积的4.1%，居全国第8位。2016年末全省常住人口为4770.5万人，比2015年末增加28.7万人。其中：城镇人口2148.2万人，占常住人口总数的45.03%，乡村人口2622.3万人，占常住人口总数的54.97%。

"十三五"以来，云南省国民经济稳中有进。初步核算，2016年云南省生产总值达14869.95亿元，比2015年增长8.9%，高于全国2.0个百分点。云南省人均生产总值达31265元，比2015年增长8.0%。2016年全体居民人均可支配收入16720元，比2015年增长9.8%，城镇常住居民人均可支配收28611元，增长8.5%。农村常住居民人均可支配收入9020元，增长9.4%。城镇常住居民人均消费性支出18622元，增长5.4%。农村常住居民人均生活消费支出7331元，增长7.3%。[①]

集边疆、民族、山区、贫困"四位一体"的云南是我国脱贫攻坚主战场。云南省山地占84%，高原、丘陵约占10%，坝子（盆地、河谷）仅占6%。云南与缅甸、老挝、越南3国接壤，边境线长达4060余公里，约占我国陆地边境线的1/5，共有8个州市25个边境县市。[②] 由于受自然条件、市场情况、政策因素、区域环境、发展机会、个体素质等致贫因素的影响，云南省地区之间、民族之间，社会和经济发展之间存在极大的不平衡性，是全国农村贫困面最大、贫困县最多、贫困程度最深的省份，脱贫任务艰巨繁重，是云南最基本的省情。

(二) 2016年云南省贫困变化总体状况

根据国务院扶贫开发领导小组办公室公布的《国家扶贫开发工作重点县名单》，我国贫困县的总数是592个，包含中部省份217县，西部省份375县，民族八省（区）232个。

"十二五"期间，云南省农村贫困人口总数持续快速下降，88个贫困县、4277个贫困村中，农村贫困人口数量从2010年的1468万人减少到2015年的471万人，5年累计脱贫997万人，累计减贫率达67.9%；贫困发生率从2010年的40%下降到2015年的12.7%，年均下降5.5个百分点。（见图9-1）

---

① 云南省2016年国民经济和社会发展统计公报[EB/OL]云南省人民政府网，[2016-05-31] http://www.yn.gov.cn/.
② 云南省情[M]. 昆明：云南人民出版社，2009：10-11.

2016年，云南省贫困县按照脱贫摘帽计划，禄劝等12个贫困县（市）脱贫摘帽。但在有贫困县的21个省（自治区、直辖市）中，云南省仍然最多，有73个，分别占全国贫困县的12.3%，占西部省份贫困县的19.5%，占民族八省（区）贫困县的31.5%，均居全国第一，陕西和贵州紧随其后，均为50个。

图9-1 2010—2016年云南省贫困人口数和贫困发生率变化图

资料来源：云南省脱贫攻坚规划（2016—2020）[EB/OL]．云南省人民政府网，[2017-08-15]．http：//www.yn.gov.cn．

2016年，按照2015年农村常住居民人均可支配收入2855元（2010年不变价2300元）的全国农村贫困标准测算，云南省农村贫困人口下降到373万人，比2015年减少97万人，① 贫困人口数在贵州之后，居全国第二位；贫困发生率为8.6%，在西藏、新疆、甘肃、贵州之后，居全国第五位。② 2016年，云南省贫困地区加大脱贫攻坚、决胜全面小康扶持力度，努力实现跨越式发展，云南贫困地区农民人均可支配收入快速增长，增速高于全省平均。

（三）2016年云南省贫困地区农民收支状况③

根据国家统计局云南调查总队贫困监测调查数据结果：2016年，云南省贫困地

---

① 云南省2016年国民经济和社会发展统计公报[EB/OL]．云南省人民政府网，[2016-05-31] http：//www.yn.gov.cn/．
② 范小建．中国扶贫成就及民族地区的精准扶贫[A]．引自中国少数民族地区精准扶贫论坛暨《中国少数民族地区精准扶贫进展报告（2016）》发布会发言稿，2017-03-17．
③ 云南省扶贫办．2016年云南贫困监测报告．

区农民人均可支配收入为7847元,比2015年增加777元,同比增长11%,增速高于全省平均1.6个百分点,增速位居全国第六。(见图9-2)

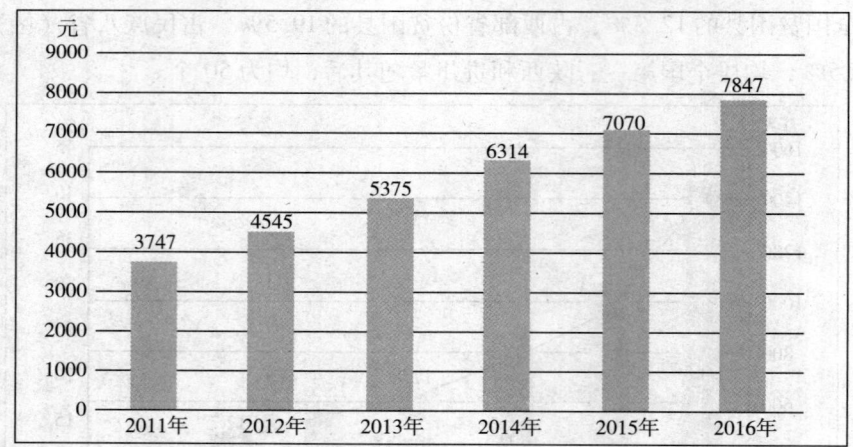

图9-2 2011—2016年云南省贫困地区农民收入变化

注:2011—2013年为贫困地区农村居民人均纯收入,2014—2016年为可支配收入。

2016年,云南省贫困地区农民人均消费支出6275元,增加589元,增长10.4%,增速高于全省平均3.1个百分点,增速位居全国第八,完成2016年初云南省确定的贫困地区农民收入增速高于全省平均水平的目标任务。(见图9-3)

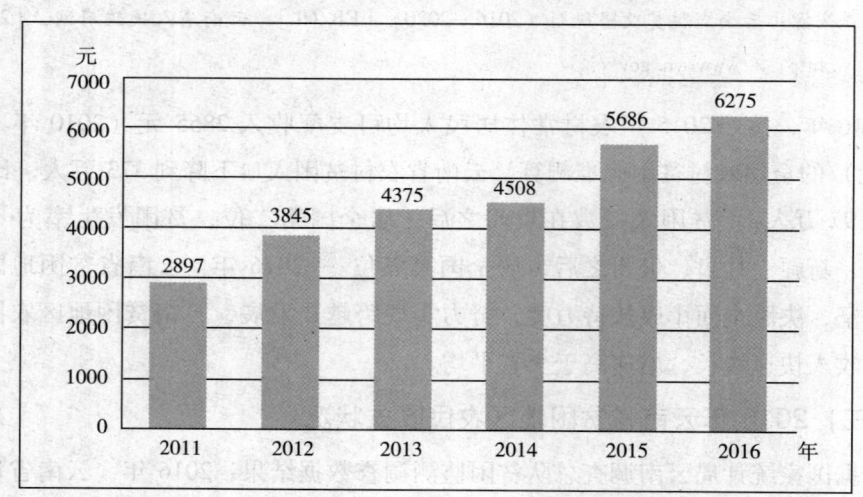

图9-3 2011—2016年云南省贫困地区农村居民人均消费变化

从云南省贫困地区农村居民增收状况来看,体现出以下几个特点:

一是工资性收入增长迅猛。2016年,云南省贫困地区农民人均工资性收入2236元,比2015年增加334元,同比增长17.6%,增幅高于全省平均7.6个百分点,对可支配收入增长的贡献率达43%。自2016年初以来，云南省大力发展新型农业生产主体，大量农业、农产品加工业龙头企业的发展使贫困地区，特别是建档立卡贫困户拓宽了就业渠道，不仅能从产业发展中得到收入，更多地通过龙头企业、生产基地获得了工作岗位，工资性收入得以维持快速增长，成为农民可支配收入增长的重要因素。

二是经营性收入增速趋缓。2016年，云南省贫困地区人均经营性收入4311元，比2015年增加264元，同比增6.5%，增幅低于全省平均水平3.1个百分点，经营性收入是构成可支配收入四大项中唯一低于全省平均水平的指标。2015年下半年以来，以生猪、蔬菜为代表的农产品价格持续上涨，但是随着产能释放，市场供应加大，农产品价格出现下跌，因此云南省贫困地区农民经营性收入增速逐季放缓。加之，贫困地区产业基础薄弱，市场波动对贫困群体的影响尤为显著，云南产业扶贫同质化现象严重，造成贫困地区农民经营性收入增幅低于全省平均。

三是财产性收入平稳增长。2016年，云南省贫困地区农民人均财产性收入66元，比2015年增加7.8元，同比增长13.2%。2016年以来，随着云南省土地确权办证全面推进，农村"两权"抵押贷款获得积极进展，推动贫困地区农户财产性收入实现平稳增长。

四是转移性收入大幅增长。2016年，云南省贫困地区农民人均转移性收入1233元，比2015年增加171元，同比增长16.1%，增幅高于全省8.3个百分点。2016年以来，中央和云南省加大脱贫攻坚工作力度，千方百计增加财政专项扶贫资金，全年共投入省级以上专项扶贫资金93.4亿元，同比增长52.9%。其中，中央财政金62.4亿元，增长30%，省级财政31亿元，增长137%，实现省级投入倍增。同时，云南省加大劳务输出力度，先后与北京、广东、上海、福建、江苏、浙江六个省市建立劳务输出对接长效机制，设立"云南外出务工人员服务点"18个，2016年共完成新增转移建档立卡劳动力15万人年度计划，带动外出务工人员寄回、带回收入大幅增长，全年外出务工人员寄回、带回收入增长29%。

二、2016年云南省精准扶贫的主要政策与手段

（一）2016年云南省精准扶贫的主要政策

2016年是全面贯彻中央扶贫开发工作会议精神、决战决胜"十三五"脱贫攻坚的首战之年。云南省以习近平总书记系列重要讲话和扶贫开发战略思想为指导，坚决贯彻落实党中央、国务院和省委、省政府的重大决策部署，切实把脱贫攻坚作为

发展头等大事和第一民生工程来抓,聚焦"两不愁、三保障"目标,紧盯贫困对象和脱贫任务,相继出台一系列扶贫综合性政策文件,全面指导和推进各项扶贫重点工作。

表9-1 2016年云南省精准扶贫综合性政策文件简表

序号	文件名	发文号	发文日期
1	《云南省困难残疾人生活补贴和重度残疾人护理补贴制度实施办法》	云政发〔2016〕5号	2016年1月
2	《云南省人民政府关于促进农民合作社规范发展的意见》	云政发〔2016〕16号	2016年1月
3	《云南省美丽宜居乡村建设行动计划（2016—2020）》	云发〔2016〕3号	2016年2月
4	《云南省国民经济和社会发展第十三个五年规划纲要》	云政发〔2016〕33号	2016年5月
5	《云南省"十三五"农村电网建设攻坚工程实施方案》	云政办发〔2016〕44号	2016年5月
6	《云南省人民政府关于加强农村留守儿童关爱保护工作的实施意见》	云政发〔2016〕52号	2016年6月
7	《云南省沿边地区开发开放规划（2016—2020）》	云政发〔2016〕55号	2016年7月
8	《云南省人民政府关于深入推进新型城镇化建设的实施意见》	云政发〔2016〕63号	2016年7月
9	《云南省人民政府关于进一步健全特困人员救助供养制度的实施意见》	云政发〔2016〕73号	2016年8月
10	《云南省全面打赢"直过民族"脱贫攻坚战行动计划（2016—2020）》	云办发〔2016〕17号	2016年8月
11	《云南省进一步提升城乡人居环境五年行动计划（2016—2020）》	云办发〔2016〕48号	2016年8月
12	《云南省人民政府办公厅关于推进基层综合性文化服务中心建设的实施意见》	云政办发〔2016〕84号	2016年8月
13	《云南省旅游扶贫专项规划（2016—2020）》	草案	2016年8月
14	《云南省养老服务体系建设"十三五"规划》	云政办发〔2016〕91号	2016年9月
15	《关于加快推进广播电视村村通向户户通升级工作的实施意见》	云政办发〔2016〕120号	2016年11月
16	《关于做好农村最低生活保障制度与扶贫开发政策有效衔接的实施意见》	云政办发〔2016〕127号	2016年11月

续表

序号	文件名	发文号	发文日期
17	《云南省人民政府关于加强困境儿童保障工作的实施意见》	云政发〔2016〕103号	2016年12月
18	《云南省"十三五"加快残疾人小康进程规划纲要》	云政发〔2016〕106号	2016年12月
19	《云南省人民政府办公厅关于加快乡村旅游扶贫开发的意见》	云政办发〔2016〕151号	2016年12月

注：根据云南省人民政府、云南省扶贫办及相关网站资料整理。

从云南省精准扶贫一系列政策的出台和发布，主要体现以下几个特点：

1. 超常施策与精准施策同步，进一步完善"3+X"政策体系[①]

2016年，云南省委办公厅、省政府办公厅先后印发20余个政策文件或行动计划，纪检、组织、检察以及行业扶贫部门出台一系列配套文件（见表9-1、表9-2、表9-3），对推进精准施策制定针对性措施。同时，云南省废止、清理不适应脱贫攻坚改革发展要求的32个失能、失效文件。逐级编制"十三五"脱贫攻坚规划，并纳入国民经济和社会发展重大专项规划，行业扶贫政策措施逐步落地，进一步明确了脱贫攻坚的时间表和路线图。

表9-2　2016年云南省精准扶贫行业部门配套文件简表

序号	文件名	发文号
1	《云南省以工代赈管理办法》	云发〔2016〕1号
2	《云南省州市党委和政府扶贫开发工作成效考核实施办法》	云厅字〔2016〕10号
3	《云南省贫困退出机制实施方案》	云厅字〔2016〕11号
4	《脱贫攻坚督查巡查工作实施办法》	云厅字〔2016〕23号
5	《云南省贫困县分年度脱贫摘帽计划》	云办通〔2016〕9号

[①] "3+X"政策体系，即在《云南省农村扶贫开发条例》《中共云南省委云南省人民政府关于举全省之力打赢扶贫开发攻坚战的意见》（云发〔2015〕14号）、《中共云南省委云南省人民政府关于深入贯彻落实党中央国务院脱贫攻坚重大战略部署的决定》（云发〔2015〕38号）基础上，由省委、省政府及各行业扶贫部门出台相关政策文件、专项规划、行动计划和配套文件的政策体系，形成承接政策、整合资金、统筹项目、构建合力的重要依据和指导。

续表

序号	文件名	发文号
6	《关于在脱贫攻坚第一线考察识别干部的意见（试行）》	云办发〔2016〕52号
7	《关于推进财政支农资金形成资金股权量化改革的意见》	云政办发〔2016〕89号
8	《云南省金融支持脱贫攻坚实施方案》	云贫开发〔2016〕3号
9	《云南省财政支持脱贫攻坚实施方案》	云贫开发〔2016〕9号
10	《云南省"挂包帮"单位和驻村扶贫工作队帮扶贫困村开展劳动力转移就业的意见》	云贫开发〔2016〕20号
11	《云南省脱贫攻坚报告工作实施办法》	云贫开发〔2016〕22号
12	《关于下达2016年脱贫计划的通知》	云贫开发〔2016〕25号
13	《云南省贫困退出考核实施细则》	云贫开发〔2016〕40号
14	《云南省"挂包帮"定点扶贫工作考核办法》	云贫开发〔2016〕44号
15	《云南省省对下财政专项扶贫资金管理暂行办法》	云贫开办发〔2016〕50号
16	《云南省开展"助盲脱贫"行动实施方案》	云残发〔2016〕37号
17	《云南省驻村扶贫工作队员召回办法（试行）》	云联办通〔2016〕6号
18	《云南省开展技能脱贫千校行动的实施方案》	云人社发〔2016〕311号
19	《云南保险业助推脱贫攻坚工作实施方案》	云保监发〔2016〕128号

注：根据云南省人民政府、云南省扶贫办及相关网站资料整理。

2. 加大扶贫政策解读力度，实现扶贫信息公开、透明化

2016年，云南省严格按照政策解读要求，对精准扶贫、精准脱贫"3+X"政策体系进行详细解读和宣传。各新闻媒体围绕"3+X"政策体系进行了深入报道、广泛宣传。各地聚焦难点、突出重点，因地制宜打造脱贫攻坚政策措施的"加强

版"、"升级版"和"创新版",并编印《脱贫攻坚政策百问》5万多册,向群众进行解读,在云南省扶贫微信手机 APP 全面公开云南省 2016 年以来的各项政策体系。充分整合行业扶贫有力措施,加大信息公开的交流和运用,不断将行业扶贫的政策体系全面整合到扶贫信息公开工作中,扶贫政策解读力度得到加强。

表9-3　2016年云南省精准扶贫专项行动文件简表

序号	文件名
1	《云南省易地扶贫搬迁三年行动计划》
2	《云南省发展产业精准扶贫行动计划》
3	《云南省农村劳动力转移就业扶贫行动计划》
4	《云南省基础设施建设精准扶贫行动计划》
5	《云南省"万企帮万村"精准扶贫行动方案》
6	《云南省光伏扶贫行动计划》
7	《云南省技能扶贫专项行动方案》
8	《云南省人才扶贫行动计划》
9	《云南省加强教育精准扶贫行动计划》
10	《云南省乡村教师支持计划》
11	《云南省健康扶贫行动计划》
12	《雨露计划职业教育工作指南(试行)》
13	《云南省社会保障精准扶贫行动计划》

注：根据云南省人民政府、云南省扶贫办及相关网站资料整理。

同时,云南省把脱贫攻坚纳入省委理论中心组学习、领导干部培训教育和高校百场形势政策报告会的重要内容,全面深入开展政策宣讲,培训各级干部4万余人次,组织学习习近平总书记扶贫开发战略思想研讨会和征文活动,编印《脱贫攻坚政策百问》,舆论氛围更加浓厚,扶贫宣传得到加强。

此外,云南省还建立重大涉贫事件处置、反馈机制,打造云南扶贫宣传主阵地,开设"脱贫攻坚进行时"、"驻村扶贫日记"、"挂包帮转走访"、"云访谈"专栏和扶贫开发网、微信公众号,在省级以上主要媒体刊载宣传稿件2700余篇。开展第三个"扶贫日"活动,表彰一批脱贫攻坚领域先进个人和集体,营造脱贫攻坚的良好氛围。

3. 精准识别与精准退出同步,督查考核与执纪问责同步

首先,脱贫退出计划和实施方案、细则明确。为认真贯彻落实《中共中央办公厅　国务院办公厅关于建立贫困退出机制的意见》(厅字〔2016〕16号)《中共云南省委　云南省人民政府关于深入贯彻落实党中央国务院脱贫攻坚重大战略部署的决

定》(云发〔2015〕38号)和《云南省贫困县分年度脱贫摘帽计划》(云办通〔2016〕9号)精神,切实提高扶贫工作的针对性、有效性,确保实现2016年首批12个贫困县(市)如期退出,云南省颁布一系列文件和指导意见,如《云南省贫困县分年度脱贫摘帽计划》(云办通〔2016〕9号)《云南省贫困退出机制实施方案》(云厅字〔2016〕11号)《关于下达2016年脱贫计划的通知》(云贫开发〔2016〕25号)《云南省贫困退出考核实施细则》(云贫开发〔2016〕40号)以及《云南省扶贫开发领导小组关于确保首批贫困县(市)脱贫摘帽的指导意见》等。

其次,考核评估更加严格,攻坚机制得到完善。一方面,云南省全面构建脱贫攻坚责任落实的制度保障体系,根据脱贫退出计划和实施方案,出台脱贫攻坚报告办法、督查巡查办法,构建州市、贫困县、行业部门、定点扶贫单位、驻村扶贫工作队"五位一体"责任考核制度体系,建立实行人大政协、纪检监察、检察机关、财政审计、民主党派协同督查监管机制和四级纪委联动脱贫攻坚政策落实情况抽查常态化机制。另一方面,云南省充分发挥督查考评倒逼作用,对照国家考评督查、民主监督、第三方评估和督查审计发现问题,制定问题清单,督促各地各部门对标对表、挂账整改24类33项问题。云南省纪委牵头开展专项纪律检查,查处违规违纪责任人158人,问责30个单位、296名领导干部,立案审查15人。云南省扶贫办建立责任制、常态化督导机制,完成2轮全面督查,整改19个方面问题。

最后,组织领导更加坚强,攻坚责任得到压实。云南省全面实行省、市、县、乡扶贫开发领导小组党政主要领导任组长的"双组长"负责制和行业部门"一把手"责任制。省委、省政府牵头抓总,召开25次省委常委会、22次省政府常务会、4次领导小组全体会议以及全省脱贫攻坚现场会等系列会议,第一时间把中央决策部署转化为全省统一意志和行动方案。保持88个贫困县党政主要领导攻坚期内稳定,层层签订《2016年减贫责任书》,拧紧责任链条,逐级分解落实,精准到村到户到人。云南省委、省政府主要领导带头挂联贫困县、结对帮扶贫困户,为全省做出表率、做出示范。各市县乡村狠抓落实,成立脱贫攻坚指挥部,主要领导靠前指挥。行业扶贫部门和"挂包帮"单位协同攻坚,全部成立脱贫攻坚组织领导机构,部分省级牵头责任部门还专门设立扶贫办(处),基本做到政策、资金、项目和工作力量"四优先"。

(二)扶贫资金[①]

根据《财政部关于拨付2016年财政扶贫资金的通知》(财农〔2016〕64号)

---

① 这部分数据资料主要根据《云南省人民政府扶贫开发办公室关于2016年中央及省级财政专项扶贫资金安排情况公示》和《云南省人民政府扶贫开发办公室2016年度部门决算情况说明》整理。

和《国务院扶贫开发领导小组关于下达 2016 年度中央财政专项扶贫资金计划的通知》(国开发〔2016〕9 号),中央下达云南省 2016 年中央财政专项扶贫资金 62.24 亿元(见表 9-4),云南省对下转移支付资金 310000 万元。(见表 9-5)

表 9-4 2016 年中央财政专项资金表

序号	类别	金额(万元)
1	澜沧县拉祜族聚居村寨综合扶贫开发项目	1000
2	藏区综合扶贫项目资金	14000
3	2015 年度整乡推进补差资金	72000
4	切块到县资金	389949
5	扶贫项目管理费	10295
6	以工代赈资金	29250
7	少数民族发展资金	64763
8	贫困农场资金	1099
9	贫困林场资金	2205
10	易地扶贫搬迁中央贴息资金	37800
	总计	622361

注:根据《云南省人民政府扶贫开发办公室关于 2016 年中央及省级财政专项扶贫资金安排情况公示》整理。

从 2016 年中央下达云南省财政专项扶贫资金情况来看,扶贫资金保障更加有力,使用效益进一步提高。首先,投入增长。云南省省级财政把脱贫攻坚作为优先保障重点,省级以上投入达到 93.4 亿元,同比增加 32.3 亿元。其中,中央 62.4 亿元,同比增加 14.4 亿元、增长 30%,省级 31 亿元、同比增加 17.9 亿元、增长 136.6%,省级以下投入 57.6 亿元,同比增长 447%。各级扶贫投入力度与打赢脱贫攻坚战的要求越来越匹配,投入力度逐年加大。其次,随着改革深入,云南省全面实行简政放权和"四到县"改革,在 88 个贫困县全面启动统筹整合使用财政涉农资金,加强资金绩效管理和竞争性分配,财政专项扶贫资金全部切块下达到县,项目不再由省级审批。最后,加大金融扶贫支持力度。云南省充分运用金融杠杆,多渠道增加脱贫攻坚投入,发放扶贫小额贷款 92 亿元、扶贫再贷款 36.18 亿元,28.1 万贫困户直接受益。创立总规模达 1152 亿元的云南浦发扶贫投资发展基金,已放款 546 亿元。组建省扶贫投资开发有限公司,搭建 122 个县级融资平台,承贷 511.56 亿元。(见表 9-4、表 9-5)

表9-5 2016年云南省对下转移支付资金表

序号	类别	金额（万元）
1	整乡推进	147000
2	怒江州扶贫攻坚专项	20000
3	镇雄、彝良、威信革命老区发展省级专项	20000
4	扶贫到户小额风险补偿试点	15000
5	革命老区建设省级专项	10000
6	西盟、孟连两县边境民族特困地区农村安居工程省级专项	8551.8
7	外资项目配套省级资金	395
8	统计监测经费	245
9	少数民族发展资金	13178.3
10	以工代赈资金	3448
11	按客观因素分配资金	7366.9
12	易地搬迁贷款贴息	11933
13	挂包帮、转走访扶持资金	20000
14	兴边富民综合示范项目省级专项	31000
15	总计	310000

注：根据《云南省人民政府扶贫开发办公室关于2016年中央及省级财政专项扶贫资金安排情况公示》整理。

从2016年云南省对下转移支付资金情况来看，扶贫资金投入更加精准，重点突出，主要针对整乡推进、深度贫困地区、革命老区、边境民族特困地区以及扶贫到户小额风险补偿等方面。分项来看：

一是整乡推进147000万元。云南省启动实施2016年整乡推进132个（较原计划130个增加2个），按照两年项目实施期每年投入1000万元的标准，安排省级财政专项扶贫资金132000万元。另对2016年12个计划脱贫摘帽县（市）实施的15个整乡推进，每个整乡推进按照2000万元补助资金一次安排到位、一次足额下达，再安排省级财政专项扶贫资金15000万元。

二是怒江州扶贫攻坚专项20000万元。云南省按照《怒江州扶贫攻坚总体方案（2013—2017）》，省级财政每年专项安排1亿元用于怒江州扶贫开发。另按照新制定的《怒江州脱贫攻坚全面小康行动计划（2016—2020）》，还需要每年另行追加省级资金10000万元，达到每年20000万元财政专项扶贫资金扶持规模。

三是镇雄、彝良、威信革命老区发展省级专项20000万元。云南省按照《昭通市镇雄彝良威信革命老区精准扶贫精准脱贫三年行动计划（2016—2018）》，实施2016年财政专项资金支持项目，安排省级专项资金20000万元。

四是扶贫到户小额风险补偿试点15000万元。云南省按照省政府办公厅印发的《云南省扶贫到户小额贷款风险补偿金试点实施方案》，2014年至2015年，开展实施了43个贫困县的试点工作（其中：2014年33个，2015年10个），投入资金13000万元（2014年投入10000万元，2015年投入3000万元）。2016年再开展50个县的试点，实现全省93个贫困县试点全覆盖。按照每个试点县投入300万元的标准，扶贫到户小额风险补偿试点资金15000万元。

五是革命老区建设省级专项10000万元。云南省按照中央和省加大对革命老区扶持力度的要求，自2016年至2018年，计划在全省59个革命老区县中，每年选取20个县、每县安排省级资金500万元，合计10000万元，实施专项扶贫项目，压三年时间实现专项扶持项目对革命老区县全覆盖。

六是西盟、孟连两县边境民族特困地区农村安居工程省级专项8551.8万元。落实省委、省政府西盟、孟连两县边境民族特困地区农村安居工程建设项目，省扶贫办需安排资金18726.2万元，其中：2015年安排9364.4万元，2016年安排9361.8万元（专项安排8551.8万元，年度到县切块资金统筹810万元）。

此外，还涉及八类省级专项资金：（1）外资项目配套省级资金395万元。按照与爱德基金会、香港乐施会、互满爱人与人组织签订的外资合作项目协议书安排配套资金395万元。（2）统计监测经费245万元，由国家统计局云南调查总队负责执行。（3）少数民族发展资金13178.3万元。（4）以工代赈资金3448万元。（5）按客观因素分配资金7366.9万元。（6）易地搬迁贷款贴息11933万元。（7）挂包帮、转走访扶持资金20000万元。（8）兴边富民综合示范项目省级专项31000万元。

（三）主要手段[①]

2016年，云南省围绕《云南省政府工作报告》提出"12个县脱贫摘帽、1253个贫困村出列、120万人贫困人口脱贫"的年度目标任务，坚持转变思路与创新方式同步、超常施策与精准施策同步、精准识别与精准退出同步、督查考核与执纪问责同步，形成五级书记抓扶贫、各级干部主动参与脱贫攻坚的良好态势，主要体现在以下五个方面：

1. 扶贫对象更加精准，管理水平得到提升

云南省坚持群众路线，把进村入户摸排情况与宣传党的脱贫攻坚政策、调动群众积极性主动性、密切党群干群关系统一起来，制定实施"五查五看三评四定一公

---

① 本部分数据、资料主要根据《云南省人民政府扶贫开发办公室2016年度部门决算情况说明》整理。

示"识别程序和贫困户退出 6 条标准、贫困村退出 9 条标准、贫困县退出 5 条标准，发动 13.3 万人组成 1.7 万支精准识别工作队，圆满完成"回头看"，新识别 20.9 万户、85.7 万人，剔除 21.6 万户、87.3 万人，建档立卡数据从"基本精准"到"比较精准"，做到政策群众知晓、过程群众参与、评议群众"举手"、进出群众签字、结果群众认可。同时以贫困对象动态管理为基础，以贫困退出为核心，全面建成精准扶贫"大数据"平台，实现对扶贫对象适时监测、扶贫成效量化评估、因村因户施策精准管理，省市县乡村五级共建共用，行业扶贫部门共通共享，成为精准扶贫、精准脱贫的工作平台、指挥平台、监督平台。

2. 精准帮扶更加有效，精准施策得到落实

一是强化产业扶贫。把产业扶贫作为发展的根基和脱贫的主要依托，围绕"村有特色产业、户有增收项目"，强化"企业+基层组织+合作组织+贫困户"产业扶贫模式和贫困户利益联结机制，推动形成产业特色化、农业现代化、收入多元化格局。云南省成立农林专业合作社近 5000 家，有省级示范社 520 家，贫困群众组织化程度和对接市场能力大幅提高。电商扶贫、光伏扶贫、旅游扶贫扎实推进，近 30 万户贫困群众直接受益。

二是强化易地扶贫搬迁。实施易地扶贫搬迁 18.05 万户、67.73 万人，其中建档立卡贫困户 11.28 万户、40.55 万人，完成投资 239.25 亿元，安置住房竣工 72139 套、入住 20805 套，实施产业扶贫 70173 户，就业技能培训 132026 人，劳务输出 49296 人。

三是强化劳务协作。采取订单、定向、定岗的方式，先后与北京、广东、上海、福建、江苏、浙江 6 个省市区建立劳务输出对接长效机制，设立"云南外出务工人员服务点"18 个，完成新增转移就业建档立卡贫困劳动力 15 万人，实现输出一人、致富一户、带动一片。

四是强化教育扶贫。坚持扶贫先扶智，实行资助精准化、扶持特惠化、服务均等化，12.46 万人得到学前教育资助，已基本覆盖建档立卡贫困家庭；14.85 万名普通高中家庭经济困难学生获准免除学杂费，实现建档立卡贫困家庭普通高中免除杂费全覆盖；73.52 万人次享受中等职业教育助学金和免学费政策，已基本覆盖建档立卡贫困家庭。面向集中连片特困地区完成高校定向招生 5117 人。农村义务教育学生营养改善计划和寄宿生生活补助实现两个"全覆盖"，490 万名学生直接受益。

五是强化保障兜底。全省 151.34 万贫困人口享受低保扶持，平均保障标准提高到 2787 元，12 个计划摘帽县提高到 3100 元、率先实现"两线合一"。完成贫困人口因病致贫、因病返贫调查，将 22 个病种纳入重特大疾病医疗救助范围，新农合参

合率达到98%以上，12个计划摘帽县贫困人口全部得到每人70元的参合资助。

六是强化生态文明脱贫。在88个贫困县实施退耕还林还草195.4万亩，占全省总数的97.7%。通过提供生态护林员岗位，4万贫困人口实现脱贫。

3. 难点重点更加突出，特殊贫困得到聚焦

一是聚焦特困群体，制订实施《全面打赢"直过民族"脱贫攻坚战行动计划（2016—2020）》和11个"直过民族"、人口较少民族工作方案，先后与三峡集团、华能集团、大唐集团、云南中烟工业公司、云南烟草专卖局（公司）5家企业集团签订帮扶协议，分年度投入帮扶资金64.5亿元，已到位15.5亿元，创新了"一个民族一个行动计划、一个民族一个集团帮扶"的攻坚模式。目前已有3万户、11.2万贫困群众实现脱贫，完成普及国家通用语言培训2.42万人次，培养1.6万名致富带头人。

二是聚焦重点区域，大力实施"镇彝威"革命老区、怒江州、迪庆藏区脱贫攻坚行动计划，到位省级以上部门资金117亿元，实施了一大批基础设施和民生工程。

三是聚焦瓶颈制约，瞄准4277个贫困村"补短板"，加大进村入户基础设施建设。全省农村公路里程超过20万公里，行政村通畅率达88%、通班车率达87%。对55.6万贫困人口实施饮水安全巩固提升。农户电表改造全面完成，实现城乡用电同网同价。

4. 攻坚力量更加充实，扶贫协作得到拓展

2016年，上海市扶贫协作范围从4个州（市）26个贫困县扩大到12个州（市）71个贫困县，落实沪滇帮扶资金3.4亿元，实施项目335个。新增广东省东莞市、中山市、珠海市与云南省昭通市、怒江州14个贫困县结成扶贫协作对子，投入资金1.4亿元，在14个贫困村率先启动示范点建设。两省市有关区、镇、街道与云南28个贫困县结对开展携手奔小康行动。实施"万企帮万村"行动，560家民营企业与贫困村签订帮扶协议书。先后与浙商总会、新沪商联合会、银泰集团、太平保险集团等签订一批帮扶协议，开展企业挂联到县帮扶试点。驻滇部队、武警部队参与扶贫的力度明显加大，社会各界精准帮扶重心不断下沉。国际扶贫交流合作稳步推进。

5. 完善了"挂包帮"、"转走访"机制，定点扶贫更加深入

2016年，云南省16个州市完善了"挂包帮"、"转走访"机制，驻村扶贫工作队覆盖全部贫困村，全省上下形成全社会共同打好脱贫攻坚战的强大合力。据统计，17896个党政机关和企事业单位挂联88个贫困县、挂包4277个贫困村，38名省级

领导挂联4个片区、42个贫困县，300家省级、2087家州级、10948家县级单位，组织63.4万名干部职工挂帮159万户贫困户，129.4万人次深入挂包点走访调研，组建驻村扶贫工作队6770支，选派工作队员37379名，做到每个贫困村都有一支5人以上的工作队，驻村扶贫工作队长全部兼任第一书记，实现了"挂包帮"定点扶贫全覆盖。

此外，49家中央国家机关和企事业单位组织1583人次深入帮扶县考察调研，直接投入资金4.4亿元，帮助贫困地区引进资金约28.87亿元、项目216个，选派120名干部赴定点扶贫县挂职或到贫困村任第一书记。云南省切实加强对驻村扶贫工作队第一书记选派和驻村扶贫工作队员管理，召回不合格工作队员1171名，组织33家保险公司为驻村扶贫工作队员捐赠总保额达136.8亿元的意外伤害保险。

三、2016年云南省脱贫人口的分布与特征

（一）2016年贫困县退出计划[①]

为确保2020年全面实现小康，云南省及各州市于2016年出台了实施贫困县脱贫摘帽计划、贫困县退出工作实施方案和脱贫摘帽考核奖惩办法等文件，全省88个贫困县将在4年内分年度实现摘帽退出。

云南省贫困县脱贫摘帽排出了全省88个贫困县摘帽的具体年份，其中：禄劝等12个贫困县（市）在2016年摘帽，减少贫困人口100万左右；姚安等29个县（市、区）在2017年摘帽；景东等30个县（区）2018年摘帽，宣威市等17个县（市）在2019年摘帽（见表9-6）。摘帽计划主要以2014年末贫困县的县贫困人口和贫困发生率为基础指标，两项权重各占50%，体现出先易后难、兼顾公平公正的原则。

表9-6 2016—2019年云南省贫困县脱贫摘帽计划

市/州	2016年（12个）	2017年（29）	2018年（30）	2019年（17）
昆明市	禄劝县	寻甸县	东川区	
曲靖市	罗平县	师宗县	富源县	会泽县、宣威市
保山市			隆阳区、施甸县、龙陵县、昌宁县	
昭通市		威信县	昭阳区、鲁甸县、盐津县、绥江县	巧家县、大关县、永善县、镇雄县、彝良县

---

① 云南脱贫实施摘帽计划[EB/OL]. 光明网, [2016-02-29] http://www.gmw.cn.

续表

市/州	2016年（12个）	2017年（29）	2018年（30）	2019年（17）
丽江市	玉龙县	永胜县	宁蒗县	
普洱市	宁洱县	景谷县、镇沅县	墨江县、景东县、江城县、孟连县、西盟县	澜沧县
临沧市	云县	临翔区、凤庆县、永德县、双江县、耿马县	镇康县、沧源县	
楚雄州	牟定县	南华县、姚安县、大姚县、双柏县	永仁县	武定县
红河州		石屏县、泸西县		屏边县、元阳县、红河县、金平县、绿春县
文山州		文山市、砚山县、西畴县、丘北县	麻栗坡县、马关县、广南县、富宁县	
西双版纳州	勐海县	勐腊县		
大理州	祥云县、宾川县、巍山县、洱源县	漾濞县、弥渡县、永平县、鹤庆县	南涧县、云龙县、剑川县	
德宏州	芒市	盈江县 陇川县	梁河县	
怒江州			贡山县	泸水县、福贡县、兰坪县
迪庆州		香格里拉县	德钦县、维西县	

注：根据《云南省扶贫开发领导小组关于下达 2016 年脱贫计划的通知》（云贫开发〔2016〕25 号文）整理。

在各县自检自评、初验审核的基础上，上级扶贫开发领导小组及第三方贫困退出考核评估工作组严格对照"695"共 28 个方面的认定考核内容及标准，对脱贫退出的各县市进行初审、考核、精准评估和验收。其中，对脱贫退出的贫困户按 10% 的进行抽查，对贫困村、贫困乡镇、贫困县退出工作情况进行 100% 的核查，达到贫困退出标准要求后，按退出程序，逐级进行公告公示。

（二）2016 年云南省各州（市）贫困变化状况 [①]

1. 昆明市

2016 年，昆明市通过实施"七个一批"精准扶贫、精准脱贫措施，深入开展

[①] 本部分内容主要根据云南省各州(市)贫困县 2017 年政府工作报告，及贫困县脱贫摘帽初审报告整理。

"挂包帮"、"转走访"，筹集各类扶贫资金95.4亿元，实施整乡推进13个、整村推进98个，建设宜居农房1万户、易地搬迁5652户，实施农村危房改造和抗震安居工程2.6万户，减少建档立卡贫困人口53977人，66个贫困村和6个贫困乡出列，贫困发生率从2015年的5.73%降为2016年的3.75%。① 昆明市禄劝县达到脱贫摘帽标准。2016年，禄劝县4341户、14451名贫困人口实现脱贫，贫困发生率从5.69%降到1.82%。②

2. 曲靖市

2016年，曲靖市出台坚决打赢脱贫攻坚战的决定，开展"挂包帮"、"转走访"活动，三千家单位包乡村、八万名干部下基层，675支驻村扶贫工作队投身脱贫攻坚主战场。组建总规模达143亿元的曲靖浦发扶贫投资发展基金。投入各类扶贫资金181.4亿元，其中，各级财政专项扶贫资金19.1亿元、整合部门资金101.6亿元、金融扶贫资金55.2亿元、各类帮扶资金5.5亿元。大力实施"五个一批"脱贫工程，完成全市10个贫困乡、133个贫困村出列，14.88万贫困人口脱贫的任务，会泽县、宣威市脱贫攻坚取得突破，罗平县脱贫摘帽。③ 2016年，罗平县整合投入扶贫资金41.9亿元，3个贫困乡镇和24个贫困村出列，2806户、10705名贫困人口脱贫目标，贫困发生率由4.78%下降到2.48%。④

3. 丽江市

2016年，丽江市精准发力打好脱贫攻坚战，基本完成玉龙县脱贫摘帽、全市6个贫困乡和25个贫困村脱贫出列、2.8万建档立卡贫困人口脱贫的年度任务。⑤ 2016年，玉龙县投入专项扶贫资金2.32亿元，贫困人口从30800人减少到2822人，贫困发生率降至1.37%。⑥

4. 普洱市

2016年，普洱市大扶贫格局全面形成，"挂包帮"、"转走访"工作扎实推进，5.9万名干部职工与建档立卡贫困户实现。实施易地扶贫搬迁13491户，西盟孟连两县24968户农村安居工程建设任务全面完成。全市11个贫困乡镇和111个贫困村

---

① 昆明扶贫行动专题[EB/OL]. 新华网, http://www.yn.xinhuanet.com.
② 2017年禄劝县政府工作报告[EB/OL]. 禄劝县政府网, [2017-03-06] http://lq.km.gov.cn.
③ 2017年曲靖市人民政府工作报告[EB/OL]. 曲靖市人民政府网, [2017-02-23] http://www.qj.gov.cn.
④ 2016年罗平县将有10705人告别贫困[EB/OL]. 罗平县电子政务网, [2016-12-30] http://www.luoping.gov.cn.
⑤ 2017年丽江市政府工作报告[EB/OL]. 丽江市人民政府网, [2017-06-06] http://www.lijiang.gov.cn.
⑥ 2017年玉龙县政府工作报告[EB/OL]. 玉龙县人民政府, [2017-02-22] http://www.yulong.gov.cn.

脱贫出列、9.97万人脱贫正在等待验收，宁洱县脱贫摘帽。① 2013—2016年，宁洱县共投入各类扶贫资金27亿元，2016年全县共减少贫困人口10781人，贫困发生率降至1.84%。②

5. 临沧市

2016年，临沧市全面实施"27241"脱贫攻坚工程，争取到易地扶贫搬迁专项贷款33.2亿元，启动建设易地扶贫搬迁三年行动计划集中安置点172个，开工建设农村危房改造和抗震安居工程8.4万户，竣工7.1万户，完成投资101亿元。深入开展"挂包帮"、"转走访"活动，驻村扶贫工作队覆盖全部贫困村。全市14个贫困乡镇、80个贫困村脱贫出列，减少贫困人口6.54万人。云县实现脱贫摘帽目标。③ 2016年，云县27个贫困村全部退出，退出率达100%。全县脱贫3367户、13018人，返贫17户、62人，新增贫困户68户、245人，剔除贫困户25户、106人，实现减贫12900人，完成省下达减贫数的100%，全县贫困发生率下降到2.88%。④

6. 楚雄州

"十二五"以来，楚雄州坚持每年办好10件民生实事，民生支出年均增长13.9%。城镇累计新增就业14.4万人，减少农村贫困人口28.7万人，城乡居民收入年均分别增长11%和13.5%。⑤ 2016年，楚雄州统筹投入资金176.2亿元，按计划实施年度脱贫目标，完成对楚雄市大过口乡、南华县一街乡、姚安县太平镇、大姚县六苴镇、武定县白路镇、牟定县戌街乡6个贫困乡镇的考核，均达到贫困退出标准要求。2016年，牟定县统筹整合投入各类项目资金11.55亿元，牟定县有11个贫困村，2016年有10个贫困村出列，贫困村退出率达90.9%。牟定县建档立卡贫困人口2616户、9212人，贫困发生率为4.9%。2016年脱贫1039户、3915人后，贫困发生率将为2.82%。⑥⑦

7. 西双版纳州

2016年，西双版纳州集中力量打好精准脱贫攻坚战，1万多名干部参与"挂包

---

① 2017年普洱市政府工作报告[EB/OL]. 普洱市人民政府网，[2017-04-10] http://www.puershi.gov.cn.
② 宁洱县2017年政府工作报告[EB/OL]. 宁洱网，[2017-03-10] http://182.243.91.32.
③ 2017年临沧市政府工作报告[EB/OL]. 云南省政府信息公开门户网，[2017-02-26] http://xxgk.yn.gov.cn.
④ 云县2016年脱贫摘帽初审报告[EB/OL]. 临沧市扶贫开发网，[2016-12-27] http://www.lcfpb.cn.
⑤ 2017年楚雄州政府工作报告[EB/OL]. 楚雄州人民政府网，[2017-03-27] http://www.cxz.gov.cn.
⑥ 2017年牟定县政府工作报告[EB/OL]. 牟定县人民政府网，[2017-03-08] http://www.mdx.gov.cn.
⑦ 楚雄州扶贫开发领导小组办公室关于2016年度贫困县贫困乡镇脱贫退出初审意见的报告[EB/OL]. 楚雄州政府扶贫开发办公室网，[2017-01-08] http://xxgk.yn.gov.cn.

帮"工作,全州累计投入扶贫资金20亿元,贫困人口由11.4万人减少到2万人。①勐海县贫困退出达到标准。2016年,勐海县累计整合投入30.33亿元,派驻新农村指导员、驻村工作队员690人,实现30802名贫困人口脱贫出列,贫困发生率从2012年的13.06%下降至2016年的2.63%。②

8. 大理州

2016年,大理州对建档立卡贫困户实行动态管理,识别剔除不精准对象33957人,补录贫困人口33959人。全州4个贫困县、16个乡镇、134个村出列,9.6万人实现脱贫,贫困发生率5.74%,下降3.49个百分点。③全州祥云、宾川、巍山、洱源4个贫困县如期脱贫摘帽。祥云县2016年19个贫困村和3个贫困乡镇脱贫出列,全县脱贫13284人,贫困发生率下降至2.86%。④宾川县2016年累计投入扶贫资金6.42亿元,通过精准帮扶,完成13011人贫困人口、21个贫困村、3个贫困乡镇和贫困县的各项退出指标。⑤巍山县2016年累计实施134个脱贫攻坚项目,投入各级脱贫攻坚资金34亿元以上,其中县级财政专项资金达9995万元。以"六个一批"工程精准帮扶,累计减少建档立卡贫困人口13584人,贫困发生率下降至2.14%。⑥2016年,洱源县牛街、乔后、西山3个贫困镇乡出列,17个建档立卡贫困村脱贫16个,脱贫退出2508户、9762人,贫困发生率从2013年的8.8%下降到2.01%。⑦

9. 德宏州

2016年,德宏州县乡村共派出336支工作队1576名干部驻村开展帮扶工作,561家机关企事业单位24003名干部与建档立卡贫困户结对精准帮扶,整合投入各类扶贫资金50多亿元。实施整乡推进项目7个、自然村整村推进项目77个、以工代赈片区项目3个、兴边富民片区项目4个、人口较少民族帮扶项目373个。实施易地扶贫搬迁项目133个,惠及搬迁群众10973户、42134人。实施农村危房改造和抗震安居工程12036户、示范村建设13个。全州3个贫困乡20个贫困村出列、2万人脱贫,芒市脱贫摘帽。⑧2016年,芒市整合各类资金9.72亿元,1个贫困乡、12个贫困村、1117户、4162人的脱贫摘帽,贫困人口从2012年的2.33万人下降到

---

① 2017年西双版纳州政府工作报告[EB/OL]. 西双版纳政务网,[2017-03-31]http://www.xsbn.gov.cn.
② 2017年勐海县政府工作报告[EB/OL]. 勐海县政务信息网,[2017-07-04]http://www.ynmh.gov.cn.
③ 2017年大理州人民政府工作报告[EB/OL]. 大理州政府网,[2017-08-11]http://www.dali.gov.cn.
④ 2017年祥云县政府工作报告[EB/OL]. 祥云县人民政府门户网,[2017-02-17]http://www.ynxy.gov.cn.
⑤ 2017年宾川县政府工作报告[EB/OL]. 宾川县人民政府门户网,[2017-02-08]http://www.bc.yn.gov.cn.
⑥ 2017年巍山县政府工作报告[EB/OL]. 巍山县人民政府门户网,[2017-02-23]http://www.ws.yn.gov.cn.
⑦ 2017年洱源县政府工作报告[EB/OL]. 洱源县人民政府门户网,[2017-06-12]http://www.ey.yn.gov.cn.
⑧ 2017年德宏州政府工作报告[EB/OL]. 德宏州人民政府网,[2017-03-14]http://www.dh.gov.cn.

2016 年末的 6828 人,贫困发生率从 7.3% 下降到 2.13%。①

10. 玉溪市

2016 年,玉溪市加大民生投入,补齐民生短板,10 件惠民实事全面完成。同时抓好整乡整村推进、易地扶贫搬迁等项目实施,基本实现 6 个贫困乡镇摘帽、58 个贫困行政村出列、4 万农村人口脱贫。②

11. 昭通市

2016 年,昭通市围绕"两不愁、三保障"目标,制订 6 个精准扶贫行动计划和 18 个专项实施方案,精准扶贫、精准脱贫,完成 7.3 万户农村危房改造,建成 205 个易地扶贫搬迁安置点,实施 27 个整乡推进项目。深入实施镇彝威革命老区精准扶贫精准脱贫三年行动计划,6 大类 50 个项目完成投资 42 亿元,老区建档立卡贫困户子女 14 年免费教育政策全面落实。有望实现 231 个贫困村出列、24.02 万人贫困人口脱贫。③

12. 保山市

2016 年,保山市脱贫攻坚有力推进,争取扶贫资金 136.9 亿元,完成 5 个整乡推进、65 个行政村整村推进、22 个自然村推进项目,实施农村危房改造 2.45 万户,启动建设易地扶贫搬迁三年行动计划集中安置点 200 个,4.1 万名干部职工开展"挂包帮"、"转走访",9 个建档立卡贫困乡出列、80 个贫困村退出、6.68 万人脱贫。④

13. 文山州

2016 年,文山州共争取投入各类专项脱贫资金 33.42 亿元,超额完成年度计划任务。共实施整村推进项目 1364 个,投入补助资金 6.42 亿元,项目覆盖 8.9 万户 39.9 万人。落实 2016 年扶贫安居工程建设任务 2986 户,投入财政扶贫资金 5844 万元。实施产业扶贫项目 54 个,投入产业扶贫项目资金 2876.7 万元,覆盖 10045 户、36623 人,其中:建档贫困户 9745 户、35501 人。扎实开展中央和省级贫困村互助资金试点,互助资金规模达到 0.2988 亿元,累计实施 203 个村试点,累计发放借款 0.5591 亿元,受益农户 9702 户(次),累计收回借款 0.4212 亿元,到期综合还款率达 99%。全面完成 94 个贫困行政村和 12 个贫困乡脱贫出列及 9.33 万贫困人口脱

---

① 2017 年政府工作报告[EB/OL]. 芒市人民政府网,[2017-02-11]http://www.ms.yn.gov.cn.
② 2017 年玉溪市政府工作报告[EB/OL]. 玉溪网,[2017-03-06]http://www.yuxi.gov.cn.
③ 2017 年昭通市政府工作报告[EB/OL]. 昭通市人民政府网,[2017-03-30]http://www.zt.gov.cn.
④ 2017 年保山市政府工作报告[EB/OL]. 保山市人民政府网,[2017-03-28]http://www.baoshan.gov.cn.

贫任务，贫困发生率从 2015 年的 11.33% 下降到 8.48%。①

14. 红河州

2016 年，红河州累计投入各类扶贫资金 111.48 亿元，"一带三区"战略加快实施，"五个一批"脱贫攻坚工程成效明显。推行红河州农村劳动力转移就业扶贫行动计划，培训建档立卡贫困劳动力 8.63 万人次；实施易地搬迁点建设涉及 17785 户、59666 人；将 1160 名建档立卡贫困人员吸纳为护林员；全面免除南部普通高中农村学生学费；为 19.89 万建档立卡对象发放低保金 3.63 亿元。全年累计减少贫困人口 13.24 万人，8 个贫困乡镇、129 个贫困村实现脱贫出列。②

15. 迪庆州

2016 年，迪庆州扶贫攻坚体制机制进一步完善，转移农村劳动力 14.2 万人次，实施整乡推进 13 个、整村推进 120 个，累计减少贫困人口 10.3 万人。③

16. 怒江州

2016 年，怒江州围绕贫困人口脱贫增收，实现"两不愁、三保障"目标，坚持统筹规划，实施精准扶贫，采取超常规举措，深入推进重点扶贫工程。④

截至 2016 年底，怒江州脱贫攻坚全面小康行动计划重点实施 6 大工程、25 件实事、60 个项目，到位资金 577054.62 万元，开工 50 个项目。怒江州共建设易地扶贫搬迁安置点 175 个，投入资金 18.06 亿元，实施了 9120 户、31330 人的易地扶贫搬迁。2016 年，怒江州共完成农村劳动力就业培训 45188 人次，转移就业 3.7 万人次，其中：州内 17671 人次，省内 8795 人次，国内 11330 人次，境外 48 人，有效促进群众的增收。

2016 年，根据综合大数据平台信息录入及各县（市）自查和预评估情况，参照贫困退出考核 6 项指标，怒江州减贫的 3.37 万贫困人口，人均纯收入全部达到 3050 元以上，全部实现有安全稳固住房，均无因贫失学，适龄青少年就学全部得到保障，基本医疗保障达到 100%，社会养老保障达到 100%，并都已享受到扶贫政策、资金、项目帮扶中的至少一项。⑤

---

① 云南日报. 文山州合力脱贫攻坚显实效[EB/OL].[2017 – 03 – 17]. http://yndaily.yunnan.cn.
② 红河政府工作报告干货都在这里了[EB/OL]. 云南网,[2017 – 02 – 22] http://honghe.yunnan.cn.
③ 2017 年迪庆政府工作报告[EB/OL]. 迪庆州人民政府网,[2017 – 06 – 29] http://www.diqing.gov.cn.
④ 怒江州 2016 年脱贫攻坚综述：摘贫穷之帽 奔小康之道[EB/OL]. 新华网,[2017 – 02 – 17] http://www.yn.xinhuanet.com.
⑤ 怒江报. 去年我州完成 3.37 万贫困人口的减贫任务[EB/OL].[2017 – 01 – 13].

(三) 2016 年云南省贫困县脱贫摘帽特征

2016 年,云南省确定的禄劝县、罗平县、玉龙县、宁洱县、云县、牟定县、勐海县、祥云县、宾川县、巍山县、洱源县、芒市 12 个首批脱贫摘帽县(市),是全省贫困县分年度脱贫摘帽计划的第一批,对全省精准脱贫退出具有重要示范效应和引领作用。

表 9-7　2015 年、2016 年云南省脱贫摘帽贫困县变化

贫困县	2015 年脱贫实际		2016 年脱贫实际	
	年末贫困人口数量(%)	贫困发生率(%)	年度减贫人口(人)	贫困发生率(%)
禄劝县	24000	5.5	14451	1.82
罗平县	26055	4.8	10705	2.48
玉龙县	9885	4.8	27978	1.37
宁洱县	9394	5.9	10781	1.84
云县	24192	6.2	12900	2.88
牟定县	9212	4.9	3915	2.82
勐海县	15264	5.6	30802	2.63
祥云县	20272	4.5	13284	2.86
宾川县	19879	6.6	13011	2.80
巍山县	19423	7.1	13584	2.14
洱源县	14971	5.7	9762	2.01
芒市	11059	3.5	4162	2.13

注:2015 年数据依据《云南省扶贫开发领导小组关于下达 2016 年脱贫计划的通知》整理,2016 年数据根据各贫困县 2017 年政府工作报告整理。

总体而言,云南省首批脱贫摘帽贫困县,按照云南脱贫退出"695"实施细则,贫困人口、贫困发生率、贫困乡镇均已达标。

第一,以 2 万~5 万贫困人口脱贫摘帽为主,兼顾 0.5 万~5 万人脱贫摘帽。2016 年,云南省脱贫摘帽的 12 个贫困县中,贫困人口在 2 万~5 万人的贫困县为 7 个,贫困人口在 0.5 万~2 万人的有 5 个。

第二,以片区县脱贫摘帽为主,兼顾重点县和省级贫困县。2016 年,云南省脱贫摘帽的 12 个贫困县中,禄劝县、罗平县和其他 10 个贫困县分别属国家划定的乌蒙山片区、滇桂黔石漠化片区和滇西边境山区内,同时兼顾国家和省级扶贫开发重点县,如勐海、祥云、宾川、玉龙和牟定县。

表9-8 2016年云南省脱贫摘帽贫困县

脱贫摘帽贫困县	国家扶贫开发重点县	集中连片特困地区贫困县（所属片区）	省级贫困县	贫困人口数量
禄劝县	√	√（乌蒙山片区）		2万~5万人
罗平县	√	√（滇桂黔石漠化片区）		2万~5万人
勐海县		√（滇西边境片区）	√	2万~5万人
祥云县		√（滇西边境片区）	√	2万~5万人
宾川县		√（滇西边境片区）	√	2万~5万人
巍山县	√	√（滇西边境片区）		2万~5万人
云县	√	√（滇西边境片区）		2万~5万人
玉龙县		√（滇西边境片区）	√	0.5万~2万人
宁洱县	√	√（滇西边境片区）		0.5万~2万人
牟定县		√（滇西边境片区）	√	0.5万~2万人
洱源县	√	√（滇西边境片区）		0.5万~2万人
芒市	√	√（滇西边境片区）		0.5万~2万人

第三，以滇西贫困县脱贫摘帽为主，兼顾滇中、滇东其他地区贫困县。2016年，云南省脱贫摘帽的12个贫困县中，10个属于滇西边境片区贫困县，如祥云、宾川、巍山、洱源、芒市、云县，同时兼顾滇中北的禄劝和牟定，滇西南的勐海、宁洱，滇西北的玉龙，以及滇东的罗平县。

第四，以地级市贫困县脱贫摘帽为主，兼顾自治州少数民族自治县。2016年，云南省脱贫摘帽的12个贫困县中，涉及云南省所辖的5市4州。除玉溪、昭通和保山3市外，涉及昆明、曲靖、丽江、普洱、临沧5市；除红河、文山、怒江、迪庆4个自治州外，涉及楚雄、西双版纳、大理、德宏4个少数民族自治州，其中又涵盖4个少数民族自治县，如禄劝彝族苗族自治县、巍山彝族回族自治县、玉龙纳西族自治县、宁洱哈尼族彝族自治县。

此外，在2016年云南省脱贫退出的12个贫困县中，有6个县属于革命老区贫困县，即禄劝县、罗平县、宁洱县、祥云、洱源和玉龙县。云南省12个脱贫摘帽贫困县，均在云南省州市中属于首批脱贫摘帽出列的贫困县，其艰巨性、典型性、推广性、借鉴性的意义重大。

四、2016年云南省未脱贫人口的分布与原因

（一）2016年云南省未脱贫人口分布及特征

2016年，云南省脱贫攻坚工作圆满完成了"贫困地区农民收入增速高于全省平

第九章 云南省扶贫进展报告

均"的目标任务，各项工作顺利推进。但是，建档立卡贫困人口主要分布在集中连片特困地区、边远山区、革命老区、少数民族聚居区和边境地区，云南省脱贫攻坚已经到了"啃硬骨头、打硬仗"的关键阶段，贫困人口数量位居全国前列的现状还未根本改变。

按照2015年农村常住居民人均可支配收入2855元（2010年不变价2300元）的全国农村贫困标准测算，2016年云南省仍有373万建档立卡贫困人口[①]，76个国家扶贫开发工作重点县未脱贫。

第一，贫困人口数量呈"倒金字塔"结构。云南贫困人口5000人以下的贫困县区较少，贫困人口20万人以上的县区数量虽然只有2个，但贫困人口较多。

云南省贫困人口在20万人以上的，主要为昭通市镇雄和曲靖市会泽两个县，两县不仅为国贫县，同时也是集中连片特困地区的片区县。据统计，2014年，会泽县有贫困人口38.5万人，占总人口的37.5%，贫困人口绝对数居全省第一[②]；镇雄县2015年贫困人口74440户、282480人，贫困人口占云南省的6%、昭通市的25.23%，贫困人口居全市第一、全省第二；20个乡镇（占乡镇总数的66.7%）196个行政村（占行政村总数的77.2%）2991个村民组（占村民组总数的56.78%）属整乡、整村贫困，其他10个乡镇（街道办事处）的所有自然村仍插花分布贫困人口，贫困发生率达19.67%。[③] 虽然两个县2016年根据云南省脱贫退出年度计划实施扶贫攻坚举措，但扶贫任务依然较重。

云南省贫困人口在5000人以下的，主要为云南省级扶贫开发重点县（区），包括昆明市所辖的区县，包括市区、呈贡区、晋宁区、富民县、宜良县、石林县、嵩明县、安宁市，以及玉溪通海县、昭通水富县和丽江古城区，上述10个县市（区）贫困人口少，较易脱贫。

第二，贫困人口基数大，分布广。云南省贫困人口在5万~20万人的，共计99个县（区），主要集中在滇中北、滇西以、滇东及滇南地区。具体情况：

云南省贫困人口在10万~20万人的，共计9县（区），主要集中在滇东北的曲靖宣威市、昭通昭阳区、鲁甸县、巧家县、永善县、彝良县，滇西南的普洱澜沧县、滇南红河州元阳县以及文山州广南县。

云南省贫困人口在5万~10万人的，共计23个县（区），主要集中在滇中昆明

---

① 云南省2016年国民经济和社会发展统计公报[EB/OL]. 云南省人民政府网, [2016-05-31] http://www.yn.gov.cn/.
② 聚焦云南扶贫开发，决战贫困看会泽[EB/OL]. 云南日报网, [2015-06-27] https://www.yndaily.com.
③ 昭通镇雄县贫困人口达28万人为全省第二多[EB/OL]. 云南网, [2016-10-25] http://yn.yunnan.cn.

的东川区、寻甸县，滇东北的昭通盐津县、大关县，滇东的曲靖师宗县、富源县，滇东南的红河州的蒙自市、屏边县、红河县、金平县、绿春县，文山州麻栗坡县、马关县、富宁县，滇西边境普洱墨江县，楚雄武定县，保山隆阳区、施甸县、昌宁县、临沧凤庆县，滇西北的大理州弥渡县、怒江州兰坪县以及迪庆州维西县。

第三，贫困县数量所在州（市）比例高。云南省贫困人口在0.5万～5万人的，共计99个县（区），主要集中在云南中西部地区。具体情况：

贫困人口在2万～5万人的，共计47县（区），包括曲靖市陆良县，保山腾冲市、龙陵县，昭通绥江县、威信县，丽江永胜县、宁蒗县，普洱景东县、景谷县、镇沅县、江城县、孟连县、西盟县，临沧市临翔区、永德县、镇康县、双江县、耿马县、沧源县，楚雄州楚雄市、双柏县、南华县、姚安县、大姚县，红河州建水县、石屏县、弥勒县、泸西县，文山州文山市、砚山县、西畴县、丘北县，大理州南涧县、云龙县、剑川县、鹤庆县，德宏州梁河县、盈江县，怒江州福贡县、泸水县，迪庆州香格里拉县。

贫困人口在0.5万～2万人的，共计52县（区），涉及曲靖市麒麟区、马龙县、沾益县，玉溪市红塔区、江川县、澄江县、华宁县、易门县、峨山县、新平县、元江县，丽江市华坪县，普洱市思茅区，楚雄州永仁县、元谋县、禄丰县，红河州个旧市、开远市、河口县，西双版纳州景洪市、勐腊县，大理州大理市、漾濞县、永平县，德宏州瑞丽市、陇川县，怒江州贡山县以及迪庆州德钦县。

（二）2016年云南省未脱贫人口原因

云南省贫困人口分布具有极强的区域性，主要集中在少数民族聚居区、革命老区和边境一线。贫困地区多是集"特困、民族、革命、沿边"于一体的欠发达地区，由于信息闭塞，基础设施和基本公共服务薄弱，社会教育程度更为落后，生产力发展滞后，生态环境保护压力大，这些地区具有贫困人口脱贫成本高、脱贫难度大的特点，任务十分艰巨。

第一，贫困人口数量多，贫困发生率较高。

2016年，云南省有88个国家贫困县，居全国第一位。云南省农村贫困人口已从2014年的574万人下降至2016年的373万人，占全国的8.60%[①]，但贫困人口数仍居全国第二位。截至2015年底，在云南省88个贫困县中，贫困人口超过50万人的仍有2个州市（昭通111.9万人、曲靖66.6万人），超过20万人的有2个县（会

---

① 范小建．中国扶贫成就及民族地区的精准扶贫［A］．引自中国少数民族地区精准扶贫论坛暨《中国少数民族地区扶贫进展报告（2016）》发布会发言稿，2017-03-17．

泽38.5万人、镇雄34.5万人），贫困人口集中度高，人口密度大。迪庆、怒江、文山、临沧4个州市所辖县都是贫困县。

云南省及各州市贫困地区贫困发生率都在逐渐降低，并且减少的速度快于全国水平，但由于贫困人口数量较多，贫困发生率在部分地州（市）较高。2015年全国农村贫困发生率为5.7%，而云南省贫困发生率为12.7%，高于全国7个百分点。2016年，贫困地区贫困发生率10.1%，比2015年下降3.2个百分点，比全国平均水平高5.6个百分点。云南省贫困发生率为10.1%，与全国贫困发生率持平，位列西藏、新疆、甘肃、贵州之后，排名第五。[①] 其中，贫困发生率高于20%的州、市有3个，最高的怒江州达33.1%；贫困发生率高于30%的县有9个，最高的福贡县为41.96%。

第二，贫困地区产业短板依然巨大，农民增收越发困难。

云南贫困地区农民的人均经营性收入，成为四大项收入中唯一低于全省平均水平的指标，这反映了贫困地区农民自主发展能力不强，产业基础薄弱等问题。同时，云南省产业扶贫领域面临产业同质化严重的倾向，个别地方政府对于产业规划缺乏长远意识，缺乏市场营销和专业化经验，对于市场规律把握不充分，不同地区对于同一产业大量重复投入。

在我国经济下行压力较大，转型升级过程的情况下，要保持高基数下贫困地区农民收入快速增长越发困难。同时，由于产业基础薄弱，产业链条深度和长度不足，导致云南省贫困地区农业生产对市场环境依赖过大，低于农产品价格波动的能力较弱，因此，农产品价格下跌制约云南省贫困地区农民增收。比如，一是云南烤烟成本上升、出售价格下降0.69%，农民每亩现金收益减少。二是橡胶价格的持续低迷，虽然橡胶价格2016年11月底有所回升，总体在8～12元波动，与上年价格相比相差不多，但整体仍制约胶农经营性收入的增长。三是水果价格普遍走低，也制约农民收入的增长。

第三，区域整体性贫困交叉，集中连片深度贫困突出。

首先，革命老区扶贫工作任务艰巨。云南是我国革命老区形成较早的省份之一，云南省有59个革命老区县、36个革命老区乡镇，其中，贫困县44个，建档立卡贫困人口272.95万人、占全省贫困人口总数的57.95%。由于历史、自然等原因，老区经济社会发展相对滞后，经济发展水平较为低下，基础设施十分薄弱，环境较为

---

① 范小建. 中国扶贫成就及民族地区的精准扶贫[A]. 引自中国少数民族地区精准扶贫论坛暨《中国少数民族地区扶贫进展报告（2016）》发布会发言稿, 2017-03-17.

闭塞，社会事业发展滞后。地方财政收入较低，人均收入差距呈扩大趋势，这些因素都导致革命老区贫困面大，贫困程度深。根据国务院扶贫办有关文件，云南省列入国家扶贫工作重点扶持县的土地革命战争时期老区县共5个，分别是昭通市的威信县、镇雄县、彝良县，文山州的富宁县、广南县。其中，地处滇东北的昭通是云南人口大市，贫困人口超过100万人，是贫困最集中的地区。

其次，集中连片特困地区、少数民族民族地区、边境地区贫困状况明显。

云南四个集中连片特困地区涉及15州市，其中6个是自治州，占自治州总数的75%，涉及91个县，其中64个是民族自治地方县，占民族自治地方县总数的82%，数量居全国第一位。

云南省建档立卡贫困人口中有43.4%是少数民族，其中：独龙、德昂、基诺、怒、布朗、景颇、傈僳、拉祜、佤族9个"直过民族"聚居区有有建档立卡贫困乡镇107个、贫困村601个、贫困户18.73万户、贫困人口66.75万人，贫困发生率达28.6%，高出云南省贫困发生率15.4个百分点。景颇族、佤族、拉祜族、傈僳族4个特困民族基本处于贫困状态。迪庆藏族自治州、怒江傈僳族自治州地处横断山脉高山深谷区，集民族、贫困为一体，发展最为滞后，是云南省类型最特殊的贫困地区。

边境民族地区是云南贫困人口的主要聚集区。在边境一线的8州市25县，有21个是贫困县，贫困人口达82.9万人、占全省贫困人口的17.6%。由于特殊的地理条件和历史原因，这些地区大多远离集镇，自然条件恶劣，交通不便，基础设施脆弱，处于相对封闭的与世隔绝状态，信息流和物流不能有效地与外界进行交流互换，社会发育缓慢，文化教育程度更为落后，公共服务水平低，生产力发展滞后，自我发展能力弱，具有扶贫开发成本高、脱贫难度大的特点，是云南扶贫攻坚的重点和难点地区。比如，位于中越边界的文山壮族苗族自治州，岩溶面积占51%，自然生态环境恶化，贫困面广，文山州所辖富宁、麻栗坡、马关县贫困人口均在5万~10万人。云南省除德宏州陇川、瑞丽、芒市（已脱贫），西双版纳景洪、勐腊县，红河河口县贫困人口在0.5万~2万人，云南省其余边境县贫困人口均在5万~10万人。

第四，基础设施公共服务滞后，自我发展内生动力不足。

云南省交通、水利、能源、信息等基础设施薄弱，仍然是制约贫困地区经济社会发展的瓶颈。云南省交通运输供给总量严重不足，农村通畅、通达、便捷的公路网络尚未形成，还有相当一部分自然村不通公路。骨干水利工程及其配套设施明显不足，工程性缺水问题突出，基本农田有效灌溉面积比重低。农村教育、文化、卫生等基本公共服务均等化水平低，科技对经济发展贡献率不高。因学、因病、因残、因灾、缺水等致贫问题明显，地震、干旱、洪涝、泥石流等自然灾害频发，素有"无灾不成年"之说，脱贫压力较大。

一方面，云南省大多数贫困人口居住地远离城镇，交通不便、环境封闭、信息不灵，生产生活方式落后，思想观念陈旧，安于现状，进取心不强；另一方面，贫困群众受教育年限短，科技、文化水平低，综合素质不高。据统计，2016年，民族八省（区）贫困人口教育程度中，云南省文盲及半文盲占全国的12.76%，小学文化占全国的43.77%，小学以下合计占比为56.53%，排在内蒙古、广西、贵州之后，位列第四。① 同时，云南贫困人口创新意识、发展意识、商品意识和竞争意识不强，自我发展能力较弱，不同程度存在"等、靠、要"思想，艰苦创业、发家致富的内生动力不足。

五、云南省精准扶贫、精准脱贫与巩固提升的思路

（一）总体思路

未来一定时期，云南省要继续深入学习贯彻习近平总书记扶贫开发战略思想，最大化改善贫困地区、贫困人口生产生活条件，推动农村贫困人口稳定脱贫，贫困县、贫困村高质量退出，高标准巩固提升。

一是明确脱贫目标和任务要求。严格对照"稳定实现农村贫困人口不愁吃、不愁穿，义务教育、基本医疗和住房安全有保障"的要求，确保脱贫的质量和成效；防止脱贫目标"越位"和"不到位"的问题，全面落实贫困退出机制，坚决防止突击脱贫、"假脱贫"、"被脱贫"、"数字脱贫"；围绕"增强造血功能、完善输血机制、健全失血救助"，实施脱贫攻坚供给侧结构性改革，长短结合，分阶段、分步骤稳步解决影响稳定脱贫的长期性问题。

二是深化精准扶贫和退出举措。咬定"精准"两字不放松，围绕完善建档立卡，措施到户到人、精准选人用人、精准考核几个关键环节，把问题找准、把原因找深、把思路找对、把措施落实，明确靶向、量身定做、对症下药，扶到点上、扶到根上。

三是抓好年度扶贫重点难点。实施好"直过民族"脱贫攻坚行动计划；瞄准革命老区、民族地区、边疆地区、四大集中连片特困地区最困难的地方、最贫困的群

---

① 范小建. 中国扶贫成就及民族地区的精准扶贫[A]. 引自中国少数民族地区精准扶贫论坛暨《中国少数民族地区扶贫进展报告（2016）》发布会发言稿, 2017-03-17.

体、最迫切需要解决的问题,把解决深度贫困摆在优先位置,集中力量打攻坚战。争取国家把迪庆、怒江和人口较少民族纳入全国脱贫攻坚重点,及时调整完善相关规划计划,努力使少数民族团结进步脱贫、生态文明脱贫走在全国前列。大力实施贫困村提升工程,解决好贫困村识别不准问题,逐步补齐贫困村集体经济、基层组织、基础设施建设、社会服务保障等"短板"问题;盘活"无业可扶、无力脱贫"贫困人口的资源资产,采取入股、租赁、转让、托管、联营等多种方式,加大资产收益扶贫力度,保障稳定脱贫。

四是建立扶贫项目资金整合和监管机制。抓紧出台贫困县统筹整合使用财政涉农资金的具体意见,把管好用好扶贫资金作为最重要的任务,集中整治和查处扶贫领域的职务犯罪,防止扶贫资金"跑冒滴漏"。

五是加强组织领导。建立领导小组会议机制,强化各成员单位和州市责任,创新工作方式,加强调查研究,加强队伍能力建设,深化扶贫宣传,真正做到"众人拾柴火焰高",努力形成上下一盘棋、分头抓落实的良好格局,全力以赴、殚精竭虑、履职尽责、同心协力,打赢脱贫攻坚战。

(二) 具体策略

目标在于脱贫,但精准扶贫既是基础,也是脱贫实现的过程之一。根据国家和云南省对扶贫开发工作的总体部署,云南省未来扶贫开发工作总体上,应以"两不愁、三保障"为标准,以脱贫攻坚供给侧结构性改革为动力,以特困群体和特困区域为重点,因村施策、因户施法、因族施计,深入推进"五个一批"工程,在产业扶贫、劳动力培训转移、教育扶贫、易地扶贫搬迁上取得新的突破,在深度贫困地区扶贫、边境贫困地区扶贫、少数民族团结进步脱贫、生态文明脱贫等方面做出示范。

1. 产业脱贫

产业扶贫以带动贫困户稳定增收为核心,重点解决好重生产、轻市场、难销售问题,建立贫困群众参与机制和受益机制,提高贫困群众组织化程度,引导企业、基地、合作组织因地制宜开展订单收购、合作经营、联产联利、股份合作。推动政府、银行、证券、保险合作模式,最大化降低生产风险、市场风险。

制订退出县(市)特色产业发展规划,重点支持贫困村、贫困户因地制宜发展种养业、农产品加工业和传统手工业等,努力打造低物流、低税费、低要素、低融通、低物业成本的投资环境,扶持建设一批贫困人口参与度高的现代农业产业园区、农业科技示范园区、优质种业基地、创业园区,争取把退出县(市)建成农业产业化强县。集中力量在退出县（市）实施贫困村"一村一品、多村一品"产业推进行动，确保每个贫困村有1~2个产业发展项目，每户贫困户至少参与1个增收项目。采取资本金补助、融资担保、规费减免等措施，扶持农民工返乡创业；加大技能培训、创业培训，鼓励低收入农民自主创业。

2. 转移就业脱贫

把劳动力培训转移作为资源禀赋较差地区的刚性任务和易地扶贫搬迁的配套措施，完善劳务对接协作机制和服务体系，提高贫困群众转移就业的组织化程度和稳定就业能力。完善留守人员关爱、服务和保障机制，解决好转移就业贫困群众的后顾之忧。

按照"以培训为基础，以转移就业为核心，以脱贫增收为目标"的要求，聚焦退出县（市）建档立卡贫困人口中的劳动力，坚持走产业带动、城镇化推动、省内转移、跨省转移、跨国跨境转移等途径，采取依托乡村建设和地方特色产业，带动一批农村劳动力就近实现产业间转移就业；依托城镇化和"五网"建设等重点项目，带动一批农村劳动力实现城乡间转移就业；依托区域经济发展，带动一批农村劳动力实现省内区域间转移就业；依托驻外地劳务服务机构，组织一批农村劳动力实现省际转移就业；依托区位优势，组织一批农村劳动力实现国际（区域）间转移就业。

3. 易地搬迁脱贫

保障贫困群众住房安全，锁定建档立卡搬迁对象，深入开展易地扶贫搬迁摸底调查，指导州市编制规划和实施方案，抓实抓好突出问题的整改落实，调整完善配套政策措施，按计划完成贫困人口易地扶贫搬迁任务。核实农村危房改造和抗震安居工程贫困人口，合理规划建设，提高补助标准，加强建设质量管理、安全管理。

大力实施"易地扶贫搬迁三年行动计划"和"十三五"规划，按计划确保完成退出县（市）贫困户易地搬迁。统筹整合中央预算内投资资金、农村危房改造和抗震安居、财政专项扶贫资金、兴边富民工程等相关项目资金，增大退出县（市）易地扶贫工程投资总量。完善后续巩固提升政策措施，让搬迁户享有与当地群众同等的基本公共服务，确保搬迁对象搬得出、稳得住、有事做、能致富。支持安置点发展物业经济，增加搬迁户财产性收入。

4. 推进生态保护脱贫

争取国家实施的新一轮退耕还林还草、天然林保护、防护林建设、石漠化治理、坡耕地综合整治、退牧还草等重大生态工程向倾斜，提高贫困人口参与度和受益水平。合理调整贫困地区基本农田保有指标，把贫困地区坡度25°以上的基本农田纳入退耕还林还草范围，优先实施退耕还林还草，确保应退尽退。将退出县（市）纳入国家库中存在饮水安全不巩固、不稳定的建档立卡贫困人口纳入《云南省农村饮水安全巩固提升工程"十三五"规划报告》，巩固提升农村饮水安全。支持贫困群众发展特色经济林产业，发展林下经济，推广林果、林菌、林药、林菜、林禽、林畜等复合经营模式。

5. 推进发展教育脱贫

教育扶贫重在斩断贫困的代际传递，努力使贫困家庭学生能够接受从学前教育到高等教育的完整教育，享受从入学到就业的全程资助扶持。实施职业教育圆梦计划、中等职业教育行动计划、技能脱贫千校行动。落实推进《云南省教育精准扶贫行动计划》，让贫困家庭子女都能公平享有有质量的教育资源，阻断贫困代际传递。教育经费、特岗计划、国培计划要向退出县（市）倾斜。实施"四个一批"建设工程，努力扩大学前教育规模，帮助农村贫困家庭幼儿接受学前教育，退出县（市）学前三年毛入学率超过全省平均水平。全力推进义务教育均衡发展，在退出的同时须实现县域义务教育均衡发展通过国家督导评估。认真做好"控辍保学"工作，将辍学率控制在国家规定范围内。继续实施农村义务教育阶段学生营养改善计划。对建档立卡贫困户学生实施普通高中、中等职业教育免除学杂费，在高中阶段除享受其他政策外再给予每人每年2500元的助学金资助。退出县（市）考入一本院校的建档立卡贫困户子女，在本科学习期间，除享受其他政策外由省级财政给予每人每年5000元学费奖励。

6. 医疗保险和医疗救助脱贫

全面落实健康扶贫政策举措，精准识别因病致贫人口，健全健康保障体系，确保建档立卡贫困人口医保城乡居民参保率达到100%。落实好医保向贫困人口救治倾斜政策，开展贫困人口重大疾病分类救治和防病管理。加大健康教育力度，促进贫困人口转变不良生活方式，提高健康素质，预防疾病发生。加大远程医疗体系建设，促进社会医疗服务资源和诊疗资源向贫困地区基层下沉，提升基层医疗服务水平。

"输血"与"造血"结合起来。核实因病致贫、因病返贫人口，给予多重保障，做到有病能就医，降低建档立卡贫困群众医疗支出负担。深化扶贫开发与农村最低生活保障的政策衔接、对象衔接、管理衔接，做到应扶尽扶、应保尽保。

实施健康扶贫工程，保障贫困人口享有基本医疗卫生服务，努力防止因病致贫、因病返贫。对贫困人口参加新型农村合作医疗个人缴费部分由财政给予补贴，逐步提高贫困人口大病保险和疾病医医疗救助的报销水平，完善退出县（市）三级医疗卫生服务网络标准化建设和服务能力提升；加强医疗卫生队伍建设，根据退出县（市）上报的需求计划优先安排订单定向免费培养全科医生。建立全省三级医院（含军队和武警部队医院）与脱贫摘帽县（市）县级医院一对一帮扶机制。

7. 农村最低生活保障托底脱贫

对家庭年人均收入低于当地农村最低生活保障标准、家庭财产符合当地认定标准，且持有当地常住人口的农村贫困人口，实行农村最低生活保障。退出县（市）作试点，把低保标准提高到国家扶贫标准，实现"两线合一"。加强农村低保申请家庭经济状况核查工作，将所有符合条件的贫困家庭纳入低保范围，做到应保尽保。在退出县（市）全面建立困难残疾人生活补贴和重度残疾人护理补贴制度。对低保家庭中的老年人、未成年人、重度残疾人等重点救助对象，提高救助水平，确保基本生活。

8. 深化东西部扶贫协作与定点帮扶

扎实推进沪滇、粤滇扶贫协作，健全和完善扶贫协作组织领导机构和工作机制，尽快编制实施扶贫协作"十三五"规划和年度计划，抓好示范项目建设，加强扶贫协作资金管理，关心爱护帮扶干部。突出扶贫协作重点，加强产业合作、劳务协作、人才支援、资金支持、教育和医疗帮扶。拓展扶贫协作空间，广泛动员民营企业、社会组织、公民个人积极参与东西部扶贫协作。深化结对帮扶贫困县、贫困乡、贫困村，实现"携手奔小康"全覆盖。

加强与中央定点扶贫单位的协调对接，推动双方同向发力。要加强与中央定点帮扶单位和上海市以及教育部、国土资源部、水利部、国家林业局等片区联系单位的对接联系，争取更大支持。强化省内"挂包帮"定点扶贫和对口帮扶力度。

（三）保障机制

1. 健全和完善扶贫对象动态管理和贫困退出管理机制

首先，云南省要严格执行贫困识别和贫困退出标准，根据实际情况把应进未进和返贫的人口纳入进来，把应退未退和非贫困人口退出去，实现有进有出、动态管理。完善精准扶贫"大数据"平台，加强部门间数据比对和信息共享，定期更新贫困变化数据，不断提高信息采集、贫困识别和净脱贫人口的精准度，拓展服务功能，用现代化信息手段提升管理工作水平。

其次，进一步调整完善2017年至2019年贫困退出滚动规划，一次性全部分解下达，逐级签订年度脱贫攻坚责任书，加强工作指导、督促，跟踪任务完成情况。攻坚期内对已脱贫人口继续给予动态监测与扶持，脱贫不脱帮扶、脱贫不脱政策、脱贫不脱项目、脱贫不脱考核。

再次，严格执行贫困县退出程序，由县（市）扶贫开发领导小组提出退出，州（市）扶贫开发领导小组初审，省扶贫开发领导小组核查，确定退出名单后向社会公示征求意见。公示无异议的，由省扶贫开发领导小组审定后向国务院扶贫开发领导小组报告。经国务院扶贫开发领导小组对云南退出情况进行专项评估检查后，对不符合条件或未完整履行退出程序的，由省人民政府进行核查处理，对符合退出条件的贫困县，由省人民政府正式批准退出。

最后，建立健全贫困退出奖励机制，由省对贫困县退出进行考核奖励。建立扶贫工作责任清单，刚性约束贫困县落实脱贫责任。加强对扶贫工作绩效的社会监督，开展贫困地区群众扶贫满意度调查，建立扶贫政策落实情况和扶贫成效第三方评估机制。

2. 加大扶贫资金投入、使用和监管、考评力度

第一，研究制定脱贫攻坚供给侧结构性改革意见，创新扶贫资金、涉农资金整合管理使用的体制机制。要指导县级编制实施"十三五"脱贫攻坚规划，全面实施贫困县统筹整合使用财政涉农资金。坚持把脱贫攻坚作为各级财政预算投入保障的重点，进一步加大投入，并全部按因素法加快拨付。

第二，优化中央和省级财政转移支付结构，加大对贫困地区的转移支付力度，扩大一般性转移支付规模和比例，提升贫困县财政保障能力。加大对退出县（市）的财政专项扶贫资金支持力度，实现财政专项扶贫资金对脱贫摘帽县的整乡推进全覆盖，并将财政专项扶贫补助资金一次性拨付到位。

第三，清理整合目标接近、资金投入方向类同、资金管理方式相近的专项转移支付，推进部门内部资金的统筹整合使用。按年度计划退出的贫困县（市）要积极探索开展产业扶贫、资产收益扶贫、保险扶贫、健康扶贫等机制创新，借鉴易地扶贫搬迁筹资模式，通过政府和社会资本合作、政府购买服务、贷款贴息、设立产业发展基金等方式，充分发挥财政资金引导作用和杠杆作用，撬动更多金融资本、社会帮扶资金参与脱贫攻坚。

第四，对如期退出的县（市），由省级一次性给予奖励。贫困县退出后可继续享受中央、省级的扶贫开发相关政策至2020年。各州（市）财政和对口帮扶单位按上述原则，切实增加扶贫资金投入，确保与退出县（市）脱贫攻坚任务相适应。按年度计划，各种惠民政策、项目资金，要最大限度向退出县（市）倾斜。

第五，修改完善财政专项扶贫资金管理办法和绩效评价办法，紧盯资金直接扶

持到贫困户、统筹整合情况、年度项目资金结转结余率3个重点问题和薄弱环节，加强问题整改，实行扶贫资金全程审计、严管严查，提高使用效益和透明度，做到廉洁扶贫、阳光扶贫。

3. 加强脱贫攻坚组织保障与督查问责

第一，深入实施基层组织与脱贫攻坚"双推进"，充分尊重扶贫对象主体地位，重视发挥基层干部群众首创精神，把基层组织建设成发展集体经济、带领群众脱贫、吸引本土人才返乡创业的坚强堡垒，为脱贫攻坚留下一支"不走的工作队"。加大力度宣传脱贫攻坚先进典型，激励广大干部群众投身脱贫攻坚。发挥好新闻媒体舆论导向作用，讲好云南脱贫攻坚故事，展示云南脱贫攻坚成效，激发扶贫对象脱贫摘帽意识观念。

第二，加强扶贫系统队伍建设和基层扶贫机构力量，脱贫攻坚任务重的乡（镇）设立扶贫机构，配备专职干部，做到思想认识跟上去，观念方式转过来，工作落实顶上去，确保扶贫机构队伍、力量配备、素质能力与艰巨的脱贫攻坚任务相适应。盯住重点、难点地区，围绕重点工作，抓实一批试点示范建设，总结一批成功经验模式，以点带面提高脱贫攻坚整体水平。

第三，严格考核州市、贫困县、行业部门、定点扶贫单位、驻村扶贫工作队工作绩效，组织开展贫困退出考核、第三方评估和交叉检查。适时通报考核和督查巡查情况，对问题突出、整改不力的责任单位和责任人进行严厉问责，倒逼脱贫攻坚工作更有力、更扎实。

第四，加强督查问责。省扶贫开发领导小组要加强跟踪督查，建立脱贫攻坚报告和督查制度，对脱贫攻坚、"挂包帮"、"转走访"工作不力的州（市）和县（市）及部门，由省扶贫开发领导小组向省委、省政府报告并提出责任追究建议，对党政主要领导进行约谈，对没有如期完成退出任务的州（市）和县（市、区）党委、政府主要领导进行问责。对挂职锻炼考核不合格的干部不能重用并进行批评教育。对挂职锻炼考核不合格的干部不能重用并进行批评教育。对贫困退出工作中发生重大失误、造成严重后果的，对存在弄虚作假、违规操作等问题的，要依纪依法追究相关部门和人员责任。

六、典型案例：东西部协作和对口支援的典型模式——沪滇协作

（一）东西部协作与对口支援的背景

我国区域发展差距扩大的趋势得到逐步扭转，西部贫困地区、革命老区扶贫开

发取得重大进展。但西部地区特别是民族地区、边疆地区、革命老区、连片特困地区贫困程度深、扶贫成本高、脱贫难度大，是脱贫攻坚的短板。东西部扶贫协作是党中央、国务院为加快西部贫困地区扶贫开发进程、缩小东西部差距、促进区域经济协调发展做出的一项重要战略决策。1996年，国务院办公厅发布《关于组织经济较发达地区与经济欠发达地区开展扶贫协作的报告》，确定北京、天津、辽宁、上海、江苏、浙江、福建、山东、广东东部9省（市）和深圳、宁波、青岛、大连4个计划单列市对口帮扶西部10个省（区、市），同年10月，中央扶贫开发工作会议进一步做出部署，标志着东西部扶贫协作正式启动。

自东西部扶贫协作提出以来，东西部有关省市党委政府坚持从两个大局、逐步实现共同富裕的战略高度认识和推动东西不扶贫协作，开展了多层次、多形式、宽领域、全方位的扶贫协作，逐步形成了以政府援助、企业合作、社会帮扶、人才支持为主要内容的工作体系，涌现出闽宁协作、沪滇合作、两广协作等各具特色的东西帮扶模式。20年来，东部省市通过东西扶贫协作向西部10个省区市提供财政援助资金132.7亿元，动员社会力量捐助款物27.6亿元，引导企业实际投资1.5万亿元。东部地区共帮助西部贫困地区开展劳动力输出培训621.4万人次，输出劳务707.5万人次；援建学校7325所，卫生院（所）1690个，资助贫困学生42.6万名；帮助修建农村公路2.15万公里。①

2016年12月，中共中央办公厅、国务院办公厅印发《关于进一步加强东西部扶贫协作工作的指导意见》，这是东西部扶贫协作工作开展20年后中办、国办首次印发专门文件推动这项工作，提出东西部扶贫协作和对口支援，是推动区域协调发展、协同发展、共同发展的大战略，是加强区域合作、优化产业布局、拓展对内对外开放新空间的大布局，是打赢脱贫攻坚战、实现先富帮后富、最终实现共同富裕目标的大举措。

（二）沪滇合作的主要举措及成效

自1996年中央确定上海与云南开展对口帮扶合作以来，沪滇双方高位强势推进对口帮扶和区域合作，形成"政府援助、人才支持、企业合作、社会参与"的帮扶工作格局。共同召开了14次联席会议商讨部署帮扶合作工作，签署实施了《关于进一步加强沪滇帮扶合作，携手参与中国面向西南开放重要桥头堡建设战略协议》《关于加强沪滇对口帮扶与重点领域合作框架协议》等一系列文件和会议纪要。在此期间，上海确立了由14个区县对口帮扶云南4个州市26个重点县，同时将保山、

---

① 新华社．深化帮扶，精准聚焦——东西扶贫协作谋划新布局[EB/OL]．2016-07-22．

西双版纳2个州市作为重点经济合作区域的帮扶机制。

在20年对口帮扶合作的基础上，2016年，上海市扶贫协作范围从4个州（市）26个贫困县扩大到12个州（市）71个贫困县，实现帮扶地区贫困县全覆盖。帮扶合作资金逐年增长，双方经济合作领域不断拓展，合作力度逐年加大，取得了明显的成效。沪滇帮扶合作的成功实践，被国家有关部委誉为"新时期民族团结和谐发展的新典型"。

2016年以来，沪滇深入贯彻落实中央东西部扶贫协作座谈会精神，在两省市沪滇对口帮扶合作领导小组的有力推动及各对口合作工作小组的积极配合、各帮扶经济合作重点州市的共同努力下，滇沪扶贫协作全面升级，签署相关对口扶贫协作协议，上海市在资金、产业、劳务、人才等方面都给予云南大力帮扶。

1. 加强省市间互访交流

上海市与云南省党政代表团互访有利于双方及时交换意见，增进相互了解，充分发挥现有合作渠道和机制的作用，探讨扩大和深化协作扶贫的途径和方式。2016年，云南与上海两省市党政代表团成功实现互访。同年4月20日，云南省党政代表团赴上海市考察学习，双方高层座谈交流。两地政府间签署了《关于贯彻落实中央决策部署进一步加强对口扶贫协作的协议》。这既巩固两地的传统友谊，挖掘两地的合作潜力，又深化两地在更高层次、更广领域的合作与交流。同年11月9日，上海市党政代表团赴云南举行滇沪扶贫协作工作座谈会。两省市政府签署《关于进一步加强扶贫协作的协议》，有效促成滇沪对口帮扶工作的扩面与增资。

与此同时，两省市对口帮扶合作领导小组不断完善工作机制、深化结对帮扶，扶贫协作范围由原来的"4+2"，拓展到"8+4"，并以产业合作、人才支持、劳务协作等为重点，全力助推云南脱贫攻坚进程。

2016年，顺利完成上海援滇挂职干部第九批和第十批的轮换交接任务，上海市选派15名干部到云南省对口帮扶地区挂职，云南省委组织选派了28名厅级和处级干部到上海挂职锻炼，相关州市亦派出近200人次的干部及专业技术人员赴沪挂职交流。

2. 加大资金项目支持

早期沪滇帮扶资金是直接作为种植补贴发放给农民，由政府指导农户种什么。但这样的方法并不能有效激励农户的生产积极性。近年来，沪滇帮扶资金正从发补贴的形式逐渐转变为扶持款援助集体经济，由集体经济统筹运作的模式，让市场决定农户种什么、养什么，增强自身"造血"能力。一大批对口帮扶项目在云南省扶贫开发中发挥了先行先试、示范引领的作用，实现了由单一的进村入户、解决温饱向整乡规划、整村推进、片区开发全面发展。1996—2016年，上海市累计投入各类帮扶资金34.07亿元，实施帮扶项目7527项，项目覆盖云南的滇西边境山区、乌蒙山片区、石漠化地区和迪庆藏区30多个县，解决了60余万贫困人口的基本温饱问题，受益群众达150余万人。2016年，上海市援滇项目资金3.36亿元，比上年增幅8%，实施以整村推进为主的新农村建设项目265项，改善了受援地区的生产生活条件。2017年上海援滇资金计划投入4.84亿元，在2016年基础上又增长43.8%。

3. 促进产业合作带动脱贫

一方面，推进"沪企入滇"。据云南省扶贫办统计，20年来，沪滇经济合作累计实施项目近2000个，实际到位项目资金645.8亿元，光明食品、金茂股份、上实发展等一批大企业来滇投资，实现了由单一技术转让、营销合同向以资金为纽带的并购重组、技术协作、全方位、多领域合作发展。

20年间，上海市共投入产业帮扶资金4.44亿元，实施产业帮扶项目558项，参与培植三七、茶叶、天麻、石榴、核桃、橡胶、葡萄、辣椒等特色产业，建成茶园、果园、中药材和咖啡、葛根、石斛、甘蔗以及猪牛羊鸡等一批高原特色种养殖业基地，推行"公司+基地+农户"模式，培植以光明集团云南石斛公司为代表的一批产业扶贫龙头企业，探索新形势下农村富余劳动力就近转移就业和产业帮扶新模式，实现由传统单一产业培植到发挥优势、规模发展、种养加一体化的特色农业扶持转变。2016年实施滇沪经济类合作项目198个，上海市企业在滇投入资金197.5亿元，比2015年增长17.4%。发展产业项目53个，建成茶园、果园、中药材和咖啡、葛根、石斛、甘蔗以及猪牛羊鸡等一批高原特色种养殖业基地，项目区近10余万贫困群众直接受益，帮助5万多建档立卡贫困人口实现脱贫。

另一方面，鼓励"云品入沪"。通过推进"云品入沪"平台建设，培育云南特色产品，发展基地和生产商，选择云南省品质优良的农特产品，为其进入上海市场提供了"展示推介、宣传培训、服务对接、商品孵化"等服务。在沪企入滇的基础上，双方签署了《关于加强沪滇对口帮扶与重点领域合作框架协议》，明确沪滇双方决定合力推进"云品入沪"工程。"云品中心"已成功孵化部分云南企业，入驻的文山三七、红河米线、普洱石斛等产品，都完成线上营销、品牌打造、包装改良等孵化程序，顺利进入上海市场。2016年8月，云南省农业厅在上海主办"2016云南高原特色农产品（上海）推介活动"，90%参展产品现场售罄，销售额达257.8万元，现场签约项目43个，金额6292.8万元，达成意向性协议196个，意向性金额3亿元。

4. 加大社会事业帮扶力度

20年来，上海投入帮扶资金10.38亿元，实施了3398个民生领域帮扶项目，实现了由援建希望学校向教育、医疗卫生、科技、文化、旅游等领域的全覆盖，有效促进云南省贫困地区经济社会的全面协调发展。

云南省与上海市基础教育帮扶工作和职业教育合作在稳步发展中不断深化，依托上海信托、德国赛德尔基金会，为云南省民族地区培训中学校长及骨干教师。两省市相关高校多渠道促进两地教育领域的帮扶合作，2016年，云南省选派中职教育管理人员、校长及教师120人赴沪参加培训。云南大学与复旦大学联合开展"澜湄合作机制下的国家扶贫开发合作研究"人文社科研究项目，上海财大、同济大学、复旦大学、华东师大、交大等高校，筹集善款近700万元在结对地区开展捐资助学活动，实施教师素质提升工程，组织优秀研究生、大学生到受援地中小学开展义务支教活动。

沪滇两省市实现上海市28所三级医院对口支援云南省28家贫困县医院的结对帮扶目标，上海市派驻医疗队伍28支，派出援滇医务人员130人次。

沪滇两省市科技部门务实推动滇沪科技合作，充分利用第三届科技入滇对口活动平台，促成上海交大、同济大学、中科院上海有机化学研究所、中国疾控中心寄生虫病预防挖掘所（上海）等30多家科研院所、企业与云南昆明、玉溪、保山等地签约科技合作项目118项。此外，还携手开展"科技入滇"系列交流对接活动，2016年云南省新增滇沪院士专家工作站10个，促进云南省生物医药和大健康产业的发展。上海市中小企业技术人才引进服务中心还为云南中职学校安装"沪滇就业信息综合发布平台"一体机100套，提供了100万元奖学金。

5. 加强人才培训与劳务协作

上海市第十九批青年志愿者接力计划如期实施，上海交通大学、同济大学、华东政法大学和华东师范大学共29名志愿者前往楚雄州元谋县、武定县，大理州洱源县、云龙县，普洱市景东县开展为期一年的支教服务。上海市选派了22名博士后赴普洱、德宏开展科技服务活动。在沪举办人事、商务、文化、科技、农业、卫生、教育等专业人员培训班40余期，帮助云南省培训重点领域紧缺实用人才进行培训，专业人员近千人次，通过当地讲学、白玉兰远程教育网和互联网远程在线直播培训，帮助云南省培训干部、农业技术人员及各行业服务人员万余人次。2016年，沪滇双方人社部门签署了《沪滇人力资源帮扶合作具体工作协议》，成立了云南省人社厅驻上海人力资源工作站和沪滇对口帮扶创业联盟服务站，与20多家上海企业建立了联系,并与优尔蓝公司等签订了一批劳务合作协议,开发了130多家企业约22200个空缺岗位,向上海输出云南务工人员10.01万人,较2015年同比增长63%。

6. 推动沪滇金融深度合作

2015年,上海浦东发展浦发银行与云南签署了支持云南参与"一带一路"建设战略合作框架协议,并设立浦发银行昆明离岸业务创新中心,有力支持云南一批重大项目建设。2016年7月30日,云南省政府与上海浦东发展银行在昆明签署云南浦发扶贫投资发展基金战略合作框架协议,该扶贫投资发展基金是全国第一只省级扶贫基金。由云南省省金融办牵头,招商局及各级政府配合,落实推动驻沪金融机构、金融资本和金融人才入滇发展,完善和优化云南省金融组织体系和金融人才结构,促进金融资源向云南集聚,推进云南与周边国家互联互通建设,密切与东盟、南亚国家经贸金融合作关系,推进云南沿边金融综合改革试验区、昆明区域性国际金融中心和昆明泛亚金融产业中心园区的建设。

此外,两省市还在创新帮扶模式方面做了有益探索。具体包括:以上海新沪商联合会和兴业证券向彝良县捐赠帮扶资金7300万元为先导,探索了企业帮扶、产业扶贫、项目带动、促进发展的社会扶贫新模式。以上海安信农业保险股份有限公司保险扶贫项目的实施,增强贫困农户应对市场价格波动抗风险能力。

(三)进一步推动沪滇扶贫协作的对策与思考

一是要继续创新对口帮扶合作机制。虽然沪滇双方一直把对口帮扶合作作为贯彻落实中央"两个大局"和"东西协作"战略的一项重要政治任务,加强对口帮扶合作机制建设,但还需进一步完善创新。云南省政府与上海市政府、云南州市与上海区县之间可定期召开联席会议,完善上海14个区县与云南对口帮扶州市之间的互动机制,加强双方高层互访,强化联席会议机制,签订扶贫协作协议,研究推进扶贫协作工作,加大组织实施力度,形成高位强势推进态势,保证工作有力度、协作上水平。同时建立沪滇省市对口部门"对接沟通、交流学习"机制,交流先进管理和治理理念、方法,积极支持沪滇双方部门之间充分挖掘合作潜能,充分发挥各自优势,推动部门之间优势互补、长期合作,不断拓宽扶贫协作的领域和空间。

二是要深化产业合作。近年来,虽然上海市委、市政府制定支持鼓励政策,但与对口帮扶工作相比,沪滇经济合作是一块明显的"短板",需要进一步加大力度。可先从红河、文山、普洱、迪庆4个对口帮扶合作州市进行试点,建立"沪企入滇"促进和激励机制,结合各自资源禀赋和产业发展方向,坚持每年到上海对口区县定向招商引资,吸引有实力的沪企来当地投资建厂。以扶贫协作为契机,构建更深层次、更宽领域、更广范围的合作体系，以产业合作带动贫困人口脱贫，提升贫困地区的自我发展能力和"造血"功能。

三是强化精准帮扶。把建档立卡贫困人口脱贫作为精准帮扶工作重点，下沉帮扶重心，提高帮扶实效，实现结对帮扶的精准对接、双向互动。制定相关激励支持政策，鼓励上海民营企业、社会组织与云南的贫困村、建档立卡贫困户开展结对帮扶，动员民营企业参与"万企帮万村"扶贫行动。高度重视粤滇劳务对接协作，继续组织技能培训，动员企业参与，提供用工信息，实现人岗对接，保障稳定就业，阻断贫困的代际传递。

（四）案例启示与经验推广

沪滇协作扶贫作为东西部协作扶贫的典型案例，在双方不懈努力下，不断拓展合作领域不断拓展，让综合效益得到充分发挥，已由刚起步时上海单向帮扶云南，拓展为在对口帮扶框架下沪滇双向互动、共同发展、实现共赢；由最初主要是政府间的援助行为拓展为各类市场主体的共同参与，再发展到包括各类社会团体、民间组织、爱心人士在内的社会各界多形式、宽领域的广泛参与，成为全国东西部协作、解决区域性整体贫困的亮点。

第一，建立双方高层对话交流机制是推进沪滇帮扶合作的保证。自1996年中央确定上海对口帮扶云南以来，双方党政领导坚持不定期互访交流，共商帮扶合作大计，从高位入手推进帮扶合作的深入开展，建立了双方高层领导的互访对话机制。双方分别成立了由党委、政府领导为组长，相关部门、州市领导为成员的领导小组，设立领导小组办公室，负责协调推进沪滇帮扶合作。双方领导小组每年召开一次联席会议，总结帮扶合作情况，研究帮扶合作重大事宜，部署下一步工作任务，为全面推进沪滇对口帮扶合作提供了保证。

第二，健全完善工作机制是帮扶合作工作有序开展的组织保障。上海14个区、2家大企业与云南贫困县建立对口帮扶关系。双方组织、人事、卫生、工业、教育、科技、劳动、农业、环保、旅游、民政、民委、侨办、工商联、共青团等20多个部门建立对口合作关系。通过不断探索总结，建立健全帮扶合作工作定期会议制度、部门联席会议制度、对口区县帮扶机制及帮扶项目跟踪制度等一系列工作制度，为全面开展沪滇帮扶合作提供了组织保障。

第三，规划先行是实施好援建项目的重要抓手。自1996年东西部扶贫协作提出，沪滇两省市就在中央确定的全国10个对口帮扶省区、市中率先编制《上海云南对口帮扶与经济社会合作"九五"规划纲要》，确定对口帮扶、社会事业合作、经济合作三大目标和扶贫开发、教育卫生及人才培训六大任务，明确该时期内对口帮扶合作工作的指导思想、发展目标、方针原则和主要任务，成为推进沪滇帮扶合作的重要抓手。至今，双方先后组织编制实施了"九五"、"十五"、"十一五"、"十二五"、"十三五"沪滇对口帮扶与经济社会合作规划，确保帮扶合作各项工作有序推进。

第四，实施对特殊类型贫困群体帮扶是沪滇帮扶的创新实践。坚持以民生为重，上海率先实施对德昂族等边远少数民族的帮扶，改善边远少数民族特殊类型贫困地区群众的基本生产、生活、教育、医疗条件，增强边远少数民族特殊类型贫困地区群众脱贫致富的信心和决心。沪滇合作帮扶德昂族的成功尝试，为实施帮扶边远少数民族积累宝贵的经验，被国家民委树为新时期民族团结、和谐发展的典型。

第五，不断探索是发挥好沪滇帮扶引领性和先导性的重要基础。探索帮扶模式，走出了一条符合云南实际的行之有效的扶贫新路，得到中央的肯定及国际社会的关注。探索整乡规划、整村推进、集中连片开发，为对口地区扶贫开发发挥示范和带动效应。探索产业扶贫长效机制，为增强贫困地区内生能力提供支撑。探索培育农村致富带头人在农村扶贫开发中的能人示范带动作用，促进产业的培植发展。

第六，人力资源开发合作是帮助贫困地区提高内生增长力的重要保障。通过教育对口帮扶和干部双向挂职交流、教师支教、青年志愿者接力扶贫，以及专业人才培训、农村劳动力培训输出等，形成双方多层次、多渠道、多形式的人力资源开发合作，为帮扶地区实现可持续发展，增强贫困群众自我发展能力提供有力的人力资源保障。

"十三五"以来，按照中央部署和自身发展需要，云南省与广东省、浙江总商会等地区和机构也开展粤滇、浙滇协作，主要就云南省深度贫困地区、直过民族地区实施对口帮扶，在精准帮扶、产业扶贫、合作共赢、就业促进、民生帮扶、金融扶贫等方面开展工作，这将协同沪滇合作，助力云南贫困人口脱贫致富和贫困地区的跨越式发展。

参考文献

[1] Banerjee A., Duflo E. Poor Economic: A Radical Rethinking of the Way to Fight Global Poverty[M]. New York: Public Affairs, 2012.

[2] Benhassine, N., Devoto F., Duflo E., Dupas P., and Pouliquen V. The Impact of Conditional Cash Transfers on Schooling and Learning: Preliminary Evidence from the Tayssir Pilot in Morocco. MIT, mimeo, 2010.

[3] Kraay A., Mckenzie D. Do Poverty Traps Exist? Assessing the Evidence [J]. Journal of Economic Perspectives, 2014, 28(3):127-148.

[4] 蔡昉,王德文,都阳. 中国农村改革与变迁:30年历程和经验分析[M]. 上海:格致出版社,上海人民出版社,2008.

[5] 孙殿军,高彦辉,刘辉. 做好地方病消除工作,为我国实现全部脱贫目标助力[J]. 中华地方病学杂志,2017, 36(3):157-161.

[6] 郑长德. 中国少数民族地区经济发展报告2014[M]. 北京:中国经济出版社,2014.

[7] 张琦,史志乐. 我国农村贫困退出机制研究[J]. 中国科学院院刊,2016(3).

[8] 莫光辉,张菁. 精准扶贫领域的腐败问题及预防机制建构[J]. 中国党政干部论坛,2017(3).

[9] 潘斌,钟敏,王志娟. 内蒙古贫困人口的分布、成因及其贫困县退出典型案例分析[J]. 江苏农业科学,2017(8).

[10] 宗哲丽. 2016年内蒙古国贫旗县农牧民收入现状及因素分析[J]. 内蒙古统计,2017(2).

[11] 宁夏回族自治区"十三五"脱贫攻坚规划[EB/OL]. http://www.nxfp.gov.cn/xxgk/xgwj/201703/t20170328_14236.html.

[12] 向贫困宣战:"三西"农业专项建设[EB/OL]. 宁夏日报,http://

www.qstheory.cn/zhuanqu/bkjx/2015-04/16/c_1114992173.html.

[13] 宁夏回族自治区"十三五"脱贫攻坚规划[EB/OL] http://www.nxfp.gov.cn/xxgk/xgwj/201703/t20170328_14236.html.

[14] 2016年宁夏脱贫攻坚首战告捷19.3万贫困人口脱贫[EB/OL].新华网,http://www.nx.xinhuanet.com/newscenter/2017-01/06/c_1120254694.html.

[15] 关于印发《宁夏特色产业精准扶贫规划(2016—2020)》的通知[EB/OL].http://www.nx.gov.cn/zwgk/gtwj/bmwj/133101.html.

[16] 宁夏"十三五"易地扶贫搬迁规划[EB/OL].http://www.nx.gov.cn/zwgk/gtwj/zcgwj/nzf/130013.html.

[17] 杨少俊.金融助力脱贫攻坚的宁夏清单[J].银行家,2017(2):32-35.

[18] 曹洪民.扶贫互助社:农村扶贫的重要制度创新——四川省仪陇县"搞好扶贫开发,构建社会主义和谐社会"试点案例分析[J].中国农村经济,2007(9):72-76.

[19] 吴春霖.原隆村:移民新村的美丽蜕变——翻开闽宁镇建设发展新篇章系列报道之二[N].银川日报,2015-06-09(1).

[20] 范晓儒,齐平.造血式精准扶贫照亮原隆村脱贫路[N].银川日报,2017-05-15(1).

[21] 郭文英.原隆村的"蝶变"[N].国家电网报,2017-06-02(1).

[22] 王永锋.宁夏农村金融发展的对策研究[J].山西农经,2017(16):56-57.

[23] 刘文哲.宁夏小额贷款公司发展的可行性路径探析[J].山西农经,2017,(16):58-59.

[24] 崔怡,朱杰.普惠性小额保险的精准特惠——基于宁夏盐池县"扶贫保"的案例分析[J].金融理论探索,2017(4):61-68.

[25] 马富春.宁夏泾源:金融扶贫引来源头活水[N].中国青年报,2017-08-16(003).

[26] 雪婴.从三个脱贫故事看宁夏精准扶贫线路[N].大连日报,2017-08-16(007).

[27] 时明霞.民生银行70亿元支持宁夏经济建设[N].宁夏日报,2017-08-15(003).

[28] 陈清华,杨国涛,董晓林.村级互助资金与扶贫贴息贷款的动态减贫效果比较——以宁夏为例[J].经济问题,2017(8):7-14,27.

[29] 吴艳.宁夏:开展就业扶贫"百千万"行动[J].人才资源开发,2017(15):60.

[30] 张淼. 宁夏农村集体经济组织发展模式的研究[J]. 中国市场,2017(22):47-48,52.

[31] 石泰峰. 努力实现经济繁荣民族团结环境优美人民富裕[N]. 人民日报,2017-07-28(007).

[32] 吴娟. 新时期宁夏回族自治区清水河地区人口发展研究及策略[A]. 中国城市科学研究会,海南省规划委员会,海口市人民政府. 2017城市发展与规划论文集[C]. 中国城市科学研究会、海南省规划委员会、海口市人民政府,2017:10.

[33] 陈清华,朱敏杰,董晓林. 村级发展互助资金对农户农业生产投资和收入的影响——基于宁夏13县37个贫困村655户农户的经验证据[J]. 南京农业大学学报(社会科学版),2017,17(4):138-146,160.

[34] 白志强,何文寿,梁熠,何进勤. 宁夏雨养区施钾对马铃薯氮磷钾养分积累及产量的影响[J]. 江苏农业科学,2017(14):74-78,99.

[35] 王鹏,姚晓艳,陈晓,孔福星. 宁夏沿黄经济区县域经济发展实力研究[J]. 农村经济与科技,2017(13):202-204.

[36] 李永东. 产业扶贫与环境扶贫:内涵、模式比较及公共政策[J]. 宁夏社会科学,2017(04):91-95.

[37] 段滨. 欠发达地区制造业信贷增长放缓的原因分析与对策建议——以宁夏中卫市为例[J]. 吉林金融研究,2017(07):46-48.

[38] 黄艳. 宁夏回族自治区精准扶贫案例研究[J]. 时代金融,2017(18):38-40.

[39] 汪克会,王磊. 宁夏全域旅游发展中的社区参与模式研究——以海原县李俊乡为例[J]. 边疆经济与文化,2017(06):21-22.

[40] 滑志敏. 宁夏盐池县精准扶贫经验及做法[J]. 宁夏社会科学,2017(S1):42-47.

[41] 何文虎,杨云龙. 金融扶贫模式的新探索:宁夏固原模式[J]. 宁夏社会科学,2017(S1):59-65.

[42] 陈鹏. 宁夏农村贫困人口精准健康扶贫案例分析及政策研究[J]. 宁夏社会科学,2017(S1):66-69.

[43] 唐金成,曹斯蔚. 精准扶贫视角的少数民族地区保险市场发展研究[J]. 浙江金融,2017(6):61-70.

[44] 王平,温丽. 宁夏生态移民可持续发展面临的挑战与对策[J]. 中共银川市委党校学报,2017,19(03):54-56.

[45] 宁夏金融工作局. 宁夏金融扶贫文件汇编.

[46] 宁夏金融工作局. 创建以省为单位的金融扶贫示范区[J]. 新商务周刊.

[47] 盐池县2017年扶贫保险实施方案[EB/OL]. http://www.yanchi.gov.cn/info/1618/18348.html

[48] 宁夏扶贫开发办公室. 关于印发《自治区扶贫开发办公室2017年工作要点及任务分工方案》的通知。

[49] 宁夏扶贫开发办公室. 关于深入推进"扶贫保"工作有关问题的通知(自治区扶贫办党组会议文件)。

[50] 闽宁镇人民政府. 闽宁镇基本情况手册。

[51] 宁夏金融工作局. 宁夏金融扶贫情况汇报。

[52] 盐池县2017年扶贫保险实施方案[EB/OL]. http://www.yanchi.gov.cn/info/1618/18348.html.

[53] 宁夏扶贫开发办公室. 2017年全区363个贫困村定期脱贫考核销号实施方案.

[54] 宁夏扶贫开发办公室. 2017年全区363个整村推进脱贫销号村名单.

[55] 宁夏扶贫开发办公室. 闽宁对口扶贫协作第二十一次联席会议新闻通稿0414.

[56] 宁夏扶贫开发办公室. 全区及南部山区9县农民人均可支配收入数据及构成(区扶贫办).

[57] 宁夏扶贫开发办公室. 全区建档立卡贫困数分布情况统计表.

[58] 宁夏扶贫开发办公室. 全区主要致贫原因分布情况统计表(38.8万).

[59] 闽宁镇人民政府. 闽宁镇镇史馆简介.

[60] 肖春梅,刘占芳. 新疆少数民族地区精准扶贫调查与分析[J]. 北方民族大学学报,2017(1):34-37.

[61] 付路解. 2016年新疆财政形势分析及2017年展望[J]. 新疆社科论坛,2017(2):67-72.

[62] 田长彦,买文选,赵振勇. 新疆干旱区盐碱地生态治理关键技术研究[J]. 生态学报,2016,36(22):7064-7068.

[63] 郭世乾,崔增团,傅亲民. 甘肃省盐碱地现状及治理思路与建议[J]. 中国农业资源与区划,2013,34(04):75-79.

[64] 潘贺军. 盐碱地治理中的两大平衡[J]. 中国水运(下半月),2013,13(05):101-102.

[65] 王兴. 新农村建设与庭院经济模式用地效益分析与对策建议——以新疆喀什地区为例[J]. 中国国土资源经济,2011,24(06):23-25.

[66] 王伟,解建仓,黄俊铭,侣小伟. 盐碱地治理新模式研究[J]. 水资源与水工程学报,2009,20(05):117-119.

[67] 刘建红. 盐碱地开发治理研究进展[J]. 山西农业科学,2008,36(12):51-53.

[68] 韩霁昌. 卤泊滩土地开发利用及评价体系研究[D]. 西安理工大学,2004.

[69] 吉文丽,庞惠玲,罗建国,邓双义. 新疆疏附县庭院经济发展中存在的问题与对策[J]. 中国乡镇企业会计,2016(01):8-9.

[70] 陈铭,亢德芝,伍超,曾飞. 村庄闲置空间规划中的"庭院经济"策略[J]. 规划师,2014,30(06):106-110.

[71] 阿比代·乌买尔. 维吾尔族庭院经济发展研究[D]. 乌鲁木齐:新疆师范大学,2014.

[72] 季丹. 浦城农村庭院经济生产模式研究[D]. 厦门:福建农林大学,2012.

[73] 王兴. 新农村建设与庭院经济模式用地效益分析与对策建议——以新疆喀什地区为例[J]. 中国国土资源经济,2011,24(06):23-25,55.

[74] 梅士伟,许彩丽. 庭院经济是农户不可忽视的一个经济增长点[J]. 现代经济(现代物业下半月刊),2008(06):72,62.

[75] 图登克珠,杨阿维,张建伟. 基于人力资本理论视角下西藏农牧区反贫困问题研究[J]. 西藏研究,2014(6):29-35.

[76] 国务院扶贫开发领导小组专家咨询委员会调研组. 西藏扶贫开发工作调研报告[R]. 中国扶贫,2014(16).

[77] 杨阿维,张建伟. 西藏农牧区反贫困存在的问题与对策[J]. 中国农业资源与区划,2015,36(05):104-109.

[78] 王磊,杨明洪. 西藏产业结构演变:特征、问题与对策[J]. 西藏研究,2015(03):58-64.

[79] 高星,姚予龙,余成群. 西藏农牧民贫困特征、类型、成因及精准扶贫对策[J]. 中国科学院院刊,2016(3):328-336.

[80] 西藏自治区统计局. 2016年西藏自治区国民经济和社会发展统计公报[R]. 2016.

[81] 国务院扶贫办. "十三五"脱贫攻坚规划[R]. 2016.

[82] 西藏自治区扶贫办. 西藏自治区"十三五"脱贫攻坚规划[R]. 2017.

［83］中共西藏自治区委员会 西藏自治区人民政府．贯彻落实《中共中央 国务院关于打赢脱贫攻坚战的决定》的实施意见（藏党发〔2016〕11号）[Z]．2016．

［84］中国共产党西藏自治区委员会[EB/OL]．关于拉萨市城关区脱贫摘帽的公示，http：//www. zgxzqw. gov. cn.

［85］高原老人吃上生态饭[EB/OL]．中国新闻网，http：//www. hnr. cn.

［86］广西壮族自治区统计局．2016年广西壮族自治区国民经济和社会发展统计公报[R]．2016．

［87］《中共广西壮族自治区委员会关于贯彻落实中央扶贫开发重大决策部署坚决打赢"十三五"脱贫攻坚战的决定》（桂发〔2015〕15号）。

［88］《广西壮族自治区人民政府办公厅关于印发脱贫攻坚大数据平台建设等实施方案的通知》（桂政办发〔2016〕9号）。

［89］广西壮族自治区扶贫开发办公室：《广西脱贫攻坚工作新闻发布会记录》。

［90］《广西壮族自治区人民政府办公厅关于印发脱贫攻坚农村"三留守"人员和残疾人关爱工作等实施方案的通知》（桂政办发〔2016〕17号）。

［91］北京师范大学绿色减贫指数课题组，叶韬，黄承伟，张琦，陈伟伟，胡田田，石新颜，徐晓君，李禧俍．贵州省绿色减贫指数特点及分析[J]．贵州社会科学，2014（11）．

［92］国家统计局党组．贯彻落实新理念 奋力创造新辉煌——党的十八大以来新理念引领经济社会发展取得新成就[J]．求是，2017（12）．

［93］黄承伟，叶韬，赖力．扶贫模式创新——精准扶贫：理论研究与贵州实践[J]．贵州社会科学，2016（10）．

［94］雷梅．农村扶贫攻坚情况调查研究——基于贵州扶贫对象视角的调查报告[J]．云南行政学院学报，2014（16）．

［95］吴莎，吴晓秋．扶贫生态移民文化变迁——基于对于榕江县古州镇丰乐移民新村调研[J]．贵州社会科学，2013（6）．

［96］汪霞，汪磊．贵州连片特困地区贫困特征及扶贫开发对策分析[J]．贵州社会科学，2013（12）．

［97］杨颖，胡娟．贵州扶贫开发成效、历程及挑战思考[J]．开发研究，2013（2）．

［98］青海省扶贫开发局．青海省2016年脱贫攻坚工作总结．

［99］青海省扶贫开发局．青海大力发展"拉面脱贫产业"助推脱贫攻坚．

［100］中共青海省委青海省人民政府．青海省精准扶贫工作汇报．

［101］青海省扶贫开发局．青海省扶贫开发干部培训教材．

［102］青海省扶贫开发局. 青海省脱贫攻坚政策汇编.
［103］青海省扶贫开发局. 青海省"十三五"脱贫攻坚规划.
［104］青海省扶贫开发局. 玉树州集中力量攻克重大传染病和地方病助推脱贫攻坚工作情况汇报.